马洪文集

第九卷

中国社会科学出版社

作者像

作者简历

马洪，1920年5月18日出生于山西省定襄县待阳村。原名牛仁权，1938年春在延安时改名马洪。曾用名牛黄、牛中黄。

他出身贫寒，13岁时被当地小学聘为教员，开始自食其力。他自学中学课程，并协助当地著名爱国人士、族人牛诚修先生修订《定襄县志》。从那时起，他阅读了大量书籍，开始接触进步思想。九一八事变和一二·八事变爆发后，他参加了学生的抗日示威游行和集会，爱国思想日益浓厚。1936年年初，马洪经人介绍到太原同蒲铁路管理处（局）工作，先当录事（即文书），后考入同蒲铁路车务人员训练班（半工半读）。在此期间，他当过售票员、行李员、运转员等。他努力自修学业，阅读进步书刊，不断开阔眼界。

1936年冬，马洪参加了"牺盟会"，积极参与同蒲铁路职工的抗日救亡工作。1937年冬，太原失守，他跟随同蒲铁路局迁到侯马。11月，在侯马加入中国共产党，时年17岁。由于他工作努力，具有出众的组织才能，被推选为同蒲铁路总工会的负责人之一。他在同蒲铁路沿线的各段站建立和发展工会组织，展开对敌斗争，并参与统一战线的工作。

1938年，马洪到延安，先后在中央党校和马列学院学习和工作。抗日战争胜利后，马洪从延安被派往东北，在中共中央东北局工作。新中国成立以后，曾任东北局委员、副秘书长。后调任国家计划委员会委员兼秘书长。因受"高饶事件"的牵连，被下放到北京市第一和第三建筑公司工作。后又担任国家经济委员会政策研究室负责人。

1978年后，历任中国社会科学院工业经济研究所所长、中国社会科学院副院长。

1982年后，任中国社会科学院院长、国务院副秘书长、国务院技术经济研究中心总干事。同时兼任国家机械工业委员会副主任、国家计划委员会和国家经济体制改革委员会顾问、国家建委基本建设经济研究所所长。

1985年，任国务院经济技术社会发展研究中心（后更名为国务院发展研究中心）主任。1993年改任名誉主任。并任中国社会科学院研究生院教授、博士生导师，被北京大学、清华大学、中国人民大学、复旦大学、南开大学等学校聘为教授及上海交通大学聘为名誉教授。

马洪手迹

目　录

建立社会主义市场经济新体制[*]

绪　　论

中国共产党的十四大决议明确提出：我国经济体制改革的目标是建立社会主义市场经济新体制。14 年来，我国的经济改革，始终是围绕改革以往的高度集中的指令性计划管理体制，扩大市场机制的调节作用的方向进行的。通过这十多年的艰苦努力，我们在理论和实践两方面都取得了一系列重要进展。特别是今年年初邓小平同志南方谈话，指出计划与市场不是区分社会主义与资本主义的标志，资本主义有计划，社会主义有市场，进一步澄清了这一重大问题上的思想认识，鼓舞了全国人民加快改革开放的信心。早在 1979 年，邓小平同志就讲过社会主义也可以搞市场经济，最近又进一步提出发展社会主义市场经济，这是社会主义改革理论上的又一重大突破，我国社会主义改革开放从此进入了一个新的发展时期。

发展社会主义市场经济，是建设有中国特色的社会主义的一项根本性内容。我们所要建立的社会主义市场经济新体制，既不同于以往苏联的高度集中的计划经济体制，也不同于西方私有制基础上的市场经济，而是依据中国国情，依据中国尚处在社会主义发展的初级阶段，生产力发展水平

*　本文是作者的专著，由河南人民出版社 1992 年 12 月出版。

低的状况，依据我们的社会主义政策要求，把有效的市场机制和有效的宏观管理结合起来的新的经济体制。在这方面，我们已经取得了许多宝贵的经验，需要认真总结；同时，也应当看到，在社会主义条件下发展市场经济，是一项前无古人的事业，需要我们以马克思主义实事求是的精神，创造性地进行工作。目前建立社会主义市场经济新体制虽然已取得了一些重大的进展，但也存在不少问题，有些问题（如市场发育）需要时间和过程才能逐步完善，有些问题则需要探索和创新（如提高国营大中型企业活力，公有产权的管理形式，完善计划管理体系和形式等）。所以，根据马克思主义原理，认真总结过去十多年改革的经验，探索社会主义市场经济中计划与市场结合的具体形式，是当前理论工作和实际工作的一项紧迫任务。

（一）

社会主义经济中的市场问题始终是社会主义发展史上的一个重大的理论和实践问题。自从马克思提出有计划地组织全社会生产和经济活动的重要思想以来，计划和市场的关系问题就引起人们的普遍关注。特别是1917年社会主义革命在俄国的成功，使这个问题在实践上真正提到议事日程，变得更加突出和重要。20年代初期，列宁从当时苏联的实际出发，实行了著名的新经济政策，改变了战时共产主义流行一时的"直接过渡"做法，"转而采取市场"的经济形式，要求通过灵活机动的手段来实现计划。列宁逝世以后，由于理论认识上的局限，那种排斥市场机制、排斥商品经济，主张把国民经济当做一个大工厂来管理的思想占据了统治地位，并在这种思想的指导下形成了高度集中的计划经济体制。第二次世界大战后新出现的许多社会主义国家也相继照搬了这种排斥市场的计划经济体制。客观地说，这种高度集中的计划经济体制对于新生的社会主义国家迅速集中和动员资源，在帝国主义和各种敌对势力的包围中较快地进行大规模的重点建设，为加强国防和以后的经济和科技发展奠定坚实的物质基础起了积极的作用。否认或看不到这点是不符合马克思主义历史唯物主义观点的。但是也应该看到，这种计划经济体制存在资源配置效率不高的严重弊端。特别是当初期工业化的任务基本完成以后，它的弊端就表现得越来越突出。从微观上看，由于企业缺乏自主权，企业的创新动机微弱；同时由于排斥市场竞争，企业缺乏提高效益的压力。从宏观上讲，由于计划配置资源所形成的产品结构和产业结构与市场上形成的需求结构严重脱节，在部门间、地区间资源配置效益低；脱离实际和急于求成的计划脱离了国力和国情，结果导致国民经济大的波动。所有这一切都说明了以往的排斥市场机制的计划经济体制日益束缚了生产力的发展。所以，在50年代以后，苏联和东欧一些社会主义国家陆续开始了经济体制改革，形成了几次改革浪潮，他们在扩大企业权限、鼓励企业参与市场竞争等方面都取得了不同程度的进展。但从总体上说，他们既没有在社会主义经济中有效地确立市场机制，也没有找到计划和市场在社会主义经济中结合的正确途径和有效形式。在旧体制的范围内修修补补，找不到出路，所以，这些国家不仅未能摆脱原有的经济困境，而且被商品严重短缺、通货膨胀、外债剧增等问题所困扰。在一定意义上可以说，原苏联、东欧社会主义国家的解体，在很大程度上与没有能够在社会主义范畴内确立市场体制并找到计划与市场有效结合的途径和形式有关。这从另外一个方面说明了确立市场经济体制正确解决计划和市场关系问题的极端重要性。

以往计划经济体制的弊端，我们党在1956年举行的"八大"前后已开始有所认识。1956年，毛泽东同志在《论十大关系》中对计划经济体制中权力过分集中的问题提出了尖锐批评。随后不久，他还谈到过要重视对商品经济、价值规律的研究。以后，虽然多次进行了旨在调动各方面积极性的体制调整，但由于"左"的指导思想的不断干扰，都未能取得实质性进展。1978年召开了党的十一届三中全会以后，在邓小平同志的倡导下，我们党恢复了马克思主义实事求是的思想路线，开始从理论上对如何消除以往计划体制的弊端、建立符合我国国情的社会主义新经济体制进行了大胆和持之不懈的探索。十余年来，尽管有某些反复，但从整体上看，我们对社会主义经济中计划与市场关系的认识是不断进步、不断深化和不断完备的。改革之初，我们破除了把市场调节与社会主义对立起来，把指令性计划等同于计划经济的观念，第一次提出了计划经济要与市场调节相结合的观点，并在实践中付诸实施。这一理论进步是社会主义经济思想重大的进展，其历史意义重大。80 年代中期，在改革逐步深化和理论研究深入的基础上，1984 年党的十二届三中全会通过的《中共中央关于经济体制改革的决定》郑重指出，我国是社会主义有计划的商品经济，并随之提出了我国经济体制改革的重要任务之一就是逐步完善市场体系。1987 年党的十三大又在总结改革开放经验的基础上进一步明确了社会主义新经济体制中计划与市场都是覆盖全社会的具体设想。进入 90 年代以来，随着改革的深化，我们党和政府对计划和市场关系的认识进一步深化和成熟。江泽民同志在《庆祝中国共产党成立七十周年大会上的讲话》中指出："计划与市场，作为调节经济的手段，是建立在社会化大生产基础上的商品经济发展所客观需要的，因此在一定范围内运用这些手段，不是区别社会主义经济与资本主义经济的标志。"特别需要指出的是，最近邓小平同志关于计划与市场的论述，理论上深刻、精辟，将指导我们更加大胆、更加科学地研究社会主义经济中计划与市场的关系，并在理论创新的基础上，进一步加快建立社会主义市场经济体制的进程。

在现代经济生活中，不仅存在着日趋复杂和细致的社会分工，而且劳动者以及各个经济组织还具有独立的经济利益，所以社会主义条件下必然广泛存在着商品货币关系。既然存在着商品货币关系，就必然存在着市场。面对着无限丰富、复杂多变、千姿百态的需求，成千上万个企业的生产如要符合需求，就必须根据市场的变化决定生产什么、生产多少、如何生产、在什么地方生产，亦即要靠市场来调节资源的配置。从这个意义上说社会主义商品经济也就是社会主义市场经济。商品经济不可能脱离市场而存在，即使在社会主义高级阶段也将如此。更何况我们现在还处于社会主义初级阶段，生产力还很不发达，多种经济成分存在，市场体系还不完善，市场法规还不健全，市场调节效率还不高，所以我们更应当加快确立社会主义市场经济体制，加快建立社会主义的市场体系，大力发展社会主义市场经济。当然我们所要建立的社会主义市场经济体制在所有制结构和分配方式上与资本主义的市场经济体制有很大的不同。我们实行的是在坚持公有制为主，按劳分配为主，努力实现共同富裕的前提下的市场经济。

同时，我们要大力发展的市场经济绝不是古典资本主义时期那种原始和落后的市场经济，我们要确立的市场经济体制也不是排斥计划，而是国家对国民经济自觉管理的市场经济体制。完全自由的市场经济目前在西方资本主义国家实际上也不存在，更何况我们国家以公有制为主体，更重要的是我国的政治制度保证了我们有可能对国民经济的协调发展和宏观平衡进行科学的计划调节。从另一个角度看，现实经济生活的计划调节或主动管理也是内生的。所以，计划和市场都是社会主义经济内在的东西，二者不可分割地联系在一起，作用融合在一起，并且都是覆盖全社会的，渗透经济生活的各个方面。只是由于它们功能不同，作用方式不同，从而在不同层次、不同领域结合的方式和具体形式有差异罢了。一般而言，计划主要从宏观、总量和结构等方面解决有关的重大问题，调整重大社会利益关系，以及确定国家整体的重大发展战略，这是国家对经济实施宏观调控的基本内容；市场主要在微观领域，日常的生产经营活动和有关的资源配置方面发挥基础性的作用。总之，只有承认我国是社会主义市场经济，只有肯定计划与市场都是社会主义经济内生的，才能正确认识和处理计划与市场的关系；同时只有承认计划与市场作用机制的差异，作用层次的不同，才能有效地把计划和市场有机结合起来，发挥各自的长处，补充各自的不足。以上两方面应是我们处理社会主义计划与市场关系问题的基本共识。

（二）

由于改革的基本任务是建立社会主义市场经济体制，所以，十余年来在理论认识上不断深入的同时，在实际改革过程中也对计划与市场的关系进行了以下五个方面的改革：

1. 下放权利

改变过度集中的决策体制。从决策角度讲，排斥市场的以往体制的最大弊端就是权力过于集中，而市场机制从本质上讲是一种分权决策机制。从这个角度讲，权力分散是形成市场，或者说是市场成为资源配置形式的首要条件。因为，如果成千上万个商品生产经营者不能根据市场需求变动和成本条件自主地进行生产、交换和投资决策，也就谈不上由市场来配置资源。这也正是我们在评价改革初始阶段采取的分权让利措施时，所应把握的一个基本出发点。自1979年以来，我国的经济体制改革首先对以往的高度集中的决策体制进行了冲击，采取了一系列对企业扩权让利的政策和措施。尽管这些政策和措施的贯彻落实还很不尽如人意，但相比较而言，企业的自主权还是有所增加，如在确定生产规模、调整产品结构、进行投资改造、商品销售和收入分配等方面，企业都可以在不同程度上进行自主决策，从而开始根据市场供求变化来调节自身的生产经营活动。

决策权力分散的分权改革，集中地表现为指令性计划的大幅度减少。高度集中的计划经济体制运作的基本特征，就是靠大量的指令性计划来实现资源的分配和调节社会再生产活动，宏观的资源产业配置、区域配置由计划来决定，微观的生产什么、生产多少和为谁生产也是由计划决定。由于微观领域生产品种繁多，而且需求情况多变，从上而下的计划科学性差而时效慢，效率低下，资源浪费严重；同时企业缺乏活力和动力。要搞活企业就必须对企业扩权，要扩权就减少束缚企业活动空间的指令性计划。从 1979 年起国家生产和流通领域的指令性计划逐年减少，目前国家计委管理的工业生产指令性产品品种，由以往的 120 多种减到 60 种左右；国家统配物资品种由 125 种减少到 26 种，商业部门计划收购的品种由 188 种减为 23 种，在全部社会商品中，由计划决定生产并按计划价格交易的商品已降到 30% 以下。

2. 调整和放开价格

如果说对企业扩权让利是创造市场行为主体的必要前提的话，那么价格放开，使之能灵活地反映市场供求关系的变动，则是市场有效地配置资源的重要条件，如果只把价格作为一种计算或核算工具，它的逆向调节可能表现得并不明显，但若在企业有了相应的自主权特别是对其自身利益有所关心的条件下，价格仍是固定的、不合理的，那么这时市场调节的作用将是逆向的和低效的，因此，企业的扩权推进势必要求与价格的放开同时进行。1980 年以来，价格改革在以下几个方面迈出了重大的步子：第一，对部分电子和机械工业产品实行了浮动价格，先后放开小商品和大部分的日用工业品价格；第二，在相当大的范围内放开了城市的农副产品销售价格，在整个消费品市场中，除粮、油等少数农副产品外，已基本上由价格来调节生产和需求；第三，逐步提高了严重偏低的生产资料价格，并对暂时不能放开的生产资料实行"双轨制"。到 1987 年双轨制价格占全部生产资料种类的 40%，交易额占 75% 以上。价格双轨制是以往高度集权体制向市场经济新体制过渡的一种暂时表现。其实质就是，在生产资料生产和流通领域计划体制依然存在的条件下，允许价格在一定范围内成为刺激生产，进而配置资源的信号。当然，由于它的过渡性，在这里计划和市场的结合尚是板块式的，并存在着许多摩擦。总之，通过生产资料价格的放开，调整和实行双轨制，在生产资料生产和流通中，价格也成为重要的调节工具和资源配置形式。

3. 改变国家流通部门统购包销的单一流通形式，开放的多渠道的流通网络初步形成

与生产上的直接计划相适应，在以往体制下，大部分工业品的产销是隔断的。企业的产品统统由国家流通部门（物资、商业、外贸）收购，至于产品是否对路，就是国家计划的事了。在这种单一的流通体制下，供需总量脱节、结构失衡是司空见惯之事，随着生产企业和流通企业自主权的扩大和独立利益的承认，这种高度集中的单一的流通体制自然也就难以维持下去，企业自销、商业选购、产销一体化等流通形式也应运而生，同时由于连通供需的需要，由此产生的流通收益的刺激及国家政策的放开，使流通领域的非国有成分迅速发展，初步形成了以国有流通部门为主导的多种成分参与的流通体制。这种多渠道的流通体制是市场机制在商品市场上发挥调节作用的必要条件，也是近年来流通领域计划和市场得以初步结合的重要原因。

4. 发展和培育市场体系

市场要有效地配置资源，不仅要求价格具有较大弹性，而且要求市场是一个发达和健全的体系，即不仅要有商品市场，而且需要劳务市场和金融市场。只有这样才能把劳动力和资金配置到需要发展的行业和竞争活力强的企业。从商品市场的建设来看，目前，我国已有农产品市场 1 万多个，日用工业品批发市场 3000 多个，大型钢材市场 200 多个，生产资料贸易中心近 400 家。我国的金融市场已初具规模。在银行系统集中和分配资金能力大大增强的同时，以银行同业拆借为主的短期金融市场，以各类

债券为主的长期金融市场和以证券流通为主的证券市场开始形成。据不完全统计，目前全国主要从事证券交易业务的机构已达 300 多家。在劳务市场方面，在国营经济中的存量部分实行优化组合的同时，增量部分实行全员合同工制和临时工制。这样非国营经济部分和国营经济增量部分已初步形成了局部性的劳务市场，从而为市场参与配置资源起了积极的作用。目前，全国县、市以上劳动部门已建立劳务市场服务机构 8000 多个。

5. 建立初步的宏观间接调控体系

对企业和地方扩权并放开价格，并不意味着政府对经济放任不管，而是从过去对企业生产和流通的直接控制转化为通过宏观管理来间接调控企业。改革十多年来，我国在建立新的调控手段和形成新的管理方式方面所做的改革是：（1）建立中央银行体制，充分发挥货币政策在宏观调控中的作用，建立了以中央银行（中国人民银行）为领导，以国家专业银行为骨干的二级银行体制；（2）国家预算内基本建设投资由预算拨款改为建设银行贷款，尝试用经济手段来调控投资；（3）实行税制改革，发挥税收调节生产、流通、分配和消费的作用；（4）建立、健全各类经济法规，把经济管理纳入法制的轨道。以上四方面的改革使我们积累了实行新的宏观管理的经验，检验了我国宏观调控手段的功效，同时也发现了今后应予完善的问题。

十余年来对计划体制以上四方面的改革，使我们的经济运行机制发生了重大的变化。过于集中的权力和利益结构向相对分散的方向转化，地方政府及各类经济实体的权力和利益有所增强；单一的由行政机构确定的资源配置信号向市场决定的方向转化，市场信息在资源配置中的作用明显增强；单纯依靠行政机构和行政手段进行运作的直接计划控制向计划调节与市场调节并存转化，经济手段、间接调控在政府的宏观经济管理中开始发挥重要作用；纵向的金字塔式的行政协调的组织体系依然存在，同时也开始出现横向的市场自行组织机制。由于这四方面的变化，我国目前实际运行着的经济运行机制既非改革前的单一计划机制，也不是政府宏观调控下的一元的市场机制，而是一个计划与市场虽已结合，但尚未有机融合在一起的二元机制。一方面，以往计划体制下的动力机制、信息机制、调控机制和组织机制已程度不同地被改变，但它们又都没有全部消失，有的仍在起作用。另一方面，新的计划与市场结合的构架开始逐步形成，其基本构成要素或快或慢、或先或后地生成，但一个能够有效运行的新的经济机制系统则还远未形成。所以，目前的体制是一个新旧交替的体制，是一个仍在转换中的带有二元特征的体制。

这种二元体制或双重体制与以往的计划体制相比是一个历史进步，它带来了80年代我国经济的高速成长。但是这一体制，与我们要建立的社会主义市场体制有较大的距离，主要是市场的分割和市场体系不健全。市场的分割或封锁主要表现为不同的部门和行政区划之间的条块分割。这种分割在生产领域表现为各地方和部门不顾本地的资源和生产经营条件，大上价高利大的短平快项目，造成分散生产，重复布点，破坏了配置资源的统一市场的形成。在流通方面，当产品供不应求时，阻止本地产品流出；而当供大于求时，阻止外地产品流入。市场的不健全，主要表现在各类商品市场有所发育的同时，要素市场与之极不对称。资金、劳务、技术、信息和房地产等各类要素市场严重滞后，使市场调节的功能难以得到正常发挥。

现阶段计划与市场结合中的摩擦，一是表现在投资上，由于价格的不合理，国家的产业政策和区域政策受到市场引导的独立经济实体投资行为的冲击，形成中央投资意图与地方或企业投资方向的不一致；二是表现在生产上，计划内生产任务价格偏低而受到市场调节部分的冲击；三是表现在价格上，一些商品双轨价格之间的悬殊价差形成计划价严重偏低，而市场价严重偏高的"双重扭曲"；四是表现在商品流通上，计划内调拨部分与市场调节部分相互影响相互制约；五是表现在金融上，与经济实体身份相应的经营功能与国家专业银行身份相应的调控功能冲突；六是表现在企业行为上，政企分开虽已经起步，但企业仍普遍存在一边盯着政府一边盯着市场的"双重依赖"的状态之中。

与旧体制相比，这种二元体制当然是一种伟大的历史进步，已经增强了我国经济和稳定发展的活力，1978年以来这十四年是我国经济增长最快、人民生活水平提高最快的时期；同时随着市场配置资源功能的增强，消费者偏好在资源配置中的作用也随之增强，供给与需求的偏差迅速缩小，这两方面的变化，不仅是改革的巨大成果，也是我们进一步推进改革、建立市场经济新体制的物质基础，不看到这点，就不能充分估计十余年改革的伟大成就。然而，如只看到这点，而看不到这种二元体制因内部摩擦引起的种种弊端，看不到解决这些弊端的必然性和迫切性，就会贻误建立社会主义市场经济体制的时机。

当前双重体制共存所产生的这些问题表明了在一个不太长的时间内，通过深化改革建立起社会主义市场经济新体制这一历史使命的紧迫性。同时也要看到，十余年的经济体制改革和国民经济的迅速发展，为中华民族完成这一历史任务创造了有利的条件和难得的机遇：十多年的经济体制改革促进了生产力的极大发展和人民生活水平迅速提高，为动员我国人民进一步投入到改革的历史洪流，奠定了深厚的物质基础和群众基础；十余年的改革使我国人民商品经济意识普遍增强，对价值规律和市场机制的认识日益深化；一支现代企业家队伍正在出现，并日益壮大，各级领导干部发展商品经济，驾驭市场规律和进行科学调节的能力也逐步提高；总需求长期膨胀的态势有了很大的改变，某些行业已初步出现买方市场，也就为价格改革和价格体系的调整创造了极为有利的条件；包括国有企业和非国有企业在内的一大批竞争性企业和部门已经出现，它们已经具备了进一步接受市场调节的能力；规范和有序的市场组织已经出现，这是提高市场调节效率的组织基础；国家调控经济和组织改革的经验日益增加。更加重要的是，邓小平同志南方谈话以后，人民群众改革的热情进一步激发，全党对进一步加快改革，大胆地建立社会主义市场经济体制的认识已经统一。以上六方面的深刻变化意味着，只要科学规划，大胆实施，谨慎操作，中国共产党就能领导全国人民完成历史所赋予的这一重任，在不太长的历史时期内建立起社会主义市场经济体制，为中华民族真正自立于世界民族之林奠定体制基础。

（三）

为了实现这一目标，中共十四大报告已明确提出：在 90 年代，我们要初步建立起社会主义市场经济新体制，并实现达到小康水平的第二步发展目标，再经过 20 年的努力，到建党 100 周年的时候，我们将在各方面形成一整套更加成熟、更加定型的制度。中近期应深化和完善以下几个方面的改革：

1. 深化企业体制改革，转换企业经营机制，使企业成为真正自负盈亏、自我约束、自主经营、自我发展的商品生产者

企业既是经济主体，又是国家调控的对象。计划和市场要结合好，最为关键的是企业能对市场信息、国家调控做出迅速的反应。要做到这点，就要探索国有企业经营机制的转换和产权制度的改革，以解决国有企业预算约束软化以及承包后出现的企业行为短期化倾向。要达到这一目的，现代股份公司是一种较好的形式。从目前的承包制向国家控股和国家机构、社会团体及职工参股的转化可采取以下两种形式：（1）新建企业凡是集资兴建的，应当考虑转化为股份制，投资者根据资金比例取得相应的利益份额和决策权力；（2）老企业，凡是有条件的可利用与外资和内资合作的机会转化为股份制。根据这几年的试点情况看，应严格防止借实行股份制之机将利润转化为工资。所有国有企业的股份制试点要妥善安排有序进行，不应一哄而上。

国有企业实行股份制不可能一下子全面铺开。对于目前的大部分企业来讲，最急迫的是转换经营机制促进存量结构的调整和提高经济效益，使那些资不抵债、亏损严重、产品低劣、货不对路的企业停产或破产，或被其他经营好的企业兼并。对于经营不好、亏损严重的企业而言，它们破产的困难和压力主要不在国家，因为它们破产既会减轻财政的包袱，又会使厂房设备、劳动力得到更好的利用。破产的压力主要来自职工。因为职工在失业之后收入受到较大影响，加之我国实行的是就业、福利、保障三位一体的体制，就业机会的损失亦即福利和保障的损失。这样由于就业保障制度不完善，将会影响存量调整的进展。所以，要调整存量结构，关键是如何缓解因企业破产给职工带来的收入、福利和保障的损失。这就要求我们加快劳动保障、职工福利体制的改革。一方面把企业所负担的福利、救济和保障功能交给社会；另一方面由个人、社会和企业共同建立失业救济和保险基金。

2. 继续推进价格体制的改革

没有合理的价格体系也就谈不上有效的市场调节。所以一定要充分利用几年来连续出现的供求基本平衡、双轨价差大幅度缩小的有利时机，在控制住总需求的基础上，把绝大部分生产资料的价格放开，取消双轨制。国家重点建设和重点大型企业所需要的原材料采取国家订货，保量不保价。价格并轨的基本原则是，凡是供求基本平衡的商品，计划轨要向市场轨靠，即放开价格，而产品供求差距很大，计划价大大低于市场价的商品，主要是基础工业产品，并轨方法是较大幅度提高计划价格水平，并通过调价，简化计划价格形式，逐步实现单一综合计划价。计划价也应反映价值规律和供求状况。

放开价格是市场有效调节的条件，但价格放开并不等于形成市场。所以在理顺价格体系的同时，要积极发展各种有利于产品顺畅流转的新型流通组织形式。在农副产品和生产资料的重点产销区努力完善现有的各类现货市场，通过组建有组织有指导的批发市场，提高现货市场的组织程度。同时，在大力发展远期合同的基础上，注意有条件地引入期货市场机制，发展期货贸易。同时鼓励和发展产供销之间的联营、联购和联销等多种形式的横向联合；大力发展交通、仓储设施和信息手段的建设；结合金融、财政和劳动体制的改革，促进金融市场、劳务市场、房地产市场等市场体系的建立和完善，努力改变目前我国市场发育中的要素市场严重滞后的不协调状况。

3. 建立、健全市场法规

企业的市场活动要依法而行、有法可依，服从相应的行为规范。我国目前市场竞争的低效和混乱就是与市场法制不健全有关。要在清理现有法规的基础上，抓紧制定维护市场秩序、约束企业行为的基本法规，如公司法、公平竞争法和反垄断法，在立法的基础上，强化司法工作。

4. 转变政府职能，增强国家的宏观调控能力

对于我们这样一个区域之间差别很大、市场发育尚未成熟的发展中大国而言，适当的真正符合经济规律的宏观管理是完全必要的。如果说没有市场的宏观调控是没有基础的宏观调控的话，那么没有国家调控的市场则

是低效和盲目的市场。所以，建立社会主义市场经济新体制，不仅要形成市场和完善市场，而且还要完善和提高国家的宏观调控能力，改进计划方式和提高计划的科学性，使计划尽可能符合实际需要，切实把握住经济发展的方向。首先，要建立科学的宏观决策程序，重大比例关系的调整，重大项目的确定和重大经济政策的出台都要按程序确定，要有咨询、有比较、有论证。在增强国家宏观调控能力方面，从这几年的经验来看，最重要的是通过调控投资、进而控制住总需求，实现供需的基本平衡，只要总需求控制住了，其他方面的工作就容易做了。其次，要有一个好的产业政策，要运用财政贴息、国家扶持、税收优惠等手段保证其实现，达到产业结构的合理化。再次，通过财权事权的合理划分，形成一个统一管理、分级调控的纵向管理体制。在大事管好的基础上，重点给予省级政府相应的和必要的调控权，以发挥地方发展经济的积极性和创造性。

一　理论发展与政策演变的历史回顾

计划与市场的关系问题，始终是社会主义经济及其体制建设中的一个根本性问题，也一直是社会主义经济理论研究中的一个热点和难点。新中国成立以来，我国的经济建设大体上经历了三个发展阶段。

第一个阶段是从1949年10月1日新中国宣告成立到1956年9月党的"八大"宣告社会主义改造任务基本完成。这7年是我国社会经济制度发生历史性转变的光辉时期。在此期间，我国人民有步骤地实现了从新民主主义到社会主义的转变，确立了社会主义经济制度，并初步形成了高度集中的计划经济管理体制。

第二个阶段是从1956年9月到1978年12月党的十一届三中全会召开。这22年又具体分为"大跃进"、"60年代初期经济调整"、"十年动乱"以及粉碎"四人帮"以后初步治理整顿四个不同发展阶段，是我国人民在改革和完善传统社会主义经济体制方面进行曲折探索并付出代价、取得教训的艰难时期。在此期间，我国人民经过努力，初步形成了社会主义现代工业体系和国民经济体系。

第三个阶段是 1978 年党的十一届三中全会召开以来，这 14 年是我国社会主义经济体制从产品计划经济模式向商品经济模式实行历史性转变的改革开放时期，这一改革正方兴未艾，目前正在向深入发展。

回顾以往 43 年的社会主义建设历程，在处理计划与市场关系问题上，我们的理论认识和政策制定大体上经历了一个"否定之否定"的演变过程。即从新中国成立初期的国家干预下的市场经济到建立以指令性计划为主且力图消除市场机制作用的产品经济，又从产品经济到发展社会主义市场经济。在本部分中，我想对以往我国社会主义计划与市场关系理论发展与政策演变过程做一个概要的回顾，从中总结有关经验与教训，为后面的讨论提供基础。

（一）1978 年以前的理论认识与体制建设

1. 从间接计划体制向直接计划体制的转变

在我国的社会主义建设过程中，如何正确处理计划与市场关系来建立新的经济体制，始终是与党和政府关于社会主义经济性质及其运行机制的认识紧密相关的一个实践问题，1949 年 10 月 1 日中华人民共和国成立以后，我国人民经过以继续完成新民主主义革命任务为主的三年国民经济恢复工作，到 1952 年 1 月中财委颁布《国民经济计划编制暂行办法》和同年 9 月中央政府成立国家计划委员会，开始了全国范围内有计划的社会主义经济建设，但是，社会主义建设对于当时的中国共产党人来说，毕竟是一项新事业，由于我们党过去长期处于战争和激烈阶级斗争的环境中，对社会主义社会的发展规律并不十分清楚，思想认识和科学研究均准备不足，而马克思主义经典作家们没有也不可能为解决中国的实际问题提供现成的答案，因此，在社会主义建设道路上如何把马克思主义普遍原理与中国的具体实践相结合，我们经历了不少曲折。

我们知道，在马克思主义经典作家们看来，推翻资本主义制度后的未来社会中是不存在商品生产和商品交换的。例如，马克思在《资本论》中分析资本主义商品生产时，曾经预言，在公有制的条件下，鲁滨逊在孤岛上进行的那种为满足自己各种需要而进行的产品生产，将在全社会的范围内重演，因而商品关系及商品拜物教将会消亡。后来，他在《哥达纲领批判》中明确表示：在未来的共产主义社会的第一阶段（即社会主义社会）里，"生产者并不交换自己的产品；耗费在产品生产上的劳动，在这里也不表现为这些产品的价值"①。虽然马克思和恩格斯都一再申明：他们只能从对他们所处的时代的资本主义经济的分析中推论未来共产主义社会的情景，他们从这种分析中所能得出的唯一结论是生产资料的公有制必将代替资本主义的私有制，至于新社会组织方面的细节，要留待当时的实践去解决，他们不能定出什么"现成方案"或"最终规律"去束缚后世革命家的手脚。但是，在马克思、恩格斯逝世以后的数十年中，由于还没有社会主义的实践，科学社会主义的理论家在论述社会主义社会的基本特征时，通常都把它看做是一个没有商品生产和商品交换的社会。

正是在这样的思想基础上，列宁在《国家与革命》中提出了在社会主义条件下整个社会成为"一个辛迪卡"，所有的社会成员都是这个"辛迪卡的雇员"的设想。既然全社会是一个大公司，商品关系当然也就不再存在。列宁在革命前的这种设想，反映了当时社会主义者的共同认识。

十月革命胜利后，俄国共产党人开始按照这种无商品关系的社会主义模式建设社会主义。从1919年俄共在党纲里把迅速消除商品货币规定为自己的目标。但是列宁很快就发现，这样做是行不通的。1920年起，列宁转而采取新经济政策，发展工农业之间的商品交换，给小农恢复贸易自由，从国家资本主义转到国家调节商业和货币流通②。国营企业也改为实行经济核算、独立会计和自负盈亏，在市场环境中活动。这个政策很成功，促进了当时苏联社会主义经济的迅速恢复和发展。

虽然新经济政策在实际生活中取得了很大的成功，但是社会主义经济是否是商品经济的问题在理论上并没有得到解决。早在新经济政策时期，"左"派（托派）理论家就已经提出，在多种经济存在的条件下，只是在资本主义商品经济存在的范围内，价值规律才起调节作用，商品货币关系和价值规律作用的任何增强都意味着资本主义力量的增强，而社会主义改

---

① 《马克思恩格斯选集》第三卷，人民出版社1972年版，第10页。
② 《列宁全集》第33卷，第73页。

造的深入，意味着另外一条经济规律——社会主义原始积累规律——作用
的加强。以后，随着斯大林在 1928 年转而采取"左"的经济政策，经济
活动重新强调实物指标，虽然斯大林在实现农业集体化以后曾指出，有两
种公有制即全民所有制和集体所有制并存，就存在工人和农民两个阶级，
就需要有交换。但是当时苏联实际上采取的是剥夺农民的政策，因此也不
可能明确回答两种公有制之间的交换是不是商品交换，价值规律起不起作
用的问题。至于国营企业，当时所采取的"经济核算制"已经不是列宁
讲的那种自负盈亏的经济核算制，价值、价格、成本等在斯大林时期的经
济核算制中只看做是计算工具。直到斯大林的晚年，即 1952 年，他才在
《苏联社会主义经济问题》一书中承认两种公有制之间存在着商品生产和
商品交换关系，认为必须利用价值规律。与此同时，他又认为全民所有制
内部流通的生产资料不是商品，脱出了价值规律发生作用的范围[①]。价值
规律甚至对农业中的原料生产也不起调节作用。斯大林还一再强调要限制
商品生产和价值规律的作用，力图尽快从商品交换过渡到产品交换。基于
这种认识，斯大林时代所设计和实行的经济管理体制，就不是按照有计划
地发展商品生产和商品交换的要求，而是基本上按照半产品经济的要求设
计的，在实践上搞成了半自然经济；不是把产品当做商品，实行等价交
换，而是实行单一的指令性计划，排除市场调节，并采用高度集中的、以
行政手段为主的管理办法。这种办法，对于集中力量搞重工业，准备和支
持卫国战争，以及医治战争创伤，是成功的。但是，在经济进入新的发展
阶段以后，特别是在战争的创伤恢复以后，这种体制的弊病日益明显。结
果，把经济搞得很死，发展速度减慢，新技术发展停滞，经济效益不好，
人民得到的实惠不多。

我国对社会主义经济的认识，也经历了一个曲折的过程。

开始，我们信奉斯大林的理论，并按他所设计的模式和体制行事。认
为建成社会主义就是建成集中的经济，由中央统一领导的经济[②]。强调全

---

① 《斯大林文选》，第 613 页。
② 《列宁全集》第 28 卷，人民出版社 1956 年版，第 378 页。

民所有制经济是统一的整体，同时，是分级管理的。各级都必须按照国家规定的统一的制度和计划实行管理。任何部门、地方或者企业，如果违反了国家统一的制度和计划，自由地处理供、产、销的问题，就会使社会主义的计划经济受到损害，使社会主义的全民所有制受到损害①。同时，又把以国有经济为主导的多种经济成分并存看做是新民主主义经济形态，认为国营经济是社会主义性质的，合作社经济是半社会主义性质的。因此规定："党在过渡时期的总路线的实质，就是使生产资料的社会主义所有制成为我国国家和社会的唯一的经济基础。"② 以此作为建成社会主义社会的主要标志。

　　但是，从实际发展过程看，1956 年以前，由于国有经济的比重较小，社会经济运行中客观地存在着五种经济成分，即社会主义国有经济（全民所有制经济）、国家资本主义经济（公私合营经济）、集体经济（农业和手工业合作社经济）、个体经济（小农和手工业者的私有经济）和民族资本主义经济。面对这样一种以公有制为主体、多种经济成分并存和生产力发展极不平衡的现实，国家只能实行直接计划与间接计划相结合为特点的计划管理制度。例如，1953 年中共中央批准国家计划委员会关于《编制国民经济年度计划暂行办法》中规定：对于不同的经济成分应有不同的计划。国营经济，实行直接计划；其他经济成分，实行间接计划。对于不同规模的企业和事业，不同工作水平的单位，在计划上也有不同的要求。具体来说，对中央政府各部直属的国营企业，实行比较全面的计划；对地方国营企业，计划比较简单些，只规定几项主要指标；对公私合营和合作社营企业，计划更简单些；对资本主义工业，只要求省、市估算其总产值和主要产品产量；对个体手工业，只要求省、市估算其总产值；对个体农业，只规定方向性的控制指标。例如，当时国务院下达给中央各部直属国营企业的指令性计划指标共有 12 个，即：总产值、主要产品产量、新产品试制、重要的技术经济定额、成本降低率、成本降低额、职工总

---

① 《刘少奇选集》（下），人民出版社 1985 年版，第 362 页。
② 《毛泽东著作选读》下册，人民出版社 1986 年版，第 705 页。

数、年底职工到达数、工资总额、平均工资、劳动生产率、利润。国营工业企业的产品,生产资料采取计划调拨,日用消费品采取统购包销的办法。而对于农业,即使是1956年合作化以后,仍然实行间接计划,如对粮食实行定产、定购、定销的"三定"政策,增产不增购;对经济作物和其他农副产品,主要依靠价格政策、农贷政策、预购合同制度、税收政策等,从各方面来调动农民的积极性,保证计划的实现。至于一般公私合营和私营工商业、运输业、供销合作社商业,以及一部分手工业,国家则主要通过各种经济政策、经济措施和经济合同,采用加工订货、统购包销、经销代销等方法,把它们的经济活动纳入国家计划;它们所需要的生产资料由国营商业部门估算需要,按商业牌价组织供应。对花色品种繁多的小商品的生产经营一般不列入国家计划,国家主要通过控制原材料和销售两个环节,从市场的供销关系上加以调节。据统计,1952年实行间接计划的工业产值大体占全国工业总产值的55%左右。而1955年上海市实行间接计划的工业产值仍占全市工业总产值的70%左右。实践证明,由于这一阶段在计划管理上实行指令性计划与指导性计划相结合,大力发展商品经济,比较重视价值规律的调节作用,市场机制得到较好的发挥,因而取得了比较好的经济成就,迅速恢复了遭到长期战争破坏的国民经济,在原苏联和其他友好国家的支援下,依靠我们自己的力量,胜利地完成了第一个五年计划,建成了包括冶金、汽车、机械、煤炭、石油、电力、电讯、化学及军工等在内的156项重点工程,为我国工业化奠定了初步基础,人民得到了实惠。

1956年社会主义改造任务的基本完成,标志着我国社会主义经济制度已经建立,经济建设进入到一个新的发展阶段。由于有了七年领导国民经济建设的经验,特别是"一五"计划期间学习苏联进行计划管理的实践,党和政府开始认识到苏联体制存在的弊端,并结合总结国内具体实践经验,提出了许多关于如何正确处理计划与市场关系,以建立适合中国国情的社会主义经济体制的正确主张。例如,毛泽东同志从1956年2月开始,用一个半月的时间听取了中央工业、农业、交通运输业、商业、财政等34个部门的工作汇报,经过系统的调查研究,作了《论十大关系》的报告，以苏联为鉴戒，强调要正确处理好国家、生产单位和生产者个人的关系，中央和地方的关系。指出："把什么都集中在中央或省市，不给工厂一点权力，一点机动的余地，一点利益，恐怕不妥。""应当在巩固中央统一领导的前提下，扩大一点地方的权力，给地方更多的独立性，让地方办更多的事情。""我们不能象苏联那样，把什么都集中到中央，把地方卡得死死的，一点机动权也没有。""中央的部门可以分成两类。有一类，它们的领导可以一直管到企业，它们设在地方的管理机构和企业由地方进行监督；有一类，它们的任务是提出指导方针，制定工作规划，事情要靠地方办，要由地方去处理"[①]。在 1956 年 9 月中国共产党第八次全国代表大会的政治报告中也针对上级国家机关对企业管得过多过死的状况指出："应当保证企业在国家的统一领导和统一计划下，在计划管理、财务管理、干部管理、职工调配、福利设施等方面，有适当的自治权利。""我们的经济部门的领导机关必须认真把该管的事管好，而不要去管那些可以不管或者不该管的事。只有上级国家机关的强有力的领导同企业本身的积极性互相结合，才能把我们的事业迅速地推向前进。"

遗憾的是，上述这些观点在 1957—1978 年期间各次经济体制改革中并未被付诸实践，人们仍然主要是依据对社会主义性质的原有认识，即按照尽快消灭商品、市场的设想，来改革和完善我国社会主义经济管理体制。

毛泽东同志对我国发展商品生产和商品交换曾提出过一些很好的意见。例如，1958 年 11 月 2 日郑州会议上，他针对以陈伯达为代表的主张废除商品生产、商品交换和货币等的错误观点，指出，在社会主义时期废除商品是违背经济规律的，我们不能避开一切还有积极意义的诸如商品、价值法则等经济范畴，而必须使用它们来为社会主义服务。中国是商品生产很不发达的一个国家，商品生产不是要消灭，而是要大大发展。他还说，必须区别资本主义的和社会主义的两种不同性质的商品，不应当害怕商品生产。并特别强调指出，为了团结几亿农民，必须发展商品交换。废

---

① 毛泽东：《论十大关系》，人民出版社 1976 年单行本，第 8—12 页。

除商业和对农产品实行调拨，就是剥夺农民。1959 年，他读斯大林的《苏联社会主义经济问题》时，就批评了斯大林关于生产资料不是商品、农业机器不能卖给农民的观点，指出：我们是商品生产还落后的国家，不如巴西、印度；商品生产要大发展；商品不限于个人消费品，有些生产资料也是要属于商品的；即使是完全社会主义全民所有制了，某些地方仍要通过商品来交换。1959 年 3 月，他又针对农村搞"一平二调"刮"共产风"的错误，明确指出：价值规律"是一个伟大的学校，只有利用它，才有可能教会我们的几千万干部和几万万人民，才有可能建设我们的社会主义和共产主义。否则一切都不可能"。另一方面，毛泽东同志晚年却提出了社会主义社会商品生产和货币交换跟旧社会没有多少差别，只能在无产阶级专政下加以限制的说法。

从 1958—1960 年冬开始，由于急于求成，夸大了主观意志的作用，没有经过认真的调查研究和试点，就轻率地发动了"大跃进"运动和农村人民公社化运动，使得以高指标、瞎指挥、浮夸风和"共产风"为主要标志的经济上的"左"倾错误严重地泛滥起来，再加上当时的自然灾害和苏联政府背信弃义地撕毁合同，我国经济从 1959—1961 年发生了严重困难。"大跃进"带来了农业生产和以后两年工业生产的大幅度下跌，经济效益的降低，人民生活水平的下降。我们党总结了经验，纠正了经济工作上的"左"的错误，认真贯彻执行"调整、巩固、充实、提高"的方针，恢复了直接计划与间接计划相结合的计划管理方法，强调运用市场调节作用引导和促进计划的实现，使国民经济得到了比较顺利的恢复和发展。从 1963—1965 年，农轻重比例关系趋向协调，积累和消费的比例关系基本恢复正常，物价稳定，财政收支平衡，商品供应情况大有好转，人民生活有了改善。但是，正当我国社会主义胜利前进的时候，1966 年 5 月开始的所谓"文化大革命"却打断了全面建设社会主义的进程，改变了以大力发展生产力为基本内容的社会主义建设的方向，林彪、江青反革命集团乘机破坏捣乱，使党、国家和人民遭受到新中国成立以来最严重的挫折和损失。国民经济重大比例关系失调，经济效益大幅度下降，企业亏损严重，市场商品匮乏，人民物质文化生活水平下降，整个国民经济陷入困境。直到 1976 年 10 月，我们党粉碎了江青反革命集团，才使我们国家进入了新的历史发展时期。

总的来看，从 1956 年以后到 1978 年以前，我国的社会主义经济体制是以高度集中的指令性计划管理模式为目标的，是一种排斥市场机制作用的经济体制。之所以如此，一个主要的原因是在指导思想上把计划经济与商品经济、市场经济相对立，认为社会主义经济只能是指令性计划经济，而商品经济、市场经济是资本主义经济的主要标志，市场是必然导致产生资本主义的土壤，是社会主义建设中必须消除的"旧社会"的痕迹。结果，总是用姓"资"、姓"社"的观点来认识计划与市场的关系，当然也就很难在实践中有效发挥计划与市场各自在促进社会资源优化配置方面的积极作用。江泽民同志最近在一次讲话中指出："我们过去长期实行的是高度集中的计划经济体制，这种经济体制，曾经起过重要作用。但是由于这种经济体制存在权力过分集中的弊端，存在忽视甚至排斥商品经济、忽视甚至排斥市场作用的弊端等等，越来越不适应现代化生产发展的要求，束缚生产力的发展，以致往往把整个经济搞死，使其失去生机与活力。所以，对这种高度集中的计划经济体制进行根本性的改革势在必行，否则就不可能实现我国的现代化。"① 我认为，他的这段讲话基本反映了我们党和政府对 1978 年以前经济体制的总体评价。

2. 理论界关于价值规律作用的争论

在我国经济理论界，1978 年以前关于计划与市场关系的讨论，主要表现为关于社会主义经济中价值规律地位和作用问题的讨论，即：如何认识国民经济有计划按比例发展规律与价值规律的关系？如何认识价值规律作用的范围？如何依据这些认识来建立社会主义经济管理体制，等等。对于这些问题的认识大体经历过以下发展阶段：

第一个阶段是 1953 年前后。当时，我国正处于对农业、手工业、资本主义工商业的社会主义改造时期，社会主义经济制度还未能真正建立。1952 年斯大林的《苏联社会主义经济问题》一书发表后，对我国社会主

---

① 《江泽民在中央党校的重要讲话》，《人民日报》1992 年 6 月 15 日。

义经济理论研究产生了很大影响。如何认识价值规律在社会主义经济中的地位和作用，成为理论界讨论的一个热点。当时，基本上接受了斯大林的观点，认为在社会主义经济制度下，商品生产活动将受到很大限制，全民所有制经济内部将不存在商品经济关系，生产资料不再成为商品，因此，在社会经济运行中起主要作用的是社会主义基本经济规律和国民经济有计划按比例发展规律，价值规律的作用将受到严格限制，它只是在商品流通领域，而且主要是个人消费的商品流通领域内保持调节者的作用，对生产领域虽然也会产生某些影响，但不起生产调节者的作用。而且，随着计划经济的加强，价值规律作用的范围将会越来越小，当时认为，国营工业生产基本上是由社会主义基本经济规律、国民经济有计划按比例发展的规律和反映这些规律的国家计划来调节的。价值规律对国营工业的生产也有一定程度的影响，但是，由于我们已经有了工人阶级领导的人民民主专政的国家政权，已经有了社会主义国营经济的主导地位，并且已经开始了有计划的经济建设，价值规律起作用的范围，无疑地已经受到一定程度的限制，在今后将要受到更多的限制。

　　第二阶段是 1956—1959 年期间。此时，我国社会主义经济制度已经初步建立，社会主义经济成分在国民经济中占据了统治地位，价值规律发生作用的条件改变了，在新的情况下，如何处理建立计划经济管理体制与发挥价值规律作用的关系，已成为社会主义建设中急需解决的一个现实问题。由于经历了"一五"时期社会主义经济建设的实践，理论界对价值规律地位和作用的认识产生了分歧。一方面，大多数同志仍然坚持原来的观点，强调计划经济是受社会主义经济规律支配的，它不受价值规律支配，相反地还要约束价值规律，限制价值规律在国民经济中的作用，认为在社会主义社会中，价值规律只能在一定范围内起作用，而且已经不成为全社会生产的调节者了。只是因为国家计划不能包罗一切，价值规律才被利用来作为国家计划的补充，因而它"只可能起辅助作用"。另一方面，有的同志针对认为有计划按比例发展规律与价值规律相互排斥、相互对立的观点提出了不同意见。例如，孙冶方同志提出了"把计划和统计放在价值规律的基础上"的观点。[1] 他指出："价值规律同国民经济的有计划管理不是互相排斥的，同时也不是两个各行其是的并行的规律。国民经济的有计划按比例发展必须是建立在价值规律的基础上才能实现。那些无视价值规律，光凭主观意图行事的经济政策（包括价格政策）和经济计划，到头来就是打乱了一切比例关系，妨碍了国民经济的迅速发展；主观主义的强调计划，它的结果只是使计划脱离实际。"并说，价值规律在商品经济中是一个盲目性的自发规律，但"在社会主义制度下，我们把这个盲目、自发的规律变成我们自觉掌握的规律，因而也就排除了它的消极、破坏的一面，而保留并发扬了它的积极建设的一面"。因此，应该"承认并强调价值规律的作用，并在实践中尊重它"，而"不应该受到排斥"；"只有把计划放在价值规律的基础上，才能使计划成为现实的计划，才能充分发挥计划的效能"。[2] 还有的同志指出："社会主义经济是计划经济与经济核算的矛盾统一体"，要"由经济核算来补充经济计划"，"如果过分强调计划的一面，达到否定价值和价格之间的关系，价格对生产分配与产品转移的影响，因而达到否定经济核算所能发挥作用的程度时，企图用计划规定一切的弊病就会出现，而这是阻碍社会经济的发展的。"[3] 认为要充分利用价值规律的作用，自动调节社会经济生活。但是，孙冶方等同志的这些观点在学术界引起了长期的争论，在一段时期内被认为是"异端"、"邪说"，受到不公正的待遇。

1958—1959 年期间，随着全国农村人民公社化的普遍推行和"大跃进"高潮的掀起，否定商品经济和价值规律作用以及刮"共产风"等各种思潮曾流行一时，给经济建设造成了重大损失。针对这种状况，毛泽东同志提出了一些理论观点和方针政策，肯定了社会主义阶段还存在商品生产、商品交换，价值规律和货币仍应起作用。1958 年 11 月底和 12 月初召开的党的八届六中全会通过的《关于人民公社若干问题的决议》中也

---

[1]　当然，孙冶方同志的价值规律有着其特定的含义。而且，孙冶方同志也不赞成社会主义是商品经济的观点。但是，这并不能抹杀他有关价值规律作用思想在我国社会主义经济理论研究中的重要地位和突出贡献。

[2]　孙冶方：《把计划和统计放在价值规律的基础上》，《经济研究》1956 年第 6 期。

[3]　顾准：《试论社会主义制度下的商品生产和价值规律》，《经济研究》1957 年第 3 期。

明确指出："在今后一个必要的历史时期内，人民公社的商品生产，以及国家和公社、公社和公社之间的商品交换，必须有一个很大的发展，这种商品生产和商品交换不同于资本主义的商品生产和商品交换，因为它们是在社会主义公有制的基础上有计划地进行的，而不是在资本主义私有制的基础上无政府状态地进行的。""有些人在企图过早地'进入共产主义'的同时，企图过早地取消商品生产和商品交换，过早地否定商品、价值、货币、价格的积极作用，这种想法是对于发展社会主义建设不利的，因而是不正确的。"① 同时，在党中央和毛泽东同志的倡议下，全国各地的广大干部开展了读书活动，经济理论界也又一次对商品生产、价值规律、国民经济有计划按比例发展规律等问题进行了广泛、深入的讨论，认识上有了明显的提高。

首先，在价值规律与有计划按比例发展规律关系上，虽然有一些同志仍然坚持认为在社会主义条件下，价值规律和有计划按比例发展规律是对立的、此消彼长的、一兴一灭的关系。例如，有些同志指出："凡是国民经济有计划按比例发展规律起作用或者作用很强的地方，价值规律就不起或很少起作用；凡是价值规律起作用或作用很强的地方，国民经济有计划按比例发展规律就不起或少起作用。在我国，由于国民经济有计划按比例发展规律的作用范围愈来愈大，因此价值规律的作用范围也就愈来愈小。"② 但是，另一方面，则有较多的同志突破了上述框框，强调社会主义计划经济要重视价值规律的作用。认为："在社会主义经济中，制订国民经济计划的时候，国家既要充分考虑社会主义基本经济规律和有计划按比例发展规律，又要充分考虑价值规律。""在社会主义社会的实际经济生活中，有计划按比例发展规律和价值规律是同时发生作用的。既不能说前者起作用后者就不起作用，也不能说后者起作用前者就不起作用。只要某种经济规律有它赖以存在的经济条件，客观上总是要发生作用，绝不会因为其他经济规律存在，它就不发生作用。""如果把价值规律的作用看

---

① 《中国共产党第八届中央委员会第六次全体会议文件》，人民出版社 1958 年单行本，第 19 页。

② 《关于社会主义制度下商品生产和价值规律问题的讨论》，《经济研究》1959 年第 6 期。

成是处于从属地位，那就会导致在实际工作中不能正确地估计和利用价值规律的作用。"①

其次，有些同志针对以往把价值规律作用与资本主义经济相等同的观念提出：有必要把价值规律的调节作用同资本主义经营思想划清界限。有些人把价值规律同资本主义联系在一起，认为让价值规律发生作用就会发展资本主义。这是不对的，因为我国已经消灭了产生资本主义根源的生产资料私有制，价值规律是在社会主义商品生产的条件下发生作用的，因此，在社会主义经济中，价值规律不可能发展资本主义。

最后，在价值规律对社会主义生产和流通是否有调节作用问题上，也形成了两种不同观点。有的同志仍认为价值规律不能说是我国当前商品生产和商品流通的调节者。有的同志则不同意这种说法，认为"应该承认在人自觉的行动下，价值规律对社会主义的生产和流通有一定程度的调节作用，不仅对人民公社的生产有一定程度的调节作用，而且对国营企业的生产也有一定程度的调节作用"。"不能因为价值规律被国家自觉地加以利用而否认价值规律的调节作用。"②

第三个阶段是1961—1964年期间。这一时期关于价值规律作用问题讨论的突出特点，是在总结以往我国社会主义建设正反两方面经验教训基础上，开始了价值规律与社会主义经济管理关系问题的探讨。在这一方面，孙冶方同志的思想是很有代表性的。早在50年代，他就提出"把利润作为计划和统计的中心指标"③，说只要掌握了利润，就像牵着牛鼻子，牛腿（其他指标）自然就跟着跑。1961年10月，他在南京经济学会的一次讲话中谈道："什么是计划经济？什么是独立核算？就是要有价值规律。""我的这个看法，就是要用广义的价值规律来说明计划经济。全民所有制内部之所以要等价交换，不是为了所有制不同、觉悟不高、要物质

---

①　中国科学院经济研究所政治经济学组：《关于社会主义制度下商品生产和价值规律问题的讨论》，《经济研究》1950年第6期。

②　中国科学院经济研究所政治经济学组：《关于社会主义制度下商品生产和价值规律问题的讨论》，《人民日报》1959年6月1日。

③　孙冶方：《从"总产值"谈起》，《统计工作》1957年第13期。

刺激，而是为了研究生产过程中物化劳动和活劳动的补偿，以及研究它的积累和消费。"[①] 他认为，要用经济方法管理经济，"而采用经济办法就是指依照客观经济规律，首先是按价值规律办事。"[②] 他认为传统社会主义计划体制最大的问题，"就是只讲费用不讲效果，或只讲效果不讲费用"。而思想根源，就在于不承认社会主义经济中价值规律的作用，"否定抽象劳动，否定劳动一般，否定劳动的可比性，认为只有活劳动有可比性，物化劳动不可比，因而不计工本，不计盈亏，便成为天经地义的"[③]。由此出发，他主张经济管理应以利润为中心。1963 年，他在一份《内部研究报告》中指出："应该提高利润指标在计划经济管理体制中的地位，……要恢复社会主义利润指标的名誉"，"利润的多少是反映企业技术水平和经营管理好坏的最综合的指标。社会平均资金利润率是每个企业必须达到的水平，超过平均资金利润率水平的就是先进企业，达不到这一水平的就是落后企业"[④]。但是，孙冶方同志的上述观点，不久便被斥为修正主义，受到批判。

1966 年 5 月至 1976 年 10 月的"十年动乱"时期，也可以看做是我国关于价值规律作用问题研究的第四个阶段。在这一时期，林彪、"四人帮"实行文化专制主义，学术讨论被禁止，极"左"思潮占据舆论阵地，他们肆意歪曲社会主义商品生产的性质，硬说社会主义社会的商品交换，就它的基本属性来看，仍然跟旧社会没有多少差别。商品交换的存在，是产生资本主义和新资产阶级分子的温床。有的文章写道，现代修正主义者在经济上复辟资本主义，有一个共同的特点，就是在理论上极力夸大价值规律的作用，鼓吹用价值规律调节、支配整个社会生产。这样，就把经济建设从无产阶级政治挂帅的社会主义轨道，牵到"利润挂帅"的资本主义轨道。如此等等，极大地扰乱了人们的思想认识，给我国社会主义建设造成了无法估量的损失。只是到了 1976 年 10 月"四人帮"一伙被粉碎

---

① 孙冶方：《社会主义经济的若干理论问题》，人民出版社 1979 年版，第 184 页。
② 同上。
③ 孙冶方：《社会主义经济的若干理论问题》，人民出版社 1979 年版，第 168、169 页。
④ 同上书，第 265—266 页。

以后，这种颠倒黑白的理论研究状况才得以重新恢复正常。从另一个角度看，也正是因为"文化大革命"十年动乱期间的惨痛教训，才加速了我们党和政府对传统社会主义经济体制弊端的认识进程，为1978年以后的改革提供了经验教训。

（二）80 年代初关于计划与市场关系的大讨论

1. 讨论的两个基本问题

1978 年 12 月中国共产党召开的十一届三中全会，是我国政治经济生活中具有深远意义的伟大转折，也是我国社会主义经济体制改革的一个重要里程碑。这次会议开始全面地纠正"文化大革命"中及其以前的"左"倾错误，明确了以经济建设为中心的指导思想，恢复了党的优良传统，做出了把工作重点转移到社会主义现代化建设上来的战略决策，并从实现四个现代化的高度，提出了改革经济体制的任务，确立了"解放思想、实事求是，团结一致向前看"的思想政治路线，从而在思想上、政治上和组织上为开创我国社会主义建设新时期准备了条件，揭开了这场伟大变革的序幕。

改革以往社会主义经济体制，必然首先涉及在理论上怎样认识价值规律、怎样认识计划与市场关系等一系列基本问题。在这方面，党的十一届三中全会明确提出了"按经济规律办事，重视价值规律的作用"等改革指导原则。1979 年 6 月，五届全国人大二次会议通过的《政府工作报告》指出：我国国民经济在调整中必须进行必要的改革，以逐步建立起计划调节与市场调节相结合的体制，以计划调节为主，同时充分重视市场调节的作用。这是我国政府首次明确提出要将计划与市场相结合的一个政策性文件。从此，围绕着"计划经济为主、市场调节为辅"的原则，贯彻实施。在 1979 年至 1984 年 10 月期间，经济理论界掀起了一场关于计划与市场关系的大讨论。这场讨论的焦点是承不承认社会主义经济也是一种商品经济，讨论的实质是如何确定新时期我国经济体制改革的方向，而讨论的范围主要是围绕以下两个问题来展开：

其一，关于社会主义经济的基本特征。讨论计划与市场关系，首先涉及一个对社会主义经济性质或基本特征的认识问题，即社会主义与商品经济是否对立？商品经济是不是社会主义经济的基本特征？80 年代初，在我国经济理论界中，完全否认社会主义经济具有商品性或计划性的意见是很少的，但是，对于社会主义经济能不能称之为商品经济，却存在着不同的看法，其主要可以分为如下三种观点：

第一种观点认为，社会主义经济的本质特征只能是计划经济，不是商品经济。例如，有的同志指出：把社会主义商品经济这一范畴跟社会主义计划经济并用或混用，是不妥当的。要么是商品经济，要么是计划经济，二者必居其一。并认为，社会主义经济的本质特征只能是计划经济。把它说成是具有二重性（既有计划性，又有商品性），那已不是社会主义经济，而是混合经济了。还有的同志说，作为社会主义经济基本特征的，应该是计划经济，而不是商品经济。计划经济可以成为社会主义生产方式区别于其他生产方式的主要标志之一，而商品经济却做不到这一点。

第二种观点认为，社会主义经济是有商品关系的计划经济。例如，有的同志指出：社会主义还广泛地存在着商品生产、商品交换，从这个意义上说它是商品经济也是可以的。但社会主义经济最重要的特征不是商品经济，而是建立于生产资料公有制基础上的计划经济。因而，社会主义经济是在生产资料公有制基础上存在着商品生产和商品交换的计划经济。还有的同志说：社会主义的本质特征是计划性，其辅助的属性是商品性。

第三种观点认为，社会主义经济是计划经济和商品经济的统一。例如，有的同志说，社会主义经济是计划经济和商品经济的统一，从一方面看是有商品关系的计划经济，从另一方面看是有计划发展的商品经济。社会主义经济的计划性与商品性不是简单的并列或机械的统一，而是由社会主义经济本质所决定的一种内在的有机的统一。因此，有计划的商品经济，是同生产资料公有制和按劳分配一样，是社会主义经济制度不可或缺的基本特征。还有的同志指出：社会主义经济从本质上讲是计划经济，不能说同时是商品经济，或者说社会主义经济的基本特征是商品经济，不是计划经济，都不够全面，计划性与市场性相结合是社会主义经济的本质特征。我 1981 年在《经济研究》上曾发表文章，强调社会主义是有计划的商品经济。

其二，关于社会主义经济中计划与市场的相互关系。由于对社会主义经济性质认识不同，在社会主义经济中计划与市场的地位、作用及其相互关系问题上，也就存在着不同的认识。例如，在少数认为社会主义经济仅仅是计划经济，而不是商品经济的同志看来，社会主义经济中就根本不存在市场调节，也不存在计划与市场的结合问题。绝大多数同志承认计划和市场在社会主义经济中的地位和作用，两者是可以相互结合的。但是，在具体认识上也存在着各种不同的看法。

首先，在计划与市场的地位和作用方面，有的同志不主张以计划经济或计划调节为主，认为必须改革现行的计划管理，既让价值规律起主要作用，又要以计划辅之。也有的同志主张以计划经济为主导，市场经济为基础，把计划经济和市场经济放在同等重要的地位上，充分发挥计划经济和市场经济的作用，使计划经济、市场经济结合起来，互相补充，互相促进。大多数同志虽然强调要以计划经济为主，市场调节为辅，但对于什么叫"计划经济为主"有不同理解。一种理解是：以计划经济为主，就是以指令性计划为主。认为如果计划完全是指导性、参考性的，而不是必须执行的，那就不是真正的计划经济；另一种理解则不仅把指令性计划，而且把指导性计划，也作为计划经济的实现形式，认为以计划经济为主，是指指令性计划和指导性计划结合起来为主。

其次，在计划与市场的具体结合形式方面，人们提出了各种不同的设想，比如：（1）"板块结合说"。主张把产品划分为几块，分别由计划和市场来调节，即对于有关国计民生的重要产品，必须实行计划调节，就是说，由国家统一计划生产，统一规定价格，统一进行产品的分配。对于其他产品，则可以实行市场调节的方式。（2）"渗透结合说"，强调社会主义经济中的计划性和市场性是相互渗透的，你中有我，我中有你。（3）"胶体结合说"，认为随着指令性计划范围的缩小、指导性计划和利用价值杠杆进行调节范围的扩大，最终将形成在统一的国家计划指导下充分利用市场机制，把计划和市场紧密胶合在一起的统一体。（4）"宏观微观结合说"，认为计划调节与市场调节相结合的根本点是：在宏观经济（主要指国民经济的发展方向）方面必须实行严格的计划管理，在微观经济（主要指各基层企业的经济活动）方面必须在国家计划的指导下充分发挥市场调节的作用。（5）"板块—渗透多层次结合说"，认为社会主义经济的计划和市场的结合，是一个错综复杂、互相交织的综合体系。它不是一种形式的结合，而是几种形式的结合，其中大的结合又套着小的结合。从总体看，首先是指令性的计划调节部分和有计划的市场调节部分相结合，这是一种板块式结合。其中从计划指导下的市场调节这部分看，计划指导和市场调节是渗透式结合，二者融为一体，等等。在 1980 年 7 月中国基本建设经济研究会上，我曾经讲过，计划与市场应当是有机结合的。"计划经济中包含了市场调节的因素，市场调节中包含了计划调节的因素。"

最后，在计划经济与市场调节相结合的具体实现形式方面，对怎样认识指令性计划、指导性计划、市场调节三种管理形式提出了不同看法。有的同志认为只有指令性计划属于计划管理范围。强调坚持指令性计划，才能划清社会主义计划经济同资本主义国家干预经济的界限。有的同志提出指令性计划和指导性计划都属计划管理的范畴，市场调节则是计划经济的补充。还有的同志指出：起着辅助作用的市场调节部分，虽然不纳入国家计划，带有自发性，但也应该属于计划经济的范畴。因为这部分生产也要在国家计划许可的范围内进行，而不能完全脱离计划指导，放任自流，各自为政。

总的看来，经过 80 年代初关于计划与市场关系的大讨论，我国理论界在社会主义经济性质及其运行机制的认识上有了一个质的飞跃。这次讨论，为 1984 年 10 月党的十二届三中全会提出关于我国社会主义经济体制改革的一系列决定做了理论准备。

2. 经济体制改革的初期构想

我们还可以从 80 年代上半期我国政府一系列政策文件的有关论述中，来分析这一时期我国关于社会主义计划与市场关系理论的发展状况。

1981 年 11 月，五届全国人大四次会议通过的政府工作报告，按照"计划经济为主、市场调节为辅"的原则确定了我国经济体制改革的基本方向。报告指出："我国经济体制改革的基本方向应当是：在坚持实行社会主义计划经济的前提下，发挥市场调节的辅助作用，国家在制订计划时也要充分考虑和运用价值规律；对于带全局性的、关系到国计民生的经济活动，要加强国家的集中统一领导，对于不同企业的经济活动，要给以不同程度的决策权，同时扩大职工管理企业的民主权利；改变单纯依靠行政手段管理经济的做法，把经济手段和行政手段结合起来，注意运用经济杠杆、经济法规来管理经济。"报告认为："正确认识和处理计划经济和市场调节的关系，是改革中的一个关键问题。"在这方面，改革的具体设想是："根据企业在国计民生中所占地位的不同，根据企业所有制的不同，根据企业产品的重要性和种类、规格的多少不同，可以分别实行不同的管理方法。大体上有四种类型：一是按照国家指令性计划进行生产的。这是关系国家经济命脉的骨干企业或关系国计民生的主要产品，它们的产值占工农业总产值的大部分，但品种不是很多。二是按市场变化而在国家计划许可的范围内生产的。这是品种繁多的小商品，分散在许多小企业和个体劳动者中生产，不可能也不便于统一计划管理，它们的产值只占工农业总产值的小部分。在这两大类之间，还有两类产品和企业。一类是大部分按国家计划生产，小部分由企业自行组织生产，这一类基本上接近前一大类，但又有所不同；另一类是大部分由企业按照市场变化组织生产，小部分按照国家计划进行生产，这一类基本上接近后一大类，但也有所不同。"①

　　1982 年，我们党和国家在总结改革实践经验和理论研究成果的基础上，又提出了采取指令性计划、指导性计划和市场调节三种方式来实现计划经济与市场调节相结合的改革设想。该年9月党的第十二次全国代表大会题为《全面开创社会主义现代化建设的新局面》的报告，更为明确地指出："我国在公有制基础上实行计划经济。有计划的生产和流通，是我国国民经济的主体。同时，允许对于部分产品的生产和流通不作计划，由市场来调节，也就是说，根据不同时期的具体情况，由国家统一计划划出一定的范围，由价值规律自发地起调节作用。这一部分是有计划生产和流通的补充，是从属的、次要的，但又是必需的、有益的。国家通过经济计划的综合平衡和市场调节的辅助作用，保证国民经济按比例地协调发展。""为了使经济的发展既是集中统一的又是灵活多样的，在计划管理上需要根据不同情况采取不同的形式。对于国营经济中关系国计民生的生产资料和消费资料的生产和分配，尤其是对于关系经济全局的骨干企业，必须实行指令性计划，这是我国社会主义全民所有制在生产的组织和管理上的重要体现。""除了指令性计划之外，对许多产品和企业要实行主要运用经济杠杆以保证其实现的指导性计划。无论是实行指令性计划还是指导性计划，都要力求符合客观实际，经常研究市场供需状况的变化，自觉利用价值规律，运用价格、税收、信贷等经济杠杆引导企业实现国家计划的要求，给企业以不同程度的机动权，这样才能使计划在执行中及时得到必要的补充和完善。至于各种各样的小商品，产值小，品种多，生产、供应的时间性和地域性一般很强，国家不必要也不可能用计划把它们管起来。这类小商品，可以让企业根据市场供求的变化灵活地自行安排生产，国家应当通过政策法令和工商行政工作加强管理，并协助它们解决某些重要原材料的供应。"报告同时强调："正确贯彻计划经济为主、市场调节为辅的原则，是经济体制改革中的一个根本性问题。我们要正确划分指令性计划、指导性计划和市场调节各自的范围和界限，在保持物价基本稳定的前提下有步骤地改革价格体系和价格管理办法，改革劳动制度和工资制度，建立起符合我国情况的经济管理体制，以保证国民经济的健康发展。"① 按照这一思想，1983 年 6 月，六届全国人大一次会议的《政府工作报告》提出："全面经济体制改革，要着重解决以下三个问题：（1）改革计划体制，加强国家对国民经济的有效管理和指导。（2）按照社会化大生产的要求组织生产和流通，发展统一的社会主义市场。（3）改革财政体制和工资制度、劳动制度，正确处理中央、地方、企业、职工的关系。"②

---

① 《坚持改革、开放、搞活》，人民出版社 1987 年版，第 158—160 页。
② 同上书，第 185—186 页。

可以说，以上论述基本反映了新时期经济体制改革第一个阶段中，我们党和国家对于计划经济与市场调节关系的理论认识水平和由此形成的改革总体思路。需要指出的是，在这个阶段，从总体上来说，我们主要是在进行农村经济体制改革的同时，按照"调整、改革、整顿、提高"的方针，集中力量进行各方面经济结构的调整和现有企业的整顿、改革、联合工作，力图为下一步改革创造良好的经济环境。城市改革主要是贯彻服从调整和有利于调整的原则，进行各种试验和探索，以及研究制定改革的总体方案和实施步骤。在改革的指导思想上，我们虽然提出了"计划经济为主、市场调节为辅"的总体原则，但主要是从改善国家经济管理方式的角度来认识的，还没有深入到社会主义经济性质、社会主义企业地位和作用的认识层次。因此还不能完全解决把计划与市场对立起来的观念。例如，1980 年 8 月国务院体制改革办公室起草的《关于经济体制改革的初步意见》提出"我国现阶段的社会主义经济是生产资料公有制占绝对优势，在国家计划指导下的商品经济"，并指出这个"初步意见"，就是"根据计划调节和市场调节相结合，在国家计划指导下充分利用市场调节作用的方针制订的"。这个"初步意见"虽然提请当年 9 月党中央召开的各省市第一书记会议上讨论，但没有做出结论。因此，当时党和政府的有关文件中只提"要大力发展社会主义商品生产和商品交换"，未提"发展商品经济"；只提"要使企业成为相对独立的社会主义经济单位"，未提"企业必须成为自主经营、自负盈亏的社会主义商品生产者和经营者"。改革实践中也就主要采取以放权让利为特点的政策措施，还不能说根本摆脱了以往的经济模式。至于这一阶段中出现把企业上缴税收与上缴利润相混淆，提出并实施"以税代利"的改革方案，除了其他客观原因以外，很大程度上也是当时改革理论准备不足的结果。

（三）1984 年以后理论探索的新进展

1984 年 10 月党的十二届三中全会的召开，标志着我国社会主义经济体制改革理论与实践的发展进入到了一个新的阶段。这次会议通过的《中共中央关于经济体制改革的决定》（以下简称《决定》）第一次系统阐述了我党关于发展社会主义有计划商品经济的理论。这一理论的提出，标志着我国关于社会主义计划与市场关系理论发展及政策演变进入到一个崭新的阶段。

十二届三中全会《决定》关于正确处理社会主义计划与市场关系的基本论述是："改革计划体制，首先要突破把计划经济同商品经济对立起来的传统观念，明确认识社会主义计划经济必须自觉依据和运用价值规律，是在公有制基础上的有计划的商品经济。"① 根据这一基本认识，我国计划体制改革的基本点是："第一，就总体说，我国实行的是计划经济，即有计划的商品经济，而不是那种完全由市场调节的市场经济；第二，完全由市场调节的生产和交换，主要是部分农副产品、日用小商品和服务修理行业的劳务活动，它们在国民经济中起辅助的但不可缺少的作用；第三，实行计划经济不等于以指令性计划为主，指令性计划和指导性计划都是计划经济的具体形式；第四，指导性计划主要依靠运用经济杠杆的作用来实现，指令性计划则是必须执行的，但也必须运用价值规律。"②

可以说，这些论述比较集中地体现了 80 年代前期我国经济学界的研究成果，反映了大多数同志在社会主义计划与市场关系问题上的共同认识。由于肯定了我国社会主义经济是公有制基础上有计划的商品经济，因此，1984 年以后，我国理论界关于计划与市场关系的讨论，已从过去侧重于对社会主义经济性质的争论，转向侧重于如何正确理解社会主义有计划商品经济，如何按照计划与市场相结合的要求建立新体制和新运行机制等更为具体且更具有实质性的问题研究上。其主要集中在以下三个方面：

1. 关于计划与市场结合的内涵

关于计划与市场的结合，在我国大体出现过三种说法：其一，是计划经济与市场调节相结合；其二，是计划调节与市场调节相结合；其三，是计划经济与市场经济相结合。在这三种说法中，第一种说法用得比较广泛。但是，关于这种结合的内涵，存在着不同的看法：

一种观点认为，计划经济与市场调节不是同一层次的问题，计划经济

---

① 《中共中央关于经济体制改革的决定》，人民出版社 1984 年版，第 17 页。

② 同上书，第 18 页。

具有社会主义经济制度的属性，而市场调节则属于对经济运行进行调控的范畴，同计划经济相比是较浅层次的问题，二者不能混为一谈，因而也就不存在是否结合的问题，不如提计划调节与市场调节相结合更为恰当。也有的同志说，所谓有计划的商品经济，就是国家参与管理的市场经济。计划在这里是比市场层次更低的经济概念，计划与市场不是对立关系，但也谈不上结合关系。把二者放在同一层次进行讨论，已经不能准确地揭示经济现象本身。还有的同志则指出，市场机制和计划是内容和形式的关系，是一个东西。计划与市场机制既没有什么主导和辅助之分，也没有什么"结合"可言。

另一种观点认为，计划经济与市场调节相结合，不能由计划调节与市场调节相结合所取代。因为选择计划经济与市场调节相结合这一提法，把两个不同层次的问题统一在一起，正是为了纠正在认识社会主义经济中计划与市场关系方面曾经产生过的两种片面性，即从两个不同的方向上把计划经济同商品经济对立起来和割裂开来：用计划经济排斥商品经济，或者反之用商品经济排斥计划经济。计划经济与市场调节相结合，肯定了社会主义经济必须实行计划经济，同时又强调我们所要实行的计划经济不是那种排斥商品经济和市场调节的原有模式，而是应当通过实践去探索一种能和市场调节相结合，既发挥计划经济的优越性，又发挥市场调节的积极作用的新形式。认为这种提法，全面地反映了社会主义有计划商品经济的本质和特征。

还有一种观点认为：在经济学中，计划与市场既不是指基本经济制度，也不是指经济调节手段，而是指在某种特定制度下的资源配置机制，即通过计划配置资源或通过市场配置资源。"社会主义经济学就是在公有制的基础上，探讨如何将两种功能不同、运行方式不同、运行轨迹不同的资源配置机制结合起来，以达到资源最佳配置的科学，寻找和探求计划与市场最佳结合方式和结合点是社会主义经济学的基本命题，调节手段不过是运行机制的某种实现形式而已，构不成经济学研究的对象"，因此，改革经济理论研究中的计划与市场的基本含义只能是运行机制，而不是其他。

2. 关于计划与市场结合的形式

对于如何将计划与市场相结合，理论界除了 1984 年以前提出的"主从结合"、"板块式结合"、"渗透式结合"等观点外，又提出了多种不同的解说，主要有：

其一，"计划市场"说。认为在有计划商品经济中，计划与市场不是两种相互对立的调节方式，而是互相渗透、互相制约、内在统一的。市场是社会主义经济运行的基础，计划则是这种运行的主导。计划与市场内在统一于价值规律的作用，统一于计划市场。计划的本质是对价值规律和其他经济规律的自觉利用。国家、市场和企业三联动，组成一个有机的整体，这就是社会主义的经济运行模式，即计划市场模式。

其二，"二次调节"说。认为应当把社会经济活动都先交给市场调节，进行第一次调节，如果市场调节的结果符合于社会经济发展目标，政府就不要进行干预，如果不符合社会经济发展目标，政府再进行第二次调节。

其三，"纵横结合"说。认为计划经济与市场调节相结合，是一个整体和广泛的概念，而不能当做两个互相孤立的板块来理解。计划是有市场机制作用的计划，市场是有计划指导的市场，结合基础就是自觉地利用价值规律和供求规律。从整体上说，计划经济与市场调节相结合，主要包括计划决策、经济决策、经济杠杆和有关的行政经济法规四个方面的内容。计划经济与市场调节相结合，有横向的结合，也有纵向的结合。从横向看，结合方式反映在所有制结构、生产活动、产业结构、投资结构、流通、价格、财政税收、金融、收入分配、企业经营管理 10 个方面。从纵向看，计划与市场相结合主要分为宏观、微观以及中央与地方等不同的层次上。

其四，"有机式结合"说。认为整个国民经济和社会再生产，不再分为两块，计划调控和市场调节已水乳交融为一体了。国民经济和社会再生产是一个有机整体，这一有机整体的运行机制和调节手段，也必然是有机式的。有机式的结合是计划与市场都覆盖国民经济各部门，包括物质生产部门（工业、农业、建筑业、商业、交通运输业等）和非物质生产部门

（文化、教育、卫生、体育、广播等）；覆盖社会再生产全过程，包括生产、分配、交换、消费等环节，形成"计划指导下的市场，市场基础上的计划"。计划调控与市场调节有机式结合的大动脉就是价值规律。价值规律是计划与市场有机式结合起主导作用的规律，要把二者结合好，还要充分利用其他经济规律，特别是按比例和按劳分配等规律。

此外，还有些同志提出了"随机结合论"、"长短期结合论"、"参数结合论"、"协商结合论"、"钟摆式结合论"等观点解说。

3. 关于计划和市场在结合中的地位

在这个问题上，存在着以下四种不同观点：

第一种观点依据对我国社会主义经济性质的分析，认为，在计划与市场结合中，计划经济或计划调节应始终占主导地位。既不能使国民经济完全受市场调节，也不能在全社会范围内以市场调节为主，计划调节为辅。而强调作为有计划的商品经济的运行机制和实现形式，只能是以计划经济为主，市场调节为辅。持这种观点的有些同志还认为，建立在公有制基础上的社会主义商品经济运行的总特征必然是计划经济，而不是市场经济。实现社会主义计划经济必须发挥市场调节的力量和作用，甚至在某种时期或某种情况下根据实际需要扩大它的作用范围和增强它的调节力度，但从总体上讲，在对社会经济运行的调节上，必须以计划调节为主导，绝不能破坏计划经济这个经济运行的总特征，这是一个根本性的界限。

第二种观点认为，在计划与市场的结合中，计划居于支撑的地位。计划与市场结合的特点是："直接计划为支撑，间接调控为引导，市场活动为机体。"持这种观点的同志强调应清醒地看到，中国人均占有的资源和产品，在很长时期内不可能迅速提高，这个基本事实决定了中国经济必须是计划直接调控、市场直接作用及宏观的间接调控的共生、依存和相互作用。需要很长的历史时期，才能使市场在直接计划的支撑下和间接调控的指导下发育成熟。因此，正确处理计划与市场的关系，最关键的是要先建立起一个"框架"，用计划直接和间接地把握住它，市场在其中就会启动运转并生长起来，再施以正确的产业政策干预，它就会服务于宏观经济发展的目标，这就是计划与市场关系最实质的内容。

第三种观点认为，在计划与市场结合中，市场居于主要地位。持这种观点的同志指出：在计划与市场关系上，不论社会制度如何，只要存在商品经济，市场就一定占首位，计划只有反映市场才能指导市场。这是商品经济的一般规律，社会主义市场也不会违背这个规律。由于我国是有计划的商品经济，因此，在经济调节结构上必须以市场调节为主，计划将退居次要地位。

第四种观点认为，计划与市场相结合，不存在主、辅问题。持这种观点的同志指出：计划调节与市场调节相结合，就是有计划的市场调节，即把市场调节纳入计划的轨道。由此看来，二者只是混为一体，不存在"以谁为主"或"以谁为辅"的问题。

此外，1984 年以后，理论界还继续对指令性计划、指导性计划和市场调节的属性，以及国家对社会经济的运行应以哪一种形式为主要管理形式等问题进行了讨论。

应当指出的是，无论是 1984 年以前，还是 1984 年稍后一段时间，理论界关于计划与市场关系的讨论，实质上都是围绕着如何确定我国经济体制改革的基本方向问题进行的。对于计划与市场关系认识观点不同，相应提出的经济体制改革取向也就不同。例如，肯定社会主义经济就是社会主义市场经济的同志主张推进市场取向改革。他们认为，经济体制改革实际上就是从以往的计划经济模式向宏观间接控制下的市场调节模式转换。改革的目标模式就是建立社会主义的市场经济，或称有管理的市场经济制度。对于改革中出现的总量失控、经济秩序混乱、通货膨胀、物价大幅度上涨等问题，他们认为与其说是强调市场作用造成的，不如说是计划失误、不恰当的行政干预造成的，这些问题的出现，正反映出以市场为取向的改革的迫切性和必要性。我在 1988 年广东省"市场经济研讨会"编辑出版的《社会主义初级阶段市场经济》一书写的序言中，肯定了社会主义市场经济的提法，曾指出："我国经济体制改革，是要以市场机制为基础的资源配置方式取代传统的、以行政命令为主的资源配置方式。也就是说我们要通过改革建立的社会主义有计划的商品经济，是一种用有宏观管理的市场配置资源的经济。我认为，在这个意义上也可以叫社会主义市场经济。"而认为社会主义经济不是市场经济，市场经济是与计划经济或社会主义经济相对立的同志，则否定市场取向的改革。他们强调，市场经济只能是资本主义经济制度的本质特征，改革绝不能以此为终极目标。而改革中之所以出现总量失控、经济秩序混乱等问题，主要原因是由于改革以市场为取向，出现削弱计划经济和计划调节的倾向。有的甚至认为改革取向的市场化实质上就是资本主义化，是资产阶级自由化在计划与市场关系问题上的表现。可以说，这两种对立观点的争论自 1978 年以来一直是存在的，而参与争论的各种观点中情况又十分复杂，例如，赞成市场化改革取向的论者中，也有不同的观点，极少数人实际上是主张取消计划，搞全盘私有化和完全市场化，让全部经济活动完全受盲目的市场机制调节，认为单纯依靠市场机制就可以有效地实现资源合理配置和提高经济效率。但是大多数人并不主张搞私有化的市场化，而是强调要建立一种新型的国家宏观计划控制下的市场协调经济模式，强调要把计划建立在自觉运用价值规律的基础上。反对市场取向改革论者中，也有极少数人实际上是坚持以往的指令性计划经济体制，但大多数人并不反对发挥市场调节的作用，而是在多大程度上或以什么方式发挥市场调节作用上有不同的看法。因此，不能简单地一概而论。

　　1991 年 3 月召开的七届人大四次会议上的政府工作报告中指出：按照发展有计划商品经济的要求，建立计划经济与市场调节相结合的运行机制，是深化经济体制改革的基本方向。根据多年来的理论探索和实践经验，对计划经济与市场调节相结合，大体形成了以下一些共同认识：（1）实行计划管理，可以从总体上保持国民经济按比例发展和资源合理配置，避免无政府状态；可以在全社会范围内动员和集中必要的财力物力进行重大建设，防止大的重复建设造成的浪费；可以较好地调节收入分配，走共同富裕的道路，保持社会公正。实行市场调节，有利于开展竞争，发挥优胜劣汰机制的作用，按照市场需要从事生产经营，做到产需结合，促进技术进步和经营管理水平的提高。实行计划经济与市场调节相结合，就是要充分发挥两者的优点和长处，更好地发展社会生产力。改革开放以来，我国在这个方面进行了积极的探索和实践，证明这个原则是符合中国国情的，是正确的。计划与市场必须结合，而且能够结合，这一点在制定和执行政策时，不应当再有怀疑和动摇。现在的问题，不是要不要结合，能不能结合，而是要进一步研究和探索怎样把两者结合得更好的问题。（2）不能把计划理解为只是指令性计划，指令性计划和指导性计划都是计划的具体形式。随着经济体制改革的深化、经济结构的改善和市场的不断发育，应该适当缩小指令性计划的范围，适当扩大指导性计划的范围，更多地发挥市场机制的作用。计划管理也必须自觉遵循经济按比例发展规律和价值规律，考虑市场供求关系，市场调节要在国家总体计划和法规约束下发挥作用。（3）大体来说，国民经济发展目标、总量控制、重大经济结构和布局调整，以及关系全局的重大经济活动等，主要发挥计划的作用；企业大量的生产经营活动，一般性技术改造和小型建设，主要由市场调节。（4）国家计划管理和指导的主要任务，是合理确定国民经济发展的方向、规划和宏观调控目标，制定正确的产业政策、地区政策和其他经济政策，做好国民经济的综合平衡，协调重大比例关系，并综合配套地运用经济、法律和行政手段来引导和调控经济的运行。并指出，对于不同领域，不同方面的经济活动，计划与市场相结合的方式和范围，是有所不同的。这段论述，可以说大体上反映了1984年以后我国理论界经过各种争论而逐步形成的一些共同思想。

二　西方国家政府经济干预的启示

实现计划与市场的有机结合，不仅是当代社会主义国家经济体制改革中的一个根本性问题，也是当代资本主义国家经济发展中所面临的一个重大现实经济问题。分析资本主义商品经济发展的历史，我们将会发现：资本主义国家政府对社会经济运行的管理，经历了一个从早期资本主义时代的放任自由，到垄断资本主义时代的总量干预，以致当代对国民经济重点行业进行直接规划、控制与协调的发展过程。特别是本世纪30年代以来，企图控制宏观和中观经济的均衡与速度的政府措施，越来越已成为各发达资本主义国家经济政策中的重要内容。美国经济学家瓦西里·里昂节夫曾以肯定的态度美化了当代资本主义发达国家所出现的这一历史现象，他写道："自由竞争的自动调节机能和为理性判断所指导的有意识的行动法则，两者非但不是不能共存或互相排斥，相反却在我们的经济制度的运行中都起着不同的但是同样重要的作用——正是这种经济制度使北美、西欧和最近日本的经济得以迅速成长并取得至今仍然无与伦比的成就。最高管理当局所面临的问题，不是如何在毫无限制的竞争和全面计划之间进行选择，而是如何把两者有效地结合起来。"① 资本主义国家经济体制模式的演变充分反映了现代商品经济发展的某些规律性。因此，认真分析其特点，对于我们探讨社会主义计划与市场的关系无疑是有益的。

（一）商品经济发展的普遍趋势

对于计划与市场的关系，人们可以从两个不同的层次来认识和讨论。

其一是从经济制度层次来讨论计划与市场关系。在这个层次上，计划经济往往被看做是社会主义社会的一个基本特征，它意味着该社会的经济运行是以生产资料公有制为基础，而政府有计划地组织资源配置成为经济发展的主要动力。例如，恩格斯曾经在批判资本主义社会弊端时写道："大工业造成一种绝对必需的局面，那就是建立一个全新的社会组织，在这个新的社会组织里，工业生产将不是由相互竞争的厂主来领导，而是由整个社会按照确定的计划和社会全体成员的需要来领导。"② "一旦社会占有了生产资料，商品生产就将被消除，而产品对生产者的统治也将随之消除。社会生产内部的无政府状态将为有计划的自觉的组织所代替。"③ 恩格斯的这些论述曾一直是各社会主义国家政府发展经济和进行体制建设的基本理论依据。另一方面，市场经济则被视为资本主义社会的一个基本特征，它意味着该社会的经济运行是以生产资料私有制为基础，私人积极性是经济发展的主要动力。正如约瑟夫·A.熊彼特所说的："如果一个社会把经济的过程委托给实业家个人去指导，这个社会就叫作资本主义社会。这可以包含两层意思：第一，不动产生产资料，如土地、矿藏、工厂

① ［美］里昂节夫：《投入产出经济学》，商务印书馆1980年版，第3页。
② 《马克思恩格斯选集》第一卷，人民出版社1972年版，第217页。
③ 《马克思恩格斯选集》第三卷，人民出版社1972年版，第323页。

和设备，归私人所有；第二，为私人利益而生产，也就是说，靠私人盈利的积极性而生产。"①

其二是从资源配置方式层次来讨论的计划与市场的关系。在这个层次上，计划经济往往被理解为主要采用中央政府指令性计划控制组织社会资源配置。而市场经济则被认为主要是依靠市场机制进行社会资源配置。1973 年，在意大利佩拉杰的洛克菲勒基金会研究和会议中心举办的"东西方经济计划比较"研讨会上，美国经济学者莫里斯·博恩斯坦在定义"计划"的概念时指出："计划是指未来行动的方案，……国民经济计划就指的是国家经济活动的方案。因此，计划包括三个主要特征：（1）它必须与未来有关；（2）它必须与行动有关；（3）必须有某个机构负责促进这种未来行动。"他认为："在东方（意指社会主义）的计划经济中，计划被看成是政府用以指导生产、投资和分配的总构架。……相反，在资本主义的市场经济中，国家经济计划并不那么全面而详细，政府经济政策在很多情况下是在国家计划的范围之外制定和执行的。"② 照此理解，计划实质就成为政府干预经济的一种手段，即一种有目的、有组织进行事前经济干预的手段。而市场则成为一种非政府参与的事后经济调节行为。1978 年以后，我国一些经济学者关于计划与市场关系的论述也是主要从这个层次来进行的。

然而，不论理论上如何抽象，在现实经济生活中，正如国内外许多经济学者所指出的，并不存在所谓纯粹的"计划经济"或纯粹的"市场经济"。在当今世界上，无论是社会主义国家还是资本主义国家，无论是发达国家还是发展中国家，其商品经济的发展都越来越明显地反映出一个共同特征，即政府在社会经济发展和运行中的作用日益增强。在资源配置中如何使计划与市场相结合，已成为各国政府和经济理论界极为关注的现实问题。

美国经济学者阿兰·G. 格鲁奇曾在他所著的《比较经济制度》一书

---

① 约瑟夫·A. 熊彼特：《资本主义》，载《英国大百科全书》第 4 卷，1958 年版，第 801 页。

② ［美］莫里斯·博恩斯坦编：《东西方的经济计划》，商务印书馆 1981 年版，第 4、25 页。

中，把资本主义经济体制的发展划分为三个阶段，并相应提出了三种理论分析模式①：

第一种模式是完全竞争的资本主义经济模式。这种模式的运行是建立在完全自由放任的思想基础上的。市场制度中起作用的力量实质上是通过这个制度的运行表现出来的自发力量。价格自由地反映供求情况的变化，并自动发挥着优化资源配置和把商品和服务分配给消费者的功能。"自由市场制度不仅把生产者和消费者汇集在一起，以协调生产，而且也按照这个社会的经济制度中各个参与者的边际贡献来分配收入。"他认为，"完全竞争的经济制度是小经营者的自由放任的制度，在这个制度中不会产生经济政策、市场力量或生产者主权等问题。"这种模型是在 19 世纪建立，用于说明私人企业制度发展中的特定阶段的，它"不能说明 19 世纪最后 20 多年中竞争性资本主义迅速没落后资本主义制度所经历的各个阶段"。"不能反映大规模生产和寡头垄断企业在现实世界中实际的经济制度"。"因为自由竞争制度在大部分先进的工业经济中已被消灭，或者受到严格的限制，所以达到效率和自由的目标，已经不再是仅仅依靠竞争市场自发力量的自发作用的问题。为了促使大工业企业有效地配置土地、劳力和资本，并符合消费者的爱好，必须使用其他的手段，如反垄断活动、政府干预和国家计划等。"

第二种模式是混合资本主义经济模式。也称为有调节的、混合的资本主义经济模式。这是在本世纪 40 年代和 50 年代的凯恩斯革命中建立，并用于反映 1929 年以后资本主义经济现实状况的理论分析模式。混合经济，按照西方学者的观点，意味着在社会经济运行中，"资源分配的一部分由私人和私营企业（私有部分）决定，一部分由政府和国营企业（公有部分）决定。"②正如萨缪尔森在他的《经济学》一书中所写的："我们大部分注意力将放在 20 世纪工业国家（苏维埃制度除外）的经济生活的特征上……几乎在我们所研究的所有国家中，政府在经济中的作用都稳步增

---

① ［美］阿兰·G. 格鲁奇：《比较经济制度》，中国社会科学出版社 1985 年版，第 39—75 页。
② 克里斯·马登：《比较经济制度》，《现代国外经济学论文选》，商务印书馆 1987 年版，第 15 页。

加。我们的经济是一种'混合经济'，在其中，公私机构都实行经济控制。"① 在格鲁奇看来，混合资本主义经济模式的基本特点是："国家工业中心的微观经济的调整，伴有中央政府的各种宏观经济的调整。政府有责任采取种种措施达到国家指标规定的每年的经济增长率。借助于适当的财政、货币政策，政府力求使储蓄与投资的平衡保持在支持国家经济增长目标的水平上。"不过，在"混合资本主义经济的理论模式中，政府只对经济活动进行干预，但不实行国家计划纲领。政府支持并促进私人企业制度，而且私人企业制度仍然是国家经济活动运转的轴心"。"理想的混合经济是农业只占全国总产值的极小部分的经济。制造业、主要的公用事业和建筑业约占全国总产值的 1/3，而公私服务行业占总产值的 1/2 到 2/3。""这个模式有个工业核心或中心，在这个工业核心中，少数大寡头垄断企业在国家的经济事务中起着决定性作用。……大企业的经营与高度集中的商业银行系统是紧密结合在一起的。"格鲁奇认为，混合资本主义经济模式，是西方经济学家在概括西欧、美国、加拿大、澳大利亚、新西兰、日本、南非联邦等资本主义国家现实状况的基础上建立的。西方经济学家把它作为资本主义经济发展的一种理想制度，试图以此来制定有关国家政策。虽然，现实中的资本主义与理想模式有很大不同，但它仍然是经济学家作为分析现实的混合经济的出发点或基点。

第三种模式是有指导或有计划的资本主义经济模式。格鲁奇指出：从本世纪 50 年代开始，西方国家政府一直在寻求一个比第二次世界大战后英、美的凯恩斯主流派经济学家所设想的更好、更可行的资本主义经济体制模式。这些政府已经发觉，凯恩斯的干预计划并没有成功地解决 1945 年以来高压的、日渐严重的劳动力就业问题。一些国家转而实行另一种更多的政府干预和国家经济指导的经济体制。如法国、荷兰、日本、比利时、丹麦和意大利等资本主义国家早已采用了大量的国家经济计划。尽管不同的国家有各不相同的民主的国家计划的经验，但是，在先进的工业国家中普遍存在着朝更多的干预和计划方向发展的趋势，有些经济学家称这

① 萨缪尔森：《经济学》，第 37、43 页。

种发展为后凯恩斯的发展。在这种发展中，有调节的资本主义转变为有指导或有计划的资本主义。经济学家如 G. 缪尔达尔、约翰·K. 加尔布雷思、G. 科姆和 A. 劳，都把他们的注意力从有调节的资本主义经济模式转向有计划的资本主义经济模式，以此作为他们进行经济分析和提出政策建议的出发点。格鲁奇认为，西方国家的计划不是由中央政府计划当局强制实施的，而只是指示性的，因为这些计划虽然规定了国家的经济和社会目标，但它是经过企业在自愿的基础上合作实施的。在现实经济生活中，国家计划最接近成功的西方国家是法国、日本、瑞典、挪威和荷兰等国。第二次世界大战后初期，国家计划就成了这些国家公认的政府政策。在这五个国家中，过去 20 多年的指示性国家计划纲领得到了所有的或许多重要的经济利益集团的支持，这些集团都与国家计划当局密切合作。美国、德国、加拿大及其他资本主义国家政府虽然并未实行国家经济计划，但是，这些国家所实行的干预，已远远超出凯恩斯所强调的在衰退时期实行赤字财政的反周期纲领的限度。美国、德国和加拿大都成立了经济专家委员会，以便向政府提出经济政策的制定与协调的建议。而且，随着环境污染、城乡贫困、中心城市衰退、人口控制、联邦国家收入分配、不发达国家的困境以及各阶级参与公共决策等社会问题日益突出，将迫使资本主义国家不得不采用有利于这类问题解决的国家计划方式。

与格鲁奇从历史纵向来比较分析资本主义经济模式相类似，另一位西方经济学者约翰·克鲁德森用横向比较的方法对现代资本主义经济中的政府作用做了比较分析。[①] 他发现，1945 年以后，西方各国政府无论政治历史和施政哲学如何，都无一例外地接受了一个事实，即使经济顺当的、有效的营运是政府的职责。每个国家都承认在一国的经济生活中需要积极的政府干预。这种干预主要包括三个方面，即：（1）从宏观角度把经济活动作为一个整体进行管理；（2）从微观角度影响或控制私人工商企业和劳资双方的活动；（3）从地区角度对本国内不同地区的资源配置进行调

---

① 参见约翰·克鲁德森《西方的混合经济》,《现代国外经济学论文选》第 11 辑，商务印书馆 1987 年版。

整、改变。他把西方国家政府干预方式归纳为以下四种类型：

第一种类型是新古典或市场经济学派方式。这一派的经济学家和政党所主张的政府经济政策内容是：生产与消费的组织应留给私人和自行调节的市场去决定，最大限度地减少国家的作用。国家政策的主要目标应是为市场机制的繁荣提供有利的环境。为此，政府干预的主要方面是：（1）在微观水平上保持完全竞争的市场结构；（2）提供"公共货物"，包括警卫部队开支及国防开支，等等；（3）为社会提供福利服务及转移支付；（4）解决因社会费用及社会利益与私人费用及私人利益发生矛盾而市场体系又无法解决的各种社会问题。

第二种类型是社会市场学派方式。这一派的经济学家和政党主张政府不仅应该制定积极的经济政策，以提供适当的社会、经济环境，而且应该具体地干预市场以刺激竞争。1945年以后的联邦德国政府就是采用这种经济政策的典型代表。

第三种类型是需求管理学派方式。这一派的经济学家和政党主要信奉凯恩斯理论，它以英国为代表，强调：（1）要通过政府的积极干预，保证经济活动总需求的平衡；（2）政府干预应以预算措施为基础；（3）政府政策应以短期需求管理为基础；（4）政府应该运用反周期政策达到充分就业的目的。

第四种类型是指导性社会市场学派方式。这一派的经济学家和政党强调：由于各种原因，市场机制不可能充分发挥作用，以至于直接的政府干预是必要的，不论是微观还是宏观经济领域都是如此，而且这种控制应以定量的长期计划为基础。1945年以后的荷兰和法国可以说是这一类模式的典型代表。

值得注意的是，以上两位西方经济学家始终是在资本主义经济制度的基础上来对不同类型经济体制或社会运行机制进行比较分析的，并没有因为某类经济体制或社会运行机制中国家计划干预成分加大而否定这些国家的资本主义性质，而不过是把它们作为私有制经济的不同实现形式，看做资本主义经济制度自身的不断发展和完善。这对于我们研究社会主义经济体制改革无疑是具有启发意义的。

　　关于当代资本主义国家中政府对经济的计划干预，我们可以从两个层次进行分析：第一个层次是政府作为上层建筑，或者说，作为社会经济活动管理者所进行的计划干预。这种计划干预主要表现为资本主义国家政府对财政、金融、法律、价格、税收等各种经济杠杆的运用上，着眼点是企业的外部环境，所以也可以说是一种间接计划干预，通过对外部环境的调节，引导企业的生产经营行为。第二个层次是政府通过建立国有企业，依靠国有企业的生产经营活动对社会经济运行实施的计划干预。此时，政府是作为所有者，或者说，是作为经济基础的一个组成部分来进行干预。其着眼点是直接从事某类社会经济活动，参与这类经济活动的具体组织与决策，所以是一种直接计划干预。当然，这两种不同计划干预方式的运用在不同国家是不同的，有的国家偏重于第一种方式，有的国家更注重于第二种方式的运用。即使是同一国家，不同的时期，干预方式选择的侧重点也可能有所不同。一般来说，第一种干预方式是基本的，也更带有普遍性和长期性。第二种干预方式则是对第一种干预方式的补充，是随着国际市场竞争日趋激烈、经济发展不平衡状况以及各种社会、政治因素影响下，某些国家迫不得已而采取的措施。但是，也不能不注意到，第二次世界大战以后直到 70 年代末的一段时期内，以国有经济形式进行的计划干预在促进资本主义国家，特别是促进西欧各国的经济发展中，曾发挥了重要的作用。例如，据国际货币基金组织的有关统计资料表明（见表 2 - 1），到本世纪 70 年代中期，不包括美国在内的近 50 个混合经济国家中，国有经济的生产占国内生产总值（GDP）的比重平均为 9.5%。包括美国在内的 70 多个混合经济国家中，国有企业资本投资占全国固定资产形成总值的比重平均为 16.5%[①]。其中，发达资本主义国家的上述两项指标的平均值分别为 9.6% 和 11.1%。发展中国家的平均值分别为 8.6% 和 27.0%。又比如，美国学者伊蒙德·维尔伦（Raymond Vernon）指出：目前，"国有企业占全世界生产总值的 15%—20%，占国际贸易额的 20%—30% 和有至少同样的资本投资额。除美国之外，国有企业在各国国民经济中占有重要

---

① *Public Enterprises in Mixed Economics*，国际货币基金组织 1984 年版，第Ⅻ页。

地位。国有企业在墨西哥、巴西等国经济发展中起着中心作用，在法国、意大利、英国经济生活中起着支配作用，在阿尔及利亚、突尼斯、加纳、坦桑尼亚等非洲国家的现代经济部门中占据垄断地位。"① 而另外几位外国学者的研究表明："国有企业几乎遍及西欧经济生活中的每一个部门，特别是在公用事业，公共运输这些行业中，国有企业占有极为重要的地位。"② 在目前世界上的许多国家，"国有企业已超出了邮政、公路、公共设施等传统行业，发展到采矿、商业银行、信贷、保险等部门。在制造业中，国有企业的经营范围已遍及'夕阳'产业和'新兴'产业。一方面，政府为解决失业问题，接管了诸如钢铁、纺织、汽车、造船之类衰落行业的许多病态公司。另一方面，国有企业已进入到诸如航空、计算机、电信之类的高技术行业。"③ 即使是号称"自由市场经济"的美国，也是这样。美国约翰斯·霍普金斯大学高级国际问题研究所客座教授杰汉格·阿穆泽加认为："不论用传统的自由主义标准来衡量，还是用19世纪初美国的实际情况来对照，美国现在的经济体制都不能看成是私人企业的市场经济体制。官僚机构的手几乎触及美国经济生活的各个方面。""美国的联邦、州和地方政府在不同程度上都从事各种企业活动。联邦经营管理的企业有80多个独立的单位，大到每年产值达几十亿美元的全国邮政公司，小至一个军事基地的小洗衣房。……美国的联邦、州和地方政府还直接提供教育、卫生、银行、保险、不动产、电力、交通运输和其他许多服务项目。"④，表2-2是一些国家1984年若干工业部门的公有制比重情况。

　　一般认为，国有企业在资本主义经济中主要发挥着以下四个方面的作用：

　　① *State-Owned Enterprises in High Technology Industries——Studies in India and Brazil*，〔美〕Praeger 出版公司1987年版，第Ⅷ页。

　　② 〔英〕亨利·帕里斯等：*Public Enterprises in Western Europe*，克鲁姆·赫尔有限公司1987年版，第35页。

　　③ *State-Owned Enterprises in High Technology Industries——Studies in India and Brazil*，〔美〕Praeger 出版公司1987年版，第5—6页。

　　④ 何大隆编译：《外国经济体制概论》，新华出版社1985年版，第71、81页。

表 2-1	70 年代中期发达国家与发展中国家国有经济比重	单位:%
国家类型	占国内生产总值比	占固定资产形成总值比
工业发达国家	9.6	11.1
发展中国家	8.6	27.0
其中：亚洲地区	8.0	27.7
非洲地区	17.5	32.4
欧洲地区	6.6	23.4
拉丁美洲和加勒比海地区	6.6	22.5

资料来源：*Public Enterprise in Mixed Economies*，第116—117页，表3.1（Washington D.C.：IMF 1984）。

表 2-2　　　　　　　　　　1984 年若干工业部门的公有制比重　　　　　　　单位:%

部门 / 国家	纺织工	电子工业	石油化工	机动车	水泥	采矿业	氮肥	钢	电信服务
奥利地				100		25	100	75	100
巴西		25	50			75	75	75	75
法国	25	50	50	50		50	100	75	100
加纳				100		75	100		100
印度	25	50	50	25	25	75	75	75	
以色列		50	25				100		100
意大利		25	25	25		50	75	75	50
巴基斯坦		50	50	75	750	25	50	75	100
葡萄牙		25	100		100	25	75	75	100
瑞典	25					50	50	75	100
突尼斯	50				100	50			100
赞比亚	50		50		25	100	100	100	100

资料来源：《1987 年世界发展报告》，第67页，图4.4。

1. 为私人垄断资本经营创造良好的外部环境

从表 2-3 和表 2-4 中数据可知，虽然无论用哪个指标来衡量，发达资本主义国家国有经济在国民经济中的比重都较小。但是，在能源、交通运输、邮政、电信这类国民经济基础设施行业中，国有经济均占有极为重要的地位，起着为私人垄断资本经营创造良好环境的作用。美国经济学者哈罗德·塞德曼认为：“除去田纳西河流域管理局、一些州和地方的电力机构，美国的国有企业都不曾设计用来取代私营部门或与之竞争。实际上，私营部门很大程度上依靠国有企业来提供信贷、刺激投资、降低风险、稳定价格以及承担经营基础服务。”[1] 英国学者格林和舒特克赖夫也指出：“国家能够……利用国有化部门来津贴私营部门；低价格和低盈利性等于给生产以津贴。实际上这一直是英国国有化部门的任务。”[2] 在联邦德国，国有企业向大的私人消费单位出卖商品和提供劳务的价格和价目

表 2-3　　　　　　部分发达国家国有经济在国民经济中的比重　　　　　单位:%

国家	年份	占国内生产总值比重（a）	占全国就业人数比重（b）	占固定资本形成总值比重（c）	综合指数（a+b+c）
美国	1978	1②	1.5	4.4	6.9
日本①	1979	6.2	3.0	11.9	21.1
联邦德国	1982	10.7	8.9	14.7	33.3
英国	1982	12	7.4	20	39.4
法国	1982	17.6	14.6	34.3	6.5
意大利*	1981	25.1	26.8	49.7	101.6
奥地利	1982	17.8	14.3	21.1	53.2
澳大利亚	1979	9.4		19.2	
比利时	1979			13.1	
荷兰	1984		5.0		
加拿大	1982			21.7	
瑞典③	1979		3.8	40.0	

资料来源：① 《现代日本经济事典》。

② 《外国经济体制概论》，新华出版社 1985 年版，第 72 页。

③ 黄范章：《瑞典福利国家的实践与理论》，上海人民出版社 1987 年版，第 15、76 页。

④ 英国、法国、意大利、奥地利、荷兰、联邦德国数据引自 *Public Euterprises in Western Europe*，第 30—35 页，表 2.3—2.6。

其他数据引自 *Public Euterprises in Wixed Economies*，第 116 页，表 3.1。

* 不包括 20 人以下的企业。

---

[1] *Public Enterprises in the Worlq*，［印度］喜玛拉亚出版社 1986 年版，第 555 页。

[2] 转引自罗志如、厉以宁《二十世纪的英国经济》，人民出版社 1982 年版，第 263 页。

表 2 - 4　　　　　　　　西欧国家国有经济的部门分布　　　　　　　单位:%

国家	邮政	电信	电力	煤气	铁路	煤炭	航空	汽车	钢铁	造船
奥地利	100	100	100	100	100	100	100	100	75	*
比利时	100	100	25	25	100	0	100	0	0	100
英国	100	100	100	100	100	100	75	50	75	100
法国	100	100	100	100	100	100	75	50	0	0
联邦德国	100	100	75	50	100	50	100	25	25	25
荷兰	100	100	75	75	100	*	75	0	25	0
意大利	100	100	75	100	100	*	100	50	50	75
西班牙	100	25	0	75	100	50	100	0	25	75
瑞典	100	100	50	100	100	*	50	0	25	75
瑞士	100	100	100	100	100	*	0	0	0	*

＊没有统计数据。

资料来源:《欧洲经济》,载《经济学家报》1978 年。

都比一般价格指数低 60%①,一个最为典型的例子是日本国营铁路。为了有利于垄断资本的恢复和发展,"日本国铁"长期以来实行客运贵、货运贱、货运费用低于成本的经营政策。据统计,每运输 1 吨公里的货物,在 1955 年所付出的成本比实际费高 15%,1965 年更高出了 42%。1964—1979 年期间,日本国铁连年赤字,从 300 亿日元增加到 8218 亿日元,累计赤字达 66175 亿日元②。这些巨额赤字,均从每年的财政预算中支出,实际上是把广大人民的税收转换为对垄断资本的一种补贴。

2. 作为濒于破产的私人垄断企业的"避风港"

在这方面,意大利可以是最为典型的例子。虽然,早在 19 世纪 40 年代,意大利就开始出现国营铁路,但是,其国有经济的形成主要是本世纪 30 年代经济大危机的结果。当时,经济危机使意大利 3 家私人垄断银行(意大利商业银行、意大利信贷银行、罗马银行)陷入严重困境,而这些银行又通过参股、信贷等方式控制了大批工业企业,其倒闭将导致意大利

① 《当代资本主义》,江苏人民出版社 1984 年版,第 148 页。
② 引自孙执中主编《日本垄断资本》,人民出版社 1985 年版,第 224 页。

资本主义经济的崩溃。为此，政府于 1933 年成立了工业复兴公司（IRI），企图通过接管这 3 家银行所掌握的工业企业股权，对它们进行整顿，待经济形势好转再还给私人经营。然而，由于它所接管的钢铁和机械制造企业是全国最大的工业集团，其规模之大，使得没有一个国内私人集团能够购买或控制它们，而卖给国外资本家又会损害本国垄断资本家的利益。这样，1937 年，政府才不得不改变原来的过渡性想法，决定把工业复兴公司作为一家永久性的国有企业。

与意大利相似，本世纪 70 年代初的石油危机，导致英国航空、宇航、汽车制造、电子等行业的垄断资本集团陷入即将破产的困境，为了维护垄断资本家集团的利益，英国政府建立了国家企业局，把它作为"国家所有制和私人企业活动之间的桥梁"，向"罗尔斯—罗伊斯"、利兰等 24 个私营公司提供了 2.4 亿英镑的贷款（其中"罗尔斯—罗伊斯"公司 0.62 亿英镑，利兰公司 1.6 亿英镑），并花费 10.23 亿英镑购买 50 个私营公司的股票（其中"罗尔斯—罗伊斯"公司为 2.03 亿英镑，利兰公司为 6.96 亿英镑），从而缓解了这些公司的困难，"并十分有效地改变了费兰蒂电子公司的面貌，使它为费兰蒂家族赚了大钱"[①]。

事实上，本世纪以来特别是 30 年代以来的各次经济危机中，都可以找到发达资本主义国家政府通过国有化来挽救濒于倒闭的私人垄断企业的例证，而当经济形势好转之时，政府又往往把盈利的国有企业私有化，使之回到私人垄断资本家手中。

3. 承担私人垄断资本不愿承担的经济活动

在发达资本主义国家中，国有企业是作为私人垄断资本主义经济发展的工具，由它们来承担各种私人垄断资本不愿承担的经济活动。例如，在美国，"直到本世纪 40 年代，国有企业总被看做是一种主要与战争和衰退相关的过渡现象"。当某些生产领域无利可图时，国有企业便成为唯一可行的替代。"在不到 20 年的时间里，大量客运系统由主要私有变为完全国有。尽管人们小心翼翼地避免使用'国有化'一词，但事实上两个

---

① ［英］安东尼·桑普森：《最新英国剖析》，中国社会科学出版社 1988 年版，第 417 页。

联邦企业——全美铁路客运公司（AMTRAK）和联合铁路货运公司（Conrail）分别经营着全国范围的客运列车服务和在美国东北部地区提供货运服务，原先的铁路已经破产。"又比如，荷兰政府为开发南林堡地区（Limburg）的煤田而创办国家矿业公司（DSM），这是因为开发这项资源需要巨额投资，且资本回收期长，私营企业对此没有兴趣。与之相类似，意大利政府为了开发落后的南部地区，也只能主要依靠国有企业。1958—1973年期间，国有企业的工业投资和总投资中，南方地区占一半以上。在南方地区整个工业投资中，国有企业所占比重在1958—1969年期间为33.7%，1971年上升到45.9%。南方地区新建的一些大型现代化企业，都是国有企业开发南方地区经济的成就。

4. 加强本国私人垄断资本集团的竞争能力

当代资本主义国家经济是一种开放性的商品经济，国际市场竞争日益加剧以及由此造成对国内私人垄断资本集团的压力，也是一些国家实行国有化的一个重要原因。例如，在法国、意大利、英国等西欧国家中，国有经济常常是维护本国资本家阶级利益，与国外垄断集团相抗衡的重要力量。反之，在美国，由于私人垄断资本势力极为强大，国有经济的规模相对要小得多。据统计，美国的国有财产在国民财富中约占1/4，但是，国有经济在国民经济中的比重为5%—10%，在工业领域则不足1%。

总之，企业或行业的国有化和半国有化，使资本主义国家政府直接掌握了巨大的经济实力，由于国有化或半国有化的对象主要是控制国民经济命脉的垄断企业，或是具有战略意义的重要行业，因此，当代资本主义国家已经不仅仅是作为上层建筑，通过财政、金融手段从总量上发挥调节社会经济运行的作用，而且作为经济基础，通过对关键企业或行业的直接控制来发挥调节社会经济运行的作用，大大增强了政府干预经济的能力。

应该指出的是，国有化是资本主义国家政府企图通过国家垄断资本主义来缓和资本主义经济内在矛盾日益激化状况的结果，其本质是为了维护资本家集团的利益。因此，资本主义国有化过程本身就包含着一个不可调和的矛盾，即生产力的发展要求通过国有化实行行业经济运行的全社会调节与控制，而私有制基础的存在又直接阻碍着这种全社会调节与控制的有效实施。结果随着经济危机的频繁发生，国有化使得资本主义国家政府开支数额越来越大，产生的经济效果却越来越小。据国际货币基金组织估计，1982年，美国政府债务已近2万亿美元，私人债务3万亿美元，共达5万亿美元；同期，法国外债已达450亿美元；联邦德国内外债高达7000亿马克；日本国债累计已超过90万亿日元。此外，各种烦琐的规章制度侵犯了企业的自由，阻碍了私人经济的发展。因此，本世纪70年代末期以来，一些西方国家为加速产业结构调整，陆续把国有企业改为私人企业，出现了一种"非国有化"趋势。但是，这种趋势只是意味着资本主义国家政府计划干预方式的调整，而并不意味着这种干预的削弱。

（二）美国政府对经济的干预

美国是当代帝国主义超级大国，也是现代资本主义国家的典型。美国经济学家杰汉格·阿穆泽加在他所著的《比较经济学》一书中写道："美国经济是混合经济，由市场和非市场两部分分担经济的计算与协调职能。即使就市场经济部分而言，竞争也并不充分，有的还属于垄断竞争性质。总的来看，在全国经济活动中，仅有较少部分堪称激烈竞争。"另有一份关于美国经济情况的报告则指出：美国国民生产总值的约70%是由市场决定的，约15%是受政府（作为代理人）管理的，12%属于计划经济范畴。在市场经济部分中，约有6%—7%属于纯垄断活动，近50%是寡头活动，只有13%—14%的活动大致算得上竞争活动[①]。然而，西方学者一般认为，虽然同为"混合经济"或"有调节的资本主义经济"，但是，美国仍然与西欧国家和日本不同，它更具自由资本主义经济的色彩。例如，美国国有经济成分在整个经济中的比重是资本主义国家中最低的。国有经济在国民经济中所占比重不超过5%—10%，在工业领域则不足1%。美国政府也不像日本和西欧大多数国家那样，形成了比较系统、明确的计划干预体系。

然而，如果据此就简单地把美国归入政府计划干预程度最低的一类资本主义国家是不全面的。从历史发展的全过程看，恰恰是在这个号称

---

① 参见《外国经济体制概论》，何大隆编译，新华出版社1985年版，第1—2页。

"自由世界"的美国，早在第一次世界大战期间，就产生了政府全面计划调节社会资源配置的管制经济体制。"在整整 16 个月中，联邦政府控制了全国主要的人力、物力资源以支持战争；建立了战时工业局，用说服和温和强制的方法对私人企业的生产任务、资源分配加以调节，使生产迅速上升，为战败德国做出了贡献。"① 至于 30 年代大危机中受战时计划生产奇迹影响而出现的罗斯福"新政"，则更是资本主义国家政府全面计划干预经济的一个典范，正是以此为起点，才真正开创了西方国家垄断资本主义发展的新时代。因此，从这个意义上说，美国事实上又是当代资本主义国家中最早的政府计划干预实践者。

我们知道，根据资产阶级古典经济学家的观点，市场机制可以最有效地分配国家资源，以致可以最大限度地增加社会成员的福利，因此，他们主张社会生产与消费的组织应留给私人和自行调节的市场去决定，最大限度地减少国家的作用。例如，亚当·斯密认为，在资本主义经济运行中，国家只能是作为"夜警察"履行三个方面的义务：第一，保卫国家，使其不受其他国家的侵犯；第二，设立严正的司法机关，保护社会上的每个人不受任何其他人的侵害或压迫，特别是保护私人财产不受侵犯；第三，建立并维护一定的公共事业及一定的公共设施。然而，1929 年爆发的世界性经济大危机使这种传统观念发生了根本性变化。1932 年，正当胡佛政府由于仍然信守所谓依靠资本主义"市场机制的自动调节功能"来摆脱危机的教条，主张"联邦政府应该最少最少地介入经济领域"②，因而难以应付经济危机的冲击，经济状况越来越糟的时候，罗斯福在竞选中赢得胜利，提出了加强国家对经济的干预，以实现"有控制的资本主义"的主张，从 1933 年开始推行了"新政"。

首先，政府通过颁布"1933 年银行法"和"1935 年银行法"，对美国的银行制度进行了整顿和改革，把全国的货币、信贷业务活动置于加强了的联邦储备体系、新建立的全国性的联邦存款保险公司以及政府通货总

---

① 陈宝森：《美国经济与政府政策》，世界知识出版社 1988 年版，第 76 页。
② 胡佛：1932 年 12 月 8 日《国情咨文》。

监的多重交错的控制与监督之下，使美国联邦储备体系从原来仅仅是监督银行并为之提供服务，演变成"为维持高度就业水平、物价的稳定、国民经济的增长，以及消费水平的提高，创造有利条件"的调节机构。

其次，政府成立了"产业复兴局"，其任务是在各行业中制定《公平竞争法典》，明文规定各该行业的生产规模、价格水平、信贷条件、销售定额和雇佣工人条件，等等。政府还通过颁布《全国工业复兴法》，对工业进行调整和改革，提出在政府领导和监督下建立"工业卡特尔"的主张，以便依靠垄断的加强，依靠国家与垄断组织结合的力量来限制竞争，规定产量和价格，缓和生产过剩，从而创造条件，使整个工业从危机的困境中摆脱出来。在农业中，政府则逐步建立起一套以复杂的价格支持体系为手段，由国家根据国内外市场的供求状况来影响和控制主要农作物的耕地面积、产品结构和销售额，从而调节农产品生产和销售的制度。

再次，为了缓和严重的失业状况，解决生产过剩导致的产品销售困难问题，政府以国家名义创办了名目繁多的公共工程，以吸收失业者就业，人为地制造和增加对消费资料和生产资料的需求。与之相适应，政府于1933年提出并通过了和平时期的第一个赤字预算，使赤字财政成为公开的合法政策。从此，开创了资本主义国家政府以大量举债，实行赤字预算，扩大政府开支来人为刺激需求，促进经济增长的"需求管理"政策方式。也使政府开始成为国内市场上最大的投资者和消费者，使财政成为政府调节经济的一个重要手段。

最后，政府逐步建立起了一套全国性的社会保险和公共福利制度。例如，在《全国工业复兴法》中，政府首次为工人规定了最低工资和最高工时的制度，并为工会实行集体合同制提供了某些法律保证。这些内容分别被列入1935年颁发的《全国劳工关系法》和1938年通过的《公平劳动标准法》。1935年制定了《社会保险法》，几经修改和补充之后，于1939年正式确立了全国性的失业保险、养老金和对儿童、妇女、病残者的救济福利制度。

总之，"新政"的实施，使美国政府控制了银行这个经济发展的神经中枢，使财政演化为国家干预经济的重要杠杆，使政府对经济的干预深入到工业、农业、交通运输等部门领域，包括劳资关系的整个再生产过程，使国家垄断资本主义从此获得空前的发展。由于"新政"的基本政策精神是在不触动资本主义私有制的前提下运用国家机器干预社会再生产，因此，资产阶级称赞它"既没有使美国变成社会主义，也没有保持……自由放任制度，而是创造了一种有控制的资本主义"①。

罗斯福的"新政"虽然历时不过 200 天，它的许多具体政策也并没有都行得通。但是，正如陈宝森同志所指出的②：它的基本精神在美国政府经济政策中的支配地位却延续了 36 年，历经罗斯福、杜鲁门、肯尼迪、约翰逊四位民主党总统。其基本政策、手段也逐渐演变为运用所得税制、预算拨款、政府债券和银行信贷等财政金融杠杆对国民经济进行宏观调节；对国民收入进行再分配；对发展国民经济的某些重要环节给予促进；对不利于整个资本主义经济的企业活动进行管辖。美国政府的这些干预虽然没有也不可能消除资本主义的内在矛盾，也不可能根治资本主义周期性的经济危机，但是，它确实在一定程度上缓和了资本主义经济运行中的各种矛盾，为私人企业创造了良好的外部环境，并通过大力兴办科学教育事业，直接促进了科学技术的进步，因而对美国经济的发展起到了相当大的作用。只是到了 70 年代以后，随着西欧、日本经济实力的上升，美国逐渐丧失了战后 20 年独霸世界市场的优势，加之石油危机的冲击和国内通货膨胀与生产停滞发展，凯恩斯的国家干预方式难以使美国摆脱经济发展的困境，才导致了美国政府经济政策的根本转变，从里根政府开始，转而奉行提倡自由放任和发挥市场机制的保守主义经济哲学。但是，这种转变丝毫不意味着降低了政府在美国经济发展中的作用。从某种意义上说，政府的经济干预作用甚至在某些方面得到加强。例如，1986 年，里根政府为了降低利率以促进经济回升，在东京七国首脑会议上提出"贝克计划"，要求在首脑会议之下，设立七国财政部长会议，定期讨论成员国经济政策，重点放在审查和监督七国的 10 项经济指标上。如果某个国家的

---

① 参见《美国史——从威尔逊到肯尼迪》中译本，上海人民出版社 1977 年版，第 5 章。

② 参见陈宝森《美国经济与政府政策》，世界知识出版社 1988 年版，第 2 章。

某些指标大大偏离规定的指标，这个国家就要尽力同意采取补救性措施。贝克还亲自走访日本和联邦德国，迫使两国相应降低利率，以防止美国国内外资回流。这说明，美国政府的经济干预已经从国内范围扩展到国际范围。也说明当代资本主义生产力和生产关系的发展，已经到了没有国家干预，甚至没有国际干预，就无法保持国民经济平衡发展的程度。充分认识这一特点，对于我们研究和借鉴发达资本主义国家的经验无疑是十分有益的。

（三）法国政府对经济的干预

法国是发达资本主义国家中运用国家经济和社会计划纲领来实行政府经济干预最典型的国家之一。第二次世界大战结束以后，法国利用科学技术革命的有利条件，以垄断资本与国家政权相结合为基础，通过国家计划和其他国家垄断调节措施，来加速其经济的发展和进行国民经济结构的根本改革，并且在很大程度上获得了成功。据统计，50—70 年代期间，法国经济增长速度比本世纪前半期提高了 2—3 倍。50 年代初以后，法国的人均国民生产总值已经赶上并超过了英国。1960—1973 年期间，法国出现了经济增长奇迹，人均国民生产总值平均年增长率为 4.7%，高于联邦德国、瑞典、英国、美国和加拿大。到 70 年代末，按最低的估计数字，法国的劳动生产率已达美国的 63%，而同期日本为 61%，英国为 42%。法国自 1945—1973 年的经济增长率不仅高而且稳定，这是西方大多数重要工业国所不能达到的。这些成就的取得不能不说与法国战后的国家经济干预体制有着直接的联系。

第二次世界大战结束以后，法国政府对于国民经济的干预具有以下两个明显的特点。

1. 政府注重自觉运用国家计划管理方法促进经济发展

在法国，国家干预主义有着悠久的传统，曾在法国政府经济政策中占有重要地位。战后，政府为了迅速完成经济恢复和重建工作，在依靠美国经济援助的同时，迫切需要利用国家政权的力量集中地解决所需资金和物资的优化配置问题。对此，戴高乐总统曾十分明确地指出："今天和任何时候都一样，使国家强盛是政府的责任，而国家今天能否强盛则取决于经济。……这便是我的政府采取国有化、国家监督和现代化措施的主要动机。"[1] 法国政府还认为："先进的工业经济已不再具有保证它良好成就的足够的自行调节力量。现代工业经济由于在控制个人的行动上无计划的集体行动，而且在工资和价格等方面缺乏灵活性，所以遭受极不规则的经济增长、经常发生的财政危机和严重的失业的损害。现代工业经济若要达到良好的运行，就必须辅之以某种形式的超越私人市场指导的国家的经济指导。"他们主张"用计划的或限制性的市场经济取代无计划的市场经济"。强调政府、企业、工人和农场主之间进行密切合作，经济运行要受指示性国家计划纲领的指导。[2]

　　1946 年 1 月 3 日，法国议会颁布法令，规定在 6 个月内制定"法国本土和海外领土的第一个全面经济现代化与投资计划"，同时成立了负责制定和执行计划的机构——法国计划总署。至今，政府已连续制订和实施了 10 个国民经济中期发展计划，每个计划不仅规定了国家总体发展战略，确定了经济增长目标，而且明确规定了产业结构和产业组织的转变方向和目标。例如，在 1947—1961 年期间的三个中期计划之中，政府均贯彻了"现代化与投资计划"的方针，以实现"经济复兴"为目标，在产业结构上推行优先发展能源、原材料、交通等基础部门的方针，在产业组织上，实行以加强企业竞争为主调的政策。同时，加强外汇和外资管制，实行关税保护政策。在区域发展政策上，重点振兴老工业区，并着手调整城市空间布局。1962—1975 年期间的第四、五、六个计划改称为"经济和社会发展计划"，开始以"走向世界市场"，实现经济"大幅度的、有竞争力的和平衡的增长"为主要目标。产业发展重点开始转向"有竞争力的工业"，同时实行抑制破坏性竞争，加强企业集中，提高规模经济效益的产业组织政策。为实现上述目标，政府制定和实施了广泛的结构改革政策。在调整产业结构的同时，开始将国土整治和区域经济发展纳入国民经济计划，着手调整区域经济布局，解决区域经济发展不平衡问题。1974—1975

---

[1]　参见《法国经济》，人民出版社 1985 年版，第 321 页。
[2]　参见［美］阿兰·G. 格鲁奇《比较经济制度》，中国社会科学出版社 1985 年版，第 239—241 页。

年经济危机以后，政府制定了以重新"调整工业结构"为主要目标的第七个计划（1976—1980年），确定把节约资源消耗，发展尖端产品置于优先地位。但计划目标未能实现。1981年，新执政的社会党政府又提出了"过渡性计划"（1982—1983年），推行刺激经济增长、增加就业的"经济扩展"战略，并进行以扩大企业国有化为主要内容的、广泛的经济和社会改革，以后又由于国民经济严重失调、工业结构性危机进一步加剧，社会党政府又制定了第九个计划（1984—1988年），改称"经济、社会和文化发展计划"，决定把"恢复经济重大平衡"，加速"实现工业现代化"和"改革生产体制"作为主要目标，对产业结构实现"大调整"，促进产业重新转向电子等高技术部门，同时着力改造传统部门和老工业区，促进增强企业活力。

　　法国的国家计划是一种指导性的计划，计划内容主要是规定宏观经济方面的若干目标或指标，而且，没有也不可能要求全社会和企业，特别是私营企业按计划行事。但是，政府通过各种计划机构、立法措施、经济政策、财政手段以及计划合同等方式，指导和调节经济活动，积极促进计划目标的实现。此外，法国政府还十分注重使私人经济集团参与政府各项计划的制订。为此，在1946年成立国家计划总署的同时，政府还成立了由企业、工人和政府3方面代表组成的现代化委员会，他们分成两类：一类是25个纵向委员会，另一类是5个横向委员会。纵向委员会代表全国所有的重要行业，诸如化学、钢铁、制造、运输、公共住宅建筑、文化和艺术，以及公共卫生部门。而5个涉及所有经济部门和地区的横向委员会，则处理政府和私人经济集团的各种重大经济和财政问题，并参与劳动力、生产率、地区规划、科学技术的研究和总的经济与财政事务。每个纵向和横向委员会，都有代表参加与委员会工作有关的政府各部的工作。每个纵向委员会都与计划总局合作，共同分析所提出的国家五年计划对其经济活动领域的影响，并运用与整个计划有关的投入产出表，估计和其他纵向委员会购置和销售的情况。例如，由40名委员组成的钢铁委员会，就是按照钢铁业销售给其他行业的产出量，以及它对煤、铁矿石、焦炭和各种化学材料需要的投入量来分析所提出的五年计划的。每个参加钢铁委员会的钢铁公司都能按照发展国家经济的计划，决定将来的劳动、资本和财务上的需求。

2. 政府注重国有经济在保证国家经济干预方面的基础作用

法国虽然是以生产资料私有制为主体的资本主义国家，但是，随着法国经济开放度的提高，其发展直接受到国际市场竞争的制约。例如，最近30 年来，法国的工业大约有 40% 依赖于国外市场，某些部门，如汽车工业，甚至达到 50%。此外，法国缺乏能源和原料的程度比其他发达国家更为严重，其能源的对外依赖程度达 75%，许多重要原料也都要进口。为了支付进口，不得不增加出口，参与国际市场竞争。而法国的资本集中比其他发达国家要晚，程度也不如它们高，不仅出口产品难以和美、日等国企业竞争，就是国内许多市场，特别是高技术产品市场，也被外国公司所分割。为了维护民族利益，再加上社会民主主义思潮的影响，法国政府比较注重本国国有企业队伍的建设，通过国有化运动，直接发挥政府在促进本国经济发展中的作用。正如密特朗所指出的："我要用国有化做戴高乐在原子战略方面所做的事，给法国提供一支经济打击力量"[1]。建立一个"强大的、多样化的、基本上能满足国内需要，又有一部分产品在国际市场上拥有强大竞争能力的工业体系"[2]。战后以来，法国政府先后进行过三次国有化运动，使国有企业在国民经济中占有相当大的比重。据统计，1990 年，法国拥有国家直接控制和国家控股 50% 以上的国有企业共2268 家，其中由国家直接控制的 108 家。国有企业产值占国内生产总值的 18%，投资额占全国总投资的 27.5%，出口额占 25%。这一比重高于许多其他发达资本主义国家。

由于法国的国有企业主要分布在能源、交通、电信、原材料及加工制造业、银行和保险业等重要行业。因此，国有企业的生产经营活动对整个国民经济的发展具有重要影响，往往成为政府实行产业政策及其他经济政策的重要手段。例如，法国几乎所有的重要金融机构均为国家所垄断。在

---

[1] ［法］《巴黎日报》1982 年 12 月 10 日

[2] ［法］《法兰西生活》周报 1981 年 8 月 24 日。

整个金融体系（包括注册银行、金融机构、法定专业银行、存款与信托金库、邮电局和国库）中，1982 年 1 月 5 日的经济信贷总额为 27465.00亿法郎，其中，公营部门的经济信贷额为 23036.00 亿法郎，占 83.9%。直到 1987 年 1 月正式实施银行私有化之前，在银行领域中，国有银行仍占 80%[1]。这样，政府就能够通过直接控制银行信贷机构，来强化对国民经济的宏观调节，影响和控制国家的经济命脉。又比如，政府还通过与重点行业中的大型国有企业签订计划合同，确定这些企业的发展战略，使之与国家经济计划目标相一致，从而依靠国有企业来实现国家计划规定的优先实施目标，并影响和带动非国有经济的发展，对保证政府中期计划目标的实现起到了重要作用。再比如，政府为了加速提高本国电子产品的竞争能力，通过 1982 年的国有化运动，掌握了全国电子行业生产能力的70%。在此基础上，政府制定了开发电子产品综合规划，五年内将筹集200 亿美元，其中 10% 用于开发计算机技术，7% 用于元件，3% 用于软件，计划的一半将由汤姆逊公司、电气设备公司、马特拉公司和布尔机器公司等国有企业集团执行[2]。法国国有企业最高理事会曾在一份报告中指出：自 1982 年以来，几乎影响了所有国有企业的工业调整潮流的加速发展令人注目，没有公营部门的扩大，这种加速发展肯定是不可能的。在国际竞争不断强化的时代，国有化已经使创造出一种能促进现代化实现的新工业结构成为可能[3]。从这一段评价中，我们不难看出国有企业在法国政府经济干预中的重要地位和作用。

　　诚然，法国政府的计划干预并没有根本消除资本主义的固有矛盾和全社会生产的无政府状态，而只是在一定时期的某些方面使矛盾得到某种程度的缓和，其本质是为垄断资产阶级的利益服务的。这是由法国的私有制社会经济制度基础所决定的。但是，这种计划干预体制的出现和稳定存在，充分证实了马克思主义经典作家们关于资本主义发展必然趋势的论断。同时，法国政府在计划调控资本主义市场方面的某些具体方式、经验

---

① 参见黄文杰《法国宏观经济管理》，复旦大学出版社 1990 年版，第 91 页。
② ［美］博多·巴托哈：《发展高技术产业政策之比较》，中国友谊出版公司 1989 年版，第 71—72 页。
③ 《西欧国有企业管理》，东北财经大学出版社 1990 年版，第 174 页。

和教训，也可以为我们研究和正确处理社会主义计划与市场关系提供有益启示。

（四）日本政府对经济的干预

日本是当今世界上仅次于美国的发达资本主义国家。同时，它又是非欧美国家实现资本主义现代化的一个典型。在明治维新以前，日本还是一个落后的东方封建国家，没有多少资本主义因素可谈，只是通过 1868 年发生的明治维新这一资产阶级性质的改革运动，才从一个落后的东方封建国家转变为当时亚洲唯一的资本主义国家，并在其后的发展中逐步地实现了资本主义的现代化。特别是本世纪 50 年代以后，日本经济进入了高速增长时期，据统计，1955—1968 年，日本的年均实际经济增长率为 10.1%。1969—1973 年，增长势头虽有所放慢，但仍高达 9.4%。同期，日本的国民生产总值增加 43%，人均国民生产总值增长 42%。两者的增加幅度均超过其他发达资本主义国家 1 倍。有的学者认为："在 1868—1968 年这 100 年间，日本走完了欧美资本主义各国大约花费 150 年所走过的里程。"[1]

日本经济学家菅家茂认为[2]："日本的现行经济体制可以叫做混合体制，但其基础是自由市场制度，经济以市场为媒介，主要由自由而独立的个人经营管理。""它的基本原则有三：（1）私有财产制度；（2）契约自由的原则；（3）自我负责的原则。"但是，在日本资本主义发展初期，"由于当时急需摆脱落后状态，由国家掌握经济的主要部门并使其直接为国家目的服务的国家社会主义的比重，却高于需要很长时间才能收效的自由市场制度的比重。随着 20 世纪初军国主义的抬头，这种倾向更为加强。"只是第二次世界大战以后，日本才"确立了与欧美各国几乎完全相同的自由市场制度"。可以说，他的这一论述基本上为我们提供了一条考察日本政府经济干预发展过程的思路。

西方比较经济学家往往从经济体制角度把日本与法国、荷兰等国归为

---

① 参见李公绰《战后日本的经济起飞》，湖南人民出版社 1988 年版，第 96 页。

② 参见《现代日本经济事典》，中国社会科学出版社 1982 年版，第 144—149 页。

一类，称之为有计划指导的资本主义国家。然而，值得注意的是，由于东西方文化传统以及经济实力、环境等方面的差别，日本政府的计划干预方式与法国、荷兰并不完全相同。例如，与西欧国家相比，日本国有经济在国民经济中的比重要小得多。据统计，1979 年，日本国有企业在国内生产总值、就业人数、固定资本形成总值的比重分别为 6.2％、3.0％和 11.9％。80 年代中期民营化改革以后，这些指标的比例还要小得多。此外，日本也不像西欧许多国家那样受社会民主主义思潮的长期影响，而是在吸收多种经济学流派观点的基础上，逐步形成了自己独特的政府经济干预理论。

日本政府管理经济的一个突出特点就是官、产、学协商。美国商务部认为日本是一个大"股份公司"，就是说日本政府的决策是由政府各部门通过由产业界、金融界、学者、工会等各方面代表参加的审议会充分协商之后做出的。据统计，目前日本全国有 200—300 个审议会作为行业民间组织与政府的联系渠道，基本上概括了所有行业。比较重要的有：企划厅的经济审议会、通产大臣的产业结构审议会、大藏大臣的金融制度审议会和财政制度审议会。在一些省、厅的所属局，也设有审议会，作为局长的业务咨询机构，如通产省有工业所有权、机械工业、电气事业、进出口贸易等审议会。地方政府也设有类似的有关经济或其他问题的审议会。政府通过审议会，在做出重大经济决策前，听取民间的意见，协调各方面的利益关系。更重要的是可以动员更多的人，特别是经济界的代表人物参加宏观经济决策，推行政府的经济政策，对各行业实施管理。企业也可以通过这种方式反映自己的意见和要求，形成一种稳定的有秩序的信息沟通方式。

战后，日本政府计划干预经济的一种重要方式是实施产业政策，即以推行"产业合理化"政策为中心，根据不同时期经济发展的具体情况提出相应的产业结构长期设想，并通过产业政策的实施，使产业结构一步一步登上更高的水平，从而促进整个国民经济在新的产业结构基础上不断发展。例如，日本从高速增长初期开始，先后作为战略产业的有钢铁、造船、机械、化学工业，稍后又有汽车、石油化学、原子能等产业部门，进入 70 年代后，则是电子计算机、集成电路等部门。从钢铁工业来说，从 50 年代上半期到 60 年代上半期，实行了三次合理化计划。第一次合理化计划期间（1951—1955 年），根据审议会的方针制定的设备投资计划是在政府直接控制下实施的。第二次合理化计划时期（1956—1960 年），设备投资计划虽然未经合理化审议会的审议，但通产省对长期设备投资计划进行了综合、指导和调整。只有第三次合理化计划期间（1961—1965 年），设备投资计划的调整是由企业自主进行的。1957 年，日本政府制定了《新长期经济计划》，第一次提出要把"产业结构高级化"作为一项基本政策。1960 年，政府又制订了《国民收入倍增计划》，继续把"产业结构高级化"作为基本政策，并提出了实现重化工业化的具体计划。当重化工业化目标实现以后，1964 年 9 月，政府又提出了《产业结构长期设想》，确定以"知识密集型产业"作为产业结构发展方向。并明确规定"知识密集型产业"的具体内容。70 年代的两次"石油危机"以后，通产省产业结构审议会于 1980 年 3 月提出了《80 年代通商产业政策设想》的咨询报告。这个报告宣布"追赶型现代化"已经完成，应该用"技术立国"口号取代"贸易立国"口号，并提出以"创造性知识密集化"作为产业结构发展方向，以回避国际摩擦和确保经济安全。报告并具体提出要促进新能源、信息、航空航天等技术开发，扶植新材料、生物工程、新智能元件等"下一代产业基础技术"的开发。其目的是要以尖端技术为中心的知识密集产业作为主导产业，推进所有产业领域的制品和工艺的知识密集化，使整个经济具有活力。

日本政府在宏观经济计划调控过程中贯彻其经济意图的一个重要手段，就是通过制定法规、条例来规定社会各种经济生活的准则，使私营企业沿着政府所希望的方向发展。如 1956 年日本政府公布了《振兴机械工业临时措施法》以后，有关部门又围绕着这个法令制定了 92 个有关法令。这 92 个有关法令又集中突出了两个重点：一是生产专业化，确定 19 种重要产品为"特定机械"，在财政金融上予以优待，利用经济办法和行政手段促进专业化生产，变多品种、小批量生产为专业化、大批量生产，法令还明确规定限制品种，减少规格，划分各企业的生产范围，尽量减少重复生产。二是技术现代化，强制加速设备更新，规定凡使用 20 年以上的机床，必须全部拆除；使用 15 年以上至 20 年的，拆除一半；使用 10 年以上而精度差的，转给次要部门；以前粗制滥造、加工精度差，达不到标准和不适于使用硬质合金刀具的机床，全部报废。对报废的机床，由政府给予补贴。1963 年以来，日本政府先后为 207 个行业制订了现代化计划。1979 年 3 月，又有 70 个行业为指定行业。政府还创设了关联行业，把与某一行业有关的行业组织起来，共同进行结构改善，促进行业结构合理化。近年来，日本政府为了扶植造船、炼铝、电炉炼钢、棉纺和毛纺、化肥、合成纤维、硅钢、卡纸板 8 个衰落行业的经济发展，1978 年由日本国会通过了《衰落行业振兴法》。该法令规定，日本政府应对衰落行业予以财政上的资助，并允许这些行业在某些情况下可以不受日本反垄断法的约束。并对削减生产能力、解雇工人、调动工人的工作、政府发给津贴、银行发放贷款、改革企业体制等方面制定了一系列政策措施。日本通产省经济研究所所长小宫隆太郎认为，在法律允许范围内的高度自由、自主和在违法情况下执法的铁面无私、毫不含糊，成为日本企业活动的外部环境的重要特征①。由此可见，法律在保证日本政府干预有效性方面的重要作用。

　　除了推行产业政策以外，日本政府还积极运用法律手段、经济手段和行政手段对社会经济活动进行广泛干预。例如，日本政府对于物价并不完全采取自由放任的政策，而是有放有管，至今仍有 19% 的物价（主要是公共事业类）由政府直接控制。政府物价主管部门是经济企划厅物价局，政府其他各部门也都设有负责物价管理的机构，由物价担当官（副部长级）领导。全国共有 4200 人的物价统计检测人员。另据日本著名经济学家植草益教授在《政府微观管理的经济学》一书中的分析，在日本，约有 1/3 的产业不受《反垄断法》的约束，政府对于这些产业的经济活动，主要是依据法律赋予的权限，运用许可等手段对企业的进入、退出、价格、服务质量、投资、财务、会计等行为进行必要的规定与限制。又比

---

① 参见《经济参考报》1992 年 7 月 7 日第 4 版。

如，为了促进工业地区布局的集中化，以提高规模经济效益，政府在1960年编制《国民收入倍增计划》时，提出了"太平洋沿岸带状工业地区设想"。其要点是：第一，禁止和限制在原有四大工业地带（东京、名古屋、大阪、北九州）的中心增设新厂。第二，防止无计划的、遍地开花式的、低效益的工业分散。第三，应在连接太平洋沿岸四大原有工业地区的中间地点发展中等规模的新工业地带，形成沿太平洋的带状工业区。第四，在计划前期提高对带状地区的政府公共投资的比重，后期投资则向北海道、东北等低开发地区分散，以减少地区收入差别。这一设想的实现，使仅占全国土地面积24%的太平洋带状工业区却集中了约60%的人口和80%左右的工业产值。

总之，日本政府发展经济的成功经验，除了在宏观领域选择了正确的发展战略和产业政策外，还在微观领域确立并实施了一套符合本国国情，以市场竞争机制与政府直接计划干预有效结合为特色的经济体制，这是值得我们认真研究和借鉴的。

（五）德国政府对经济的干预

这里，我们所分析的主要是1990年民主德国和联邦德国统一以前，联邦德国政府对社会经济活动的计划干预。

第二次世界大战以后，在西欧的资本主义国家中，联邦德国的社会市场经济体制模式是极为引人注目的。这不仅仅是因为这种体制使联邦德国经济在战后较快地恢复，随即"腾飞"而出现了被称之为"经济奇迹"的高速发展时期。从1948—1964年，它的工业生产增长了近6倍；从1950—1964年，实际国民生产总值增长了3倍多；其间，1950—1955年，国民生产总值年均增长率为9.93%，1955—1962年，年均增长率为5.3%，1962—1967年，年均增长率为3.2%。而且还因为这种体制与法国、荷兰等其他西欧国家的战后经济体制形成了鲜明的对照，它主要不是致力于国家经济计划干预的作用，而是更注重于市场机制作用的发挥，强调尽可能地让市场力量来自行调节全国的经济活动，政府则主要是制定和执行经济政策，为市场经济的顺利运行创造必要的条件和适宜的环境。

联邦德国社会市场经济体制模式的形成，是有着其特定的历史背景条件的。从本世纪 30 年代起德国法西斯政府出于侵略战争的需要，就实行了高度集中的统制经济。重要的生产部门、原材料和物资，甚至连基本生活用品的分配，都由政府统一掌握。第二次世界大战结束后，盟国占领当局也基本上沿袭了高度集中的经济管理体制，对德国的生产水平和物价水平都做了严格的规定和控制，认为只有这样才能应付物资严重匮乏的局面，防止垄断势力和法西斯再起。这种统制经济的机制加重了战后德国经济的困境。当时德国经济面临三大问题，即生产低下、物价高涨、失业严重，而这三者都处在严格的政府管制之下。可以说，正是基于对以往法西斯专制经济的憎恨和对当时管制经济条件下难以摆脱困境的认识，以及美国自由主义经济政策的影响，才促使了联邦德国政府采纳了新自由主义学派的政策主张，选择了不同于英、法等国的另一种经济恢复模式，即社会市场经济体制模式。然而，需要强调指出的是，社会市场经济并不是那种国家完全不干预的自由经济，实质上是一种国家调节下的资本主义市场经济。社会市场经济政策的最初执行者路德维希·艾哈德曾经这样谈道："根据我坚定不移的信念，在 20 世纪，在今天的社会条件下，唯有国家承担着经济的责任——这同时意味着：承担着所有从事经济活动的人的经济命运的责任"。但"国家的任务也只能是确立经济制度范围。……是规定经济活动的规则"。[①] 他还引用了新自由主义经济学家伯姆·勒普克所做的足球比赛的比喻，认为政府好比足球比赛中的裁判，而私人企业好比足球运动员。裁判的责任是不偏不倚地保证比赛规则的遵守，与之相类似，在社会市场经济中，政府的责任不是直接干预经济事务，而是制定和执行政策，在精神和物质上指导和支援私人企业。可见，他并不是一般地反对国家对经济的干预，而只是反对包罗万象的、专制的国家干预。如果从战后经济发展的实际进程看，就更不难看出政府干预在社会市场经济发展中的重要作用。例如，一般认为，联邦德国在 50 年代至 60 年代上半期之所以出现经济高速增长与低通货膨胀率并存的局面，主要原因是这一时

---

① L. 艾哈德：《在德国工业联合会正式成员大会上的讲话》（1954 年 5 月 17 日）。参见裘元伦《稳定发展的联邦德国经济》，湖南人民出版社 1988 年版。

期保持了较高的资本积累率和较低的物价与成本水平。而这两个目标的实现，又不能不主要归功于联邦政府运用财政、货币政策进行干预和调节的结果。

首先，政府通过颁布《联邦所得税法》、《投资援助法》等一系列法规，实施加速固定资产折旧、对企业留存利润再投资给予减免税收优惠、对有固定利息的有价证券实行利息免税优惠以及各种形式的出口优惠等政策措施，刺激私人企业的资本积累和投资活动，鼓励储蓄和平抑消费。据统计，由于实行加速折旧和鼓励利润再投资办法，1950—1958年间，内部积累的资金在企业所增加的资金总额中的比重达61.4%，其中折旧费所占比重为35.8%，留存利润所占比重为25.6%。

其次，政府通过有效的财政管理使自身成为强大的储蓄者和投资者，对国内投资做出直接贡献。据统计，从1950—1964年，政府投资（包括国营企业的投资）占净投资总额的30%以上。其中，1952年、1957年、1965年三年中，国家投资在国内固定资本投资中的比重分别为32.7%、33.2%和31.6%。1965年，各级政府的税收占国民生产总值的23%，而政府支出占国民生产总值的37.2%，政府购买商品和劳务的数量则相当于国民生产总值的20%。此外，政府还可以通过住房、农业、区域开发等计划以及各种社会保险制度的活动来影响资源分配。

最后，政府通过货币改革、严格控制财政支出和货币发行、降低军费支出、使工资与劳动生产率大体同步增长、促进出口贸易等多种方式，保持了马克在国内购买力和对外汇率上比较稳定。显然，如果没有政府的上述政策干预与调节，联邦德国经济要想取得50年代期间的"经济起飞"是不可能的。

如果说，1966年以前，由于经济的迅速增长，联邦德国政府对社会市场经济的干预还主要是局部性的话，那么，1966年国内出现战后第一次全面经济危机以后，这种局部性的政府干预随即转变为全面性的干预，开始实行国家总体调节下的社会市场经济体制。其主要表现在以下三个方面：

1. 确立了进行总体调节的政府干预政策

1967年6月8日，联邦德国议会制定并颁布了《经济稳定和增长促进法》。这个法令的第一条规定："联邦和各州政府必须注意运用经济和财政金融的政策措施，对经济进行总体调节，在市场经济的范围内，同时达到稳定而适度的经济增长、物价稳定、充分就业和内外经济平衡。"该法令还扩大了联邦政府"反周期"的权力，授权联邦政府可以根据经济形势，提高或降低税率、增加或减少政府支出、调整折旧率和使用"稳定基金"作为反周期的一种手段，对经济进行总体调节。同时，联邦政府放弃了平衡预算的主张，转而采取萧条年份实行赤字预算的传统凯恩斯主义的做法，并成立了"反周期政策委员会"，由联邦财政部长、经济部长和各州主管财政部长、地方政府和德意志联邦银行的代表组成。该委员会的主要任务是负责调整各级政府的财政政策和财政计划。

2. 开始制定国家经济计划

《经济稳定和增长促进法》规定：联邦政府每年1月份要向联邦议会和联邦议院提交年度经济报告，对国内经济情况及经济发展趋势进行分析，并对本年度的经济发展提出预测性的经济指标，以及为实现这些指标联邦政府要采取的政策措施。除此之外，联邦政府每年还要提出中期的财政计划和投资计划。中期财政计划要列出政府在五年内的财政收支、收支增长和收支结构。1967年，联邦政府开始编制和实行滚动式的中期（五年）国家经济计划和国家财政计划。当然，这种计划只是指导性的，例如，国家经济计划的内容主要限于为宏观经济发展提出为数不多的几项综合性的指标，如国民生产总值、就业、物价，等等。对企业没有任何约束力，只具有指明方向、提供参考的性质，即使政府自己也不承担必须实现的责任。

为了把经济引向国家经济计划所确定的方向，联邦政府先后形成或建立了若干个"执行机构"。其中四个重要机构是：（1）经济内阁。由联邦总理主持，联邦政府中参与管理经济的10个部的部长和联邦银行行长组成，负责制定国家经济计划的基本方针、目标和手段。（2）财政计划委员会。主要是协调各级政府的财政开支和投资计划。（3）行情委员会。由联邦经济部长、财政部长和联邦银行行长以及每州1名代表和4名地方自治行政区域代表组成。它的职能是结合年度计划和中期计划，制定3个月以下影响国内经济形势发展的短期措施。（4）"协调行动会议"。参加者有联邦政府、工会、企业主组织和联邦银行的代表，目的是为了协调相互利益关系和经济行为。此外，早在 1963 年 8 月，联邦政府根据《专家委员会法》成立了专家委员会，由专家委员会每年对国内经济发展提出经济鉴定，提出他们的有关分析、预测和建议。

3. 政府对国民经济从总量调节深化为结构调节

60 年代中期以前，联邦德国政府没有明确的结构政策，国家对于经济结构的干预仅限于在财政上支持那些无利可图但又与国计民生关系密切的基础工矿业、交通运输业，或制订某些局部性计划，推动某些地区、部门的协调发展。1967 年颁布《经济稳定和增长促进法》以后，为了适应对国民经济进行总体调节的需要，政府开始实施包括影响行业、区域之间资金人力分配在内的结构政策，扩大了国家结构干预的范围。特别是 70 年代以后，随着新技术革命的迅猛发展、国际市场竞争的日益加剧和国内经济发展中出现的种种问题，结构干预在政府经济干预中具有越来越重要的地位。例如，1980 年 11 月，施密特总理在联邦议院发表的政策声明中强调，为了保持产品的竞争能力，必须进行必要的结构改革，鼓励投资，鼓励竞争，重视革新，推动科学研究，尤其要重视对国民经济有战略意义或风险特别大的产业的研究与开发。联邦政府把结构改革与投资、竞争、革新并列为 80 年代振兴经济的四项"巨大希望"。国家专家委员会在1976 年、1977 年、1978 年三个年度的经济鉴定报告中也明确提出：（1）应推行有目的的产业结构政策；（2）应颁布法令、制订计划，以促进产业结构的演进；（3）应采取大胆的措施，挽救处于危机状态的产业部门；（4）要及时开发新兴产业。报告还提出：产业结构政策应该为经济发展创造有利的总体"框架条件"，为国家风险性参与创造条件。

联邦德国政府的结构政策主要包括三个组成部分，即部门政策、地区政策和技术政策。

部门政策的主要内容是：对萎缩性工业部门给予调整性财政援助，提供重要原材料和发展高级技术部门。例如，联邦政府对于钢铁、纺织、石油等工业部门采取"有秩序的适应"政策，核心内容是压缩生产、人员和设备能力，进一步使之现代化，以增强它们在国内外市场上的竞争能力；对于农业、采煤工业等部门采取"有目的的保存"政策，核心内容是通过调整整顿，把该部门最重要的实力保存下来，以备今后的战略之需；对于电子、航空航天、核电站等新兴工业部门，则采取"有远见的塑形"政策，予以大力帮助和支持。通过不同时期确定不同的重点产业部门，带动整个国民经济的发展。

地区结构政策主要是促进区域经济的协调发展，由联邦政府和各州政府共同实施。1969 年，政府把"联邦促进地区发展计划"具体化为 12 个为期五年的"行动计划"，每个"行动计划"分别针对一个落后地区。这些"行动计划"的范围几乎包括了联邦德国领土的一半和人口的 1/4。从 1972 年起，联邦政府每年都制订和提出"改善地区经济结构"的滚动式四年计划，并在联邦经济部领导下设立了"地区经济结构计划委员会"，由它确定开发重点、资金规模、使用方向和实施办法。

技术结构政策包括联邦政府主管部门（研究与技术部）对科学技术发展规划以及各类研究开发机构进行资助。主要是资助新兴行业，如航空航天、数据处理、核能、生物工程等，而且集中于少数大型企业。例如，1979 年 6 家大企业所得资金占研究技术部分配的研究开发经费总额的 44%。

与大多数西欧国家一样，联邦德国政府除了运用立法、计划、财政、货币等手段对国民经济运行实施间接调控以外，还通过建立国有企业，依靠国有企业的生产经营活动进行直接干预。据统计，80 年代初，联邦德国共有 4070 家公共企业，其中，联邦参股 25% 以上的工业企业有 950 家。在联邦德国国内生产总值、就业人数和固定资本投资额三项指标中，国有企业所占比重分别约为 12%、9% 和 15%。国有企业的主要职能是为整个社会经济生活的正常运转创造一些必要的条件，特别是提供经济基础设施和社会基础设施，包括交通通信网、水电供应网、教育科研网和社会福利网等。1984 年，在电力生产中，国有企业几乎占 100%，在煤气和自来水供应方面也接近 100%，在市郊客运交通占 80%，信贷业务量占

54%，房屋出租占 10%①。国有企业也是政府调节社会经济活动的重要工具。例如，国家是全国最大的银行家，控制着包括联邦银行以及德国复兴信贷银行、工业信贷银行等各类专业银行在内的银行网，联邦银行的行长、副行长和理事经联邦政府提名，由联邦总统任命。中央银行委员会是联邦银行的最高权力机构，它由联邦银行行长、副行长、4 名理事以及 11 名各州中央银行行长组成，负责制定货币政策、业务方针和管理制度，在支持政府宏观经济调节方面发挥着重要的作用。在工业领域，虽然政府一般不直接干预国有企业经营活动，也很少把它们作为政策工具。但是，由于大部分国有企业已按照资本参与方式联合形成了一些大型持股公司，把从原材料开始到制出成品的全部生产活动集中在一起，具有相当雄厚的经济实力，因而能够在参与市场竞争、推动科学技术进步和国民经济发展方面发挥重要作用。

　　总之，上述分析表明，尽管联邦德国的社会市场经济体制模式强调市场的核心作用，认为"只有通过劳动力的自由竞争和物价的自由形成，才能保证一个真正有机的和协调的体系"②。但是，在其发展和演变过程中，也不得不出于自身需要而越来越具有国家计划干预的明显烙印。

三　社会主义计划

　　社会主义经济改革实践中的一个最基本的问题是：计划在社会主义新型经济体制中应当起什么样的作用，应当具有什么样的地位？以及社会主义计划应当采取何种形式？可以说，这个问题也一直是社会主义改革理论探讨和争论的中心问题。

　　对这个问题的认识，应当说是随着改革的深入，认识逐步深化，人们的共识也逐步增多。比如，大家比较一致的看法是：传统体制下那种无所不包、高度集权的指令性计划并不是社会主义的本质特征，因而也不应当

---

① 裘元伦：《稳定发展的联邦德国经济》，湖南人民出版社 1988 年版，第 10 页。
② L. 艾哈德：《来自竞争的繁荣》，商务印书馆 1983 年版，第 122 页。

是社会主义计划的主要形式；社会主义计划应当是以间接管理为主的宏观经济调控体系。但是，在日常的经济活动中，计划具体发挥什么样的作用，如何发挥作用，人们的看法并不一致。有的人认为，经济的计划性特别是相当程度的直接的计划干预仍然是社会主义的一个基本特征。虽然计划和市场两种调节手段都不可少，但计划的作用仍然是主要的。这些同志虽然也不主张完全保留以往的指令性计划体制，但认为在运用计划和市场两种调节方式时，计划应当发挥主导的作用。也有一些人则认为市场是完美无缺的，对计划的作用看得可有可无。也有一些同志虽然没有提出完全取消计划，但认为以往的计划管理束缚了企业手脚，造成不少失误，强调计划管理可能会阻碍市场发育，形成双重体制的共存。而且一些同志还认为计划与市场是不可能很好地结合的。所以，在经济体制改革过程中，要不要保持和发展计划的作用？如果保持计划，我们将保持什么样的计划？一句话，在社会主义商品经济条件下，社会主义计划应当是个什么样子？这个问题在理论和实践两方面都需要继续探索。

（一）社会主义计划的历史回顾

计划经济的思想，是马克思和恩格斯在上世纪中期提出来的。马克思根据当时资本主义经济中盲目生产经常引发周期性经济危机的历史事实，在科学地分析资本主义经济中的各种矛盾和运动规律的基础上，提出了在全社会范围内有组织安排社会生产的重要思想。在 1840 年，他们对未来的新的社会制度做过这样的预言："一切生产部门将由整个社会来管理，也就是说，为了公共的利益按照总的计划和在社会全体成员的参加下来经营。"到了 19 世纪 70 年代，他们则进一步指出："一旦社会占有了生产资料"，"社会生产内部的无政府状态将为有计划的自觉的组织所代替"，"生产者将按照共同的合理的计划自觉地从事社会劳动"[①]。我们应当注意到，马克思和恩格斯对未来社会的计划经济只是提出了他们的原则设想，并没有具体地提出关于计划经济的任何一种模式。他们科学地分析资本主

---

① 参见《马克思恩格斯选集》第一卷，人民出版社 1972 年版，第 217 页；第三卷，第 323 页；第二卷，第 454 页。

义运动规律后指出，依靠市场的力量，不可能解决生产无政府状态所引发的经济危机，不可能克服由此造成的社会资源的巨大浪费，从而提出了借助于全社会的计划实现社会资源合理配置的重要思想。马克思的科学预见，已经被一个多世纪以来社会生产的实践所证实。从上个世纪末以来，特别是本世纪 30 年代的资本主义经济大危机以来，即使是西方国家也越来越重视国家对经济生活的干预，资本主义经济中的计划性因素也逐步增强。所以，马克思主义关于有计划地组织全社会经济活动的思想反映了生产力发展的要求和现代社会经济运动的一般规律性。

当然，马克思生活在资本主义发展的早期，他没有社会主义建设的亲身经历，我们不可能照搬他的个别词句来解决当今社会主义建设中的一系列问题。例如，马克思设想，在资本主义高度发达的基础上实行社会主义。但是我们目前生产力发展水平还较低，广大农村还没有实现工业化。马克思设想在未来社会消灭货币、不存在商品经济关系，他设想的计划经济也是建立在生产资料全社会占有和不存在商品货币关系的产品经济基础之上的。这与我们现在的情况有很大的不同，我们现在还必须大力发展商品经济，发挥市场机制的作用。所以，社会主义计划应当是什么样子，马克思、恩格斯没有给我们现成的答案，我们只能根据马克思主义的基本原理，根据当前社会主义的实践，进行创造性的探索。

十月革命胜利后，苏联建立了第一个社会主义国家，社会主义从理论变成现实，计划经济成为一个重大的实践问题提到人们面前。对此，列宁曾经指出：要组织没有企业主参加的大生产，首先就必须消灭社会经济的商品组织，代之以公社的共产主义组织，那时调节生产的就不象是现在这样是市场，而是生产者自己……[1]并指出：没有一个使千百万人在产品的生产和分配中最严格遵守统一标准的有计划的国家组织，社会主义就无从谈起[2]。在十月革命之前和战时共产主义时期，列宁是按照废除商品经济的设想来考虑建立新的经济制度的。苏维埃取得政权不久，实行"余粮

---

[1] 《列宁全集》第 1 卷，第 225 页。
[2] 《列宁全集》第 3 卷，第 545 页。

征收制"，用产品经济代替商品经济。俄共（布）八大党纲中指出：要"坚定不移地继续在全国范围内用有计划有组织的产品分配来代替贸易"。这些措施导致工业生产近于瘫痪，农民拒绝供应粮食，威胁到新生政权的生存，促使列宁转而实行新经济政策，利用市场来恢复国民经济和巩固新生的政权。采取的主要措施有：（1）废除余粮征收制，实行粮食税，农村实行自由贸易；（2）国营企业取消实物配给制，改行经济核算，实行自负盈亏经营；（3）允许一定程度的私人资本主义经济发展。虽然当时实行新经济政策是一种"迂回的办法"和"退却"，但这无疑是列宁从实践出发来创造性地解决社会主义建设问题的一个巨大的尝试。

列宁逝世不久，斯大林匆匆取消了新经济政策，在苏联国家工业化和农业集体化的过程中，采取削弱和缩小商品货币关系的方针，全面推行指令性的物资调拨和消费品配给，从而在30年代形成了一个高度集中的指令性计划体制。

斯大林时期形成的这种高度集权的指令性计划管理体制也没有实现消灭货币和完全消灭商品经济关系。首先，货币在经济生活中仍然发挥重要的作用，劳动者的报酬以货币形式支付，企业之间的经济关系仍然以货币形态或价值形态加以反映，企业进行经济核算等。其次，消费品市场仍然存在，个人消费品通过等价交换购买，人们有选择商品的自由。斯大林在晚年，总结了十年社会主义建设的经验，在他的《苏联社会主义经济问题》一书中，也承认社会主义经济中存在商品交换关系，当然，他认为，全民所有制内部的生产资料不是商品，只是在全民所有制和集体所有制之间存在商品交换关系。

虽然说，斯大林时期形成的高度集中的计划体制没有完全消灭商品货币关系，但是在思想上和理论上使人们把商品货币关系看做是旧社会的残余。高度集中的指令性计划体制是以排斥商品生产和商品交换为其基本特征的。在这种体制下，特别是在全民所有制内部，基本上是按照产品经济的方法进行管理的。全社会是一个大工厂，由中央计划部门层层下达生产和分配指令，企业按照上级计划指标进行生产，产品由计划分配。企业既没有独立的经济利益，也没有生产决策的权力。价格也完全由国家定价，既不反映供求关系，也不反映价值，只不过是全民所有制单位之间统计的符号。整个社会的收入分配也完全由计划控制，国家规定每个劳动者的收入水平。许多计划指标是以实物产量的形式下达的，有时直接规定企业产品的规格与型号，原苏联计划管理的体系曾经是社会主义国家中最完备的和最成体系的，产品计划非常详细，列出企业生产计划的详细目录，计划直接控制的产品达数十万种。这种高度集中的指令性计划达到了"无所不包"的程度。

当然，这种高度集中的计划体制在社会主义建设中也曾发挥过重要作用。例如，苏联在30年代前后创造了经济高速增长的成就，在短短十几年内走完了西方国家几十年以致上百年的发展道路，一举成为世界第二工业大国。实践证明，这种计划经济体制有助于不发达国家动员社会资源、集中力量进行大规模建设、在较短的时间内实现工业化。

但是随着社会主义事业的发展，这种高度集权的计划体制的弊端日益暴露出来。主要表现在：第一，造成产需脱节，供给不能适应需求的变化，市场需要的产品，企业不能生产，企业生产出的产品，市场上卖不出去。计划人员不可能对各种社会需求（包括规格、品种）全面了解。第二，企业缺少技术进步和提高经济效益的动力，导致技术进步缓慢和生产过程的巨大浪费。由于企业不是具有独立经济利益的商品生产者和经营者，经营得好，利润全部上缴；经营差，出现亏损，国家如数补贴。企业只关心完成国家的实物生产指标。对技术进步既无动力，也无多少权力。所以，产品几十年一贯制，搞"古董复制"。在生产中高投入、低产出，人力、物力浪费惊人。第三，分配上的平均主义，抑制了企业和劳动者的积极性和创造性。人们通常所讲的两个"大锅饭"：企业吃国家的"大锅饭"，职工吃企业的"大锅饭"，干好干坏一个样，并没有真正体现社会主义的按劳分配政策。

社会主义国家取得政权初期，正处在工业化过程之中，这种高投入、低产出、粗放式发展模式的弊端还暴露得不充分，再加上当时广大劳动者翻身做主人，不计报酬，无私奉献，保持高昂的劳动热情，使社会主义经济能够保持较高的发展速度。但是，依靠牺牲广大劳动者眼前利益的这种高投入低产出格局是不可能长期维持的。分配上的平均主义必然挫伤广大劳动者的积极性和创造性，降低社会生产效率。社会主义国家普遍在经历了一段时期的经济高速增长之后，经济发展普遍放慢，尤其日用消费品严重短缺，与西方国家的技术差距拉大。这种无所不包的指令性计划已经不利于社会主义社会生产力的发展，反而成为阻碍社会主义经济建设的桎梏。摒弃这种僵化的计划管理体制已成为人们的共识和社会主义计划改革的基本趋势。

放弃高度集权的指令性计划体制，并不意味着不要社会主义计划。恰恰相反，我们要通过改革，探索适应中国国情的、反映社会主义制度要求的、特别是与市场机制相适应的新的计划管理体制。

应当指出，马克思提出在全社会范围内有计划地组织生产的基本思想并没有过时。相反，随着时间的推移，现代生产力发展要求国家在宏观层次上进行有效的指导和干预已是一个普遍的历史趋势。近几十年来，无论是发达的资本主义国家，还是发展中国家，都注重运用宏观经济政策，保证和促进经济的良性运行。我国社会主义改革的经验也证明，计划和市场两种调节方式能够得到有效的结合。在扩大市场机制作用的同时，加强宏观指导和管理，能够促进社会主义社会生产力迅速发展。

资本主义从自由竞争进入垄断阶段以来，各国普遍加强了国家对经济生活的干预。在自由竞争时期，政府在经济生活中的作用被限制到最低限度。一些自由主义学者指出：政府除了保护财产之外，没有其他目的。政府的唯一作用是保持私人财产权不受任何形式的侵犯。大体上说来，在自由竞争时期，政府的作用主要反映在三个方面：保卫国防，防止别国侵略和掠夺；运用法制手段，保护个人的自由和私有财产，或者说，保护富人的财产不受贫者侵犯；兴办一些公共事业和公共设施，如发展教育、邮政、卫生事业，以及对银行利率进行管理等。至于社会一般的生产经营活动，则完全由市场调节，政府不介入。

早期的资产阶级经济理论，把市场经济看成是一种完美无缺的制度，它能够自动地调节供求，使资源配置达到最优。但是，随着资本主义社会生产力的发展，市场调节的缺陷日益显露出来，资产阶级学者也开始注意和讨论市场缺陷的问题。特别是本世纪30年代初的资本主义经济大危机，粉碎了资产阶级学者杜撰的市场神话。凯恩斯主义的出现，标志着资本主义自由竞争理论和自由竞争体制的终结。第二次世界大战以来，西方国家都程度不同地开始对经济生活进行介入和干预。凯恩斯认为，市场制度并不能保证总供求之间的平衡，在资本主义生产方式下，存在有效消费需求不足和有效投资不足问题，从而导致总的有效需求不足，出现生产能力闲置，资源利用不充分和工人失业的现象。所以，政府不应当完全置身于经济过程之外，应当采取有效措施刺激总需求，求得供求平衡。

第二次世界大战结束以来，西方国家普遍注意运用财政政策和货币政策，抑制经济周期，维持经济稳定增长。当经济衰退需求不足时，通过减少税收，扩大财政支出，实行松的货币政策，刺激经济回升；当出现通货膨胀，需求过旺时，增加税收，减少财政支出，提高利率，实行紧的货币政策。

除了运用货币政策和财政政策进行需求管理之外，政府还从收入分配、反垄断、发展公共事业以及制定经济计划等多方面介入经济活动。进入本世纪以来，西方国家政府的分配职能日益强化。通过再分配职能缓解单纯市场分配造成的严重的两极分化，像瑞典等福利国家政府税收占国民收入的60%以上。政府的再分配职能主要体现在退休金、医疗保险、失业补助、各种社会救济、帮助老人和儿童，等等。反垄断是西方国家干预经济的一个突出方面，自由竞争导致垄断，垄断反过来取消竞争。为了维护竞争秩序，西方国家普遍制定了一系列反垄断法。此外，市场机制在发展公共事业方面显得无能为力。某些事业私人不愿投资或无力投资，需要政府加以支持。例如，国防、教育、环境保护、邮政、交通、水利设施，等等，甚至一些国家对钢铁、化肥、汽车、石油化工等重要行业也实行国有化经营。

像日本、法国，国家对经济生活的干预更为广泛和直接。在西方国家中，日本是以其经济计划和产业政策成功运用而独树一帜的。虽然日本的经济计划不像我国传统体制下那种指令性计划具有约束力，但它为民间的投资活动提供了某种信息，表明了宏观经济走向，表现政府的政策主张，使各界达成共识，协调行动。它既制定中长期计划，如国民收入倍增计划；还进行年度预测，同时制定一些专项的发展计划，如国土开发和地区发展计划等。在不同的发展时期，政府注重运用不同的产业政策扶持和促进经济成长。在经济恢复时期实行倾斜生产方式，通过原材料分配、进口物资分配等直接手段支持煤炭、钢铁两大部门的振兴；在高速增长时期推行"重化工发展战略"和"产业结构高级化"政策，扶持主导产业部门带动整个经济的成长。石油危机以后，提出"知识密集化设想"，等等。虽然不同时期，产业政策的实施手段有所差别，但日本政府在产业政策实施过程中注重运用税收差别、信贷支持、财政补贴、行政指导与协调等多种手段，诱导企业决策纳入产业政策要求的方向。人们普遍认为，战后以来日本经济持续的高速增长与日本成功的产业政策具有很大的关系。

战后以来，一大批发展中国家走上民族独立和振兴经济的道路，他们也特别注重发挥政府在促进经济成长中的作用。特别是新兴的工业化国家在赶超先进工业化国家过程中政府发挥了重要的作用。韩国在经济起飞过程中政府的干预也是强有力的。韩国一直在搞五年计划和年度计划，成立了由内阁总理亲自负责的、领导几个部、比部层次高的经济企划院，统筹掌握全国经济事务，负责计划的制定和实施，安排预算，并对各经济机构进行协调。

当然，这些国家在实施宏观经济计划和政府干预经济过程中，并没有影响市场的发育和损害市场机制作用的发挥，而是以市场调节为其基础的。政府的作用在于弥补市场之不足，政府做一些市场所不能做的事情，使整个经济更有效地运行。这一点对于我们探索社会主义计划与市场的关系是有借鉴意义的。

尽管西方学者对政府干预经济有这样那样不同的认识，但其差别在于政府干预的程度和方式，政府介入经济活动已经是一个不可逆转的趋势，资本主义已经不可能退回到政府不干预经济的自由竞争时代了。西方一些学者把现代西方的经济称为"混合经济"，反映了现代经济运行方式的历史性变化。资本主义发展中这种历史演变充分表明，单纯依靠市场机制不能有效地解决资源的合理配置问题，现代生产力的发展要求国家在宏观层次上对全社会的经济活动进行有效的计划指导和政策干预。不管人们愿意不愿意承认这一点，但这是一个不以人们意志为转移的历史趋势。我们进行社会主义改革，更没有理由完全放弃计划，实际上也不可能完全不要计划，回到西方国家以往的自由竞争时代。当然我们所坚持的计划，并不是以往那种高度集中的指令性计划，而是要探索与我国国情相适应的、反映社会主义制度要求的、以市场机制有效地发挥基础作用为前提的新的计划形式。

（二）社会主义计划的功能与特征

社会主义经济中，计划应当发挥什么样的功能，这是一个在理论上值得深入研究，实践上需要进一步探索的问题。对这个问题的认识，我们经历了不同的阶段，而且至今人们在这个问题上的认识也并不一致。

最早对这个问题进行系统表述的是斯大林。他在著名的《苏联社会主义经济问题》一书中指出："国民经济有计划发展的规律，是作为资本主义制度下竞争和生产无政府状态规律的对立物而产生的。它是当竞争和无政府状态的规律失去效力之后，在生产资料公有化的基础上产生的。它之所以发生作用，是因为社会主义国民经济只有在国民经济有计划发展的经济规律的基础上才能得到发展。这就是说，国民经济有计划发展的规律，使我们的计划机关有可能去正确地计划社会生产。但是，不能把可能和现实混为一谈。这是两种不同的东西。要把这种可能变为现实，就必须研究这个经济规律，必须制订出能反映这个规律的要求的计划。"

应当说，斯大林这段论述，是对传统高度集中计划经济的最系统和权威的解释。这段话包含了这样几个意思：有计划发展规律是作为市场竞争规律的替代物出现的，竞争规律失去效力，必须有个有计划规律替代它，否则，社会主义国民经济不能存在和发展；由于有这个规律存在，我们才有可能在研究、掌握它的基础上正确地制订计划；可能和现实是不同的，计划并不一定能反映有计划发展的规律。

50年代末期，我国经济理论界开展社会主义经济规律的讨论，有的同志认为，有计划和按比例是两个不相同的东西。按比例规律是各种社会形态共有的一般规律，有计划规律才在公有制基础上发挥作用。也有的同志认为，有计划是主观的东西，按比例是客观的要求。

应当说，在生产资料公有制的基础上，社会按照生产力发展的实际要求，有计划地安排社会活动，克服社会生产的无政府状态，这样一种认识在原则上是正确的。但是在传统社会主义体制下，计划的作用被人们过分地夸大了。首先，有计划规律是被作为一种与市场规律相对立的形式出现的，在社会经济活动的一切领域中，市场作用消失了，代之以全社会计划安排一切经济活动。其次，是夸大了人们的认识能力。虽然斯大林也讲到，可能和现实不是一回事。但是，在传统体制下，人们又普遍地认为，有计划的规律是可以认识和掌握的，计划是能够反映有计划发展规律的要求的。实际上，在传统体制时期，人们并没有解决这样一个问题，即：如果主观认识不能反映客观的要求时，社会主义计划岂不是要脱离实际？以往社会主义建设中常常出现的正是这一问题，生产与需求脱节，计划失误时有发生，主观计划并不能保证社会资源的合理配置。

由此可见，传统体制下计划的职能，被一些人理解为按照人们的主观意志安排全社会的生产和经济活动。当然，这一切都是在有计划按比例发展规律的名义下进行的。现在已经很少有人把有计划按比例发展规律与市场机制完全对立起来，也不再把排斥市场的、无所不包的指令性计划看做社会主义计划的基本职能。但是也并不能说，传统的计划观念已经在人们的头脑中完全消除了。

对社会主义计划的功能的第二种认识，是强调它在资源配置方面发挥作用。与传统体制下那种计划取代和排斥市场的观点有了根本的区别，主张社会主义计划在资源配置方面发挥作用的同志，都承认社会主义条件下市场机制应当发挥相应的作用。但是在具体涉及计划和市场之间的关系以及各自的作用问题上，人们的看法又有所不同。比较有代表性的两种观点是：一种意见认为，计划解决资源配置问题，市场解决效率问题，这种意见实际上强调计划在经济生活中发挥主要作用，特别是在资源配置方面是如此。另一种意见认为，在社会的资源配置中，市场调节起基础的作用，计划调节主要弥补市场之不足，从宏观的层次上对市场加以引导，保证社会资源的合理配置。

　　应当指出，计划解决资源配置、市场解决效率问题这样一种提法是并不十分确切的。在社会主义经济中，市场应当起什么样的作用、计划和市场如何分工、如何结合等问题将在后面讨论，但有一点应当指出，要发挥市场机制的作用，承认企业的生产经营自主权，市场的资源配置功能也是必不可少的。当然，计划的资源配置功能是必不可少的。两者可能在各自不同的层次上发挥作用。计划解决宏观问题，市场解决微观问题。

　　涉及社会主义计划在资源配置方面的作用时，可以从两方面进行描述。一方面，计划的功能在于弥补市场缺陷。这方面的作用可以说是被动性的，即市场调节能够有效地解决问题的地方，应当交给市场去解决，计划不发挥作用；只有当市场在某些方面显示出无能为力时，计划才发挥其作用。这是西方不少学者的观点。这可以说是计划的最低限度的调节功能。例如，市场机制容易导致分配不公，产生两极分化，计划应当发挥再分配职能，求得分配的合理与公正；一些公共事业无利可图，企业不愿投资，则由政府计划加以发展；一些大的项目，企业无力投资，政府加以支持；一些新兴产业，风险很大，企业不愿投资时，政府加以扶持，等等。当然，计划的功能并不仅仅限于这些市场调节不能有效发挥作用的地方，计划还可以发挥更为积极的功能。因为单个企业的视野毕竟有局限性，对于一些全局性的经济发展政策、国民经济的长远发展规划、大规模的地区开发计划和重要产业的发展规划，等等，这些问题是单个企业所无法解决的。在宏观上国家加以有效的引导，对于国家的产业成长，对于社会资源的优化配置，无疑是极其有益的。当代发达资本主义国家比较注意政府在这些方面的作用，我们是社会主义国家，更应当发挥自己的优势。所以，社会主义计划在资源配置方面的作用，既要弥补市场之不足，在市场不能有效调节的地方发挥计划的长处；又要使计划具有超前性，全局性，起到引导市场的作用。

　　社会主义计划的另一个重要功能是调节生产关系，即通过对公有制基础上形成的劳动者之间平等协作关系的调节，保证广大劳动者共同利益的实现，从而保证生产关系的社会主义性质。

　　在谈到社会主义计划的作用时，人们往往侧重于从资源配置方面思考问题，往往比较注意计划在资源配置方面比市场机制有哪些优点，而对于计划如何体现社会主义的制度属性，体现社会主义新型的生产关系方面则注意和研究得不够，至少这方面专门的、单独的研究还是显得不够。

我们知道，在社会主义条件下，仍然要大力发展商品经济，也就是说大力发展市场经济。社会主义市场经济是建立在社会主义公有制为主的基础之上的。公有制是个什么概念呢？它的第一层含义是生产资料为广大劳动者共同占有，包括国家所有和劳动群众集体所有；与此相联系的第二层含义是公共占有生产资料基础上形成的劳动者之间的平等协作关系和按劳分配为主的分配关系。按照马克思主义观点，所有制并不仅仅体现为物的占有（即生产资料归谁所有），所有制在本质上表现为生产关系的总和。正如马克思在分析资本主义时所指出的："资本不是物，而是一定的、社会的、属于一定社会形态的生产关系"①。"……私有制不是一种简单的关系，也绝不是什么抽象的概念和原理，而是资产阶级生产关系的总和……"② 并且在《哲学的贫困》中指出：在每个历史时代中所有权以各种不同的方式、在完全不同的社会关系下发展着。因此，给资产阶级的所有权下定义不外是把资产阶级生产的全部社会关系描述一番，所以，马克思对资本主义制度的分析批判，并不仅仅局限在生产资料私人占有这种表面的现象上，而是从资本主义生产关系的全部运动中把握私有制是怎样产生的，怎样不断再生产的。

同样地，马克思在对未来社会的设想时，也并不仅仅局限于剥夺资产阶级的生产资料，而是强调要用一种新的生产关系取代旧的生产关系。在他看来，未来社会的公有制并不仅仅表现为生产资料的公共占有，而是与整个社会以新的生产关系取代旧的生产关系相联系的。所以，马克思曾设想未来社会不存在商品关系、消灭货币、全社会范围内有计划地组织生产，以及实行新的分配形式。这也是马克思所一贯强调的广义的所有权概念。应当说，马克思从生产关系角度看问题的思想是完全正确的，这显示

---

① 马克思：《资本论》第三卷，人民出版社1975年版，第920页。
② 马克思：《道德化的批判和批判化的道德》，《马克思恩格斯选集》第一卷，人民出版社1972年版，第191页。

了马克思主义理论的严谨性和彻底性。马克思分析和思考问题的方法对我们今天的社会主义改革仍然具有指导意义。

我们今天的改革开放，是社会主义制度的自我完善。既要利用计划，又要利用市场，计划是社会主义计划、市场也是社会主义市场。有的同志讲，计划和市场都是调节手段，是中性的，社会主义可以利用，资本主义也可以利用，这种说法是正确的。但是在具体的现实经济运行中，社会主义的计划和市场都有一些反映社会主义经济制度必要的独特的规定性。在整个社会的生产关系中必须有一些反映社会主义制度要求的特征。

我们知道，在传统体制下，社会主义的生产关系是以指令性计划的形式加以保证和体现的。传统教科书讲社会主义经济的特征时，包括三条：公有制、计划经济、按劳分配。讲社会主义生产关系时，包括公有制、劳动者之间的平等合作关系、按劳分配。实际上，传统体制下整个社会的全部经济活动（包括生产、分配、交换、消费）都是受指令性计划的影响或处于指令性计划的直接控制之下。指令性计划不仅调节了资源配置，而且调节了整个生产关系。我们在对传统的指令性计划评价时，过去往往侧重于对它在资源配置方面缺陷的批评，如：束缚企业自主权、不承认企业和个人的物质利益、造成产需脱节、资源配置失当，等等。实际上，以往的指令性计划体制，在调节人们之间的相互关系方面也是以它独特的形式发挥作用的。由于计划控制了全社会的分配水平和分配结构，人们之间在分配上做到了相互平等，消除了私有制下少数人对多数人的掠夺。人们之间的社会权力也大体平等，不存在一部分人对另一部分人在政治和经济上的支配。应当说，这种计划体制在维护广大劳动者的共同利益方面发挥了积极的作用。所以说，保证生产关系的社会主义性质是传统计划体制的一个基本的职能。

但是，这种高度集中的指令性计划体制的弊端也很突出，它排斥市场机制、束缚劳动者的积极性和创造性、不利于社会主义社会生产力的发展。因此必须放弃这种指令性计划体制，寻求适应市场经济要求的新的计划管理形式。但是，应当特别指出，放弃指令性计划的形式，并不等于要放弃社会主义计划对生产关系的调节职能。所以，社会主义计划的职能不仅要调节资源配置，而且要调节生产关系。特别是在改革开放、引入市场机制的条件下，如何既要搞活经济，又要维护广大劳动者的共同权利和利益，任务是相当繁重的。如果说，社会主义计划与西方国家的计划有什么不同的话，那就是社会主义计划应当根据社会主义的制度要求，调节人们之间的相互关系和分配关系，保持社会主义制度的性质，这就是一个显著的特点。

社会主义计划除了在调节功能上具有以上一些特点之外，还在以下几个方面具有一些自己的特色：

1. 社会主义计划是建立在社会主义公有经济为主导的基础之上的

中央领导同志多次指出，社会主义经济是公有经济为主导的经济，这一点我们与西方国家有根本的不同。公有经济为主导，保证生产资料为广大劳动者共同占有，广大劳动者在生产中的相互关系是平等协作的关系，分配上是以按劳分配为主。这就体现了我们的经济基础是社会主义性质的。

我们坚持以公有经济为主导，并不是像传统体制下那样片面追求一大二公，而是允许和鼓励多种经济成分共存和共同发展。十一届三中全会以来，我们在巩固和发展社会主义公有经济的同时，鼓励城乡个体经济发展，允许私营经济发展，大量引进外资，鼓励"三资"企业发展，大大促进了社会主义社会生产力的发展。多种经济成分共存是我国有中国特色的社会主义的一个基本内容。以往的实践已经证明，在目前生产力发展水平上单纯提高公有化程度、抑制其他经济成分的适当发展是不利于社会主义建设的。我国建设资金短缺、引进外资、发展"三资"企业，既扩大了资金来源，又引进了先进的管理经验和技术。在国民经济的许多领域，不少经济活动适宜于个体经营和私人经营，既有利于劳动者就业，又繁荣市场，既方便人民生活，又减轻了政府负担。近十多年来，我国非公有经济成分已有了一定的发展。在目前国民经济中的比重为10%左右。这一政策今后将长期坚持下去。目前公有经济的比重为90%左右，处于绝对的主导地位。今后非公有经济的比重有可能进一步提高，从比重上看，公有经济的主导地位是不可动摇的。

当然，公有经济既包括国有经济，也包括集体经济。近几年来，集体经济发展较快，特别是乡镇企业迅速发展。目前乡镇工业占整个工业的比重已达到 1/3 左右。而国有经济在工业领域中的比重已从 1978 年的占 80% 多减少为目前的 54% 左右。看来，今后的趋势是乡镇企业的比重将进一步上升，国有经济的比重可能还会下降一些。但国有经济仍将是我国国民经济的命脉所在。一些重要的、关系国计民生的产业部门仍然必须由国家控制，如能源、交通、通信、邮政等基础部门，石油、化工、冶金及其他原材料部门，高新技术产业部门，以及各产业部门的大型骨干企业，等等。

当然，国有企业不能再像传统体制下那样一律采取国家直接经营的形式，而是要通过各种有效形式，实行所有权与经营权的适当分离。有些部门和企业国家直接干预可能多一些，有些则主要由企业自主经营。将来还可以通过大力发展社会主义股份经济，国家、集体、劳动者个人共同参股，国家通过控股来实现公有经济的主导作用。

总的来看，公有经济占主导地位是今后我国经济的一个重要特征。我们的社会主义计划就是建立在这个基础之上的。这一点，决定了我国将比资本主义国家更多地在经济生活中发挥计划调节的作用。

2. 社会主义计划要保证广大劳动者共同富裕

资本主义私有制基础上的市场经济，是以两极分化和严重的贫富差别为特征的，与此不同，社会主义要坚持走共同富裕的道路。社会主义公有经济为主导决定了社会主义基本分配形式是按劳分配。当然，由于多种经济成分和多种经营方式共存，劳动者的一定程度的财产收入是允许的，而且由于市场机制在分配中发挥作用，劳动者的收入差别扩大和非劳动收入存在是必然的。但是，收入分配主要的或基础的形式只能是按劳分配。这是由公有制决定并切实保障全社会劳动者共同富裕的制度基础。

当然，由于经济发展的不平衡性，不同地区之间有先富与后富之分，不同行业、不同企业、不同阶层存在先富和后富的差别。这就要求国家通过一定的宏观调控手段，通过一定程度的计划干预，减少收入差别的过分扩大，引导广大劳动者走共同富裕的道路。例如，对于经济落后的地区，对于少数民族地区，国家在财政、信贷、技术，以及其他政策方面给予积极扶持，帮助落后地区发展生产，逐步赶上发达地区。政府通过税收以及其他再分配手段，减少不同阶层之间的收入差距，特别是通过各种形式使低收入阶层生活有基本的保障。同时，政府将通过积极的劳动就业政策，降低待业和失业水平，保证广大劳动者的劳动权利；通过发展第三产业以及其他扩大就业的形式，妥善安置待业和失业人员；举办多种形式的职业教育和技术培训，使失业和待业者及时地就业或重新就业。

当然，在发展社会主义市场经济中，过去那种平均主义的分配方式和国家包下来的就业政策必须改变，劳动者收入差别的扩大是不可避免的。我们总的政策是允许一部分人先富起来，以先富促后富，先富帮后富，目标是共同富裕。这就要求我们在宏观政策上，既要鼓励劳动者致富，又要把差别控制在一定的范围内，不要导致两极分化。这是商品经济条件下，社会主义计划管理的一项新的任务，需要我们在实践中进一步探索。

3. 社会主义计划要保证广大劳动者的平等权利

所谓计划，就是对事物运动过程的控制，使其按照人们所预定的方向变化，达到人们所预定的目标。社会主义计划，就是要通过国家对经济生活的某种方式和某种程度的控制，使反映社会主义经济关系要求的一些社会政策得以实现。这样，计划就有狭义与广义之分。狭义的计划，是指通过某种数量化的指标加以反映的计划。例如，政府对企业下达的产品生产计划、物资分配调拨计划、财政收支计划，以及发展速度计划和其他间接控制指标等。人们一般讲到计划时，往往是指这种以指标反映的计划。实际上，国家对经济生活有时（或者说在很大程度上）并不是完全以数量指标加以控制，而在许多方面是以非指标的方式加以控制的。社会的基本法律制度、社会经济的组织方式决定着各种社会权力、政治权力的分配，以及人们在社会经济生活中的相互地位。所以，广义的计划不仅包括了国家利用数量指标的控制，而且包括利用法律形式、社会经济组织形式等多种手段对经济生活的干预和控制。

作为社会主义计划，对广大劳动者在生产中的权利、义务以及平等关系加以有效的调整，是一项不可缺少的内容。首先，与私有制条件下那种经营权被看做私人财产权的延伸，从而被看做是一种私人权利的状况不同，社会主义条件下，公有财产的经营权是一种社会委托的公共权利，怎样保证经营者有效地行使公共权力，需要国家做出明确的规定和进行必要的监督，以保证国有财产不被侵吞，保证其安全与增值。国家赋予某些人的经营权力不能蜕变为某种私人权力和家族权力，以及小团体权力。劳动者的合法权益应当给予保障。劳动群众当家做主要真正在经济生活中体现，如从制度和组织形式上保证职工对企业经营管理者进行有效的监督，使职工积极参与企业管理，在进行企业重大决策时使他们有发言权，等等。我们是社会主义国家，劳动者在生产中是平等协作关系，这些都是国家经济管理中应当注意和解决的问题，也是广义社会主义计划所应包含的内容。

　　总之，社会主义计划方式如何适应社会主义市场经济的要求，仍有大量的问题需要在理论和实践两方面进行探索。指令性计划方式肯定不是新体制下社会主义计划的主要形式，那么，新的计划方式有何特征呢？社会主义计划与西方国家的政府干预和一些国家的指导性计划有何异同呢？社会主义计划在哪些方面反映社会主义的制度要求呢？这些问题值得进一步深入研究。

　　（三）社会主义计划的实现形式

　　在社会主义市场经济中，计划的功能不是直接干预企业的生产过程，而是对市场和企业加以引导和调控。所以，计划的实现形式必然要适应这种新的情况，由直接的指令性计划向间接管理为主的宏观调控体系转变。

　　1. 政府的机构设置与职能划分

　　以往的政府机构设置是与传统的指令性计划相联系的。在每个行政层次上（包括中央、省、市、县）都有一个计划机关和一组庞大的专业管理部门，如冶金部、能源部、机电部、化工部、纺织部、农业部、林业部、物资部，等等。每个企业都归口划到相应的主管部门管理。这样，从中央到地方到企业形成了一个政府部门直接操纵企业生产经营过程的完整的、庞大的体系。中央计划机关做出计划，首先下达到中央有关专业部门和地方政府，中央专业部门将计划指标分配到自己下属的中央企业；省一级的计划机关将自己的计划分配到省一级专业部门和市、县计划机关，省一级的专业部门再将指标直接下达到自己主管的企业，市、县计划机关的指标再依次下达。

近十多年来，我们在扩大企业自主权和政府转变经济职能方面做了不少改革，已经取得了一些重大的进展。国家直接下达的产品生产计划、物资分配计划、产品收购计划，以及资金分配计划明显地减少了。政府主管部门对企业的干预也较以前相应地减少了，企业的自主经营权已有相当程度的扩大。但是，也应该看到，我国目前的计划体制改革仍然没有完全跳出以往的直接管理模式。无论是中央计划机关，还是各级地方计划机关，计划的职能上仍然保留着实物计划特征，只不过是程度和范围上有了变化。从企业的主管部门来看，虽然对企业的直接干预明显减少了，但是，一些主管部门仍然不同程度、不同方式地直接干预企业的生产经营活动，企业的经营自主权并没有完全落实，许多被主管部门所截留。这些主管部门仍然没有改变直接管理企业的方式。与此形成鲜明对照的是，政府仍然未能有效地担负起间接指导和引导市场的任务。有效的行业管理体系并没有建立起来。行业发展规划和发展政策无人负责，从而也谈不到进行有效的指导。正因为如此，才导致我国目前经济生活中重复建设、盲目建设的现象依然十分严重。

为了适应间接管理的要求，政府的机构设置和政府经济职能必须进行相应的改革。从机构设置上看，一是要精简机构。近几年来中央和部分地方政府已经对一些专业部局进行了撤并，有些部门则转变成为公司或行业协会。在撤并一些专业部局的同时，强化综合经济管理部门。这些改革还需要进一步深化和完善。当然，从目前的情况看，企业还保留有主管部门。今后，企业是否有主管部门，还需逐步探讨，如果保留主管部门，也不再直接干预企业的经营活动，只保留适当的管理和服务功能。二是相应地转变政府职能。不同层次上的计划机关原则上不再以下达实物分配的指令性计划为其基本职能，计划机关主要做好中长期和年度的经济预测，搞好综合性的年度和中长期计划，为经济的稳定发展提供信息，为宏观决策提供依据。其他职能部门也要由以往的管企业向为企业服务为主转变，通过制定技术政策和行业发展政策，为企业提供信息咨询，帮助企业开拓国内外市场，帮助企业实现装备现代化和增强市场竞争能力。与此同时，政府的国有财产管理职能要加强，有专门的机构对国有财产的运营情况进行监督和进行相应的财产管理操作。

2. 建立新的宏观管理指标体系

计划指标体系的改革是计划体制改革的一项基本内容。当确立以发展社会主义市场经济为改革的基本方向以后，如何改革传统的指令性计划指标体系，探索建立一整套与社会主义市场经济相适应、反映社会主义宏观调控要求的新的计划指标体系，就成为一个亟待解决的现实问题。或者说，新的宏观调控指标体系是社会主义新经济体制不可或缺的一个重要组成部分。完善新的宏观管理指标体系应当包括以下一些内容：

第一，要做好中长期计划，把计划工作的重点由以往的年度计划转向中长期的发展规划，计划指标体系则由以实物指标为主转向以价值指标为主。以往直接下达到企业的产品指令性计划、物资分配计划、产品收购计划、企业用工计划等将逐步取消。计划的重点是对有关社会经济发展的一些总量指标进行科学预测，包括国民生产总值增长率、工农业增长率、进出口增长率、人口增长率、投资与消费增长率、各种重要工业品和重要农产品增长率，等等。计划的制定不应当仅由政府计划机关从上而下地进行，而应当充分吸收地方和企业的意见。特别是有关行业的发展规划，更应当通过行业协会在充分听取企业意见的基础上进行制定。同时，要通过合理的计划程序、计划方法和计划手段，使计划制定的科学化与民主化相结合，以保证所制定的计划能够有效地指导企业的生产经营活动，促进国民经济持续、稳定、协调发展。

第二，制定正确的产业政策，增强国家对产业发展和产业成长的调控能力。产业政策并不一定以具体的计划指标的形式反映出来，但它反映了一定时期内政府的产业发展意图，旨在保证一定时期的发展目标更加有效地实现。产业政策应当包括如下内容：（1）特定时期内重点产业的选择，通过重点产业的迅速成长带动整个国民经济迅速发展。例如，在今后较长一段时期内，能源、交通、原材料等基础产业将是我国重点发展的部门。此外，需要重点发展的还有出口创汇产业、高新技术产业、重大成套设备部门，等等。（2）制定有效的产业技术政策，帮助企业更新设备和产品升级换代，促进实现产业结构的高度化。例如，及时淘汰一些耗能高、原材料浪费严重的工艺和设备，推广节能技术，推广新工艺、新材料、新产品，淘汰落后工艺、落后技术和落后设备，等等。（3）制定产业组织政策。产业组织政策的任务是使我们社会主义企业的组织形式不断优化，发展专业化生产，实行规模经营。组织结构的合理与否，对经济效益的影响很大。我国产业组织方面长期存在的问题是企业规模过小、重复生产、专业化水平低。今后在产业组织政策上，应当分不同行业、不同产品，确定最小规模；同时大力推动企业间横向联合与企业的兼并和改组，通过产业组织的合理化优化资源存量配置。要打破地区间的封锁和保护，促进要素流动。特别是扶持企业集团的成长，通过集团化经营，进行产业内部改组，发挥大型企业集团在技术开发和国内外市场开拓中的优势，在大、中、小企业之间形成合理分工。（4）制定区域发展政策。我国地区经济发展极不平衡，迫切需要国家在区域发展上统筹规划，运用正确的区域政策，协调各地区的经济关系。例如，对于少数民族地区和贫困地区实行特殊扶持政策，对地区间的分配关系适当调整，防止差距过分扩大，对于一些特殊地区实施区域开发计划，等等。总之，产业政策是国民经济计划的具体体现，也是国家间接干预经济的一种重要形式。我国目前正处于经济迅速成长时期，国家在政策上对不同产业分门别类地进行正确引导和扶持，将显得更为重要。

　　第三，加强对国民经济运行的监测与调控，避免经济大起大落。首先，应当保持社会总供给和总需求的大体平衡。供求平衡是社会再生产运动的一个基本条件，这也为我国以往四十年经济发展的正反两方面的经验所证实。什么时候能够保持供需之间的大体协调，经济就发展顺利；反之，就出现大起大落，造成生产的巨大浪费。以往我们主要讲综合平衡，综合平衡在原则上是正确的，但过去主要是通过实物平衡进行调节。今后，总供给和总需求的平衡不再通过直接的实物计划，而主要是通过价值总量指标加以反映。比如，总供给和总需求的差额，国民生产总值增长率、社会零售总额增长率，还有积累率、货币供应量及货币投放指标、信贷规模，以及固定资产投资规模等指标，来判断和监测经济动态，以及通过这些指标影响和调控经济运行。其次，对经济运行的结构进行有效调控。例如，对第一、第二、第三产业的比例、加工工业与基础产业的比例、各产业内部的比例、消费与积累的比例进行有效调节，等等。

第四，社会主义计划管理中，还应当制定一些反映社会主义制度性质的、保证广大劳动者平等劳动权利的宏观管理指标。例如，反映社会各阶层的收入分配关系的指标，既要保证按劳分配原则的贯彻实施，允许有一定的收入差距，又不宜使收入差距过大；保证劳动者的劳动权利，控制待业率和失业率，制定积极的劳动就业计划和政策。对经营者的权力、责任、义务进行合理的规范，既发挥经营者作用，培养一大批社会主义企业家，又要防止在引入市场经济的同时产生凌驾于劳动者之上的特权阶层。

3. 综合运用多种调控手段

计划目标的实现，需要相应的计划手段相配合。随着计划指标体系由以指令性实物计划指标为主向以指导性价值计划指标为主的转变，计划的手段必然相应地由以行政手段为主向以经济手段为主，综合运用经济、行政、法律、信息等多种手段转变。

目前，大多数同志在原则上已经取得共识，直接的行政手段不再是实现计划的主要手段，应当以经济手段为主，辅之以行政、法律等手段。但是具体操作过程中，在哪些领域保持行政手段，如何正确地发挥经济、法律等手段的调节作用，仍需要进一步探索。

经济手段，主要包括财政和金融手段。西方国家运用财政手段调控经济，主要是运用财政的收支水平影响需求水平。当需求不足时，扩大财政支出（或减少税收），当需求过旺时，削减财政支出（或增加税收）。我国目前财政管理体制尚不完善，财政在影响需求方面的能力还较低，目前财政手段主要是影响经济的结构变动。例如，运用灵活的税收政策，对不同的产业、不同产品加以支持或限制；运用财政支出手段，支持某些产业的发展。考虑到目前国家投资能力有限，今后投资体制将做进一步的改革，重点建设项目不再由国家包下来，而是采取国家投资一部分，吸收地方和企业以及社会资金共同投资；或者以国家财政为重点项目贴息等形式，用少量投入起到示范和引导作用，使财政的调控能力进一步增强。近期来看，财政体制改革的基本方向是在实行分税制的基础上，推行财政复式预算制度，重点解决好财政收入比例下降的问题，使财政收入在国民收入中的比重稳定在一个适当的水平上，特别是使中央财政收入的比重稳定下来。在此基础上，进一步探索财政手段调控经济的有效形式。既要调控总供给和总需求水平，又要对经济的结构变动方向加以正确引导；既要对资源配置施以影响，又要对收入分配结构进行调控。

近几年来，我们在运用金融手段调控经济方面已积累了一些经验。治理整顿过程中已经成功地运用控制信贷总规模、抑制货币发行量等方式，有效地对总需求水平施加影响，先后取得了抑制经济过热和促进经济稳定回升等成效。今后将继续总结这方面的经验，发挥好金融手段调控经济的作用。应当看到，金融手段在影响经济结构方面还作用甚少。首先表现在由于企业自负盈亏程度差，对利率变动的敏感程度低，利率调控不能有效发挥作用。再加上银行体制尚待改革，银行贷款使用方向受地方政府利益左右，以及银行本身的行为不规范，信贷资金的使用效率不尽合理。信贷投向既不能充分体现国家的产业政策的要求，也不能按照最经济的原则使用资金。今后，应在深化企业改革和深化金融体制改革的基础上，提高企业对利率变动反应的敏感度，实行银行企业化经营，使它们都关心资金使用效率，进一步发挥好金融手段对国民经济的调控作用。

同时，还要重视发挥好行政手段调控经济的作用。行政手段是国家管理经济的一种重要工具，即使是西方发达资本主义国家，在许多方面也经常运用行政手段干预市场。我国过去（包括目前）存在行政干预过多的问题，今后应进一步探索在哪些领域应当坚决地放弃行政干预，在哪些领域应当保留必要的行政干预。目前来看，国营企业仍然存在经营自主权不完全落实的问题，涉及企业日常的生产经营决策的权力应当交给企业，属于有效和必要的宏观行政调控干预应当予以保留。例如，对一些重大的建设项目，政府可直接参与，如三峡工程、铁路干线等重大基础产业项目，大型钢铁、化工、汽车等项目，政府直接参与不仅是必要的，而且是有益的；还有一些数量指标的行政控制，如工资总额，长线产品的限产压库，等等；特别是政府对企业的投资活动加以有效的指导，对生产能力过剩的行业限制投资，颁布应当淘汰的工具、技术和产品目录，限定某些行业的技术选择和规模起点，等等。

注重运用法律手段规范经济活动。完善社会主义法律体系，是保证社会主义经济有效运行的制度前提。近几年来，国家陆续出台了一批有关经济方面的法律，如《企业法》、《破产法》、《合同法》，等等，最近还要出台《公司法》等其他经济法规。考虑到以往我们主要以行政方式管理经济，法律体系不健全的问题，今后，在社会主义市场经济条件下，在政企分开的情况下，大量的经济活动，应当通过法律进行调整。首先，用法律的形式明确政企关系，既要使企业自主经营的独立地位具有法律保证，又要保证国家的财产安全与增值。其次，企业之间的经济往来，以及企业的生产经营活动要有法可依，保护经济当事人权益。同时，政府借助法律形式对企业的经营活动进行管理和制约，例如，保护环境、保护消费者权益、反对垄断、打破地区封锁。还有一些保证劳动者的主人翁地位的法律，如工人民主管理、劳动者权益保障、生活福利保障，等等。

四 社会主义市场

（一）社会主义经济是市场经济

社会主义经济中多大程度上引入市场，社会主义经济是不是市场经济，可以说，这个问题困扰了我们几十年，我们也对此不断地探索了几十年。党的十一届三中全会以后，我们党恢复了实事求是的思想路线，解放思想，大胆探索，在理论和实践上取得了一系列重要的突破性的进展。特别是最近邓小平同志南方谈话，总结了我国十多年来改革开放的实践经验，提出了计划和市场不是区分社会主义和资本主义的标志，这就突破了理论探索中一些以往不可逾越的禁区，摆脱了某些"左"的观念对我们的长期束缚，为正确地认识和解决这一问题奠定了重要的思想基础。

传统的社会主义理论认为，社会主义经济是计划经济，市场规律在社会主义条件下不再起作用了，而且市场经济是作为资本主义的同义语来看待的，它被看做是社会主义的对立物。但是，大家知道，以往高度集中的指令性计划排斥人们的物质利益，挫伤企业和广大劳动者的积极性、创造性和主动性，其弊端日益突出。所以在 50 年代末期，我国理论界曾经进行过社会主义条件下利用价值规律的大讨论。当时所讲的利用价值规律，主要是指经济计划应当借助于价值规律来实现，如价格要反映价值，承认企业的物质利益，通过经济核算调动企业积极性等方面。这可以说，是社会主义条件下引入市场因素的最初尝试。70 年代末 80 年代初，理论上又进一步提出了在社会主义条件下利用市场机制的问题，这比讲价值规律又前进了一步。这里市场机制不再是作为实现计划的手段，而是作为一个某种程度上独立于计划的经济运行机制在社会主义经济活动的一定范围内发挥作用。与此相联系，提出了企业自主经营和自负盈亏的问题、价格由市场决定的问题。随着改革的深入，党的十二届三中全会文件中，又正式提出了发展社会主义商品经济，社会主义经济是有计划的商品经济的问题。在这里，社会主义经济具有了双重属性，既是计划经济又是商品经济。从而在调节机制上，既要利用计划手段，又要发挥市场的作用。但是到底如何处理计划与市场的关系，在理论和实践中都遇到了一些困难。社会主义是计划经济，这是不言而喻的，社会主义是不是市场经济呢？不少人对此还是心有疑虑。这样，人们讲计划时能够比较放开地讲，讲市场时就觉得不那么理直气壮，总担心搞不好不易与资本主义划清界限。这种思想上的困扰影响着社会主义改革理论的探讨。计划与市场如何结合？理论上常常出现反复，使改革的理论不能适应社会主义改革实践的要求，理论落后于实践，甚至阻碍着社会主义经济改革的实践。

邓小平同志最近的谈话，以及中央政治局的会议精神中对计划和市场问题的论述，是我们党在社会主义改革理论上的又一次突破，可以说，把这个问题解决了。我们要利用两种调节手段，大力发展社会主义市场经济。社会主义改革理论的这一重大进展是来之不易的。它是我们几十年探索的结果，特别是近十多年改革开放经验的科学总结。这表明了我们党在社会主义建设和社会主义改革方面走向了新的成熟阶段，是我们党坚持实事求是的马克思主义思想路线的具体反映。

　　以往我们把市场经济看做是资本主义的专利品，现在我们讲社会主义大力发展市场经济，有的同志可能感到不易理解。也有的同志承认社会主义条件下有市场调节，把市场机制作为社会主义可以利用的一个工具，但市场经济是不是社会主义的内在要求或内在属性呢？认识上不是很明确。市场经济是否是社会主义经济的内在属性，关键在于社会主义社会生产力发展是否要求市场机制发挥作用。如果是生产力发展所要求的，那么根据马克思主义生产力决定生产关系，经济基础决定上层建筑的原理，市场经济就是社会主义经济的内在规定性，不是由人们外部强加于它的东西，也不是权且利用的一个工具。我认为，市场机制、市场经济是社会主义经济的内在的东西。

　　社会主义经济需要计划管理，这是必须肯定的。但是，肯定这一点并不一定就要否定社会主义经济具有市场经济的属性。否定社会主义经济是市场经济的同志，实际上是把计划同市场对立起来，或者是把市场经济看成是社会主义经济中异己的力量。这几年我国经济体制改革的实践，已经证明上述认识是不切实际的。经济体制改革的重要内容之一，就是要求我们在坚持宏观管理的同时，按照市场经济的要求来组织整个社会的经济活动，力求把大的方面管住，小的方面放开，在保证宏观经济协调发展的前提下，活跃城乡各方面的经济生活。这就要求我们在理论上承认计划和市场在社会主义经济中是可以统一起来的，在实践中是能够寻找它们之间的结合形式和结合点的，而不是回到过去二者择一、非此即彼的老路上去。

　　为什么社会主义经济还具有市场经济的属性呢？这里有三方面的原因。

　　第一，社会主义存在商品经济产生和发展的重要基础与条件——社会分工。列宁曾经指出，"社会分工是商品经济的基础。加工工业与采掘工业分离开来，它们各自再分为一些细小的部门，各个部门生产商品形式的特种产品，并同其他一切部门进行交换。这样，商品经济的发展使各个独立的工业部门的数量增加了"①。列宁在《评经济浪漫主义》文中还进一

---

① 《俄国资本主义的发展》，《列宁选集》第一卷，人民出版社1972年版，第161页。

步强调，商品经济随着社会分工的发展而发展"①。

第二，社会分工只是商品生产存在的一般前提。如果仅仅存在社会分工而不存在具有独立经济利益的不同经济主体，不存在社会劳动同局部劳动的矛盾，就只会有统一经济主体内部的交换，而不会有不同的商品生产者之间的商品交换。那么，在社会主义经济中是否存在具有独立经济利益的不同经济主体呢？答案是肯定的。

首先，社会主义条件下允许多种经济成分共存，存在着全民所有制和集体所有制两种公有制形式，还有"三资"企业、个体经济、私营经济等非公有经济成分。对于集体企业和"三资"企业、个体企业、私营企业来说，他们无疑应当是独立的商品生产者，不论他们与国家之间，还是他们相互之间，在经济关系上，都应当是以等价交换为基础的商品经济关系。不承认这种商品经济关系，就会在实践中采取种种损害生产力发展和劳动者经济利益的政策，从而受到严厉惩罚。无论在国际共产主义运动中还是在我国，这方面的教训都是很多的。

其次，就是以全民所有制的国营企业来说，在社会主义历史阶段，由于劳动仍然主要是谋生的手段，劳动能力是劳动者的"天然特权"。因此，在劳动者之间，仍然存在着根本利益一致前提下的物质利益的差别，这种利益上的差别，必须由等量劳动相交换的原则来调节，这是马克思早已讲过的。实践证明，在由生产社会化过程所决定的分工体系中，由于单个劳动者只能完成一种产品的一道或几道工序，而不能独立地提供整个产品，产品是由劳动者们组织成的企业生产出来的，因而劳动者之间的等量劳动相交换的关系，首先必须通过国营企业之间产品的等价交换近似地表现出来，这就决定了每个国营企业，存在着不同于别个国营企业的相对独立的经济利益，国营企业在相互关系上，不能不以相对独立的商品生产者来相互对待。他们之间的关系，不能不遵守等价补偿和等价交换的原则，这个原则也就是商品经济的原则。也就是说，只能采取以等价交换为基本特征的商品货币关系，来调节他们之间在经济利益上的矛盾。这样，社会

---

① 《评经济浪漫主义》，《列宁全集》第 2 卷，第 191 页。

主义仍然存在着广泛的商品关系，也就不足为奇了。

如果说生产资料的社会公有制带来人们之间的物质利益上的根本一致是实行计划经济的客观依据的话，那么，人们之间物质利益上的上述差别，就是社会主义经济还内在地具有商品经济属性的直接原因。

第三，除了上述两个原因之外，还应该强调一点，社会主义条件下存在商品货币关系也决定了社会主义经济就是市场经济。在现代生产力发展的水平上，商品要通过市场进行交换，资源配置只有充分利用市场机制才能实现有效配置。如果没有一个健全的市场体系，就无法确立有效的商品经济秩序。

总之，把商品关系和市场经济看做社会主义经济的异己的东西是不正确的。正如邓小平同志在分析我国社会主义农村经济时所指出的："可以肯定，只要生产发展了，农村的社会分工和商品经济发展了，低水平的集体化就会发展到高水平的集体化"①。这里，邓小平同志把社会分工和商品经济的发展同社会主义集体化程度的发展直接联系起来，肯定社会主义社会存在商品经济，强调必须发展商品经济，这对马克思主义的社会主义经济理论，是一个重大的贡献，具有重大的理论和实践意义。

有的同志不同意把社会主义经济看做商品经济或市场经济，理由是：在社会主义社会，劳动力已经不是商品，土地、河流、矿藏等一般也不作为买卖对象了。是否可以根据社会主义社会劳动力不是商品，土地、矿藏等不能自由买卖，就否定社会主义经济具有商品经济的属性呢？我认为是不可以的。劳动力是不是商品，土地、矿藏等是否可以买卖，并不是商品经济的标志。在简单商品经济中，劳动力并不是商品。劳动力作为商品，只是资本主义商品经济的特征。土地、矿藏等不能买卖，只说明在社会主义条件下，商品关系受到一定的限制，但并没有因此否定社会经济活动的绝大部分仍然是通过商品货币关系进行的。况且在社会主义条件下，一定程度和一定范围内的土地使用权的有偿转让也是必要的，房地产市场将来也会有一定程度的发展，适当形式的劳务市场对于调整产业结构，劳动者

---

① 《邓小平文选》（一九七五——一九八二年），人民出版社 1983 年版，第 275 页。

自由择业和劳动力流动都是有益的。因此，社会主义经济从总体上看，仍然是一种商品经济或市场经济。

有一种相当流行的观点是，只能提社会主义存在商品生产和商品交换，不能提社会主义经济也是一种商品经济或市场经济，因为社会主义经济的主导部门——国营经济——的生产和经营是不完全受市场规律调节的。这实际上仍然是坚持斯大林《苏联社会主义经济问题》一书的观点。在那里，肯定社会主义还存在商品生产和商品交换，但是不承认社会主义经济也是一种商品经济。原因在于，斯大林否认全民所有制内部流通的生产资料也是商品，不承认国营企业是相对独立的商品生产者。既然把社会主义商品生产和商品交换只局限于两种公有制之间的经济往来，以及居民向国营商店购买个人消费品的范围内，否认国营企业是相对独立的商品生产者，自然就谈不上社会主义经济是商品经济了。所以，近几年来伴随着否认社会主义经济是市场经济的观点，有的同志对投资主体多元化，对国营企业自主经营、自负盈亏和推行破产制度有这样那样的看法。这些看法同当前改革经济体制的形势和要求是不合拍的。当前，无论是农村还是城市，都要求大力发展社会主义商品生产和商品交换，缩小指令性产品生产和产品分配的范围，更多地利用经济手段和价值杠杆来实现国家计划的要求，逐步扩大市场调节的范围，打破部门分割和地区封锁，开展各种经济形式、各种流通渠道的市场竞争，等等。这些重要的政策和措施，只能从社会主义经济也是一种商品经济或市场经济得到科学的解释。

还有一种观点认为，如果把社会主义经济看成是一种市场经济，那么，国营企业就要以商品生产者的身份出现，成为一种独立的经济实体。这就意味着否定了全民所有制，否定了社会主义国家代表全体人民对生产资料行使所有权，否定了社会主义国家劳动者之间是共同占有、联合劳动的关系。这种看法也值得研究。

首先，应该划清社会主义公有制基础上的市场经济同资本主义私有制基础上的市场经济的界限。的确，发展社会主义市场经济，意味着承认每个国营企业具有独立性，成为独立的商品生产者，但是，这种"独立"，只是在经营上的独立性，而不同于私有制经济中商品生产者的完全独立性。所有权同使用权、经营管理权是可以分开的。国营企业对生产资料具有使用权和经营管理权，并不改变生产资料全民所有制的性质，也不影响代表全体人民利益的社会主义国家对生产资料行使所有权。因而，从根本上说，它没有也不可能否定社会主义国家人们之间的共同占有关系，也就是说，没有改变社会主义全民所有制的性质。从这个意义上可以说，社会主义市场经济是一种特殊的市场经济。

当然，承认社会主义经济具有市场经济的属性，要求各个国营企业成为自主经营、自负盈亏的商品生产者，就意味着要改变国有经济的经营方式，即从由国家直接支配和使用生产资料的高度集中统一的行政管理体制，转变为适应发展商品经济要求的，在国家计划和政策允许的条件下，企业独立自主地进行经济活动的经营体制。只有这样，企业的积极性才能调动起来，经济才能搞活。过去，正是由于否定了社会主义经济的商品经济性质，从而否定了国营企业是相对独立的经济实体，我们才由国家直接支配和使用生产资料，直接组织企业经济的产供销活动，使企业变成了国家行政机关的附属物。实践证明，这样的经营和管理方式，严重地束缚了生产力的发展。

实践经验告诉我们，离开大力发展社会主义市场经济，试图在自然经济基础上进行社会主义现代化建设，是不可能的。特别是发展中的社会主义国家，要想促进社会生产力的迅速发展，就要真正消除自然经济思想的影响，使社会主义社会经历商品经济大发展的阶段。在我国现阶段，社会主义市场经济的发展，就意味着社会生产力的发展和社会主义建设的前进。

恩格斯在《反杜林论》中说："政治经济学不可能对一切国家和一切历史时代都是一样的。""政治经济学本质上是一门历史的科学。它所涉及的是历史性的即经常变化的材料"①。恩格斯曾经批评一些人，他们总想到马克思的著作中找一些现成的、不变的、永远使用的定义和概念来套现实，而不是用实践去检验理论概念和定义，以多变的现实生活来丰富和

---

① 《马克思恩格斯选集》第三卷，人民出版社 1972 年版，第 186 页。

补充概念和定义。他指出："不言而喻，在事物及其相互关系不被看作固定的东西，而是被看作可变的东西的时候，它们在思想上的反映、概念，会同样发生变化和变形；我们不能把它们限定在僵硬的定义中，而是要在它们的历史的或逻辑的形成过程中来加以阐明。"① 马克思主义的这些历史唯物主义基本原理，应该成为我们探索社会主义经济性质的指导思想和方法论基础。

所以，根据社会主义国家建设的实践经验，承认社会主义经济是一种商品经济或市场经济，是对社会主义经济的客观发展做出实事求是的理论概括。

还应当指出，商品经济同市场经济是同义语，有的同志承认社会主义是商品经济，而又不承认社会主义是市场经济，这在理论上讲不通。在现代生产力发展水平上，社会生产的分工越来越细，企业生产的产品不是为自己消费而生产，而是要到市场上去交换。没有市场，就不是商品经济；没有完整和健全的市场体系，也就是不完善的商品经济。事实上，我们在十三大文件中已经明确地提出了完善社会主义市场体系，发展和完善消费品市场、生产资料市场、金融市场、技术市场、劳务市场以及房地产市场的任务，并且提出了企业成为社会主义市场主体的问题。

以往，我们之所以在理论上不能明确地承认社会主义是市场经济，主要担心和资本主义划不清界限。现在看来，把社会主义和资本主义在一切方面都要相区别的思想方法是不可取的。根据马克思主义观点，历史发展是有继承性的，社会主义不是割断历史，凭空产生，而是在资本主义发展的基础上产生的。资本主义经济中，有些东西并不是与其社会制度相联系的，而是与现代社会化大生产相联系的，像股份制、市场经济等，它们是经济管理的某种方式，资本主义可以利用，社会主义也可以利用。有些东西即使是与资本主义相联系的，但只要对我们发展社会主义社会生产力有利，我们也应当加以借鉴。例如，列宁主张学习"泰罗制"就体现了这种精神。

---

① 《资本论》第三卷，人民出版社1975年版，第17页。

以往之所以不敢讲社会主义市场经济，还有一个重要的思想认识上的原因，就是把社会主义和市场经济相对立，或认为二者互不相容，认为讲市场经济就有搞资本主义之嫌，经过近14年来理论和实践两方面的探索，我们已经逐步认识到，计划与市场两种调节机制，不仅是可以相容和共存，而且是相互依存的，是互为条件，互为补充的。也就是说，计划调节离开市场调节就不能很好地发挥作用。市场调节也需要宏观层次的计划指导才能更有效地发挥作用。传统体制时期，我们搞了几十年计划，最后不得不进行改革。历史的经验已经证明：离开市场，计划就搞不好。不承认市场的调节作用，不承认劳动者和企业独立的物质利益，广大群众的生产积极性不能发挥出来，再好的计划也实现不了。况且由于社会需求在不断变化，政府计划部门既难以像企业那样迅速掌握市场供求的变化，也难以对市场做出迅速反应，直接干预微观经营活动的政府计划，难免会成为脱离实际的官僚主义，造成供求脱节、降低计划工作的效率。要真正使计划有效地发挥作用，就要转变计划方式和计划职能，微观领域的生产和经济活动由市场来调节，计划主要解决重大的经济比例和经济发展的长远问题，通过引导市场，以及借助于市场，达到实现计划和提高计划效率的目的。可见，发展社会主义市场经济不仅不是削弱计划，而是更有利于社会主义计划目标的实现。

邓小平同志讲："革命是解放生产力，改革也是解放生产力。"而且他在许多场合下讲过改革也是一场革命。这种革命既是对以往的高度集中体制的变革，也包括对社会主义理论的突破与创新。从过去一概否定市场规律，盲目崇拜计划，到承认价值规律作用，承认市场调节作用。再到发展社会主义商品经济和市场经济，实际上是社会主义理论的曲折发展和不断"革命"的过程。我们要从解放社会主义社会生产力的高度充分认识发展社会主义市场经济的重大意义。同时，理论工作者肩负起完善和丰富社会主义市场经济理论的任务，指导改革开放，为促进社会主义社会生产力的发展做出努力。

（二）形成完善的社会主义市场体系

在理论上已经明确了市场是社会主义经济的内在要求和内在规定性，

并且明确了现阶段要大力发展社会主义市场经济，那么，到底社会主义市场经济应当是个什么样子？它的基本体制框架如何？它有哪些特征？这些问题仍需我们在理论和实践上继续不断地探索和创新。

我认为，完善社会主义市场应当遵循两个基本原则：一是按照生产力发展的现实要求，遵从市场经济运行的一般规律，建立完善的市场经济运行体系。市场调节作为一种经济运动的规律，它是与现阶段生产力的发展水平相联系的，无论是社会主义，还是资本主义，只要利用市场，就必须遵循市场的一般规律，人为地限制它、割裂它，就会使市场的功能受到损害，市场调节的作用就不能有效地发挥。二是在遵从市场经济运行一般规律的同时，要注重研究社会主义市场经济的特殊性。既然是社会主义制度下的市场经济，它与资本主义制度下的市场经济必然有某些本质区别，这种区别既在组织形式上有所不同，又在运行方式上有一些自己的特征。当然，我们也不能为区别而区别，而是要以实事求是的精神，以科学的态度探索既利于生产力发展，又反映社会主义制度特征的社会主义市场经济形式。

1. 完善社会主义市场体系建设

社会主义经济改革过程，实际上是一个不断地扩大市场机制调节作用的过程。市场机制到底在社会主义经济中发挥什么样的作用，我们对此的认识是不断地深化的，思想也是不断地得到解放的。但是，迄今为止，我们的市场体系仍然不完善，市场的组织制度、运行规则仍然是不完备的。这除了经济体制转换需要一个渐进的过程之外，还有一个很大的问题，是我们思想上对形成完善的社会主义市场体系和市场组织制度这一问题认识不够。只想在某些领域引入市场机制，而在另一些领域则限制它的作用，从而导致市场机制不能充分地发挥作用。主观上想利用市场机制，而实践中市场制度建设跟不上，市场也不能有效地发挥作用。

我们知道，改革开放以来我国的社会主义市场发展经历了由局部到全部、由浅层次到深层次逐步发展和深化的过程。最初，社会主义市场仅存在于消费品领域和少量的生产活动中。例如，消费品市场放开，顾客自由选择消费品，消费品生产和定价当然仍由国家控制，这是一种不完全的消费品市场。在个别投资领域，如乡镇企业，生产也是由市场调节的。在改革过程的初期，人们曾经提出过"简单再生产领域由市场调节、扩大再生产领域由计划调节"的模式。东欧国家在80年代之前的改革大体上就是这种模式。这种模式的特征是在既定的简单再生产条件下，企业有权根据市场需要确定自己生产什么产品，生产的数量，以及产品的销售，并且在遵从国家有关政策的条件下决定企业内部的分配，等等。这是一种典型的有限市场或局部市场模式。在这种情况下，产品市场发育比较充分，生产资料市场也在相当程度上存在，但资金市场、劳务市场、技术市场等作用很有限。特别是企业不能做到自主经营和自负盈亏，因为企业没有扩大再生产的权力。

在我国经济体制改革的过程中，实践已经突破或超过了这种把市场作用仅仅限制在简单再生产领域的模式。随着改革的不断深入，无论在理论上，还是在实践上，市场调节的作用已经扩展到扩大再生产领域。从理论上看，人们已经承认企业应该自主经营、自负盈亏，有扩大再生产的权力。从实践上看，由于实行承包经营制，企业留利水平不断提高，企业已经获得了一些投资决策权，市场调节也不仅仅是简单再生产领域的现象，扩大再生产领域已经在一定程度上出现了市场调节，但从目前改革已经达到的程度看，市场调节仍然是很不健全和很不完备的。一些产品价格在相当程度上还是由政府控制，还没有完全做到市场定价。国营企业的指令性计划比例依然较高，这些企业的简单再生产过程，还主要不是由市场调节。扩大再生产方面，国家行政管理过多，企业投资自主权尚未真正落实。劳动力市场、资金市场、技术市场、生产资料市场仍然发育不足。特别是企业自负盈亏问题仍然没有解决，政府既对企业经营承担无限责任，又通过各种方式直接干预经营，企业自主权不能落实。所有这些都表明，我国目前的市场调节、市场建设都是很不完备的。按照发展社会主义市场经济的要求，加强市场体系和市场组织建设是一项既紧迫又艰巨的任务。

当然，要使社会主义市场有效运行，必须坚持不懈地完善市场体系。市场机制既要在简单再生产领域充分地发挥作用，又要在扩大再生产领域充分地发挥作用。为此，既要有步骤地理顺价格体系，使价格作为一种市场参数有效地发挥作用；又要完善消费品市场、生产资料市场、资金市场、技术市场、劳务市场以及房地产市场等。

现在来看，价格改革的基本目标已经明确，即除对少数产品实行国家定价外，对部分产品实行国家指导价，绝大部分产品实行市场价。市场价由企业根据市场供求关系的变化自主决定。

经过近14年的价格调整与改革，目前市场定价的比重大约为70%（其中包括一些指导价），其余30%左右为国家定价。目前存在的主要问题是煤炭、石油、电力、运输等基础产业部门价格偏低。提高这些部门的产品价格遇到的困难是可能导致相当一批国营企业因无力消化而陷入经营困境；而不提高这些产品的价格，这些基础产业部门则出现全行业亏损、筹资和发展能力不足，使结构进一步恶化。而且由于这类产品的价格过低，使用它的单位也不注意节约，因而造成很大浪费。所以，分阶段、有步骤地理顺价格体系，并相应地完善价格形成机制，是今后一段时期市场建设的一项基本任务。今后国家定价的产品主要是在某些自然垄断行业，如铁路、电力、航空等部门，其他产品应当由市场定价。国家定价也要反映价值规律和供求规律。不仅要完善工业品和其他劳务产品的价格机制，而且还应当包括广义价格，如利率、汇率、土地使用费等方面的相应改革。

在我国，消费品市场与其他要素市场相比，是发展较快的。而且在理论上也认识比较一致。社会主义的生产目的，就是提高广大劳动群众的物质生活和文化生活水平。广大群众有权自由选择自己喜爱的物品；企业生产什么、生产多少，应当根据市场需求进行决策。所以，日用品的生产、流通、消费应当由市场加以调节。通过14年来的改革，我国消费品市场的发育已经取得了很大的进展。目前零售商业是放开的。由于物品丰富，以往各种票证相继取消，基本上实现于市场化经营；日用品生产的指令性计划也已大部分取消，生产领域实现了以市场调节为主的局面。在市场组织方面，由于出现了国营商业、供销合作商业、企业自销、零售兼营批发，以及集体、个体、私营商业多种流通渠道共存的格局，打破了以往国营商业一统天下的局面，形成流通领域多家竞争的态势。但与此同时，仍然存在市场运行不规范，组织结构不合理的问题，目前的流通体制仍具有严重的双重体制特征，旧的秩序已经打破，新秩序还没有充分地完善起来。如一些地方政府和一些部门干预企业经营，造成市场分割，有的以权经商、垄断经营；企业之间合同履约率低、货款长期严重拖欠、商业信誉下降。特别是国营商业部门不能适应市场经济发展的要求，市场开拓能力差、经济效益下降、国营商业的主渠道作用不能有效发挥；不同类型、不同规模的商业组织间没有形成合理分工、稳定协作的关系。没有形成类似于国外那种综合商社型的跨地区、跨行业、信息灵敏、网络发达、运作效率高的现代化商业经营组织。所以，完善我国消费品市场不仅仅是个取消指令性计划的问题，而且包括市场组织、市场规则的不断完善和健全的问题。

生产资料市场在我国发育比较缓慢。先对生产资料是不是商品，以及要不要形成生产资料市场曾有过曲折的认识。在旧体制时期，受斯大林全民所有制内部不存在商品关系理论的影响，认为生产资料不是商品，从而对生产资料实行严格的指令性计划生产和调拨，生产资料不进入市场流通。改革开放以来，思想认识上抛弃了生产资料不是商品的僵化观念，生产资料开始逐步进入市场流通。但一方面由于我国生产资料长期供不应求，必须借助于一定程度的计划分配；另一方面，人们在认识上也存在着社会主义有计划商品经济条件下，经济的计划管理，特别是生产资料的计划管理是我国新经济体制的一个基本内容，所以对建立一个什么样的生产资料市场人们存在着不同的看法。随着改革的深入越来越多的人已认识到，一般来讲，生产资料作为一种工业品，应当与消费品一样进入市场。建立生产资料市场有利于合理配置资源，有利于按照社会需求组织生产，使供给在品种、规格、质量等诸方面适应需求。因而，用社会主义生产资料市场代替以往的实物物资计划分配是经济体制改革的一项基本内容。近几年来，为了突破以往的计划分配，实行生产资料双轨制；某些生产资料保持计划分配，某些则由市场调节；即使同一种生产资料，也实行部分为计划内管理，部分计划外则由市场调节。完善生产资料市场的基本方向首先是逐步改变价格双轨制，一方面实现同种生产资料的计划内外价格并轨，向市场价靠拢；另一方面则应当逐步降低指令性计划分配生产资料的比重，使大部分生产资料由市场调节。当然，由于我国处于工业化阶段，由于资金短缺的约束，某些生产资料相对短缺状况不可能在短期内消除，国家对某些重要的生产资料实行一定程度的计划管理是必要的。但从生产资料的基本分配形式来讲，应当通过市场解决。这是一个基本的改革方向。同消费品的流通组织需要不断完善一样，生产资料市场的发育，除了放开价格，减少指令性计划分配比重之外，完善生产资料市场的组织形式和组织机构也将是一个较长的发育过程。最近，深圳、上海两地已经成立有色金属期货交易市场，一些大中城市也建立了一批生产资料交易中心或组织。今后应当适应我国社会主义市场经济的要求，进一步探索既保持一定的宏观调控和管理，又有利于搞活经济的生产资料市场流通体系。

我国的金融市场已经有了初步的发展，与产品市场相比，金融市场的发育更显得艰难一些。在旧体制下，资金是由国家计划直接分配的，除了财政上统收统支外，信贷也是由政府直接控制的。改革以来，情况有了不少变化，国家直接分配的资金明显减少，如财政支出的固定资产投资占全社会总投资的比例不足 10%，信贷资金和企业自筹资金占总投资的比重已占主要份额。无论是信贷资金还是企业自筹资金，都既不是典型的计划分配，也不是典型的资金市场。信贷资金的分配，银行有一定的决策权，但政府也往往加以干预，没有完全根据市场规律进行调节。至于企业自有资金，则是由企业折旧和留利以及其他专项资金组成，企业自筹资金的多寡虽然取决于其经营业绩，有一定的市场调节因素在内，但它也不是我们所讲的典型的资金市场。所以，目前我国资金分配的基本格局是双重体制共同起作用。要向规范的资金市场过渡，需要做好以下一些工作：

一是实现专业银行的企业化经营。银行的经济活动以营利为目的，以利润为目标，完全承担经营风险和自我积累、自我发展，成为完全意义上的独立法人。中央银行不再负责对各专业银行供应资金，行政部门不得干预银行的信贷业务。只有银行实现企业化经营，它才能真正关心资金的使用效率，市场规律在资金分配中才能发挥有效作用。

　　二是要发展不同形式、不同功能的多种金融机构。中国人民银行行使中央银行的职能，主要是制定和实施国家的货币政策，运用准备率、贴现率以及其他手段控制货币供应总量和市场利率。在大力发展各种专业银行和政策性银行组织的同时，要大力发展银行以外的金融组织，如城乡信用合作社、社会保险机构、投资信托公司、企业财务公司等，既要发展和完善适应商品经济要求的金融组织形式，又要形成有效的竞争。

　　三是完善短期资金市场。从完善资金市场的角度看，利率应逐步放开，中央银行不再直接控制存、贷利率，而是通过间接方式加以调控，使利率反映供求变化，达到调节供求的目的。要实行商业信用票据化。根据市场经济的需要，大力发展承兑贴现业务，企业挂账形式的相互拖欠变成约期的票据形式，使票据的承兑、贴现和中央银行的贴现成为普遍的金融服务。

　　四是大力发展长期资金市场。目前我国已经在深圳、上海两地试办股票证券交易所，在其他一些城市也开展了债券交易。今后在总结经验的基础上，将进一步扩大和完善股票和债券交易。同时，随着股份制试点的扩大和现有企业的股份制改造，将更多地吸收社会资金向长期资金市场投资。

　　在社会主义条件下，是否存在劳动力市场，我们也曾有过曲折的认识过程。改革开始前，我们不使用劳动力市场这个词语，因为社会主义条件下劳动力不再是商品，讲劳动力市场有雇佣劳动之嫌。所以，开始时只讲劳动力的合理流动。实际上，社会主义劳动力市场是一个习惯或借用的说法，它并不意味着我们存在着雇佣劳动关系，而是在广大劳动者共同占有生产资料、平等劳动关系基础上，使劳动力资源得到合理利用的组织形式。主要是形成一种用人单位与求职者之间相互选择，既使劳动者有权选择自己满意的职业，又使用人单位有权吐纳员工，提高经营效率。针对旧体制下劳动力安置由计划分配，一旦就业就成为铁饭碗、铁工资、铁交椅的弊端，形成适度的劳动力市场，有利于在劳动力使用中引入奖勤罚懒和优胜劣汰规则，有利于调动广大劳动者的积极性，从而也有利于更好地体现按劳分配原则。

我国劳动力丰富、就业压力大、劳动力供大于求的矛盾将长期存在。再加上现有福利保障能力弱，劳动者失业承受能力非常有限，我国劳动力市场的开放将是渐进的和局部的。完善劳动力市场需要从以下几个方面进行努力：

一是率先形成智力型劳动力合理流动。从我国总体上看，智力型劳动力短缺。但有的单位人才大量集中，不能有效发挥所长以及存在专业不对口等问题，应当首先允许智力型劳动力流动。对大学、中专毕业学生，将逐步取消统一分配制，继续完善"双向选择"的毕业分配办法。

二是推广和完善合同用工制度。企业有辞退和解聘职工的权利，职工也有择业自由。经营者选择也应当遵循"优胜劣汰"规则，搬掉铁交椅。

三是在城乡之间、地区之间根据经济发展的需要形成适应的劳动力流动。在我国目前情况下，一方面实行户籍管理是必要的，但另一方面适当地放宽城乡间、地区间人口流动也是逐步实现工业化和乡村城市化的基本要求，在政策上需将二者有效地协调。

2. 完善社会主义市场规则与法律体系

市场经济的运行秩序与指令性计划经济的运行秩序是完全不同的。指令性计划经济运行方式的典型特征是借助于行政命令，一切经济活动都是以上级机关的命令为转移的。当然这种经济指令之所以有权威性，是通过层层隶属的行政组织结构加以保证的。市场经济的运行则是依赖于社会以法律或其他形式确定的某些规则，各个经济组织是相互独立的，在经济利益上独立，在组织上也相互独立。不同经济组织间关系的协调，主要借助于法律形式。当然，市场经济下各个经济组织的构造与以往计划体制下的经济组织构造截然不同，前者是独立性质的，后者则是隶属于上级行政组织的。所以，由以往计划经济向社会主义市场经济转变，先要对社会的经济组织进行重新构造，由依附型的行政等级结构向独立的多元组织结构转变。与此同时，大量的经济活动由直接的行政命令协调转变为市场协调，确立适应市场经济要求的市场规则也将构成新经济秩序不可缺少的制度前提。完善社会主义市场主体的组织形式和完善市场运行规则，需要做好以下几方面的工作：

　　第一，进一步从法律上明确企业作为独立的市场主体的地位。我国的法律已经规定企业是独立的自主经营、自负盈亏的经济实体。近几年来，相继颁布了全民所有制企业法，以及集体经济、私营经济、"三资"企业等有关方面的法律，原则上都承认企业的独立地位。但由于缺少操作细则，对一些具体的过程和程序没有明确规定，适用性不强。最近又将颁布有限责任公司法、股份企业试点办法和条例，以及全民企业转换经营机制条例，可操作性增强了，有利于进一步解决政企分开问题。但到目前为止，这个问题还没有完全解决。例如，企业要不要有主管部门，法律上如何限定主管部门的权限，政府在劳动人事上对企业控制和企业独立性之间的矛盾，这些问题至今在认识上还没有完全解决，法律上也不可能马上完全明确起来，需要有个探索过程。所以，企业的独立性，不仅仅是一个口号，也不仅仅是缺少法律细则的原则性条文，而应当是以法律形式反映的组织规则和运行程序。

　　第二，完善市场交易和运作的法规体系。建立市场法规的目的在于保证参与经济活动的当事人权益不受他人侵犯；在于保证各当事人公平交易、合理竞争；在于使全社会经济活动健康、有效地运行，并保证公众和社会利益的实现。我国市场法规的建设目前仍比较薄弱，近几年颁布了一些法规，但仍不完善。有的单位依靠行政垄断干扰市场活动；有的企业不是靠质量和价格竞争取胜，而是靠回扣取胜；有的撕毁合同，拖欠贷款，损害他人利益，等等。特别是近几年严重存在的"三角债"，已经严重危害国民经济的运行。这些现象之所以存在，就是因为市场法规不健全，有的无章可依，有的有章不循，有的是用行政意志代替法律。只有根据社会主义商品经济的要求，完善市场法规体系，确立法律的权威性，社会主义市场才能高效、有序地运转。

　　第三，进一步完善企业破产制度，真正体现优胜劣汰。以往有一种不正确的说法，认为全民所有制企业不能破产，认为这类企业破产就是破社会主义的财产。这种看法是不正确的。对那些没有经济效益、长期亏损、给国家造成包袱的企业，早破产，国家财产就少浪费、少损失，破产恰恰是保护国家财产免遭更大损失的可行办法。现在破产法已通过，但在实践中贯彻得不理想，有些企业长期亏损，经营不善，政府部门仍然给予种种行政保护，银行仍然给予大量贷款，靠国家注入资金维持生存。有的根本没有还贷能力，还在大量贷款。这些行为是与破产法相矛盾的。破产法规定，企业无力偿债时，即应宣布破产。无力偿债当然包括无力偿还贷款。当然，从目前情况看，国营企业亏损面大，简单地按照无力偿债规则处理，企业破产面就会很大，社会承受不了。但从长远看，这个问题必须解决。随着搞活大中型企业工作的进展，应当探索一套行之有效的办法，既兼顾社会承受能力，又要严格执行破产法，树立破产法的权威性。否则，优胜劣汰、自负盈亏就不可能真正落实。

第四，完善社会保障制度。由于社会主义劳动力市场的形成，企业有权根据生产需要吐纳劳动力。又由于破产制度的实施，破产企业职工再就业和一定时期的待业、失业将不可避免。与此相适应，必须建立职工失业和待业保障制度，使这些职工的生活有起码保障，以及劳动者退休后需要生活保障。以往我们采取国家和企业包下来的做法，显然是与市场经济的要求不相适应。所以，待业、失业、破产企业职工，以及退休职工的生活保障必须由社会来解决。这是社会主义市场经济有效运作的一个基本的制度条件。目前，我们在这方面已经有了一些起步，但还没有形成一整套有效运作的体系。今后的任务，是应当根据生产发展水平和国力允许的程度，有步骤地、有计划地形成适应社会主义市场经济要求的社会保障体系。

（三）社会主义市场的制度基础与特征

以上主要分析了社会主义市场作为一种调节经济的方式所应具有的一般性特征，即无论是社会主义市场经济，还是资本主义市场经济，只要使市场规律有效地发挥作用，就应当具备相应的组织和体制条件。这就是市场经济所应具有的共性。那么，市场有没有特性呢？不同的社会制度下是否具有不同的表现形式呢？对这个问题的回答应当是肯定的。不同生产力发展水平的国家，不同历史背景和不同文化传统的国家，它的经济制度必然有所差别。何况社会主义国家与西方资本主义国家具有完全不同的政治制度和社会政策，社会主义市场经济必然具有一些与私有制基础上的国家根本不同的东西，所以，社会主义市场应当而且必然会有它的一些特殊性。也许有的同志会讲，既然计划、市场这些概念是中性的，资本主义可以利用，社会主义也可以利用，那么，是否还有必要讲社会主义市场的特殊性呢？这个问题并不矛盾，作为调节手段的计划和市场，之所以是中性的，就是说它在某种程度上是与生产力发展的水平相联系的，不论何种社会制度都可以利用它，它可以在不同的社会制度下存在。但是，当它们为特定的社会制度所利用时，就必然有一些反映特定社会制度的东西，它在某些方面又表现出特殊性或个性。我认为社会主义市场具有以下一些特征：

第一，社会主义市场是以新型的社会主义政治制度和社会政策为前提的。根据马克思主义原理，经济是基础，政治属于上层建筑。从一个较长的历史阶段来看，经济决定政治，社会主义政治制度说到底取决于现时的社会主义生产方式。但是，反过来，在一定的时期内政治又有一定的独立性，政治又对经济产生反作用，促进或阻碍着经济的发展。我国社会主义政治制度和社会政策基本是适应社会主义社会生产力迅速发展要求的。但是，也存在一些不完善之处，需要不断地根据生产力发展要求予以改革，在改革中也要十分注意使社会主义市场经济具有我们的制度特色。使社会主义经济既能够保持高速发展，又能保持社会公正，保证全社会劳动者的共同富裕。

我国社会主义政治制度的基本特征是广大劳动者当家做主。国家的政治性质是代表广大劳动人民的利益，而不是维护少数特权阶级的利益。无论人们承认与否，在现阶段生产力发展水平上，政治还是有阶级性的。社会主义国家政权以维护劳动群众的普遍利益为宗旨。作为执政党的中国共产党，其宗旨是全心全意为人民服务，不牟私利，不搞特权，不是为某个小集团、或某个阶层的利益服务，而是为广大的劳动者的普遍利益服务。虽然在工作中，某些党员及政府工作人员中存在一些腐败现象，但总体上，我们党不失为广大群众谋福利的党。而且中央已下决心把惩治腐蚀作为一项任务，以及随着廉政工作的加强和监督制度的完善，党的宗旨必然会得到更进一步的贯彻。与此同时，我们的法律制度、社会政策都是以维护广大劳动者普遍利益为出发点的，它们在各个方面形成一套行之有效的完整体系，以维护劳动者的利益。并且，在社会主义条件下，既注重社会的物质文明，又注重精神文明。要运用政权的力量同各种落后、腐朽和消极的东西作斗争。例如，我们严厉打击吸毒贩毒、嫖娼卖淫、赌博等，打击和禁止黑社会势力的滋生，打击各种危害社会、危害公众的不法行为，形成人民安居乐业，文明健康的社会环境。我国国家政治制度的这种社会主义性质，可以更加有效地消除社会的丑恶现象，可以有效地克服单纯的市场调节所可能产生的一些弊端，可以更加广泛地保障广大劳动者的政治和社会权益。当然，社会主义的政治制度也有个改革的任务。以往的政治体制和社会政策方面与市场经济相矛盾的地方要加以改革和完善。我国的政治体制一方面要适应生产力发展的要求，适应改革开放的新形势。另一方面，我们的政治制度为我国社会生产力的发展提供一个更加公平、更加健康、更加和谐和协调、更加有利于人的全面发展的社会环境。这样一个政治前提，将有力地保证我国市场经济的社会主义性质。

第二，社会主义市场经济是以公有制为主体和受国家宏观计划指导的。社会主义经济是以公有经济为主体的。当然公有经济的形式是多种多样的。在改革开放之前，公有经济的主要形式是国营经济，70年代末期，工业部门中国营经济占80%左右。过去片面追求"一大二公"，实践证明是不可取的。改革开放以来，我们实行公有经济为主，多种经济成分共存。在国有经济发展的同时，大力发展集体经济，特别是乡镇企业，另外还积极引进外资，发展"三资"企业，允许和鼓励个体、私营经济发展，初步形成了公有经济为主体，多种经济成分共同繁荣的局面。有的同志担心，发展市场经济会不会损害公有制经济的发展，现在看来，这种担心是不必要的。到目前为止，我国公有经济仍占90%以上，非公有经济（"三资"企业、个体、私营企业等）不过占10%，而且改革开放以来，发展最快的是乡镇企业。如果我们通过进一步的深化改革，进一步激发大中型国有企业的活力。凭借人才、资金、技术和经营规模的优势，国营大中型企业的主导和骨干作用必将得到进一步的巩固和发展。随着股份试点的扩大，将来公有经济还可以通过参股、控股等形式对非公有经济进行引导。

所以，在社会主义市场经济中，公有经济占主导地位是一个典型的特征。

公有经济为主导表明，社会主义市场经济关系不是一部分人对另一部分人形成支配的雇佣劳动关系，而是平等的联合劳动关系。当然在社会主义市场经济条件下，仍存在一定程度的劳务市场，劳动者和企业之间仍要通过劳动合同的形式规定相互间的权利与义务。但是，这是一种劳动者个人与公有组织之间的平等的相互选择的关系，这与私有经济条件下，一部分人依赖于另一部人的那种不平等关系是有根本区别的。

由于以公有经济为主导，社会主义市场竞争不再是私有经济下那样的私有资本之间的竞争，而是公有企业之间的相互竞争。公有企业之间的竞争，一方面表明了社会主义经济与资本主义经济之间的根本区别；另一方面也提出了社会主义市场组织的特殊任务。迄今为止，市场经济都是在私有制的基础上进行的，公有制基础上如何有效地组织好市场，实践还没有先例。过去我们排斥市场机制，认为公有制只能实行计划经济。国内外的某些学者也认为公有制与市场经济相矛盾，苏联、东欧一些社会主义国家也纷纷通过私有化途径走向市场经济。公有制基础上如何有效地引入市场经济，需要我们通过大胆的理论和实践探索，解决一系列前人不曾解决过的问题。比如，怎样真正地解决政企分开问题？公有财产如何实行法人化经营？在市场经营中如何保证公有财产不受侵蚀？保证其安全和增值？等等。近几年改革中，在这些方面已经取得了一些进展，并且也取得了一些经验，明确了改革的基本方向。但是，在某些方面还正在探索，根本上解决好与此相关的一系列体制问题，仍然是一项极为艰巨的任务。

同时，社会主义市场是国家计划指导下的市场，而不是自由放任的市场。社会主义国家计划对市场的指导作用概括地表现在两个方面：一方面更有效地实现社会资源的合理配置，避免单纯的市场调节所可能导致经济发展的盲目性，避免波动太大的经济周期，以及消除贫富两极分化的社会弊病，等等。另一方面，以计划形式反映社会主义政策目标，保障广大劳动者的根本利益，不是像资本主义条件下那样突出地维护资产阶级的利益。

资本主义市场经济的发展经历了由自由放任到国家干预的演变。我国是在生产力相当落后的基础上发展市场经济，不应当重复走自由放任的老路。同时，我们的计划指导与西方国家的政府干预也是有区别的。除了在计划干预形式和干预内容的广泛程度上与西方国家有所差别外，我们与西方国家政府经济干预的出发点不同，我们在政策上更多地体现社会主义制度特征，更多地侧重于维护广大劳动者利益，更多地侧重于实现社会公正，保证经济、社会、政治、文化等各个方面的全面协调发展。当然，我们实行计划指导，并不是要保留旧的高度集权的指令性计划形式，也不是停止在目前的新、旧体制共存的阶段上，用过多的计划干预损害市场应具有的调节功能，使市场不能完整地发挥作用，而是要探索一条既保证市场能够完整有效地发挥调节作用，又能通过有效的计划指导保证市场调节方向符合国家政策要求的新路子。近14年的改革中，我们已经摸索到一些经验。我们相信，这条路子是能够走得通并取得成功的。

第三，在社会主义市场中，工人阶级的主人翁地位得到根本保障。社会主义理论认为，实现生产资料的公共占有，全体社会成员直接地使用生产资料从事社会劳动，将使劳动者成为生产活动的主人，在劳动者之间形成平等协作的关系，社会主义市场经济中，并没有改变生产资料公共占有的性质，所变化的只是劳动协作的形成。传统体制下，劳动者的平等协作关系是以计划的形式加以联系的。在社会主义市场经济条件下，这种劳动协作关系将变成共同占有生产资料基础上的竞争和协作关系，而广大劳动者仍然是社会生产的主人。这种主人翁地位主要表现在以下两方面：

一是职工参加民主管理。人们从事劳动的过程，既是创造物质财富的过程，也是使人的身心得到健康发展的过程，人们之间进行社会交往的过程。劳动者在生产过程中参与管理，参与经营决策，既有利于发挥他们的创造性、积极性和主动性，更好地改善管理和提高效率，又有利于使劳动者的社会权利和自尊心得到尊重，使他们得到全面的发展。工人参加管理是我国企业管理的一个创造，过去的"两参一改三结合"曾经发挥过很好的作用。日本从我国的经验中受到启发，后来也注重职工参与管理。西方古典管理理论和实践，把工人当做会说话的机器，不尊重劳动者的人格，只是想方设法在他们身上无限制地榨取剩余价值。这是由它们的制度的特征所决定的。虽然战后以来，西方管理理论出现了像行为科学理论等新的流派，主张把人当做社会人加以看待，并且注意缓和劳资关系，注重员工的参与意识，更好地调动其积极性。但是，在私有制范围内，这个问题不可能根本解决。

在近几年的改革开放过程中，我国许多企业的民主管理不仅没有削弱，而且进一步加强。为了增强企业的竞争力，许多企业教育职工树立"以厂为家"的团体精神，增强了企业的凝聚力，并且通过开展全面质量管理等多种活动，发动广大职工参与管理，为企业振兴献计出力；一些企业打破大锅饭，真正实行按劳分配、多劳多得；有的企业打破干部与工人的界限，从工人中提拔管理干部，调动了广大职工的劳动积极性和民主管理积极性。我国工人参与管理的优良传统得到进一步的发展。

二是工人除了参与生产决策外，还通过各种形式行使社会权力和政治权力。如通过职工代表大会，对企业重大决策发表意见，对企业经营者进行民主评议和监督，对管理人员的经营业绩、政治品质，以及企业的财务状况等进行广泛监督，保证党的方针政策有效贯彻，保证国有财产不受侵犯，保证劳动者的合理权益不受损害，等等。

五　计划与市场有机结合的理论思考

现在人们已普遍认识到，计划和市场都是现代生产力发展所要求的经济调节手段；同样，计划和市场也都是社会主义经济的内在的东西。问题在于在现实经济运行中如何具体地处理计划与市场的关系、明确各自的分工和职能，使二者有效地结合起来。

在这个问题上，以往的争议和不同提法较多。由于人们的认识是不断深化和发展的，所以这种认识上的差异也是正常的。邓小平同志指出，市场经济不等于资本主义，社会主义也有市场，计划经济不等于社会主义，资本主义也有计划。这一精辟和意义深远的观点应该成为我们正确处理计划与市场关系的一个基本指导原则。以往在处理计划与市场关系上，一个关键的问题是对社会主义市场缺乏正确的认识，认为市场经济是资本主义的同义语，因而不能正确地处理二者间的关系。现在我们已经明确社会主义商品经济实质上也是市场经济，计划与市场应该是覆盖全社会的。在我国的现实条件下，计划与市场有机结合的基本前提，是社会主义市场体系能够得到充分发育。为此，必须按照小平同志的指示精神，加快体制改革步伐，在大力发展社会主义市场经济过程中完善计划与市场有机结合的新体制。

（一）有机结合的含义与任务

1. 计划与市场有机结合的必然性及基本含义

实现计划与市场的有机结合，从根本上看，是发展社会主义市场经济、发展社会生产力的需要。

过去，由于我们错误地把社会主义经济看成是"产品经济"，实际上是自然经济或半自然经济，而不是商品经济，因而长期实行了一种高度集中的、以行政管理为主的计划经济体制。实践已经充分证明，这种体制妨碍了我国社会生产力的发展，事实上是行不通的。改革以来，我们已逐步认识到，我国社会主义现阶段，市场经济的发展是不可逾越的。只有按照发展市场经济的要求，对经济体制进行彻底的改革，才有可能有效地促进我国社会生产力的发展，从而保证人民物质文化生活水平的不断提高。

承认社会主义经济是市场经济，这在理论上是一个很大的进步，是一个飞跃。承认社会主义经济是市场经济，就必须承认市场机制和价值规律的基础作用，承认计划与市场结合的必要性。在现阶段社会主义市场经济的发展中，仅靠计划或仅靠市场都是不够的，市场和计划有各自不同的功能和特点，但二者都不是万能的，都存在某些方面功能失灵问题，这一点已为国内外商品经济发展的历史充分证明。因此，只有将两者结合起来，才有可能满足发展我国社会主义市场经济的需要。

苏联、东欧和我国过去几十年的实践证明，排斥市场机制纯粹由计划组织产供销衔接的所谓社会主义产品经济，实际上是一种空想。不仅在现有生产力发展水平上，信息收集、处理技术的局限使计划水平难以提高，就是生产力高度发达了，科学技术水平提高了，也不可能产生完全的计划产品经济。因为从本质上看，社会经济发展的根本目的是不断满足人们日益增长的物质文化需求，这就从根本上规定了各类产品的品种、规格、花色，只会越来越多，趋向无限丰富，且品种、规格、质量永远处于变化之中，这一点正符合市场充满变化和竞争的特点，而与计划的静态性、非即时性相抵触，如果试图以一种"包罗万象"的计划来规定和调节生产，那必将是妨碍而不是促进社会经济的进步。因此，作为反映人们对客观事物认识的计划，一定要以市场机制的自主作用为基础。

另外，社会主义商品经济或市场经济的发展也不能不要计划而回到早期的市场经济中去。事实上，完全竞争的、纯粹的市场经济现实中也是不存在的，因此，寄希望于完全由市场调节来达到社会经济的均衡协调发展和资源的有效配置，也只是一种幻想。从西方市场经济的发展看，单纯靠市场调节经济运行的局限性已越来越明确地为更多的人们所认识，主张引入政府干预、引入"计划"调节来补充市场失效的观点，逐步在理论上得到越来越多的人的赞同，而且许多国家"混合经济"实践，也取得了许多成功的例子，出现了所谓的有计划的资本主义。与资本主义经济相比，社会主义市场经济由于以公有制为基础，在市场调节基础上实施科学的计划调节方面具有巨大优越性。如果单纯地去追求完全的市场调节，那不但在理论上是有缺陷的，在实践上也只能导致原始的、落后的市场经济，最终被现代市场经济的发展所抛弃，更不可能完成赶超发达资本主义国家的任务。

从当前的情况看，改革开放至今，绝大多数同志都承认了计划与市场相互结合的必要性，但进一步看，必然有少数同志在计划和市场能不能结合的问题上，有不同的认识。一些同志认为，计划和市场两种机制本质上是相互排斥的，是不能兼容的。计划是一种预见性的、事先安排的调节行为，而市场则是随机的和较为自发和盲目的，计划的加入必然要破坏市场的内在统一性，因而也就失去了市场的本来面目。还有一些同志认为，市场经济和计划经济、市场调节和计划调节，根本就不是一个层次上的问题，因而也谈不上结合。持以上观点的同志都不认为社会主义经济运行体制中计划和市场应该结合起来，甚至仍有商品经济的存在。仍然认为公有制和市场经济从根本上是不相容的。因为商品价值关系承认人们在生产资料占有方面的不平等，因而与按劳分配、与公有制的本义是相抵触的。这种观点的存在表明，在对社会主义经济本质特征的认识上，还有必要进一步解放思想，进一步学习党的社会主义初级阶段的理论，真正认识到社会主义经济是计划与市场有机结合的市场经济。

问题更多地在于两者怎样结合。基于对社会主义经济内涵的不同认识，对这一问题的看法也是不同的。有一种观点把"有计划的商品经济"落脚到"计划"二字上，认为社会主义经济本质上是计划经济，计划是基本特征，商品经济是有计划地、在计划基础上运行的。因而，计划与市场相结合，只要在传统体制基础上有选择地引入和利用市场机制就够了。这就产生了计划与市场结合方式上的"主辅论"、"板块结合"论，等等。在我看来，这种观点是难以成立的。市场是社会主义商品经济内生的，而不是一个外来者。把市场机制"导入"计划经济的说法，实际上仍然是把计划经济和市场调节对立起来，否定社会主义商品经济实质上也就是有计划的市场经济，因而导致在实际经济工作中对市场发育的妨碍和限制，习惯于搞旧的一些东西。

事实上，我国的经济是建立在公有制基础上的社会主义市场经济，一方面，它内在地要求发展商品生产和商品交换，要求市场机制充分发挥作用，以市场作为商品经济的运行载体；另一方面，作为公有制基础上的社会化大生产，社会主义商品经济也内在地要求保持一定的计划性，以求能比资本主义商品经济单纯的市场调节更好、更自觉地保持社会经济发展内在的比例性、均衡性。因此，在社会主义制度下，计划调节与市场调节是相互渗透的。计划经济包含了市场调节，市场经济也包含了计划调节，你中有我，我中有你，它们不是互相对立和互相排斥的，而是有机结合的。

因此，计划与市场的有机结合，必须肯定两者都是内生于社会主义市场经济的本质要求，它们之间不存在谁利用谁的问题。尽管在社会主义市场经济运行的不同层次上，计划与市场的作用方式、结合方式可能有所不同，但两者都是组织、调节社会主义市场经济运行的基本手段，它们之间是相容而不是相斥的关系。

2. 计划与市场有机结合的任务

从社会主义经济的发展来看，微观经济活力和宏观经济控制两者不可或缺，计划与市场有机结合的基本任务，就是要达到两者高度统一。既要搞活微观，使我们的微观经济充满活力，具有高效率；又要管住宏观，保持国民经济发展的内在比例性，以求得国民经济持续、协调、稳定的增长。

在传统体制下，我们曾试图通过集中计划和高度统一的行政管理来达到两者的统一，结果被长期实践证明是失败的。从微观活力上看，旧体制的突出弊端是使企业成了各级行政机构的附属物，否定了企业经营的独立性。企业不是有内在活力的商品经济的细胞，而是产品经济或自然经济下的"算盘珠子"，推一推，动一动，缺乏生机活力；而且由于实行统收统支，搞平均主义，职工吃企业的"大锅饭"，企业吃国家的"大锅饭"，不负经济责任，不讲经济效果。从宏观管理上看，不仅条块分割的行政管理割断了经济体系的内在联系，而且计划上也存在相当大的盲目性，产销脱节，产需脱节，这就从根本上破坏了国民经济发展的内在比例要求，达不到宏观管理的真正目的。相反，指令性计划指标过多，管得过死，进一步抑制了微观企业的活力。

实行市场经济新体制，其根本目的就是解放社会生产力，按社会主义经济发展的客观规律办事。其中最重要的，就是还企业作为商品经济细胞的本来面目，让微观企业活动充满活力和效率。这也是社会主义基本经济规律和生产目的的要求，即以最小的劳动耗费取得最大的经济效果，有效地满足人民群众不断增长的物质文化生活需要。只有企业这个基本的生产经营单位搞活了，搞好了，社会生产力才能不断提高，社会主义商品经济才能不断发展。

搞活微观经济，根本的一条就是要让企业成为独立或相对独立的商品生产者和经营者，让企业自主地按市场经济规律办事。为此，不仅要深化微观企业改革，而且宏观经济管理方面，也要进一步按照发展市场经济的要求，实行政企分开，转变管理职能和管理方式，尽可能地减少和避免对企业的行政干预，放手让企业进入市场，在市场竞争中锻炼和壮大自己。

在搞活微观经济的基础上，为了保持国民经济持续、协调、稳定的发展，达到经济活动效率和公平、稳定的统一，一定的计划和宏观经济管理是必不可少的。尤其是在公有制基础上发展市场经济，为有效地通过计划手段，较为自觉地保持宏观经济的综合平衡，提供了巨大的可能性。这一条件正是社会主义市场经济优于资本主义市场经济之所在。充分利用这一条件，实现计划与市场的有机结合，就能够有效地达到既搞活微观，又管住宏观的双重目的。

没有市场，没有市场竞争，没有在市场上活跃自如的企业，就不会有微观经济的活力和效率。发展社会主义市场经济，一定要发育和健全市场体系，让市场机制充分发挥作用。另外，市场竞争和市场经济运行如果没有合理的规则和计划引导，也会盲目发展，给国民经济带来重大损失，造成经济发展的波动和不稳定。这就充分表明，宏观调控和市场竞争，计划和市场，必须有机结合起来，才能完成保证社会主义市场经济高效、稳定增长的任务。

（二）有机结合的形式选择

计划与市场有机结合的形式选择，归根结底还是取决于人们如何认识社会主义市场经济的性质，如何认识计划与市场各自在社会主义经济发展中的地位和作用，如何正确处理计划与市场的相互关系。改革十几年来，尽管人们在社会主义经济是市场经济这一点上已基本取得了共识，但对这种商品经济与其他社会形态商品经济共性与个性上的异同，还有许多不同的看法，由此也就导致人们对计划与市场结合形式选择上的许多分歧。

有一种看法是，建立在公有制基础上的社会主义市场经济，计划与市场的结合中，只能以计划为主，市场调节为辅，计划调节（包括指令性计划和指导性计划）应始终占主导地位，既不能使国民经济完全受市场调节，也不能在全社会范围内以市场调节为主，计划调节为辅。他们认为，实现社会主义计划应当发挥市场调节的作用，甚至在某些时期或某种情况下还要根据实际需要扩大它的作用范围和增强它的调节力度，但从总体上讲，对社会主义商品经济运行的调节，必须以计划为主。

还有一种看法是，社会主义商品经济的基本属性是市场经济。在计划与市场的关系上，不论社会制度如何，只要是搞商品经济，市场就一定占首位，计划也只有反映市场才能指导市场。因此，在计划与市场的结合中，应该以市场为主。计划调节对于社会主义商品经济的运行来说，应该是"二次调节"，应当把社会经济活动首先交给市场调节，如果市场调节结果符合于社会经济发展目标，政府就不要进行干预，如果不符合社会经济发展目标，政府再进行二次调节。

第一种观点显然不符合我国的实际经济生活，也与我国建立社会主义市场经济体制的任务相抵触。第二种观点，如就微观领域而言，基本也是正确的，但考虑到宏观和长期发展的问题，这种观点就不一定全面了。不仅一国的发展战略是预先自觉制定的，而且这种战略有时甚至和市场机制自发作用的方向不一致。另外，总量的变化和调整，虽然要运用经济手段，但首先是一种主动的计划调控，并不完全是二次调控。

小平同志指出，计划和市场不是区别社会主义和资本主义的标志，而都是调节商品经济运行的经济手段。这一精神对于正确处理好发展社会主义经济中计划与市场的关系，具有重大的指导意义。在社会主义市场经济中，市场和计划都是经济调节手段，它们的作用方式、作用领域和作用层次虽然有所不同，但并不存在谁主谁辅的问题，更不应因理论上的人为界限而限制了实际经济运行发展中两者各自应有的作用。相反，应该根据社会主义商品经济发展的需要，根据经济运行的实际情况，该计划调节的就计划调节，该市场调节的就市场调节，并把两者有机地结合起来。

计划和市场都是经济手段，也不等于说两者是相互分离的，互不相干的。把计划和市场的关系理解为你一块、我一块的板块式结构也是很不正确的。板块式结合说产生于经济改革过程的一定阶段，其背景是在原有的传统体制下，整个经济生活基本上都是计划调节的，改革必然从局部起步，划出部分市场调节范围。当前，改革的实践早已超越了这一阶段，随着改革的逐步深入，市场的触角已伸向经济运行的各个领域，将来不会也不应留出某些单纯计划的自留地。

我们所要建立的新的经济体制，必须适应社会主义市场经济的发展要求。在社会主义商品经济的运行中，正确处理计划与市场关系的基本原则是，计划和市场都应该是覆盖全社会的，其调节范围都不应受到人为的限制。要发展商品经济，就必须充分发育市场，让市场机制充分地调节社会经济的运行，否则就不是完整的商品经济。市场无疑是现代商品经济的基础，市场机制应该成为社会主义商品经济的基本调节手段。同样，在公有制基础上发展的社会主义商品经济，客观上可能也要求有计划地发展，自觉地保持经济比例性，计划作为一种经济调节手段，同样是作用于全社会的，否则就不可能在全社会范围内有计划地发展商品经济，不可能避免盲目的市场竞争所造成的损失。

从计划和市场各自的作用方式、特点上看，两者又是有区别、有分工的。市场机制是社会主义商品经济或市场经济运行发展的基础性调节手段，它无处不在，但主要在微观层次上通过市场竞争起作用，通过价格信号引导社会资源在微观层次的有效配置，其对宏观经济的调节作用，则是间接的，通过微观调节的综合结果才能表现出来。相反，计划作为一种人为的因素，是人们根据对客观经济规律的认识，并依据这种认识所进行的，它不可能事无巨细地无处不在、无所不包，直接体现于微观经济的各个方面，而是主要在宏观经济管理方面起作用，好的计划应该能够反映市场经济规律，引导市场经济运行，避免盲目市场竞争损失，自觉地保持宏观经济平衡和比例关系的协调。计划只有依照、反映市场，才有可能进一步引导市场。因此，从总体上看，计划必须通过市场起作用，才可能有较好的效果。

有一种计划与市场有机结合的提法是，在计划与市场的结合中，计划（或计划调节）与市场（或市场调节）是主导和基础的关系，前者是主导，后者是基础。这种提法强调了市场对社会主义商品经济运行调节的基础性作用。在对计划主导作用的理解上，由于计划必须依照市场规律并通过市场去起作用，因而，计划的主导作用并不是相对市场而言的，不应该理解为计划比市场作用大、层次高，而应该理解为计划通过市场、引导市场对国民经济运行起主导作用，这种作用中无疑包含了市场的因素，否则就不可能起到这样的作用。

同样，认为社会主义市场经济模式是通过计划搞好宏观控制，通过市场调节搞活微观经济，把宏观经济的计划调节与微观经济的市场调节有机结合起来的看法，其中"计划"和"市场"也不是相互割裂的，而是市场中包含了计划因素，计划依照并通过市场起作用。计划与市场有机结合形式选择中的"主导与基础结合说"、"宏观微观结合说"，如果割裂开来理解计划与市场的内涵，就不能成立，计划与市场的有机结合，也就不可能实现。只有把计划理解为依据市场规律、包含市场因素、通过市场机制起作用的计划，把市场理解为受计划指导、包含计划因素、与计划一起起作用的市场，计划与市场才能有机结合起来。在这种条件下，才谈得上有机结合的形式选择问题。以市场为基础、以计划为主导，以计划调节搞好宏观控制，以市场调节搞活微观经济的说法，才能站住脚。

计划与市场有机结合的形式选择，必然直接体现在国家、市场、企业三者之间的相互关系上。新的经济运行机制目标模式应当是以企业为基础，国家为主导，市场为中介，通过计划与市场有机结合，通过市场的媒介和枢纽作用，把宏观主体（国家）和微观主体（企业）结合起来，以计划指导下的市场为基础的经济运行模式。它同时也体现了"计划为主导、市场为基础"的经济运行方式，从对整个国民经济发展起主导作用的宏观经济运行看，是受国家计划调节的，而微观上的作为国民经济运行基础的企业经济活动，则是受市场调节的。计划通过市场中介，同样起到了对企业行为的调节作用，体现了计划与市场的有机结合。

具体来看，市场作为组织、调节社会主义商品经济或市场经济的基本手段，应在社会资源配置、微观企业的生产经营决策上起基本的调节作用，而国家计划则应在市场调节基础上，在社会经济关系调节和宏观经济平衡等方面，较多地起作用。

这样看来，应当由计划和国家宏观经济管理的主要经济领域为：

（1）制定国民经济、社会发展的中长期计划和规划，确定经济发展的战略目标和战略重点。

（2）拟定合理的国民经济增长速度、人口增长率、劳动就业率和通货膨胀率，要搞好积累和消费、生产与建设、经济与国防、经济与科教文卫事业之间这些大的比例关系。

（3）保持社会总供求量的基本平衡，为国民经济持续稳定增长创造条件。为此，应搞好财政、信贷、外汇、商品供应和购买力等重要价值形态的综合平衡和重要物资的供需平衡，确定合理的信贷总规模和货币发行量。

（4）调控社会固定资产投资总规模，主要产业和地区的投资分布，并加强对各类投资决策的引导。

（5）制定产业政策、区域政策及有关经济、科技、社会发展的政策、法律，结合运用税率、利率、汇率、补贴等经济杠杆，调控和引导社会经济的重要活动，保证总量平衡，产业结构合理化等主要经济目标的实现。

（6）规范市场竞争规则，制止垄断和封锁，纠正各种不正当的竞争行为，发展和完善各种基础设施，为市场经济的正常运行发展创造条件。

除以上6方面外，企业日常的生产经营活动，包括投资、企业兼并、用工等多方面，都应放手由市场调节，由企业自主决策。

就目前的情况看，我国政府对社会经济活动的干预仍然过宽、过细，企业本应有的自主权被大量截留，市场调节的范围和程度也还受到多方限制。只有进一步推进改革，推进经济市场化的进程，让市场有充分作用的余地，计划和市场才有可能在合理分工的情况下，有机地结合起来。

（三）实现有机结合的关键和结合点

发展社会主义市场经济，在对经济运行的调节上，必须有效地实现计划与市场的有机结合。但这一结合如何才能有效地实现，却是一个十分复杂而困难的问题。改革至今已十多年，但我们还不能说已经解决了较好实现计划与市场有机结合的问题。改革初期，计划与市场的结合主要表现于在计划体制中，部分地"引入"和"采用"市场机制和价值规律上，计划与市场的结合，实质上是板块式的，计划放出一块，市场占领一块，计划与市场还存在相互排斥的情况，这一点突出地表现在产品价格管理和价格双轨制上。市场定价和计划定价之间的冲突是十分严重的，在实际经济生活中造成了许多混乱。随着改革的逐步深入，计划与市场的关系也渐趋融合了，但只要体制转轨还未完成，计划与市场的有机结合就会出现许多矛盾。因此，在深化改革过程中我们还必须继续下大力气，根据我国经济发展的实际情况，正确处理计划与市场在不同领域、不同层次的相互结合关系，积极探索实现计划与市场有机结合的各种有效途径。

1. 市场发育是计划与市场有机结合的前提与基础

发展社会主义市场经济，市场发育是基础，市场机制已被理论和实践证明是在商品经济的运行和发展中比较有效的调节机制，尤其是在微观经济活动的资源优化配置的情况下，市场与市场机制的作用是无可替代的。计划与市场有机结合，基本上包含两层含义：一是计划弥补市场缺陷；二是计划诱导市场，创造更完善的市场机制。单一市场机制在某些特殊领域的资源配置上是有缺陷的，在宏观经济总量平衡方面也是较为自发、盲目的。因而从本世纪初以来，越来越多的西方学者们主张加强政府干预的作用，认为某种形式的"混合经济"更有效率，30 年代大萧条后期美国罗斯福"新政"的成功，战后日本经济在政府与市场双重力量作用下的高速增长，都为此提供了例证。我国也有一些学者，主张计划与市场的结合，应该是市场能干的事放手让市场去做，市场做不了的事才由政府出面，这种思路基本上就是把弥补市场缺陷作为计划功能的思路。进一步的看法则是，计划不仅有被动地弥补市场缺陷的作用，也有主动指导或诱导市场、完善市场机制的作用，人们可以依照市场规律，超前地规划和引导商品经济的发展，使之超越一般市场经济发展的自然过程。如通过宏观经济管理保持宏观经济平衡，通过产业政策诱导资源适当倾斜配置来加速经济发展，等等。这种计划指导市场的看法也是有道理的，在社会主义商品经济发展中，计划有弥补市场缺陷和指导市场运作双重职能。但是，值得强调指出的是，无论计划与市场在哪种层次、哪个含义上结合，首先都必须有市场，有一个相对发达和健全的市场。市场发育是计划与市场有机结合的前提与基础。如果没有市场，或没有一个较为健全的市场，这种有机结合就谈不上。

我国改革开放以来的实践也已充分证明了这一点。在原有集中计划体制基础上，引进或放开内生于经济生活中的市场因素，为计划与市场的结合创造了条件。但是，迄今为止，我国社会主义市场发育还是远远不够的，市场体系还处于分割、初浅发育的状态，生产要素市场尤其是劳动力市场，在市场发育中是滞后的，地区间的市场分割，在当前条条块块行政管理体系下，更是十分严重。市场体系不健全的另一突出表现，是价格体制的不合理。尽管十多年来我国的定价机制和价格体系发生了很大变化，但至今比价关系和定价机制，都还有很多不合理之处，价格作为市场机制的核心，还本能有效地起到合理配置资源的作用。受市场发育不足的影响，计划与市场的有机结合，还存在着许多矛盾，可以说，这是我国经济体制转轨时期许多问题产生的根源。例如，近几年来，宏观经济管理能力的弱化是我国经济生活中的突出问题，出现这一问题的根源是什么呢？有些人认为是国家财力分散了，两个比重（财政收入占国民收入比重，中央财政收入占财政总收入比重）下降过快。这种分析有一定道理，因为财力下降的确削弱了宏观调控的物质基础。但从根本上讲，还是因为在体制转轨中计划与市场的有机结合未能搞好，旧的管理方式放弃了，新的管理方式又未能形成和完善，就难免要出问题，而其中市场发育滞后又是一个最重要的因素。因为指令性计划的缩减等传统宏观调控手段的减少，必须以市场机制的引入和作用为前提。如果计划让出的那部分经济活动市场不能有效进入，就会形成一些管理上的真空，宏观管理方式的转换就会与社会经济活动的有序进行发生矛盾。另外，适应社会主义市场经济和体制的一些间接调控宏观管理手段，其作用的有效性也是与市场机制的充分作用为基础的。如中央银行调控货币供求关系的一些经济参数，没有一个健全的金融市场和利率机制，就难以起作用。再如我国产业政策的实施，从近年来的情况看，政策失效的方面不少。为什么能在日本、韩国等国家有效地实现了资源优化配置、加速了经济发展的产业政策，在我国反倒作用不佳呢？根本原因也在于市场发育不足，缺乏市场基础。产业政策的核心是适当地进行资源的倾斜配置，这种适当的倾斜必须有一个基础，那就是市场对资源较为合理的均衡配置，而不是人为地去选择什么优先发展产业，那样往往选不准，倾斜的度也难以掌握。再从产业结构合理化调整来看，仅靠国家行政调整这种人为的外部力量，也是远远不够的。没有促使企业自主进行调整的市场机制力量，产业结构合理化也难以实现。再如，企业经济效益长期难以有效提高这一问题，也明显地与市场发育不足、计划与市场难以很好地有机结合有关。企业处于市场和计划的夹缝里，"一只眼睛看市场，一只眼睛看市长"，是不可能经营好的。总的来说，只有市场发育较充分，市场机制能够有效地起作用了，计划和市场的有机结合才能实现，经济体制也才能顺利转轨。

进一步促进我国社会主义市场发育，在我国现阶段，主要应从以下三个方面入手：

一是尽快把企业塑造成独立的商品生产者和经营者，成为真正的市场主体。因为从根本上来说，市场发育是市场主体活动的结果，塑造真正的市场主体并为其市场活动创造条件，才是市场发育的主渠道。党的十一届三中全会以来，不仅产生了乡镇企业这样一些摆脱了行政干预，能够基本上按市场规律办事的市场主体，国有企业的市场化程度也有了很大提高，也正逐步成为完整意义上的市场主体。进一步推动这一进程的关键，在于加快国有企业的产权制度改革，从企业财产制度这一根本上，为国有企业成为真正的市场主体奠定基础。

二是要加快价格改革步伐，实现价格体系的转轨，使比价关系和计价机制合理化，这也是市场资源配置功能有效发挥的基础。通过多年来的价格改革，我国的价格体制已向合理化迈进了一大步。当前，应充分利用几年来社会供求关系基本平衡、双轨价差大幅度缩小的有利时机，在控制住总需求的基础上，把大部分生产资料的价格放开，取消双轨制。也就是说，价格改革在已有价格调整的基础上，应进入以放为主的阶段，不仅形成较为合理的价格信号，而且要形成较为合理的定价机制。

三是要积极稳妥地推进市场体系的建设步伐，包括社会主义的金融市场和劳动力市场。市场体系内在地要求自身的完整性和统一性，如果市场体系是残缺的、不完整的，或者地区间市场是分割的，市场机制应有的功能都是难以充分发挥的。当前，股票市场发育在我国正勃然兴起，这对于加快我国生产要素市场发育、强化市场资源配置功能，有着十分重要的意义。当然，市场发育也要根据实际情况，不能一哄而起。如在股票市场发育问题上，首先就应在总体上处理好直接金融和间接金融的关系，股份制企业改革与股票发行、上市的关系，等等。而且，劳动力市场及其他商品市场、要素市场的发育，也要相应地跟上来。

2. 计划体制改革和政府职能的转变，是实现计划与市场有机结合的关键

在社会主义市场经济的发展中，计划和市场的有机结合是能够实现的。为了实现这种结合，除了市场发育这一基础外，计划体制改革和相应的政府职能的转变是关键。

由于我们过去长期实行高度集中的计划管理体制，排斥市场的作用，尽管改革以来有了很大转变，但旧的习惯势力影响还很大。因此，当前能否搞好计划与市场的结合，主要矛盾在于计划体制改革能否搞好。首先，要进一步解放思想，转变观念。计划只是资源配置和经济调控的手段之一，它不仅不能取代市场、包揽一切。相反，在社会主义市场经济的运行发展中，它应当以市场为基础，依照市场规律去起作用。不能一说要发挥计划的调节作用，就认为要对全部经济活动制定出一整套指标或项目，层层分解下达，搞行政性管理。其次，要进一步转变计划工作方式，使之适应社会主义市场经济的发展需要。这里，重要的是处理好指令性计划和指导性计划的相互关系，以指导性计划为主，尽可能缩减指令性计划范围。因为在社会主义商品经济发展中，市场的调节作用是基础性的，计划应主要根据市场经济运行情况，调节大的比例关系和宏观总量的平衡。因此，计划的制定主要应是有弹性的和粗线条的，刚性较强的指令性计划，应只保留在必不可少的几项重要指标范围内。在计划的执行上，更应转变以行政手段为主的状况，使计划目标通过市场机制的作用实现。计划的作用不应破坏市场正常的运行规律，相反，应使计划融于市场，形成一个有计划的、充分竞争的、有序的市场体系。

另外，做好计划工作，搞好宏观调控，也是市场机制得以充分、有效发挥的重要条件，尤其在体制转轨期间，只有计划和宏观管理卓有成效，国民经济宏观环境较为平稳，才有可能有效地放开市场，并使市场处于有序竞争状态。因此，计划体制改革不是要弱化国民经济计划，相反是要加强科学的计划管理，但关键在于，计划必须依照市场规律制定，并通过市

场机制去实现。

与计划体制改革相适应，必须相应地改革整个宏观经济管理体系，实现政府经济管理职能的合理转换。政府宏观经济管理的总目标是实现社会总需求和总供给的平衡，为微观企业经济活动创造良好的宏观经济环境，从而达到微观经济效益和宏观经济效益的高度统一。从这一目标出发，宏观经济管理体系的改革和政府经济职能的转变，应本着一切为企业服务的思想进行。政府不是不管经济，而是要从行政控制型管理转为协调服务型管理，要从过去的分投资、分物资、批项目、定指标为主，转向主要是搞好规划、协调、服务与监督。要在市场发育和企业改革的基础上，把企业充分地推向市场，让企业自主地搞好经营，在竞争中提高效益，避免或尽可能减少对企业直接、间接的各种行政干预。为了实现宏观管理和政府职能的这一转换，在机构改革上也要下大工夫。一方面，要大大精简各级分工很细的专业行政管理机构，合并业务重叠的一些部门，加强行业性管理；另一方面，则应适当加强经济综合调控部门，如计经委、中央银行、财政部等系统，要在改革的基础上强化职能，对统计、审计、税收、工商行政管理、信息、咨询等监督服务型的机构，更要大大加强，为完善宏观经济决策、提高计划的科学性与可行性，有效地发挥市场和计划的作用，做到管而不死、活而不乱，提供必要的组织保证。

3. 分层分类，根据实际情况选择计划与市场的结合点，是两者有机结合的重要保证

计划和市场的有机结合不是抽象的，在实际经济工作中，必须从实际出发，分层分类选择好计划与市场的结合点。在这一问题上，有一种看法认为，可以通过对国民经济不同领域，分别划分计划和市场的调节范围与程度来解决，如明确规定哪些活动由计划调节，哪些由市场调节，不同规模、不同所有制的企业，各自该实行怎样的调节方式，等等。这种想法显然仍未摆脱计划与市场板块式结合的旧框框，未免过于简单化。从实际出发选择计划与市场有机结合的不同形式，必须在不破坏市场与计划各自的内在统一性的前提下进行，而不意味着从理论上的有机结合退回去。无论在何种条件下，计划与市场都应是覆盖全社会的，其相互结合的形式，必

须是内在统一的，相互渗透式的。在这一大前提下，可以根据计划与市场各自的特点和我国社会主义市场经济发展的实际情况，分层分类地处理好计划与市场的结合关系。

从宏观和微观的关系上看，一般认为，计划主要是解决宏观经济总量平衡，重大结构与布局的合理化及国民经济发展战略问题，微观企业经济活动中的产供销决策，企业间相互关系的处理，则应主要由市场调节。

从效率和公平的关系上看，一般认为，市场调节在组织商品经济运行发展中，是具有较高效率的，同时也是相对公平合理的。计划则应更多地从国民收入再分配领域入手，通过建立较为完善的社会保障体系等方式，有效地调节各方面的利益关系，避免贫富两极分化，尽可能形成能够兼顾效益与公平的分配体制。

从不同产业之间的情况看，采掘、能源、原材料、通信等产业是国民经济发展的基础性产业，而且一般所需投资大、建设周期长，生产经营上具有一定的垄断性或有较高的外部效益，不仅目前国家计划调节比重较大，从将来的发展上看，也是计划调节较多的领域，相反，农业、轻工业，包括纺织、服装、食品、家用机械、五金等产业，产品的生产者和消费者众多，属于规格和品种繁多、供求关系变动迅速的竞争性产品，原则上则适于放开让市场调节，在这些领域，计划的作用主要表现在规范市场竞争规则，建立有序的竞争性市场体系上。

从不同地区之间的情况看，我国幅员辽阔，沿海、内地的经济发展水平差距很大，市场发育程度、商品经济意识、政府宏观调控能力等方面，也相差很多。因此，在探索计划和市场有机结合的具体方式上，应根据不同地区的不同情况，做出相应的政策选择。从中近期看，沿海地区的工作重点可以放在进一步规范、健全市场体系，提高市场调节的效率上，而内地一些经济发展水平较低的地区，市场调节作用、范围都还受到诸多因素的限制，应把工作重点更多地放在培育市场主体，促进市场发育和社会经济结构转化上。

六　市场主体的形成

企业是社会经济活动中最基本也是最主要的组成单位。在社会主义市场经济条件下，企业作为自主经营、自负盈亏的商品生产者和经营者，一方面，它是市场活动的主体，企业之间以及企业与个人、政府或其他经济单位之间的商品交换关系是市场形成的基础。从这个意义上说，市场不过是企业经营活动的总体表现形式。因此，没有真正的企业，也就无所谓真正的市场。另一方面，企业又是市场调节的对象，它要借助于市场来保证实现自身资产经营活动的良性循环和不断增值，尊重价值规律和供求规律的作用来决策自己的经营行为，没有完善的市场体系和良好的市场秩序，企业也就缺乏其赖以生存的外部环境。同时，企业（无论其作为个别的形式，还是作为总体即市场的形式）也是政府宏观经济计划调控的对象，是政府宏观经济间接计划调控体系赖以形成的客观基础。正因为如此，当我们以建立社会主义市场经济体制为目标，来分析1978年以来我国改革的现实进展状况时，就不能不首先分析作为基础的企业改革现实进展。

从总体上看，1978年以来，为了形成适应社会主义市场经济发展的市场主体，我国主要是从两个方面进行企业制度改革：其一是通过促进多种非国有经济成分的发展，逐步形成以公有制为主体、多种所有制形式企业并存的经济格局；其二是通过国有企业产权制度改革，促使国有制企业逐步成为自主经营、自负盈亏的社会主义商品生产者和经营者。因此，本章的分析也将沿着这两条主线分别展开。此外，为了便于对比，在分析之前，有必要把1978年以前我国的企业制度状况做一个概括的介绍。

（一）1978年企业改革的现实基础

分析1978年以来我国社会主义企业改革的现实进展，不可不注意改革起点时的企业实际状况，并把它作为分析改革进展状况的对比基础。因为我国的社会主义经济体制改革并不是1978年才开始的。早在1957年，由于经过"一五"时期的社会主义经济建设实践，积累了一些经验与教训，认识到苏联集中的计划经济体制模式存在着中央集权过多，不利于发挥地方和企业积极性等弊端，因而曾先后进行过两次以下放中央管理权限和扩大企业自主权为内容的全国性经济体制改革，即：1958—1960 年"大跃进"时期的经济体制改革和 1966—1976 年"十年动乱"时期的经济体制的某些变化。这两次改革的出发点最初也都是想解决以往体制阻碍社会主义社会生产力发展的问题，但是，由于以往体制赖以建立的理论基础，如把计划经济等同于指令性计划经济，否定全民所有制内部存在商品经济关系、否定价值规律对社会经济运行的调节作用等观念一直没有根本改变。因此，改革主要是围绕行政隶属关系在中央与地方政府之间的重新划分权限来进行，着重于调整中央与地方、"条条"与"块块"之间的管理权限，没有也不可能正确认识和确立企业的经济地位和作用。结果，改革往往是以放权开始，以收权并且回复到以往体制模式告终，企业经营赖以运行的环境机制基本没有改变，企业制度建设也仍然是在以往模式框架内进行。特别值得注意的是，由于我国生产力水平低，客观存在着浓厚的自然经济观念和封建社会意识残余，由于 60 年代前后我国所处国际环境发生了一系列新的变化，加上 1957 年以后指导思想上"左"的错误的影响，把搞活企业和发展社会主义商品经济的种种措施当成"资本主义"，过分夸大阶级斗争的尖锐性，无休止地开展政治斗争，并以此代替经济工作，作为社会主义建设的中心工作，使我国社会主义企业组织和管理受到了"左"倾思想的严重干扰。其主要表现在以下四个方面：

1. 企业所有制结构调整中片面追求国有化

把国家所有制形式作为社会主义所有制的最高形式，这是 1978 年以前我国社会主义企业建设指导思想上的一个基本观念。因此，尽管曾多次强调社会主义时期存在全民所有制和集体所有制两种公有制形式，不能混淆这两种所有制的界限，不顾生产力发展水平，过急过早地把集体所有制改变为全民所有制。[①] 但实际上一直存在着加速企业国有化的倾向，甚至把它作为改革的一项重要内容。例如，1958—1960 年间，我国全民所有

---

① 参见《刘少奇选集》（下），人民出版社 1985 年版，第 362 页。

制工业企业增加了 65％，职工人数增加了近两倍①。1967 年，"文化大革命"开始后，更是掀起了一场所有制"升级"、"过渡"和割所谓"资本主义尾巴"的高潮，将大批集体所有制企业转变为全民所有制。从表 6 – 1、表 6 – 2 中的数据可知，到 1975 年，我国工商业领域中几乎只存在全民所有制和集体所有制两种经济形式，而全民所有制经济又占据了绝对优势。

表 6 – 1　　　　　　　社会商品零售总额中各种经济成分所占比重　　　　　　单位:％

年份	合计	全民所有制企业	集体所有制企业	合营企业	个体企业	农民对非农业居民零售
1957	100	62.1	16.4	16.0	2.7	2.8
1965	100	83.3	12.8	0	1.8	1.9
1975	100	90.2	7.6	0	0.1	2.0
1979	100	88.3	8.8	0	0.2	2.7

资料来源：《中国统计年鉴》（1986），第 528 页。

表 6 – 2　　　　　　　　　工业总产值中各种经济成分所占比重　　　　　　单位:％

年份	合计	全民所有制企业	集体所有制企业	合营企业	私营企业	个体企业
1957	100	53.8	19.0	26.3	0.1	0.8
1965	100	90.1	9.9	0	0	0
1975	100	83.2	16.8	0	0	0
1979	100	81.0	19.0	0	0	0

资料来源：《中国经济年鉴》（1986），第Ⅲ—19 页。

2. 企业建设从以生产为中心逐步转变为以政治斗争为中心

关于社会主义企业的地位、性质与作用，新中国成立以后我国制定的第一个《国营工业企业工作条例（草案）》中，基本沿用了苏联传统模式的定义，即："国营工业企业是社会主义的全民所有制的经济组织。它的生产活动，服从国家的统一计划，它的产品，由国家统一调拨。""国营

---

① 柳随年等编：《六十年代国民经济调整的回顾》，中国财政经济出版社 1982 年版，第 94 页。

工业企业又是独立的生产经营单位，都有按照国家规定独立进行经济核算的权利。""国营工业企业的根本任务，是全面完成和超额完成国家计划，增加社会产品，扩大社会积累。"1957 年以后，随着极"左"思潮影响逐步严重，特别是 60 年代初国际形势发生重大变化以后，由于当时过分夸大党内阶级斗争的严重性，认为企业不讲全体，也不讲绝大多数，恐怕是相当大的一个多数的工厂里头，领导权不在真正的马克思主义者，不在工人群众手里。这使人们对社会主义企业地位、性质和作用的认识造成了混乱。在"文化大革命"中，企业更是被定性为"阶级斗争的工具"、"无产阶级专政的阵地"，要求企业的一切活动都必须服从由上至下发动的各种政治斗争的需要，主张把企业建成"无产阶级全面专政的机关"，粉碎"四人帮"以后，虽然关于社会主义企业建设的各种极左思潮受到了批判，但并不等于认识已经明确。从某种意义上看，以往认识的影响甚至在 1978 年 7 月公布的《中共中央关于加快工业发展若干问题的决定（草案）》（即"工业三十条"）中还有表现。该《决定》对我国社会主义企业的地位、性质、作用的阐述是："社会主义工业交通企业，是社会主义公有制的生产单位，是巩固无产阶级专政的重要阵地。""企业的经常工作，必须以政治为统帅，以生产为中心，全面完成和超额完成国家计划。这是企业中党政工团的共同任务"，"是把巩固无产阶级专政的任务落实到基层的体现"。

3. 国家与企业之间逐步形成了以"五定"、"五保"为核心的经济关系

1957 年以后，我国曾经在扩大企业自主权方面进行了探索。例如，根据 1957 年《国务院关于改进工业管理体制的规定》，国家在 4 个方面扩大了企业自主权，即：（1）减少下达给企业的指令性计划，扩大企业计划管理权限。国家向国营工业企业下达的指令性计划由原来的 12 项减少为主要产品产量、职工总数、工资总额和利润 4 项，其他 8 项作为非指令性计划指标，企业可以根据实际情况进行修改。对国营商业企业也只下达收购计划、销售计划、职工总数、利润等 4 项指标。并规定利润指标只下达到地方，不再下达到企业。国家只下达年度计划，把以前的两次下达、两次上报改为两次下达、一次上报，允许企业自行制定季度、月度计

划。（2）国家对企业实行全额利润分成制度，企业留成所得由部门和企业自行安排使用，用不完的可以逐年结转，使企业有一定的财权。（3）除企业主管负责人（厂长、副厂长、经理、副经理）、主要技术人员以外，其他一切职工均由企业负责管理，企业有权在不增加职工总数的前提下，自行调整机构和人员。（4）企业的事业费可以由企业调剂使用，企业的固定资产也可以由企业增减或者报废。然而，这些自主权的扩大仅仅是改善国家传统直接管理方式的尝试，扩权范围极为有限，而且很快就由于宏观管理失控而取消。国家始终是企业生产经营活动的直接决策者和管理者。后来，中共中央颁布了《国营工业企业工作条例》（"工业七十条"），明确规定国家与企业之间实行"五定"、"五保"。其中"五定"是：国家对企业实行定企业的产品方案和生产规模；定人员和机构；定主要的原材料、燃料动力、工具的消耗定额和供应来源；定固定资产和流动资金；定协作关系。"五保"是：企业对国家保证产品的品种、质量、数量；保证不超过工资总额；保证完成成本计划并力求降低成本；保证完成上缴利润；保证主要设备的使用期限。企业必须在"五定"、"五保"的基础上，根据国家计划编制本企业的生产、技术、财务计划、1978年《中共中央关于加快工业发展若干问题的决定》进一步强调了这一基本关系，指出："定了以后，基本不变，每年按照国家计划适当调整。必须改变的，要经过中央和地方主管部门商定批准。新企业的设计文件必须包括'五定'的内容，否则不予批准。"

4. 在企业内部，力求实行党委会对生产经营活动的直接领导，建立与之相适应的企业管理制度

1957年以后，我国针对苏联传统社会主义企业模式中规章制度过于烦琐、民主管理制度不健全等问题，进行过一系列的改革探索。从1960年制定的"鞍钢宪法"、1961年的《国营工业企业工作条例（草案）》、1978年的《中共中央关于加快工业发展若干问题的决定》等政府有关文件中，我们可以看到1978年以前我国社会主义企业内部管理制度建设的如下特征：（1）企业实行党委集体领导下的厂长负责制。（2）企业管理贯彻开展技术革命，大搞群众运动，实行"两参一改三结合"和政治挂

帅的基本原则。（3）企业内部建立三种基本责任制，即厂部、车间、工段、小组各级的行政领导责任制，生产、技术、劳动、供销、运输、财务、生活、人事等专职机构和专职人员责任制、工人岗位责任制。并相应建立和健全了有关计划、生产、质量、技术、财务等规章制度。（4）企业内部实行工资加奖金的按劳分配制度。虽然这些企业的管理基本原则和制度在"大跃进"时期和"十年动乱"时期曾两度遭受严重冲击。严格责任制和建立健全各项规章制度被说成是"修正主义的管、卡、压"，努力改善经营和增加盈利被说成是"资产阶级自由化"、"利润挂帅"，学习引进外国先进技术和管理经验被说成是"洋奴哲学"、"爬行主义"，坚持物质利益原则和按劳分配原则被说成是"腐蚀工人阶级"，等等。但是，在每次冲击之后的调整整顿时期，这些原则和制度又重新确立和恢复起来。

可以说，我国传统社会主义企业模式正是在以上所述的发展过程中逐步形成的。与一般企业相比，这种模式的基本特征是否认社会主义条件下商品经济、价值规律和市场作用的普遍存在，把计划经济等同于指令性计划经济，把企业的国家所有与国家直接经营管理相等同，结果自觉或不自觉地导致了企业经营机制的行政化。

首先，是企业经济地位的行政化。例如，我国的行政机构有中央、省区，市、县、乡镇五个基本层次，与之相适应，企业中也有部属企业（即中央直属企业），省属企业、市属企业、县属企业、乡镇企业五种基本的行政隶属关系。国家对企业按其规模，重要程度以及所属行政层次高低等因素，分别定为省级企业、市级企业、县级企业，等等，为企业配备相应级别的行政干部，并赋予相应级别的行政待遇，对主管部门承担行政责任。这样，企业实际上没有经济组织形式上的独立性，而只是作为政府部门的行政基层组织而存在。

其次，是企业决策机制的行政化。由于企业在组织上处于政府的行政层次结构环境之中，企业的生产方向、生产规模、产品销售、物资供应、收入分配等均由政府主管部门决定，企业的经营决策权实际上是由政府主管部门行使，其本身完全退化为一个只具有生产功能的基层单位。

再次，是企业经营环境的行政化。按照"五定"、"五保"的要求，在传统体制下，企业的生产资料由政府物资管理部门统一计划调拨，企业生产资金由政府财政管理部门统一计划供应，企业产品由政府物资或商业部门统购包销，企业所需人才由政府人事管理部门统一计划分配，企业生产计划由政府主管部门逐级下达。结果，企业与社会的经济协作始终摆脱不了纵横交错的行政渠道，只能通过被动地接收来自各政府行政管理部门分配的人力、物力、财力、信息去参与社会的经济运行。

最后，是企业经营动力机制的行政化。也就是说，由于企业本身缺乏必要的经营自主权，企业经营成果好坏与企业自身利益关系不大。因此，企业的经济运行主要不是依靠企业自身焕发的内在动力，而是依靠外部政府机关的行政推动力。

以往的社会主义企业经营机制行政化的集中体现是企业缺乏经营自主权。然而，正如前面分析中所指出的，这种自主权的缺乏不是孤立的，而是与企业所处经济地位、经济环境紧密联系，是以往社会主义经济体制和企业建设目标模式中合乎规律的固有特征。因此，改革所面临的任务，已不是简单的扩权问题，而是要依据对于社会主义经济性质以及社会主义企业地位、作用的重新认识，确立新的企业建设目标模式，并围绕这一目标模式的实现，实行企业经营环境、经营组织、经营素质、经营管理观念及方法等方面的根本转变。

值得注意的是，1978年我国企业改革的起点并不是完整意义上的传统社会主义企业模式。当时，由于十年动乱的破坏，到1978年年底，全国还有1/3的企业管理比较混乱，生产秩序不正常，全国重点企业主要工业产品中的30项主要质量指标还有13项低于历史最好水平，38项主要消耗指标还有21项没有恢复到历史最好水平。国营工业企业每百元工业产值提供的利润比历史最好水平还低1/3。独立核算的国营工业企业亏损面还有24.3%，亏损额高达37.5亿元。这就是说，当时作为改革对象的传统社会主义企业模式本身就是不完整的。因此，改革之初，我们所面临着实际上是双重任务：一是在改革方向、思路尚不清楚的情况下，恢复原有行之有效的管理制度，对现有企业进行治理整顿；二是积极进行各种改革试验，探索新的社会主义企业模式。注意到这一点，对于我们分析改革的现实进程，把握改革过程的阶段性及其发展的内在规律性，无疑是有益的。

（二）国有企业经营机制的变革

我国是社会主义国家，公有制经济是国民经济的主体，国有经济即全民所有制经济是国民经济的主导力量。因此，发展社会主义的市场经济，形成与之相适应的市场主体，必须解决好如何使国有企业成为市场主体的问题。而这一问题的解决，事实上是过去 14 年中我国经济体制改革的一条主线。

要使国有企业成为市场主体，按照《中共中央关于经济体制改革的决定》，就是要使国有企业真正成为相对独立的经济实体，成为自主经营、自负盈亏的社会主义商品生产者和经营者，具有自我改造和自我发展能力，成为具有一定权利和义务的法人。从经济运行的角度看，也就是要使国有企业经营机制从行政化向市场化转变，把企业真正推向市场，按照价值规律的客观要求来从事生产经营活动。

1979 年，当我们首次提出经济体制改革要贯彻"以计划经济为主、市场调节为辅"的基本原则时，也就随之提出了国有企业经营机制市场化的改革任务。然而，直到现在，我们还不能说这一改革任务已经全部完成。回顾以往的历程，14 年来，围绕着如何正确处理国家与国有企业关系这个核心问题，我们在国有企业改革理论认识和实践探索上已经实现了三次重大突破：第一次是 1978—1984 年期间，我们在理论上突破了把国有企业作为政府机构行政附属物的传统观念，在实践中提出了实行政企职责分开和党政分开的改革原则；第二次是 1984—1988 年期间，我们在理论上突破了把企业的全民所有与国家直接经营企业混为一谈的传统观念，在实践中提出了实行国有企业资产所有权与经营权适当分开的改革原则；第三次是 1988 年以后，我们在理论上突破了把政府代表国家对国有企业的产权管理职能与社会经济管理职能相混同的传统观念，在实践中通过建立国家国有资产管理局，提出了实行国有企业资产产权管理职能专门化的改革原则。

我们可以以这三次突破为线索，对 1978 年以来我国国有企业改革的实际进程做一个大致的分析。

1. 1978—1984 年的国有企业改革

从 1978 年 12 月党的十一届三中全会召开到 1984 年 10 月党的十二届三中全会召开，我国的国有企业改革主要是按照"政企职责分开"和"党政分开"的原则，沿着"扩权让利"的思路，由点到面逐步推开的。改革的过程又可以具体分为以下三个阶段：

第一阶段：1978—1980 年扩权让利试点。新时期我国国有企业改革试点最早开始于 1978 年 10 月。当时，四川省在农业改革试验的同时，也在工业方面选择了四川宁江机床厂等 6 个企业进行扩大企业自主权的试点。经过 3 个月的试验和讨论，到年底制定了 14 条试点办法，其中规定：允许企业在完成国家计划的前提下，增加市场需要的产品，承接来料加工；允许企业销售物资、销售商业部门不收购的产品和试销新产品；允许企业在全面完成国家计划的前提下，提取企业基金和实行利润留成；允许企业提拔中层干部，不再经上级批准等。并决定从 1979 年起把试点范围扩大到 100 户工业企业和 40 户商业企业。

1978 年 12 月 13 日，邓小平同志在中央工作会议上指出：现在我国的经济管理体制过于集中，应该有计划地大胆下放，否则不利于充分发挥国家、地方、企业和劳动者个人四个方面的积极性，也不利于实行现代化的经济管理和提高劳动生产率。应该让地方和企业，生产队有更多的经营管理的自主权①。12 月 22 日通过的党的十一届三中全会公报重申了邓小平同志的这一思想，并明确提出要认真解决党政企不分、以党代政、以政代企的现象。1979 年 4 月党中央工作会议认为：我国现行的经济管理体制弊病很多，总的看来是集中过多，计划搞得过死，财政上统收统支，物资上统购包销，外贸上统进统出，"吃大锅饭"的思想盛行，不讲经济效果，提出改革的原则和方向之一，是要扩大企业的自主权，并且把企业经

---

① 《坚持改革、开放、搞活》，人民出版社 1987 年版，第 9 页。

营好坏同职工的物质利益挂起钩来。强调所有的企业都要实行严格的经济核算，认真执行按劳分配的原则。在这些政策精神指导下，1979 年 5 月，国家经委、财政部等 6 个部门在北京、天津、上海选择了首都钢铁公司、天津自行车厂、上海柴油机厂等 8 个企业，进行扩大自主权的试点。改革的主要内容是：改企业基金制为利润留成制，企业在产品生产、销售、试制和资金使用、人事安排、职工奖惩等方面，拥有部分权力：企业实行党委领导下的厂长负责制，建立职工代表大会制度，扩大职工的民主管理权利。试点得到许多企业和广大职工的拥护，许多地方和部门仿照 8 个试点企业先制定办法进行试点。为了加强领导，1979 年 7 月国务院发布了扩大国营工业企业经营管理自主权，实行利润留成、开征固定资产税、提高折旧率和改进折旧费使用方法、实行流动资金全额信贷 5 个文件，要求地方、部门按照统一规定的办法选择少数企业试点。同年年底，试点企业扩大到 4200 个，1980 年又发展到 6600 个，约占全国预算内工业企业数的 16%，产值的 60%，利润的 70%。在商业系统，从 1979 年起实行全行业利润留成制度。到 1980 年，已有 8900 个企业扩大了自主权，占商业系统独立核算单位的 5%。其中国营商业企业 3900 个，粮食企业 500 个，供销合作社 4500 个。此外，国家对物资、交通、建筑、邮电、军工及农垦等部门也实行了利润留成或亏损包干等多种形式的改革。1980 年 10 月，国务院公布的《关于开展和保护社会主义竞争的暂行规定》中指出：在社会主义公有制经济占优势的情况下，允许和提倡各种经济成分之间、各个企业之间，发挥所长，开展竞争。并提出国家要在计划、流通、价格、技术等方面，为企业开展竞争创造必要的条件。这些改革措施，有力地促进了企业关心市场、改进技术、提高质量的工作。

第二阶段：1981—1982 年实行经济责任制。1980 年 12 月中央工作会议对三中全会以来的经济改革做了充分的肯定，指出改革方向是正确的，效果是显著的。同时指出，当前经济工作要以调整为中心，改革要服从调整，有利于调整。鉴于 1979 年、1980 年连续两年出现巨额财政赤字，中央提出了增加财政收入、减少财政支出的要求，各地为了落实财政上缴任务，在扩权试点的基础上，对工业企业实行利润包干的经济责任制。这种办法任务明确且考核简单，企业留利部分经过努力可以扩大，因而迅速推行到 3.6 万个工业企业。1982 年 4 月全国工交工作会议肯定了经济责任制。1981 年 10 月和 1982 年 10 月，国家经济体制改革委员会、国家经济委员会先后两次召开总结、完善经济责任制的会议，总结了首都钢铁公司等一批先进企业推行经济责任制的经验。与之相适应，1981 年 12 月和 1982 年 11 月国务院先后批转了国家经委等单位拟定的《关于实行工业企业经济责任制若干问题的意见》和《关于当前完善工业经济责任制问题的通知》等文件，文件指出：经济责任制是扩权的继续和发展，它是在国家计划指导下，以提高社会经济效益为目的，实行责、权、利紧密结合的生产经营管理制度。到 1981 年年底，全国实行经济责任制的工业企业达 42000 多个，商业系统 1981 年推行经营责任制的企业达 47550 个，占独立核算单位的 305%，其中商业企业 23800 个，粮食企业 11650 个，供销企业 1200 个。此外，在饮食、服务、修理、零售等小企业中，还试行了国家所有、职工集体或个人承包经营。

第三阶段：1983—1984 年的"利改税"。"以税代利"是改革国家与国有企业分配关系的一种方式。1979 年开始的扩大企业自主权试点和推行经济责任制改革过程中，国家在处理与国有企业的分配关系上，曾采取了三种类型和六种具体形式。三种类型是：利润留成，盈亏包干，以税代利。六种具体形式是：全额利润留成，基数利润留成加增长利润分成，超计划利润留成，利润包干或利润递增包干，亏损包干，以税代利。经过几年的实践，许多同志认为"以税代利"是解决国家与企业分配关系的一条正确路子，1982 年 11 月，五届全国人大五次会议通过的政府工作报告采纳了这一意见。报告指出："近三年来，在四百多个工业企业中进行了以税代利的试点，其中有的是全市、县的试点，有的是一个城市范围内的全行业试点。总的来看，效果是比较好的。参加试点的全部企业，销售收入的增长明显地高于总产值的增长，特别是实现利润和上交税费的增长，大大高于总产值和销售收入的增长，说明它们的经济效益有了很大提高。而且，在企业实现利润的增长部分中，保证了大部分以税金和资金占用费的形式上缴国家，企业所得也增加了，对国家和企业都有利。因此，把上缴利润改为上缴税金这个方向，应该肯定下来。"① 当时还认为，实行利改税有如下好处：一是税率固定，企业与国家的分配关系也固定下来，有利于促进企业加强和完善经营管理责任制，克服"吃大锅饭"的弊病。二是依照税法征税，可以避免实行利润留成、盈亏包干办法时存在的争基数，吵比例的现象。三是企业实现利润后以税收形式作为第一笔扣除上缴国家，可以保证国家财政收入的稳定增长，实现"国家得大头，企业得中头，个人得小头"。四是割断了企业与其政府主管部门的利益联系，有助于消除政府部门对企业不必要的行政干预，使企业从"条条"、"块块"的束缚中解脱出来。五是国家可以根据宏观经济发展的需要，采取调整税率、减免税收负担等措施，调节生产和分配，促进国民经济的协调发展。1983 年 4 月，国务院批转了财政部关于国营。企业利改税试行办法的通知，通知规定了国营企业实行第一步利改税的办法。在有盈利的国营大中型企业，根据实现的利润，按 55% 的税率交纳所得税，税后利润一部分上缴国家，一部分按国家核定的留利水平留给企业。上缴国家的部分，分别采取递增包干上缴、固定比例上缴、缴纳调节税、定额包干上缴等办法，一定三年不变。凡是有盈利的国营小企业，根据实现的利润，按八级超额累进税率缴纳所得税，税后由企业自负盈亏。1983 年实行利改税，第一步改革的工业企业有 28110 个，占盈利工业企业数的 88.6%。据统计，1983 年 7 月，国营工商企业已征收所得税的户数，已占应征税总户数的 98% 以上。

　　1984 年 9 月，国务院批转了财政部关于在国营企业执行利改税第二步改革的通知。第二步利改税于 1984 年 10 月 1 日执行，办法是：将工商税按纳税对象，划分为产品税、增值税、盐税和营业税，同时改进所得税和调节税，增加资源税、城建税，房产税、土地使用税和车船使用税。企业当年利润比核定的基数利润增长部分，减征 70% 的调节税，并由"环比"改为严定比"，一定 7 年不变。核定的基期利润扣除 55% 的所得税后，留利达不到 1983 年合理留利的大中型企业不征调节税，并在一定期

限内经批准减征一定数额的所得税。国营小型盈利企业，按新的八级超额累进税率缴纳所得税后，一般由企业自负盈亏。

利改税的实施，从当时效果看显示出了两个方面的优越性：一是保证了国家财政收入的稳定增长和及时入库。例如，1983 年 1—5 月，全国财政收入为 414 亿元，平均每月收入为 82.8 亿元。推行利改税后的 6—10 月，财政收入为 547.7 亿元，平均每月收入 109.5 亿元。1983 年、1984 年、1985 年我国财政收入分别为 1249 亿元、1502 亿元和 1866 亿元，比上年增长分别为 11.12%、20.26% 和 24.23%，明显改变了前 4 年财政收入徘徊不前的状况，并于 1985 年第一次实现了消灭财政赤字的目标。二是企业留利逐年增加。1979 年，国营工交企业留利仅为 43.6 亿元，占企业实现利润的 7.6%，1982 年为 127.6 亿元，占企业实现利润的 21.1%，到 1984 年、1985 年，留利额增加为 216.65 亿元、284.30 亿元，分别占企业实现利润的 30.1% 和 37.9%。

在对国家与企业间分配方式进行"以税代利"改革的同时，政府还以法规的形式确定了企业拥有的经营自主权。例如，1983 年 4 月国务院颁布的《国营工业企业暂行条例》明确规定："企业对国家规定由它经营管理的国家财产依法行使占有、使用和处分的权利。"在完成国家计划和国家供货合同的前提下，企业有权自行安排增产国家建设和市场需要的产品；有权在供需情况发生重大变化时，向主管部门提出调整国家计划，有权拒绝计划外没有必需的物质条件保证和产品销售安排的生产任务；有权在国家法律、政策规定范围内自销产品，自选物资，以及制定或议定产品价格；有权按照国家规定，出租或转让闲置、多余的固定资产，把所得收益用于企业技术改造和设备更新；有权根据国家政策确定本企业的工资形式、资金分配、福利安排等事项，有权按照实际需要决定企业内部的机构设置，任命中层干部，公开招考、择优录用新职工，拒绝接收不符合条件的人员；有权在不改变企业所有制形式，不改变隶属关系，不改变财政体制的情况下，自主地决定参与或组织跨部门、跨地区的联合经营，有权择优选点，组织生产协作或扩散产品，等等。1984 年 5 月，国务院又颁发了《关于进一步扩大国营工业企业自主权的暂行规定》，进一步明确了扩大给企业的 10 项自主权力，即：（1）生产经营计划权；（2）产品销售权；（3）产品定价权；（4）物资选购权；（5）资金使用权；（6）资产处置权；（7）机构设置权；（8）人事劳动权；（9）工资奖金使用权，（10）联合经营权。与此同时，为了使企业领导体制更适应于企业从事市场经营活动的需要，中共中央办公厅、国务院办公厅还发出通知，要求国营工业企业试行厂长负责制，并确定北京、天津、上海、常州等城市为试点城市。

总的来看，党的十二届三中全会以前，依据以计划经济为主、市场调节为辅的基本原则，我国国有企业改革主要强调政府对于不同企业的经济活动，要给以不同程度的决策权，改变单纯依靠行政手段管理经济的做法，把经济手段和行政手段结合起来。改革的基本方向是："逐步实行政企分工，扩大企业自主权，使企业成为相对独立的社会主义经济单位。"①改革的侧重点是国家与企业的分配关系，并随着分配方式从以利润留成为主向以利改税为主的转变而逐步深入。改革在很大程度上服从于当时的企业组织结构的调整、企业管理制度的整顿和国民经济实力的恢复。例如，1979 年 5 月国家经委等单位关于在京津沪的 8 个企业进行改革试点的通知中，提到改革企业管理必须扩大企业经营自主权，要求解决的第一个问题是"主管部门要在今年内对企业实行五定"。而"五定"是 60 年代整顿企业时提出来的，是把企业作为产品生产者的管理方法。1981 年 11 月国务院批转的关于实行工业生产经济责任制若干问题的暂行规定中，一方面要求"进一步扩大企业经营管理自主权，保证企业生产经营所必需的条件，使企业逐步成为相对独立的经济实体"。另一方面又要求"实行经济责任制的单位，必须保证全面完成国家计划，按社会需要生产，不能利大大干，利小不干"。1983 年 4 月 1 日国务院颁发的《国营工业企业暂行条例》的第二条规定："国营工业企业是社会主义全民所有制的经济组织，是在国家计划指导下，实行经济核算，从事工业生产经营的基本单位"，这些文件中，都还没有提出使企业成为自主经营、自负盈亏的社会

---

① 《坚持改革、开放、搞活》，人民出版社 1987 年版，第 118 页。

主义商品生产者和经营者的问题。因此，从总体上来说，这一阶段国有企业改革还没有突破传统体制模式。从实际效果看，改革基本适应了当时我国国民经济发展的实际状况，对促进经济的恢复和发展起到了积极作用，企业自身的经营机制也开始从"生产型"向"经营型"转变。据国务院经济技术社会发展研究中心对哈尔滨市企业的抽样调查（见表6-3），扩大企业经营自主权的现状是：规定的企业资产处置权、人事权和联合经营权基本得到落实。但是其他自主权利则存在截留现象，特别是价格浮动权、物资选购权、资金支配权、机构设置权，没有得到落实的较多。这大致反映了当时国有企业改革的现实状况。它说明，传统体制下企业一切听从上级主管部门指令性计划和行政命令的状态已经有了很大改变。

表6-3　　　　　　　100个样本企业中20个随机抽样企业情况汇总

扩权方面	扩 权 细 目	反映没有得到该项权利的企业占样本企业的比例（％）
生产计划权	增产权	10
	自主编制生产计划权	30
	计划调整权	70
产品销售权	分成产品销售权	30
	计划外超产产品销售权	30
	试制新产品销售权	20
	库存积压产品自销权	20
产品价格浮动权	生产资料超产部分浮动权	50
	生产资料超产部分供需双方协商权	40
	计划外生产资料自销产品协作权	40
	优质优价权	50
物资选购权	统配物资择优选择供货权	80
	与供货单位直接签合同、直接结算权	40
资金支配权	三项基金使用权	20
	职工福利基金使用权	10
	70%折旧基金留用权	10
	企业向外投资权	50
	企业抵制乱摊派权	60

续表

扩权方面	扩权细目	反映没有得到该项权利的企业占样本企业的比例（%）
资产处置权	多余闲置固定资产出租权	10
	多余闲置固定资产有偿转让权	0
机构设置权	自行确定机构设置权	60
	人员配备权	10
人事权	行政厂级副职推荐权	0
	中级干部任免权	0
	工人中选用干部权	10
劳动管理权	择优录用工人权	60
	人才招聘权	20
	职工奖惩权	10
	职工协商调动权	10
劳动管理权	抵制安插人员权	10
工资奖金使用权	分配形式自选权	0
	3%晋级权	10
	奖金自主支配权	0
	20种燃料原材料节约奖使用权	40
联合联营权	组织联合联营权	10
	参加联合联营权	10
	退出所属公司权	20
	择优协作权	10
推进技术进步自主权	决定企业技术发展方向权	50
	额度内技改项目安排权	30
各种经营权	开发新产品权	0
	开发新生产项目权	40
	兼行跨业经营权	20

2. 1984—1988年的企业改革

1984年10月党的十二届三中全会，按照发展社会主义有计划商品经济的需要，决定全面推进以增强企业活力，特别是增强国有大中型企业活力为中心的、以城市为重点的经济体制改革。并重新确立了国有企业改革的目标模式，这就是：要使企业真正成为相对独立的经济实体，成为自主经营、自负盈亏的社会主义商品生产者和经营者，具有自我改造和自我发展能力，成为具有一定权利和义务的法人。围绕着这一改革目标，从1984 年年底开始，我国国有企业改革进入到了一个新的发展阶段，其主要特点是提出了"两权分离"的改革原则，试图以此促进实现政企职责分开和国有企业向市场主体的转变。

　　党的十二届三中全会通过的《中共中央关于经济体制改革的决定》（以下简称《决定》）指出："过去国家对企业管得太多太死的一个重要原因，就是把全民所有同国家机构直接经营企业混为一谈。根据马克思主义的理论和社会主义的实践，所有权同经营权是可以适当分开的。""由于社会需求十分复杂而且经常处于变动之中，企业条件千差万别，企业之间的经济联系错综繁复，任何国家机构都不可能完全了解和迅速适应这些情况。如果全民所有制的各种企业都由国家机构直接经营和管理，那就不可避免地会产生严重的主观主义和官僚主义，压抑企业的生机和活力。因此，在服从国家计划和管理的前提下，企业有权选择灵活多样的经营方式，有权安排自己的产供销活动，有权拥有和支配自留资金，有权依照规定自行任免、聘用和选举本企业的工作人员，有权自行决定用工办法和工资奖励方式，有权在国家允许的范围内确定本企业的产品价格，等等。"[①]这就是当时关于国有企业所有权与经营权适当分离原则的基本思想。以后，在 1988 年 4 月 13 日七届全国人大一次会议通过的《中华人民共和国全民所有制工业企业法》（以下简称《企业法》）中，对"两权分离"改革原则做了更为明确的论述。《企业法》规定："全民所有制工业企业是依法自主经营、自负盈亏、独立核算的社会主义商品生产和经营单位："企业的财产属于全民所有，国家依照所有权和经营权分离的原则授予企业经济管理。企业对国家授予其经营管理的财产享有占有、使用和依法处分的权利。""企业依法取得法人资格，以国家授予其经营管理的财产承

---

① 《坚持改革、开放、搞活》，人民出版社 1987 年版，第 235 页。

担民事责任。""企业必须有效地利用国家授予其经营管理的财产，实现资产增值；依法缴纳税金、费用、利润"。同时，《企业法》还具体规定了企业的 12 条权利和 9 条义务，确定了企业与政府的基本关系。

从以上原则和思路出发，政府主要从以下两个方面对国有企业管理制度进行了改革：

第一个方面是在国家与企业之间，逐步建立了以承包经营责任制为主体的"两权分离"实现形式。

承包经营责任制，是在坚持企业的社会主义全民所有制的基础上，按照所有权与经营权分离的原则，以承包经营合同形式，确定国家与企业的责权利关系，使企业做到自主经营、自负盈亏的经营管理制度。其主要内容是：包上缴国家利润，包完成技术改造任务，实行工资总额与经济效益挂钩。早在 1979 年，我国国有企业中就曾普遍试点推行过多种形式的上缴利润包干制度，但当时注重的主要是改革国家与企业的分配方式。而且，随着"利改税"的普遍实施，承包逐步转变为一种完善企业内部管理的一种改革方式。作为国家对企业的一种管理制度，则仅局限于少数企业。但是，随着改革的不断深入，这些企业通过自身的发展证明，实行多种形式的承包经营责任制在某种程度上更能适应现阶段我国的实际情况，有利于挖掘企业潜力，有利于实现全民所有制形式与商品经济的结合，搞活大中型国有骨干企业。例如，首都钢铁公司，1981 年实现利润 3.16 亿元，1985 年增加到 9.34 亿元，每年递增 20% 以上；同期铁产量由 265.9 万吨增加到 325.9 万吨，钢产量由 147.4 万吨增加到 215.7 万吨，钢材产量由 99.6 万吨增加到 157.7 万吨。再如第二汽车制造厂，1982 年实现利润 2.2 亿元，1985 年增加到 6 亿多元，每年递增 48.79%；同期汽车产量由 5.36 万辆增加到 9.15 万辆。这两个企业如此迅速地发展，是许多人原先没有想到的。特别是 1987 年全国普遍推行承包制以后，预算内国有工业企业实现利税比上年增长 9.9%，定额流动资金周转天数比上年缩短 3.7 天，全员劳动生产率比上年提高 7.6%。全国利税比上年增长 118 亿元，其中承包制带来的财政收入增长为 60 多亿元，扭转了全国 20 个月工业利润连续下降的局面。正因为如此，承包经营责任制又重新被肯定为处理国家与企业之间"两权分离"关系的一种有效形式在全国普遍推行。据统计，1987年年末，全国实行各种形式承包经营责任制的大中型国有企业，在工业、商业领域分别已占到82%和80%以上；在建筑业领域，承包面也已达到全部施工面积的83.9%。1988年2月，国务院正式颁布了《全民所有制工业企业承包经营责任制暂行条例》。在《企业法》中，承包制也被规定为企业的主要经营形式。到1988年年底，全国预算内工商企业的承包面已超过90%，其中大中型工业企业达到95%。承包期普遍为3—5年。承包中的各项工作已开始按照"承包条例"的要求逐步走向规范化。同时，承包制的内容、形式又有了进一步的深化和完善。其主要表现在：

表6-4　工业企业实行承包经营和改变经营方式情况　　　　单位：个、%

	1987年1—5月	比重（%）
一、被调查的大中型国营工业企业	12398	100.0
其中：实行承包经营责任制	9270	74.8
实行利润递增包干	989	8.0
实行工资总额与上缴利润挂钩	1508	12.2
实行亏损包干和减亏分成	523	4.2
实行其他各种经济责任制	6250	50.4
二、被调查的小型国营工业企业	43628	100.0
其中：改变经营方式	18765	43.0
改为集体经营	2328	5.3
改为租赁和个人承包	1162	2.7
改为其他经营方式	15275	35.0

注：大中型企业是按第二步利改税中财政部的规定划分的。

资料来源：国家统计局编：《新的里程，新的成就》，红旗出版社1987年版。

表 6 – 5　　　　建筑业实行百元产值工资含量包干和承包责任制情况　　　单位：个、%

	全民所有制		城镇集体所有制	
	1987 年 6 月末	比重	1987 年 6 月末	比重
建筑安装企业总计	2822	100.0	7680	100.0
实行百元产值工资含量包干的企业	1825	64.7	1792	23.3
推行各种承包责任制的企业	2611	92.5	6916	90.1

资料来源：国家统计局编：《新的里程，新的成就》，红旗出版社 1987 年版。

表 6 – 6　　　　社会零售商业、饮食业、服务业改革情况 （1986 年年末）

单位	全民所有制			集体所有制	
	总计	国家所有集体经营	租赁给个人经营	总计	由全民转为集体所有制
零售商业机构数（万个）	24.1	3.4	0.4	129.6	0.3
人员数（万人）	305.6	59.6	2.8	652.2	4.6
饮食业经营机构数（万个）	3.0	1.0	0.4	14.5	0.1
人员数（万人）	52.4	18.1	3.3	114.8	1.8
服务业经营机构数（万个）	3.5	0.9	0.2	16.2	0.1
人员数（万人）	62.6	14.9	1.9	114.0	1.4

资料来源：国家统计局编：《新的里程，新的成就》，红旗出版社 1987 年版。

表 6 – 7　　全民所有制建筑业实行各种承包方式的情况　　　　单位：个、%

	施工单位工程 （个）		房屋建筑施工面积 （万平方米）	
	1987 年 6 月末	比重	1987 年 6 月末	比重
总计	94784	100.0	14690.8	100.0
其中：实行各种承包方式小计	75230	79.4	12058.3	82.0
投标承包	11652	12.3	2702.4	18.4
概算或施工图预算加系数包干	44427	46.9	5600.0	38.1
平方米造价包干	7019	7.4	1880.4	12.8
小区综合造价包干	848	0.9	268.7	1.8
按单位能力造价包干	483	0.5	64.2	0.4
其他形式	10801	11.4	1542.6	10.5

资料来源：国家统计局编：《新的里程、新的成就》，红旗出版社 1987 年版。

（1）把竞争机制引入企业承包，实行招标承包。据统计，全国实行招标的预算内工业企业已占同期经营承包企业的 35.5%。其中，吉林占 79.9%，宁夏占 76.2%，山东占 40%，湖北占 34.3%。吉林、上海、辽宁、北京、天津等省市还建立了承包市场或发包指导小组，制定了统一的竞争招标办法，为投标者创造了较为平等的竞争环境。

（2）建立风险机制，实行多种形式的风险抵押承包，如经营者个人抵押承包、经营集团集体抵押承包、全员风险抵押承包，等等。据统计，全国已承包的预算内国营工业企业中，实行风险抵押的占 25%。其中，吉林占 97.9%，山东占 42%，湖北占 28.5%，哈尔滨占 38.5%。

（3）一些地区还根据"承包条例"要求进行了资金分账制的试点。例如，河北省张家口市在工业企业中全面试点，通过国家资金与企业资金的分账管理，使企业逐步形成了自我积累资金，初步解决了企业包亏的风险资金来源，同时也为企业加快技术进步、向外投资和参股提供了资金基础。

除了普遍推行企业承包经营责任制以外，国家对于小型国有企业还采取了集体、经营、租赁和个人承包的"两权分离"形式。据统计，1987年年末，全国工业、商业领域的小型国有企业中，改为集体经营、租赁或个人承包的企业分别占 46% 和 80% 以上。

第二个方面是在企业内部，普遍推行了厂长负责制，以保证企业经营权的落实和有效使用。

党的十二届三中全会《决定》指出："现代企业分工细密，生产具有高度的连续性，技术要求严格，协作关系复杂，必须建立统一的、强有力的、高效率的生产指挥和经营管理系统。只有实行厂长（经理）负责制，才能适应这种要求。"1988年颁布的《企业法》也明确规定："厂长是企业的法定代表人。""企业建立以厂长为首的生产经营管理系统。厂长在企业中处于中心地位，对企业的物质文明建设和精神文明建设负有全面责任。"这些论述和规定说明，当时为了适应社会主义有计划商品经济发展的需要，在实行"两权分离"改革的同时，国有企业的领导体制也开始从原来党委领导下的厂长（经理）负责制转变为厂长（经理）负责制。

从 1984 年上半年开始在部分城市试点，到 1986 年年底，全国已有 25424
家国有工业企业实行了厂长（经理）负责制。1987 年 5 月，在被调查的
57727 家国有工业企业中，实行厂长（经理）负责制的企业已达 3258 之
家，占企业总数的 56.5%。到 1988 年年底，实行厂长（经理）负责制的
工商企业已占工商企业总数的 95%，厂长的中心地位得到了进一步加强。
不少地区和企业还实行了党委书记兼任主管思想政治工作的副厂长，把政
治思想工作与解决生产中实际问题结合起来，初步形成厂长全面负责、党
委保证监督、职工民主管理的新型企业领导体制。实践证明，厂长（经
理）负责制的普遍推行，对于落实企业经营自主权，保证企业有效地运
用所赋予的自主权，搞好经营管理，增强企业经营活力，起到了积极
作用。

表 6 - 8　　　　　　　　工业企业实行厂长负责制的情况

	被调查的国营工业企业	其中：实行厂长负责制的	
		工业企业	占全部企业比重（%）
1987 年 5 月末工业企业数（个）	57727	32587	56.5
1—5 月累计工业总产值（亿元）	2211.4	1589.5	71.9
比上年同期增长（%）	10.4	12.5	
1—5 月累计实现利税（亿元）	461.2	349.5	75.8
比上年同期增长（%）	6.9	7.7	

注：工业总产值按 1980 年不变价格计算。

资料来源：《新的里程，新的成就》，国家统计局编，红旗出版社 1987 年版。

除了普遍推行厂长（经理）负责制以外，1984—1988 年期间，我国
国有企业内部管理体制改革还在以下两个方面取得了重大突破：

一是对企业工资制度实行了改革。其基本原则是：企业工资总额与企
业经济效益挂钩，职工工资水平与个人的劳动成果挂钩。1985 年，劳动
人事部制定了全国大中型企业职工工资参考标准，在适当提高工资标准水
平的基础上，把原来的几百种工资标准归并为 3 类产业 5 种工资标准。国

家还根据各行业的技术经济特点，对企业采取吨煤工资含量包干、百元建筑施工产值工资含量包干、吨装卸量工资含量包干、工资总额与上缴利税挂钩浮动等多种具体形式。1988 年年底，全国实行"工效"挂钩的国营企业已占 50% 以上，其中大中型国营工业企业达 60% 以上。一些地区如北京、天津、上海、湖南等地已达 70% 以上。企业内部也实行了多种形式的分配方式，如：岗位工资制，内部结构工资制、浮动工资制、车间（班组）工资总额包干制、目标成本降低提成法、计件工资制、单项承包提成法，等等。此外，根据国家有关规定，企业在国家政策范围和奖励基金或工资总额增长幅度内，可以自主地决定奖励基金或工资总额的使用方向和具体方法，可以自行选择适合本企业实际的分配方式。

二是对企业人事、劳动制度实行了改革。1986 年 9 月，国务院公布了关于企业实行劳动合同制、择优招工、辞退违纪职工和待业保险等四个劳动制度改革的文件，规定企业新招收的工人开始实行合同制，企业招收工人要面向社会，公开招收，全面考核，择优录用，对职工实行待业保险；企业可以辞退违纪职工。同时还颁布了《全民所有制企业破产法（试行）》，到 1986 年年底，全民所有制企业已招收合同制职工 560 万人。许多企业按照"先机关科室、后车间班组，先干部、后工人"的顺序，层层引入竞争机制，进行三个层次的优化；通过调整和精简机构，重新设置内部管理体系；打破干部的"终身制"，按条件公开、机会均等、民主竞争的原则择优选聘经营者，实行层层聘任；打破工人的"铁饭碗"，结合层层承包，采取双向选择、岗位竞争、合同化管理和厂内劳务市场、人员待业等办法，实行优化劳动组合。据统计，1988 年全国实行优化劳动组合的国营企业有 3 万多个，涉及 1300 多万职工，约占全民所有制企业职工总数的 20%。其中，北京占 51.2%，上海占 50.1%，河南占 41.8%，沈阳占 80.5%，青岛占 91.4%。

此外，从 1984 年开始，我国广州、沈阳等省市相继也进行了股份制改革试点探索工作。1984 年 11 月，由上海电声总厂发起成立的上海飞乐音响公司，向社会公开发行股票，成为新中国成立后第一家较规范的股份制有限公司。1986 年 9 月，中国工商银行上海信托投资公司静安证券部挂牌进行股票的柜台交易，成为新中国首次进行的股票市场交易。1987年以后，各地股份制企业的试点迅速增多。1988年11月，国家体改委正式把股份制试点列入工作日程，着手制定基本规则，进行部署和组织安排。据全国20个省市1988年年底的统计，共有3800多家企业进行了试点。其中，内部职工持股的股份制占85%，企业间互相参股的股份制占13.5%，公开向社会发行股票的股份制企业占1.5%。逐步形成了如上海飞乐电子股份有限公司、上海真空器件股份有限公司、沈阳金环汽车股份有限公司、武汉商场股份有限公司等一批比较规范的股份制企业。上海、武汉、沈阳等城市建立了股票发行与转让市场。一些股份制企业引入承包制，实行"包"、"股"结合，如深圳市许多"内联"、"三资"股份制企业实行股东单方承包，经理向董事会承包，重庆市中药股份公司在企业内部实行层层承包，等等。一些地区制定了股份制试点的有关规定和办法，使股份制试点工作逐步走向规范化。辽宁、黑龙江、河南、四川、上海等省市还针对企业经营自主权不落实，缺乏活力等问题，积极进行了多种形式的企业放开经营试验。如建立"特企"、"无上级企业"、"超前改革企业"以及"引入乡镇企业机制"，等等。

　　经过以上各项改革，我国国有企业以往那种作为政府机构行政附属物的经济地位开始发生根本性变化，企业的市场经营意识明显增强，经营自主权有所扩大，企业内部经营动力机制和经营组织机制逐步转变。据统计，1986年年末，全国已有县以上工业企业为主的横向联合组织6833个，投入资金110亿元，参加联合组织的企业有15740家[1]。1988年年底，28个省市已形成各种类型的企业集团1362家，其中大型企业集团100多家。另据对全国27个省市的统计，当年已有2856个企业兼并了3424个企业，其中，黑龙江、湖南、辽宁、四川、吉林、河南、河北、山东、湖北、浙江10个省企业兼并超过200对以上。企业之间的联合与兼并有效地促进了企业组织结构、产品结构的合理化和资源的优化配置。

　　在企业改革取得明显成效的同时，也存在一些有待解决的问题：一是

---

① 《关于1986年国民经济和社会发展的统计公报》，《光明日报》1987年2月22日。

承包经营责任制不完善，发展不平衡，真正建立起竞争机制、风险机制、约束机制的企业还不多，一些企业承包质量不高、内容不全、基数制定不合理；有的企业存在靠涨价转嫁负担、铺张浪费和滥发奖金、实物的现象；企业管理的基础工作仍然是薄弱环节；据统计，1988 年有 7% 的承包企业没有完成承包合同，合同兑现问题没有完全解决。二是企业内部没有从机制上解决国有资产经营的盈亏责任。基数承包和资金分账，只能实现国家与企业在利益分配上的有限盈亏，难以做到完全自负盈亏。三是由于社会保障体系和劳动力市场不完善，企业优化劳动组合中精减下来的富余职工难以有效安置，"企业办社会"问题未能真正解决。四是股份制试点很不规范，普遍存在目的不明、财产不清、股权不平等、侵占国有资产利益、职工个人股福利性分红付息等现象，有 90% 以上的试点企业设了"企业股"。此外，政府主管部门对企业的行政干预问题还未能很好解决，企业活力特别是国有大中型企业活力不强、经济效益逐年下降的问题日益突出。据分析，1987 年与 1978 年相比，国有工业企业每百元固定资产原值实现的产值，由 103 元增加到 104.15 元，9 年只增加 1.1%；每百元资金实现的利税，由 24.2 元降为 20.3 元，下降 19%。1988 年，预算内国有工业企业总产值增长 10.7%（按不变价计算），销售收入增长 22.4%（按现价计算），实现利税增长 17.4%（按现价计算）。但如果从后两项的增长中扣除物价因素，则实际增长率分别为 8.8% 和 7.5%，均低于前一项的增长率。此外，工业销售利税率由上年的 20.35% 下降为 19.51%，可比产品成本由上年超支 6% 上升为超支 12.3%，亏损企业的亏损额比上年增长 26.6%。其中统配煤矿和石油工业全行业的亏损额分别上升到 36 亿元和 10 亿元以上[①]。造成这种状况的原因固然是多方面的，但是，企业经营机制不合理不能不说是其中的一个重要原因。它说明，如何尽快转变国有企业经营机制是社会主义市场经济发展下的一个越来越紧迫的改革问题。

---

① 吴敬琏主编：《1988 年中国经济实况分析》，中国社会科学出版社 1990 年版。

表 6 - 9　　　　　　　　　　　全国独立核算工业企业亏损情况

年份	企业总数（个）	亏损企业数（个）	亏损面（%）	盈利企业的盈利额（亿元）	亏损企业的亏损额（亿元）	亏损率[①]（%）
1984	3189165	41293	10.7	872.06	34.24	3.92
1985	572043	40383	10.8	984.61	40.52	4.11
1986	421966	55537	13.1	930.2	72.42	7.62
1967	417904	60085	14.4	1089.63	94.68	7.80

①亏损率 $= \dfrac{\text{亏损企业亏损额}}{\text{盈利企业盈利额}} \times 100\%$

资料来源：《工业企业亏损调整研究综合报告》，《80 年代中国经济改革与发展》，经济管理出版社 1991 年版，第 299 页。

3. 1988 年以来的企业改革

从 1988 年下半年开始，由于我国经济发展中明显出现了总量失衡、结构恶化、通货膨胀加剧、经济秩序混乱的状况，企业生产经营遇到了自 1978 年以来前所未有的困难局面。一方面，从 1989 年年初开始，企业普遍遇到资金、能源、原材料短缺、交通运输紧张的困难。另一方面，下半年又出现了市场销售疲软等问题。据统计，到 1989 年年底，全国预算内工业企业产成品资金占用 879 亿元，比上年增加 80%。1990 年比 1989 年又增加 27.8%。企业之间拖欠的"三角债"达 1100 亿元。亏损企业亏损额 1989 年比上年增加 1.2 倍，达 137 亿元。1990 年亏损企业又增加约一倍，亏损面达 31%，亏损额增长 1.3 倍，达 286 亿元。1991 年 4 月，企业亏损面进一步扩大为 39.4%。可比产品成本 1989 年上升 22.4%，产品质量稳定提高率下降 9.3 个百分点，百元资金利税率由 1988 年的 21.99 元下降为 1989 年的 19.4 元。1990 年进一步下降为 13.8 元。1989 年国有商业企业实现利润比上年下降 43.3%，仅为 42.3 亿元。1990 年又下降为 12 亿元，1989 年亏损企业亏损额增加 24.9%，达 56.5 亿元。1990 年亏损企业比 1989 年扩大 48%，亏损额增长 45.5%。据有关部门测算，1989 年全国国有企业和集体企业停产和半停产职工为 658 万人，占职工总数的

6%。1990 年，预算内国有企业实际留利仅占实现利税的 8.9%，已降到 1982 年以前的水平，比上年下降 40.9%。企业负担重、活力不足，缺乏后劲，管理混乱现象相当严重。

为了扭转经济发展中的混乱局面，1988 年 9 月，党的十三届三中全会提出了"治理经济环境，整顿经济秩序，全面深化改革"的方针。1989 年 11 月，党的十三届五中全会做出关于进一步治理整顿和深化改革的决定，提出从 1989 年起，用三年或者更长一点的时间，基本完成治理整顿的任务。在三年经济治理整顿时期，我国国有企业改革主要在以下三个方面取得了明显进展：

第一个方面，以转变国有企业经营机制为中心，深化企业内部管理体制改革。早在 1987 年 10 月，党的十二大就针对企业改革中存在的问题提出："当前深化改革的任务主要是：围绕转变企业经营机制这个中心环节，分阶段地进行计划、投资、物资、财政、金融、外贸等方面体制的配套改革，逐步建立起有计划商品经济的基本框架。"大会还强调："实行所有权与经营权分离，把经营权真正交给企业，理顺企业所有者、经营者和生产者的关系，切实保护企业的合法权益，使企业真正做到自主经营、自负盈亏，是建立有计划商品经济体制的内在要求。""实行所有权与经营权分离的具体形式，可以依企业性质、企业规模、技术特点而有所不同。"[①] 1988 年 4 月，七届全国人大一次会议通过的《政府工作报告》更明确地指出："深化企业改革，增强企业特别是全民所有制大中型企业的活力，是整个经济体制改革的核心。当前改革的关键是根据企业所有权与经营权分离的原则，实行多种形式的承包经营责任制。""要根据配套、完善、深化、发展的方针，把以承包经营责任制为主要内容的企业经营机制改革不断推向前进，使企业逐步走上自主经营、自负盈亏的道路"，《报告》就如何深化企业改革提出了 4 项措施，即：（1）要积极引入竞争机制，采用招标、选聘和民主选举等多种形式，择优选任企业的经营者或经营者集体，逐步造就一支宏大的善于进行科学管理的企业经营者队伍。

---

① 《中国共产党第十三次全国代表大会文件汇编》，人民出版社 1987 年版，第 27 页。

（2）要加强企业各项基础工作，全面推行厂长负责制，完善厂内经济核算，加强企业内部民主管理，建立一整套行之有效的管理制度和方法。（3）要积极促进企业间的横向联合，大力发展企业集团，促进企业组织结构和产品结构的合理调整。（4）要实行企业产权有条件的有偿转让，使闲置或利用率不高的资产得到充分利用。

为了促进企业经营机制的转变，1989 年下半年，党中央决定进一步加强企业基层党组织的建设，发挥企业党组织的政治思想领导作用，并提出确立党组织在企业中的政治思想领导核心地位，同时继续实行和完善厂长负责制。在企业分配制度方面，1989 年 2 月国务院发布了 25 号文件，决定在企业中进一步推行工效挂钩，要求所有具备条件的企业都要实行工效挂钩，条件暂不具备的企业也要实行工资总额包干。使工效挂钩成为深化企业工资制度改革的基本形式，以加强企业在工资分配上的自我约束能力。在企业内部人事、劳动制度方面，则坚持了以破除"铁饭碗"、"铁交椅"为内容的优化劳动组合改革，部分省市还采取了一些完善措施：一是制定严格的定员、定额标准，在科学的基础上进行组合；二是破除工人、干部的界限，按工作标准和劳动岗位标准择优组合；三是实行动态组合，将优化组合的办法规范化、制度化，定期或不定期地进行，不搞一次组合定终身；四是加强培训工作，对达不到岗位要求的职工，组织培训，鼓励支持他们提高素质，重新上岗；五是加强民主监督，发挥党组织和工会的作用，防止"亲化组合"；六是妥善安置富余人员。随着治理整顿任务的结束，1992 年年初，以破"三铁"（铁工资、铁交椅，铁饭碗）为内容的企业内部劳动，人事、工资制度改革又逐步在全国范围内掀起了高潮。据统计，截至 1992 年 2 月底，全国实行劳动、工资，社会保障三项制度改革的企业已达 4 万家。

第二个方面，围绕理顺企业产权关系和政府机构内部所有者管理职能与社会经济管理职能的关系，提出并加快了国有资产管理体制的建设。转变国有企业经营机制，首先涉及如何正确处理资产经营活动过程中作为所有者的国家与经营者、生产者之间的责、权、利关系问题。1984 年 10 月党的十二届三中全会为此提出了实行所有权与经营权适当分开的改革原则。然而，改革实践证明，为了理顺"两权"分离关系，还必须正确处理好政府机构内部的国家所有权实现问题。在相当一段时期内，由于没有注意这个问题，仍然坚持政府所有者管理职能与社会经济管理职能分散于各行业主管部门或其他综合经济职能部门行使的原有管理方式，结果，政府各部门均以双重身份管理企业，两种管理目标（盈利目标与社会目标）与两种管理手段（产权管理手段与行政管理手段）并用，不仅造成政企职责不分问题一直难以解决，而且还出现了被称之为"所有者缺位"的国有资产流失状况。据统计，1989 年仅全国预算内国有工业企业中，未使用、不需用和封存的固定资产达 258 亿元。如果加上其他国有企业闲置、半闲置资产，估计总额可达 1000 亿元以上，而账外国有资产总额将在 3000 亿元左右。其次，企业中将国有资产转化为集体或个人资产的现象相当严重，甚至变卖国有资产发工资、奖金，或用少提折旧的办法虚增盈利，将一部分国有资产价值转化为企业和个人承包收入。

针对上述情况，1988 年 3 月，七届全国人大一次会议通过的《政府工作报告》提出："要抓紧建立国有资产的管理体制。"同年 9 月，国务院批准了"国家国有资产管理局三定方案"，并正式建立了这一政府职能机构。根据"三定方案"的规定，国家国有资产管理局的主要任务是对国境内外的全部国有资产行使管理职能，重点是管理国家投入各类企业的国有资产。作为国有资产所有权的代表，国家国有资产管理局负责行使国家赋予的国有资产所有者的代表权、监督管理权、国家投资和收益权、资产处置权。管理的宗旨是保障国有资产的保值和增值，维护国家和国有资产使用单位的合法权益，巩固和发展全民所有制经济的骨干作用，推动社会生产力和社会主义商品经济的发展。

1990 年 12 月 30 日，党的十三届七中全会通过的《中共中央关于制定国民经济和社会发展十年规划和"八五"计划的建议》围绕深化企业改革问题，强调指出要"加强国有资产管理，在全国范围内有计划地开展清产核资，解决国有资产状况不清、管理混乱、资产闲置浪费和被侵占流失问题。在此基础上，逐步建立与社会主义有计划商品经济相适应的国有资产管理体制和管理方法"。

　　国家国有资产管理局成立以后，在开展清产核资、产权登记、参与承包、股份制试点和国有股份管理、企业集团国有资产授权经营改革试点以及维护国家权益，促进国有资产保值增值和充分发挥国有企业主导作用等方面进行了大量的工作。

　　第三个方面，以促进增强大中型国有企业活力为目标，加快发展企业集团和股份制试点改革工作。早在 80 年代中期，大中型国有企业活力不足的问题已经相当突出。据 1986 年全国经济工作会议的资料和典型调查表明，当时具有活力的企业和不具有活力的企业均占企业总数的 20%，而具有活力的 20% 企业几乎都是中小型企业，不具有活力的 20% 企业绝大部分又是在国民经济中举足轻重的大中型骨干企业。1987 年 12 月，国家体改委和原国家经委提出了《关于组建和发展企业集团的几点意见》，规定了企业集团的含义、组建原则、条件、内部管理原则等，并明确了发展企业集团应遵循的基本原则。当时，全国有 12 个大型企业集团在国家实行计划单列，13 个企业集团建立了财务公司。1988 年，据不完全统计，全国各地冠以企业集团名称的企业联合体有 2000 家左右，其中真正符合规定要求的大型企业集团大约有 100 家。1989 年 11 月党的十三届五中全会通过的《中共中央关于进一步治理整顿和深化改革的决定》强调指出："必须牢固树立搞好大中型企业才能稳定国民经济全局，才能增强国家经济实力和逐步实现现代化的观念，真正为大中型企业排忧解难，帮助它们发展。"同年国家体改委制定的《1989 年经济体制改革要点》指出："要积极推进企业兼并，重点扶植和培育若干大型企业集团，放开经营，使其成为发展经济和对外贸易的骨干力量。要稳步试行以公有制为主的股份制，选择少数符合产业政策要求、经营状况较好、内部管理较为健全的大中型企业进行公开发行股票的试点。有条件的新建扩建企业、由兼并组成的企业和企业集团，可实行股份制的组织形式。同时，积极做好出售部分国有大企业资产，实行债务股票化的准备，有计划、有步骤地拍卖国有小企业。这些措施有力地促进了企业集团的发展和股份制试点改革的深入。"据统计，1989 年年底，全国已有 2000 个左右的企业集团，其中大约百分之二十几的企业集团，是以一个大型企业为核心，通过兼并，控股和承包、租赁等多种方式，形成了紧密层、半紧密层和松散层等多层次的结构，把几十个乃至上百个企业，联结成为一个有机体。在国民经济发展中发挥着重要作用。例如，赛格集团的 158 个企业中，集团公司全资、控股和参股的企业已达 95 个，开始形成母子公司的资产组织结构。以一汽、二汽为核心的解放、东风两大汽车集团形成后，初步改变了我国中型载重汽车小规模、低水平重复生产的局面，提高了生产专业化水平，使优质名牌汽车及其变型车系列产量大幅度增长。有色金属总公司依靠集团体制，集中资金、调整结构和布局，"七五"期间 40% 的投资用于发展国家急需的铝工业，使电解铝产量增长 87%。广州市把原来生产家用电器的 4 家主力企业合并组成万宝电器集团，迅速形成了百万台冰箱的生产能力，成为世界八大电冰箱生产厂家之一，并依靠集团的整体力量，开拓国际市场，1989 年出口产值已占总产值的 28%，占我国电冰箱出口量的 89%。吉林化学工业公司通过承包、兼并、合股经营等方式发展了 40 多个紧密联合企业，做到了原料生产与深加工能力优势互补，使原来许多中小企业低效运转的资产得到充分利用，节省了大量新增投资，提高了产量和效益。1990 年年初，国务院又做出决定，要重点抓好 100 家大型企业集团的建设，率先进行改革试点工作。随后，国家计委、国家体改委和国务院生产办公室联合召开会议，统一部署组建和发展企业集团的工作。到 1992 年年初，已有 55 家大型企业集团被纳入试点改革范围。国家国有资产管理局还提出了企业集团国有资产授权经营改革方案，主张国家将集团紧密层成员企业的国有资产统一授权核心企业经营，同时对集团内部实行公司化改造，以迅速形成规范化的母子公司体系。

1989 年以后，我国股份制企业组建和改革试点工作的重点转向完善和提高。1989 年 2 月，国家体改委发出了《关于切实加强组织领导，保证股份制试点健康发展的通知》，明确国有企业试行股份制，要紧紧围绕实现以下目的：（1）增强国有资产所有者代表对国有资产安全和增值的责任，提高国有资产的运行效率；（2）促进政企职责分开，形成企业自主经营、自负盈亏和自我约束的机制；（3）推动生产要素的合理流动和优化组合，提高全社会的资源配置效益；（4）通过企业内部职工持股。

把职工利益和企业命运紧密联系在一起，增强企业凝聚力；（5）通过企业间参股、控股，协调横向经济联合中各方面的利益关系，发展企业集团，形成规模经济；（6）广泛吸收社会闲散资金，使一部分消费资金转化为生产资金，提高资金使用效益。有关部门也先后拟定了《关于企业进行股份制试点的暂行办法（草稿)》、《股票发行与交易管理的暂行办法》、《资产评估暂行办法》等文件，确定了股份制试点改革必须遵循的基本规则，使股份制试点改革开始进入稳步发展的轨道。据统计，1989年年底，全国股份制企业有3800多家（不包括城乡劳动者集资入股的股份合作企业）。其中3200多家是企业内部职工持股的股份制，占总数的85%。企业间相互参股持股的企业只有500多家，占总数的13.5%。公开向社会发行股票的股份制企业约60家，股票发行额近5亿元人民币。另外，全国已有13家企业的股票开始上市交易，其中，上海7家，深圳市3家，河南省2家，武汉市1家。以后，由于各种原因，股份制试点企业总数有所下降，到1992年年初，全国共有各种类型的股份制企业3200多家（不包括乡镇企业中的股份合作企业和中外合资、国内联营企业）。其中企业之间法人持股和内部职工持股的企业占总数的95%以上。

（三）多种经济成分并存格局的形成

针对传统体制下我国所有制结构单一和片面追求经济形式国有化的弊端，1978年以来，我们党和政府除了积极推进国有企业产权制度改革，促使其逐步真正成为自主经营、自负盈亏的社会主义商品生产者和经营者之外，还注意在坚持国有经济主导地位的前提下，贯彻促进多种经济形式发展的改革原则。这一改革原则，最早是在中国共产党第十二次全国代表大会上提出的，并在改革过程中不断得以发展和完善。

党的十二大报告指出："社会主义国营经济在整个国民经济中居主导地位。巩固和发展国营经济，是保障劳动群众集体所有制经济沿着社会主义方向前进，并且保障个体经济为社会主义服务的决定性条件。由于我国生产力发展水平总的说来还比较低，又很不平衡，在很长时期内需要多种经济形式的同时并存。"

1984年10月党的十二届三中全会通过的《中共中央关于经济体制改

革的决定》进一步指出："全民所有制经济是我国社会主义经济的主导力量，对于保证社会主义方向和整个经济的稳定发展起着决定性的作用，但是全民所有制经济的巩固和发展绝不应以限制和排斥其他经济形式和经营方式的发展为条件。""当前要注意为城市和乡镇集体经济和个体经济的发展扫除障碍，创造条件，并给予法律保护。""坚持多种经营形式和经营方式的共同发展，是我们长期的方针，是社会主义前进的需要，绝不是退回到新中国成立初期那种社会主义公有制尚未在城乡占绝对优势的新民主主义经济，绝不会动摇而只会有利于巩固和发展我国的社会主义经济制度。"

1987年10月党的十三大召开，随着社会主义初级阶段理论的提出，我们党和政府关于多种所有制经济长期并存的思想又有了进一步发展。大会报告指出："社会主义初级阶段的所有制结构应以公有制为主体。目前全民所有制以外的其他经济成分，不是发展得太多了，而是还很不够。对于城乡合作经济、个体经济和私营经济，都要继续鼓励它们发展。公有制经济本身也有多种形式。除了全民所有制、集体所有制以外，还应发展全民所有制和集体所有制联合建立的公有制企业，以及各地区、部门、企业互相参股等形式的公有制企业。在不同的经济领域，不同的地区，各种所有制经济所占的比重应当允许有所不同。""中外合资企业、合作经营企业和外商独资企业，也是我国社会主义经济必要的和有益的补充。"

由于在经济发展和经济改革过程中贯彻了以上方针，经过努力，到80年代末90年代初，我国所有制经济结构已明显显示出如下三个特征：

1. 集体所有制经济继续稳步发展

其中，尤以乡镇村办集体企业发展最快，在工业总产值中所占比重呈不断提高的态势。

1990年年底的登记统计资料表明，在全国各级工商行政管理机关登记注册的集体所有制企业有350多万户，注册资金总额有4000多亿元。比1980年110多万户增加两倍多。1990年，集体所有制工业企业总产值为8522.73亿元，比1980年增长453.97%；占全部工业总产值的比重为35.6%，上升了12.1个百分点，城镇集体单位职工人数增加到3549万人，增长46.4%，占全部城镇公有制经济职工人数的比例为25.54%，上升2.3个百分点。而在轻工业行业，集体所有制企业所占比重更大，分别约占企业数的80%、职工人数的56%、产值的50%和创汇的70%。在商业流通领域，集体所有制企业所占社会商品零售总额的比重1978年为43.55%，1990年有所下降，但仍然起着重要作用。特别值得注意的是我国乡镇集体企业的发展。1989年年底，全国已有乡镇企业1862.6万个；从业人员9366.8万人，占农村总劳动力的22.9%；实现总产值8402.8亿元，占农村社会总产值的58%，占全国社会总产值的24.3%；其中，乡镇工业总产值6145.7亿元，占全国工业总产值的28.1%，上缴国家税金364.6亿元，占全国税收总额的13.3%；实现纯利润569.9亿元，出口产品交售额371.4亿元，占全国出口商品总值的21.9%。1991年，我国乡镇企业总产值超过50亿元的县市有15个，乡镇企业总产值超过10亿元的乡镇有8个，乡镇企业总产值超过2亿元的村乡有9个。全国共有129家乡镇企业年总产值达到或超过1亿元。[①]

2. 个体经济在某些行业中的比重有了很大提高

到1990年年底，全国城乡个体工商户共1328.3万户，从业人员2092.8万人，户均1.5人；注册资金397.4亿元，户均2992元；全年工业总产值1290.3亿元，占全国工业总产值的5.39%；商品零售额1569.6亿元，占全国社会商品零售总额的18.91%。与1980年相比，均有显著提高。"七五"计划时期，个体经济向国家缴纳的税收为482亿元，占国家税收总额的5.97%。从发展范围和行业分布看，个体工商业的主要活动领域在零售商业、饮食业、服务业、修理业、交通运输业等与人民群众密切相关的第三产业行业，其经营服务网点占社会总数的比重，零售商业为83%，饮食业为90%，服务业为89%。在个体工商业的经营服务网点中，商业占54.3%，饮食业占10.2%，交通运输业占9.5%，修理业占6.7%，服务业占5.9%。个体经济的发展，极大地促进了我国第三产业的繁荣和发展，在国民经济中具有重要的补充作用。

① 《人民日报》1992年6月13日第1版。

在我国个体经济发展过程中，还出现了一部分雇工经营的私营经济。据统计，1990年年底，工商登记注册的私营企业有9.8万户，从业人员170.2万人，户均17.4人，注册资金95.2亿元，户均9.7万元。据23个省、市、区统计，资产在100万元以上的私营企业有453户。私营经济的主要活动领域在第二产业，特别是加工工业，在私营企业单位数中，工业占68.6%，建筑业占3.2%，其他如交通运输业、商业等共占28.2%。1990年，私营工业、建筑业，交通运输业的总产值为121.69亿元，占上述三个部门总产值的0.43%。私营商业、饮食业、服务业和修理业的营业额为51.4亿元，商品零售额为43.1亿元，占社会商品零售额（不包括农民对非农业居民的零售）的比重仅为0.57%。

3. 中外合资、合作和外商独资企业（以下简称"三资"企业）迅速增加

据统计，截至1991年年底，我国共批准外商投资项目42000多个，合同利用外资金额520多亿美元，实际利用外资金额230多亿美元。在1991年6月底统计的30025家外商投资企业中，中外合资企业18034家，中外合作企业7673家，外商独资企业4318家。外商投资企业的注册资本已达1596.4亿元，其中外商认缴出资额50%左右。"三资"企业经营范围涉及20多个行业的70多个门类，其中2/3从事电子、交通电信、化工、纺织、机械、能源和加工工业。在已批准成立的外商投资企业中，约有一半已经开始生产经营，其中大部分效益良好。1990年，全国"三资"企业的工业总产值为448.95亿元，占全国工业总产值的1.88%。1991年，全国"三资"企业进出口总额达289亿美元，其中出口额为120亿美元，占全国出口总额的16.7%。由于我国各级政府不仅给予"三资"企业各种优惠政策，而且正在努力改善投资环境，改进审批手续等，"三资"企业目前正进入一个发展的高潮期。

总的看来，经过14年的改革，我们已经基本改变了原来高度集中的计划经济体制下单一的社会主义所有制经济结构，形成了以全民所有制、集体所有制经济为主体，包括私人所有制、外商独资，并以合作、合资、联营等方式使之相互融合为特点的新型社会主义所有制经济结构。这种新

型所有制经济结构的形成，意味着我国现阶段社会主义市场体系已呈多元化的格局。

表 6－10	不同经济类型在全社会固定资产投资中的比重		单位：%
	1981 年	1985 年	1990 年
全民所有制经济	69.45	66.08	65.60
集体所有制经济	11.99	12.88	11.90
个人经济	18.56	21.04	22.50

表 6－11	全社会劳动者在不同经济类型中的分布		单位：%
	1978 年	1985 年	1990 年
全民所有制单位	18.56	18.03	18.23
城镇集体所有制单位	5.10	6.66	6.25
其他所有制单位	0	0.09	0.29
城镇个体劳动者	0.04	0.90	1.18
乡村劳动者	76.3	74.32	74.04

表 6－12	社会商品零售额在不同经济类型中的分布		单位：%
	1978 年	1985 年	1990 年
全民所有制经济	54.95	40.42	39.59
集体所有制经济	43.55	37.17	31.70
合营经济	0	0.30	0.49
个体经济	0.14	15.35	18.91
农民对非农业居民零售	1.36	6.76	9.32

表 6－13	工业总产值在不同经济类型中的分布		单位：%
	1978 年	1985 年	1990 年
全民所有制工业	77.63	64.86	54.60
集体所有制工业	22.37	32.08	15.62
城乡个体工业	0	1.85	5.39
其他经济类型工业	0	1.21	4.38

表 6 – 14	国家财政收入在不同经济类型中的分布		单位:%
	1978 年	1983 年	1987 年
全民所有制经济	86.85	80.08	74.71
集体所有制经济	12.70	16.05	18.43
个体经济	0.45	2.95	4.49
其他	0	0.92	2.36

七　市场体系的发育

建立和健全社会主义市场体系是我国经济体制改革的重要内容。党的十三大有关文件中提出要把"国家调控市场，市场引导企业"作为我国未来经济体制和运行机制的基本模式，就十分形象地突出了市场在我国新型社会主义经济体制中的重要作用。1978 年以来，我们在这方面进行过许多改革探索，初步打破了过去那种主要由高度集中的计划来配置资源的体制，市场在调节社会生产、组织流通和引导消费中的作用越来越大，认真总结一下 14 年来改革的成功经验与教训，是很有意义的。在这一章里，我想着重从商品、金融、劳动力、技术、房地产和资产六个方面做一些回顾与分析。

（一）　商品市场的形成

市场调节的实质就是由市场来引导、决定资源的配置。市场调节的发展和商品市场的形成包括以下三个方面的内容：（1）价格体系的调整和价格形成机制的改革；（2）指令性计划范围的缩小；（3）现代化的、规范的市场组织的建设。

1. 价格体系的调整和价格形成机制的改革

市场要成为配置资源的重要形式，需要价格机制满足以下两个条件：一是价格要具有弹性，即价格能根据市场供求状况而变动；二是价格要合理，要反映供求关系，要反映产品的稀缺程度。传统体制下，由于价格多年不变，以及只把价格作为一种内部结算工具，我国的价格体系存在着严重不合理状况。从 1979 年以来，我国的价格改革已经迈出了四大步：

首先，放开小商品价格和部分日用品价格，使之按市场供求自行变动，以调节生产、引导消费。先后于 1982 年、1983 年和 1984 年连续放开了小商品的价格。1986 年 8 月，又放开了自行车、黑白电视机、电冰箱、洗衣机、收录机等 7 种消费品价格。这样在工业消费品领域，价格已成为调节生产、配置资源的基本信号。

其次，在相当大的范围内放开了城市的农副产品销售价格，以适应农村改革的要求。从 1979 年 11 月 1 日起，提高了猪肉、牛肉、羊肉、禽、蛋、蔬菜、水产品、牛奶的销售价格，提价幅度约为 30%。1985 年年初，与农村农产品收购体制改革相适应，放开城市蔬菜、肉类等主要副食品价格。1990 年对几十年维持不变的城镇居民粮油销价进行了调整，同时相继提高多年偏低的邮资、煤气、水等社会公用事业收费标准。1992 年 4 月再次提高了供应城镇居民的粮食及制品的价格。目前，除粮、油以外，其他农副产品的价格已经基本放开。粮油价格经过几次较大幅度的调整后，已实现了购销同价。

再次，对部分工业产品价格进行有升有降的调整。调升了煤炭和一些重工业品价格。1987 年，原煤价格提高了近一倍，由 16.52 元/吨提高到 32.33 元/吨。铸铁价格由 150 元/吨提高为 285 元/吨；以后又对煤炭、钢铁、有色金属、主要化工原料价格进行了较大幅度提升。纺织品价格做了重大调整，先是从 1981 年 11 月起，降低涤棉布价格，降低幅度为 17%。1983 年年初，全面调整了纯棉纺织品的价格，涤棉布平均每年降低 1.2 元，降低 31%，化纤原料价格降低 30%，纯棉布平均每年提价 0.3 元；提高幅度为 19%。工业用棉的价格提高近 30%；提高和放开了烟酒价格。先是在 1981 年 11 月提高了烟酒价格。1988 年 7 月则放开了名烟、名酒价格；对交通运价做了调整。1983 年 10 月，调整了铁路、水运的运价。1985 年提高铁路客货运价，铁路运价提高了 21.6%。100 公里以内铁路客运票价提高了 16%，水路运价和航空运价也做了适当调整。1989 年 8 月再一次提高了铁路客运票价。综合提价幅度约为 100%。1990 年再次提高铁路货运价格，公路运价也相应随之上升；有升有降地调整了工业消费品的厂销价格，提高了棉布、铝锅、肥皂、洗衣粉、自行车等的价格，降低了化纤布、手表、收音机、电子产品及其他一部分耐用消费品的价格。目前，工业消费品的价格也基本放开。

最后，对部分重要的工业生产资料实行"双轨制"价格。1984年5月，国务院规定：工业生产资料属于企业自销（占计划内产品的2%）的和完成国家计划后的超产部分，一般在不高于或低于国家定价20%的幅度内，企业有权自定价格，或由供需双方协商定价。1985年1月24日，国务院又规定：工业生产资料属于企业自销和完成国家计划后的超产部分的出厂价格，取消最高限价规定（即不高于国家定价20%），从此开始，出现了同种产品计划内部分实行国家统一规定价和计划外部分实行市场调节价的双轨制价格制度。目前，双轨制价格已占到全部生产资料种类的40%，交易额占75%以上。主要生产资料如煤炭、钢材、木材的市场价格供应比例已超过50%，水泥的非计划供应比例高达85%。价格双轨制是经济体制二元性的典型表现，其实质就是，在生产和流通的计划信息仍存的条件下，允许价格成为刺激生产、进而配置资源的信号。价格双轨制固然会因一物多价而带来若干混乱，以及给予一些"公司"倒买倒卖的机会，但在打破旧的、从而逐渐建立新的城市经济运行模式方面的积极作用却是不容否定的。因为在计划经济和计划流通那一部分之外，允许一部分生产资料的价格根据市场供应状况变动和成交，就意味着价格不再单纯是计算的工具，而成为调节生产、调节交换、调节消费的重要杠杆。

特别需要指出的是，经过三年的治理整顿，由于总需求得到了控制，生产资料双轨价格差距迅速缩小，煤炭，主要化工原料的计划价甚至一度高于市场价，这就为我们将双轨价格并为单轨市场价格创造了条件。

2. 指令性计划范围的缩小和市场调节比重的扩大

从1979年开始，工业企业在保证完成国家计划的前提下，可以根据条件制订补充计划，可以自行销售产品，可以承担协作任务、来料加工。这意味着，虽然计划仍然是占主导地位的资源配置形式和决定企业生产行为的主导信号，但与传统信号相比，有了一定的自主生产空间，然而此时，市场价格尚未成为真正的引导企业生产的信号。从1984年经济模式开始全面转换后，国家的指令性计划大幅度减少，企业自主权进一步扩大。到 1987 年，国家计委管理的工业生产指令性生产品种，由 120 种左右减到 60 种左右。目前，指令性品种又有所减少，部门和地方下达的指令性生产品种也有较大的下降，国家只对统一分配调拨的煤炭、原油及各种油品、钢材、有色金属、木材、水泥、发电量、基本化工原料、化肥、主要机电设备、化纤、新闻纸、卷烟及军工产品等重要产品实行指令性计划，其余实行指导计划，或放开由市场调节。与此相应，减少统配物资和部管物资的品种及数量，促进社会商品流通领域市场调节的发展，到 1989 年，商业部系统的实行指令性计划管理的商品从原来的 188 种减少到 11 种，其中工业品 6 种，农产品 5 种，其余基本上实行市场调节。1981 年国务院批转《关于工业品生产资料市场管理暂行规定》，给予生产资料生产企业一定程度的自销权，从而打破了生产资料流通靠指令性计划"包打天下"的局面，开始了生产资料流通领域的市场调节。发展到目前，由国家计委负责平衡、分配的生产资料已从 1978 年的 256 种减为 22 种，由部门实行指令性计划分配的原材料和机电产品由 316 种减为 45 种。由于从"七五"起，国家对重要生产资料的流通普遍实行了计划外部分实行市场调节的管理办法，所以，在国家统配的 22 种生产资料中，由指令性计划调拨和分配的比重均降到 50% 以下。靠市场成交的比重，煤炭为 60%，钢材为 58%。大致而言，目前全社会商品流通中，70% 的品种。60% 的销售额已属市场交易。

　　3. 商品市场组织和制度建设有所发展

　　随着国家对生产资料流通管理的放宽，一些地区恢复了生产资料服务公司，打破了由物资专业公司独家经营的局面。1979 年以后，一些大中城市相继开设了一大批生产资料商场，在这些商场中，既可以处理积压物资，也可以推销新产品，并采取现货交易和远期合同等多种交易方式。成交活动不受行政区划、行政部门的限制，也不受企业所有制性质的限制，用户可以自由选购。这标志着我国有形生产资料市场开始萌芽。随着国家统配物资的种类和比重逐步缩减，生产资料流通中横向联合和协调也有了较大的发展。目前全国共有多种形式的生产资料流通联合组织 8200 多个，其中紧密型的 470 个。十几年间全国物资协作金额增长了 15 倍，已成为我国生产资料市场流通的重要组成部分。1984 年后，以城市为依托的物资贸易中心开始出现，并发展迅速，其交易规模和交易范围日益扩大。截至 1990 年，全国地、市以上的物资贸易中心发展到 400 多家，营业额达到数百亿元。通过几年的实践，多数物资贸易中心的商品辐射、信息交流和多种服务的功能在不断完善和增强，大型物资贸易中心正在逐步办成重要生产资料的批发市场。1986 年，国家批准在上海、沈阳、天津、武汉、重庆和西安 6 个城市建立钢材专业市场。目前，全国已有约 200 个钢材市场，分布在 150 多个大中城市，成为合同生产资料市场的重要组成部分。1989 年以来，我国又在苏州、沈阳进行组建综合商社或大型物资流通企业集团的试点工作，在无锡进行物资流通综合配套改革试点。最近，国家有关部门在深圳开始进行生产资料保税市场和有色金属期货市场的试点工作。总的来看，我国生产资料市场初具规模，不同形式、不同层次的专业性和综合性生产资料市场的格局初步形成。

在工业消费品和农副产品流通领域，国营商业、供销社及有关政府部门组建了一批工业消费品和农副产品贸易中心，其中有综合性的，也有专业性的，并按开放型自由流通的方式和原则营运。目前，全国工业消费品贸易中心已发展到 900 家。1990 年在郑州组建了第一家国家级粮食批发市场，以现货批发为主，发展远期合同贸易，并逐步引入期货市场机制。有些地方政府也开始着手举办省级规范化的农产品批发市场，如安徽芜湖大米批发市场、亳州药材批发市场、山东威海花生批发市场等。目前已成立了 8 个省级粮食批发市场。1979 年以来，城乡集市贸易发展迅速，集市贸易成交额增长了 14 倍，目前约 21% 的社会商品零售是在集市贸易市场上成交的。集贸市场的发展不仅表现在规模扩大方面，而且交易方式、功能也有明显的变化。购销方式已由基本上是零售、现货交易转向既有零售又有批发，既有现货交易又有远期交易等多种交易方式转变。目前，集贸市场中工业小商品批发市场已发展到 3340 个，农副产品批发市场 1313 个，不少集贸市场，如福建石狮市场、河北白沟市场，已发展到跨地区、远距离辐射的商品集散、批发中心。

（二）金融市场的建立

资金的融通体现了在一定的货币信用制度下以货币为媒介而发生的不同借贷活动。金融市场则是指在现代经济条件下，所有资金融通方式功能和制度的综合。在我国，随着高度集中的管理体制向分权体制的过渡，国民收入分配以及社会分配日益多元化，与此同时，以各类银行和非银行金融机构为主体的金融市场初步形成并逐步完善，以短期拆借市场、票据贴现、承兑市场和短期债券为主要内容的货币市场有了较大的发展，长期证券和股票市场也开始出现。

1. 建立中央银行体制，创建现代金融市场的组织体制

1983 年前，中国人民银行既担负管理金融事业的职能，又承担对工商企业的存、贷款业务和国内贸易结算业务。这种职能双重化不利于中国人民银行充分承担起金融宏观调控的功能。为了和政府由直接控制向间接调控的转换相适应，1983 年 9 月，国务院决定由中国人民银行专门行使中央银行职能，将货币发行和信贷分开，不再兼办工商信贷和储蓄业务，以加强对货币的调节和对金融机构的管理和监督，更好地为宏观经济决策服务。与此同时，分设中国工商银行。承担原来由中国人民银行办理的工商信贷和储蓄业务。从此，一个以中央银行（中国人民银行）为领导，以国家专业银行（中国工商银行、中国银行、中国农业银行、中国人民建设银行）为骨干的二级银行体制开始形成。

随着经济主体多元化和国民收入分散化，为了充分地吸收分散化的资金和在竞争的基础上优化资金的配置，就需要建立多种金融机构，形成金融市场。这是充分发挥货币政策在宏观调控作用中的组织前提。

建立多种金融机构包括建立新型的银行机构和建立其他非银行金融机构。就前者而言，1986 年，国务院决定重新恢复、组建交通银行。交通银行是以公股为主的股份银行，经营人民币和外汇业务的综合性银行。稍后又相继成立了中信实业银行、发展银行和地方性的住房储蓄银行。就后者而言，包括：（1）恢复中国人民保险公司。（2）发展城市信用合作组织，1989 年全国共有 3409 多家城市信用社。（3）建立各种信托投资机构。1979 年，首先成立了中国国际信托投资公司。此后，各种信托投资

公司、融资公司、租赁公司、财务公司相继在各地成立。1988 年年末，各类金融公司已达 745 家。（4）开办邮政储蓄。到 1989 年年底，邮政储蓄网点达到 15483 个，储蓄存款余额已达 191 亿元。

　2. 发展多种形式的金融市场

　我国的信用过去由国家银行垄断，排斥商业信用，禁止各种融资活动。然而，改革以来，随着信用形式、融资结构的多样化。金融市场的出现成为必然。目前我国的金融市场由以银行同业拆借为主的短期金融市场和各类债券为主的长期金融市场构成。

　短期金融市场的建立和发展。我国的短期金融市场包括票据贴现市场、同业拆借市场和短期债券市场．

　同业拆借市场是从 1986 年开始的。其特征是利用资金运动的时间差、地区差来调剂资金的供求。1986 年拆借规模为 300 多亿元，1987 年上升到 2400 多亿元，近两年更有新的发展。目前，除个别地区外，都建立了以城市为依托的拆借市场，形成了若干跨地区、跨系统、多层次的融资网络。在宏观紧缩的 1981 年，同业拆借量已大大超过当年信贷增加额。显然，如果没有拆借市场融通这一大笔资金，全国的信贷规模很难控制在预期的目标之内，宏观紧缩的任务也难以实现。

　为了便于控制规模和理顺信用关系，确保企业再生产的顺畅进行，1980 年年初，上海首先进行了商业票据承兑贴现的试验。1985 年，这项业务推广到全国。并于 1986 年正式开办了对专业银行购进票据再贴现业务。同时，在金融改革试点城市开放商业票据的流通市场。到 1987 年年末，全国商业数据贴现金额已达 200 多亿元。

　市场导向改革，意味着企业运营资金来源不能全由银行包下来，而应广开融资渠道。融资渠道的多样化是保持宏观金融政策的弹性的重要条件。1987 年，在金融紧缩的前提下，首先在 27 个试点城市开放了企业短期债券市场，1989 年企业短期融资债券发行额为 30 亿元。

　建立和发展长期金融市场。为了促进分散投资主体的形成和建立投资主体收益——风险对称机制，利用金融中介集中资金和调节投资流向是国家间接控制的重要内容。到 1989 年年底，包括国库券、国家重点建设债券、金融债券和企业债券、股票在内，我国各种债券累计发行额已突破1000 亿元。在证券发行较大发展的同时，证券流通市场也开始出现。1988 年 4 月，经国务院批准，在沈阳、上海、哈尔滨、武汉、重庆、广州、深圳 7 个城市进行了首批开放国库券市场的试点。同年 6 月，又确定54 个城市作为第二批试点城市。目前我国从事证券转让业务的交易机构有 346 家，全年转让额为 50 多亿元。并在深圳和上海建立了比较规范的两家证券交易所。并准备在北京、天津设立另外两家大型和规范的证券交易所。

（三）劳动力市场的发展

劳动力是社会再生产活动得以进行的基本生产要素，随着企业生产、分配和交换自主权的扩大，传统体制下那种由国家统一分配来代替劳动力靠市场机制配置的劳动制度就日益不适应经济改革的要求。而随着劳动制度改革的深入，劳动力市场就应运而生了。

1. 带动力市场及其分类

由于对"劳动力"和"市场"这两个概念的理解不同，我们可能难以找到一个普遍接受的概念[①]，但为了以后行文的方便，我们仍需要对劳动力市场这一概念进行一下说明。狭义的劳动力市场，我们认为是劳动力供需双方交易的场所，广义的劳动力市场则是指市场机制对劳动力资源的配置过程。劳动力市场包含劳动力供方、需方和工资（劳动力价格）这三个要素，以及劳动力供需与工资之间的作用机制（价格机制）和劳动力在不同部门、地区、职业、单位间的流动机制。劳动力市场的实质是市场机制对劳动力资源的配置。

从上述理解出发，我国的劳动力市场可划分为以下四个类型或层次。

一是企业（或所有用工单位）内的劳动力市场，包括企业内的劳动力供需双方就某一岗位的双向选择、劳动力内部流动和企业内部待业市场。由于这里是将市场机制部分地引入企业内部的劳动管理，所以这一层

---

① 美国著名的劳动经济学家摩尔根曾说过："不少人曾经试图给劳动力市场下定义，但往往都以失败作罢。"参见 C. A. 摩尔根《劳动经济学》，工人出版社 1984 年版。

次的劳动力市场带有某种"准市场"的性质。

二是区域性的劳动力市场，在这类市场中，劳动力供需双方都是同一区域内的，劳动力的流动和再配置都不超出地区的界限。

三是一旦劳动力的流动超出地区界限，那就成为属于第三类的区域的或全国性的劳动力市场。较之于区域性劳动力市场，全国性劳动力市场的信息费用、流动费用更大，组织程度要求也较高。

四是国际性的劳动力市场。就我国而言，这一市场的主要形式是劳务输出、专家引入和移民。

在我国有一个非常重要的劳动力市场，它虽不能确切地划归为上述几个层次的哪一层，但却是我国劳动力市场的主体。这就是城乡间的劳动力市场。在高度集中的"政社"合一的人民公社体制打破以后，这一市场就迅速发展起来，城市中许多季节性、临时性、危险性、艰苦性和服务性的职位被这些"离土又离乡"的农民工取代。

2. 我国劳动力市场的发展

我国劳动力市场的发展是与经济体制的改革紧紧联系在一起，并以传统劳动就业制度的改革为开端的。

传统劳动就业制度是一个高度集中，城乡封锁、条块、地区、所有制分割，只进不出的体制。说它高度集中，是因为招工和用工是由国家统一计划、统一招收和统一分配。国家专门设置了专司职工招收与分配的行政机构，企业与用人单位几乎没有任何独立的用工、招工自主权。说它城乡封锁是指城乡分治的户籍制度和统一的计划招收，堵塞了农村富余劳动力向城市的流动。说它是部门、地区、所有制分割是指除了国家统一决定的地区间迁厂和人员调动外，几乎不存在劳动力部门间、地区间和所有制间的自由流动。说它只进不出，是指所有用工单位不存在辞退工人的权力，职工一般也无主动辞职的权利。企业不能根据经济景气状况调整用工数量，工人也不能根据收益和其他因素自主选择岗位和用人单位。

随着高度集中的体制向相对分权的体制过渡，这种传统的严重排斥市场机制的劳动就业制度越来越不适应改革的发展。与整个资源的配置引入市场机制相适应，从 1979 年开始，劳动力资源的配置也开始引入市场机制，劳动力市场伴随着经济体制和劳动、就业制度的改革迅速发展起来。

第一，改革全民所有制内部用工制度，用合同工代替固定工。全民所有制内部长期以来使用固定工用工制度，这种制度严重妨碍了劳动力的流动，也不利于激发职工的劳动热情。我国从 1986 年 10 月起，在全国范围内对全民所有制新增工人普遍实行劳动合同制。这是我国劳动制度的一项重大改革。劳动合同制的实行有利于劳动力增量的合理配置，它既避免了盲目的流动，保留了技术骨干，又通过解除合同、不再续签合同等形式促进了劳动力流动。截至 1990 年，我国全民所有制内部，合同制工人已达 1372 万人，占全部就业人数的 13.3%，

第二，搞活企业内部劳动制度，实行双向选择、优化组合。企业是社会机体的细胞，也是劳动力资源配置的具体单位，将市场机制引入企业内部的用工管理，对于提高劳动力资源的配置效益具有重要的意义。从 1988 年以来，我国企业较为普遍地实行了"双向选择、优化组合"的企业内部劳动制度改革，收到了明显的效果。特别是自从 1991 年 10 月中央工作会议以来，随着企业经营机制的转变，企业破除"铁饭碗、铁交椅"的工作有了很大的进展。

第三，鼓励劳动力部门间和地区间的流动。随着劳动制度改革的深入和人们就业意识的改变，劳动力的流动、交流日趋频繁，市场机制开始自发地发挥调节作用。这主要表现为在职职工辞职、自行离职的现象日益增多。据上海统计，仅 1985 年一年辞职、退职职工约有 1.5 万人，这一势头近年更是有增无减。另外大量的退休职工再就业主要是通过有组织或自发的劳动力市场。为了促进劳动力、特别是技术工人的合理流动，1986 年劳动人事部颁发了《关于技术工人合理流动的暂行规定》，进一步推动了劳动力的合理流动。

第四，放开城乡劳动力市场，允许农村富余劳动力流向城镇就业。随着高度集中的"人民公社"体制的解体，农民获得了"离土、离乡"的权力；城市较高的收入又为农民进城提供了动力。这样，从 80 年代初以来，数百万乃至上千万的农民进入城镇。建筑业、家庭服务业、服务修理业中农民工已占了很大的比重，这不仅促进了城市经济的发展，也便利了

城市居民的生活，同时，这批能进能退、能上能下、工资又较低的农民工对于活跃劳动力市场，增加存量职工和城市职工的竞争压力，促进劳动力增量的调整都有其不可替代的作用。

第五，发展有组织的劳动力市场。为了适应劳动力资源配置过程中引入市场机制，建立和健全有组织的劳动力市场就成为一个重要的任务。改革以来，劳动力市场中介组织发展较快，涌现出了劳动服务公司、人才交流中心、职业介绍所等市场组织，促进了劳动力的流动和配置。劳动服务公司是 80 年代初在解决城市就业难的过程中逐步发展起来的。从 1979 年 10 月吉林市创办第一个劳动服务公司至今已有 5 万多个劳动服务公司，几十万个网点，安置、调节劳动力已超过 1000 多万人。除此之外，各种各样的职业介绍机构，如职业介绍所、人才交流中心等发展也很快，已成为我国有组织的劳动力市场的主体。随着传统劳动就业制度的打破和更多地利用市场机制来配置劳动力，这种形式的劳动力市场肯定会得到更迅速的发展。

3. 劳动力市场的作用和我国劳动力市场存在的问题

我国劳动力市场的基本职能有三：一是通过市场价格机制对劳动力质量进行客观评价；二是通过市场上的双向选择调节劳动力供求关系，实现劳动力资源的合理配置；三是通过优胜劣汰的竞争机制激发劳动者的潜在能力，不断提高他们的业务技术素质。目前，我国的劳动力市场还处在发展时期，虽然其功能和作用尚不完备，但已经发挥重要的作用。

一是促进了生产要素的优化配置与企业经济效益的提高。劳动力是重要的生产要素，在传统体制下，人力积压，浪费严重，据调查估算，全国企业冗员约有 2000 万人，占全国全民所有制企业职工的 15% —20%。在人力积压的同时，许多人才学不致用，难以充分发挥其才智。劳动力市场的初步发展，程度不同地减少了冗员，促进了劳动力的合理配置。

二是促进了劳动力素质的提高。劳动制度的改革和劳动力市场的发展，初步打破了就业的"铁饭碗"，增强了市场竞争压力。在市场竞争机制的作用下，公平择业、优胜劣汰一方面保证了优秀人员取得工作岗位；另一方面有利于激发职工提高自己的业务素质，以便在竞争中取胜。

三是促进了就业，增加了社会财富。劳动力是最为能动的生产要素，它的闲置是社会财富的最大浪费。劳动力市场的发展，增加了就业机会，促进劳动力和生产资料的结合，从而增加了社会财富。

十余年来，我国的劳动力市场从无到有迅速发展起来，对于市场机制参与劳动力资源的配置起到了很大的作用。但也要看到，由于各个方面的限制（如户籍制度过严、社会保障体系发展不足等），我国的劳动力市场还是初步的，也存在着一些有待于解决的问题：

一是有组织的劳动力市场发展不足。在我国的劳动力市场中，目前自发的、供需方直接交易的无组织或低组织市场占的比重较高。如北京的数万名保姆中，有80%左右是集市保姆市场提供的。这种市场覆盖面小、交易费用高、调剂能力差、劳务纠纷多。这种组织程度低的状况是不适应我国劳动就业制度改革需要的。

二是劳动力市场法规不健全，信息网络不够发达。我国劳动力市场"杂"、"乱"现象比较严重，没有全国统一的就业法、工会法。甚至有些法规和改革趋势相抵触。在法规建设落后的同时，对劳动力市场状况研究得不透，没有形成多渠道、多层次、条块结合的信息网络。

三是劳动力的流动仍然受到所有制、部门和地区的限制。过严的户籍管理制度限制了城乡间的劳动力流动，也限制了地区间劳动力的转移。不同所有制产生的社会差别则不利于各种经济成分间的劳动力流动。

（四）技术市场的推进

1. 技术市场和技术市场经营形式

狭义的技术市场是技术这一特定的商品交易的场所。广义的技术市场则是指技术商品交换关系的总和。

随着我国社会主义商品经济的发展和科技管理体制的不断改革，技术成果开始成为商品，从事这一知识商品交易的技术市场也就蓬勃发展起来。目前我国技术市场有两大类型，一是有中介的技术市场，即通过某种中介组织把技术商品从发明者或持有者有偿转移给需求者；二是无中介的技术市场，即技术发明者与技术需求者之间直接交易。我国技术市场比较常见的经营形式有：

（1）科技成果交易会。这种交易会是由政府有关部门或中介机构出面组织，把拥有科技成果的科研院所、大专院校、企业、民办科技机构及个人发明者召集在指定的场所，按照预定的时间，进行集中的交易。这种交易方式在会前由主持单位事先做好信息的收集、储存和传递，通过交易会使供需双方直接见面，自由交易。这种交易会的特点是规模较大、参加单位多、提供的信息量大。

（2）常设技术市场。这是一种有固定场地、常年对外开业、有专门经营技术产品的"商店"参与的交易形式，它具有经常化、多样化和连续性服务的特点。

（3）经济技术协作交流洽谈会。即由某一部门或某一地区，甚至某一企业，根据经济、技术发展的需要，提出有关技术问题，然后有选择地邀请有关专家、科技单位、企业，以洽谈会的形式，签订有偿转让、技术协作、项目承包等各类合同，实现技术商品的转移。在这种洽谈会上，为了促进"卖方"的竞争，往往采取招标的形式。

（4）技术信息市场。即通过报刊、广播、电视等文字、视听传播媒介传递技术信息，沟通供需双方的联系，这是一种简洁和经济的技术交易形式。

（5）专门从事技术商品中介的技术服务机构。这些中介组织同一般的商业组织一样，或购进并转售技术商品，或在供需双方中充当中介代理，等等。

除去上述几种常见的技术交易形式外，随着科技体制改革的深入，技术交易的形式也越来越灵活和多样化，一些新的交易形式已经出现，如建立买卖双方的对口客户制，进行定点、定向服务；开展成套技术承包业务；创办科技示范工厂，加强中试；试办科技人才开发银行，促进人才的合理流动，等等。

2. 我国技术市场的发展过程

我国技术市场是在科技体制改革和科技事业发展的大背景下出现并逐渐发展起来的。

经过几十年的不懈努力，我国已从一个科学技术极其落后的国家，发展成为一个拥有一定科学技术攻坚能力的国家。到 1987 年年底，全国自然科学技术人员总数已达 865 万人，其中具有高级技术职称者 58 万人。在农业、工业和国防建设方面取得了一大批重大科技成果，为开拓和建立技术市场奠定了坚实的物质基础。特别是进入 80 年代后，对不适应技术进步、否认技术商品属性和科研与生产分离的科技管理体制进行了全面改革，提出了"经济建设必须依靠科学技术，科学技术工作必须面向经济建设"的战略方针，以促进技术成果的商品化和建立技术市场作为科技体制改革的突破口。在改革东风的推动下，我国的技术市场也就逐步发展起来，并经历了以下三个阶段：

第一，萌起阶段：1978—1982 年。1978 年邓小平同志代表中共中央阐述了科学技术是第一生产力，知识分子是工人阶级一部分的重要观点，从而奠定了技术成果商品化的理论基础。从 1980 年起，沈阳、武汉等地成立了技术服务公司，调查技术成果供求情况，推动技术有偿转让。两地先后举办了技术交易会，取得了良好效果。1981 年天津创办了《技术市场报》，这是全国第一家专门传播技术商品信息的现代传播媒介，在经济界和科技界产生了比较大的影响。这一阶段技术市场发展的特点是：（1）科技市场形式比较单一，且组织零散；（2）技术市场尚处于试验阶段，国家有关部门尚没有制订正式的规则；（3）技术转让尚没有从商品交易的高度去认识，仅仅是对拥有方给予部分的补偿。

第二，初步形成阶段：1982—1985 年。1982 年 10 月党中央和国务院在"全国科学技术成果奖励大会"上提出了"经济建设必须依靠科学技术，科学技术工作必须面向经济建设"的战略方针。与此同时，中国科协、财政部颁发了《科协系统及所属学术团体科技咨询服务收费的暂行规定》。同年，由武汉、沈阳两市技术服务公司发起，在武汉召开了有 18 家城市参加的"全国部分城市科技交易和技术服务座谈会"。从此，技术市场开始从萌芽状态成长起来。到 1984 年年底，全国地市以上技术交易服务咨询机构已达 4000 多个，承办大规模技术交易会 240 多次。这一阶段技术市场发展的特点是：（1）技术贸易组织大量涌现，为技术市场的发展提供了组织保证；（2）技术市场交易形式开始多样化；（3）国家和地方有关部门制定了相应的政策，完善了技术市场的管理。

第三，完善发展阶段：1985—1991 年。1985 年 1 月，国务院发布了《关于技术转让的暂行规定》，对技术商品的交易提出了统一的和规范的规定。1985 年 3 月，《中共中央关于科学技术体制改革的决定》明确指出，技术市场是我国社会主义市场体系的重要组成部分，为技术市场的完善、发展和地位做了科学的、权威性的说明。1985 年 4 月，《中华人民共和国专利法》正式实施，为技术贸易提供了最重要的法律保证。1985 年 5 月，全国首届技术成果交易会在北京开幕，来自 29 个省市、49 个部委的 78 个技术交易团共 3000 多个单位参加，签订各种协议 15812 项，洽谈贸易金额 80 亿元，在上述事件的推动下，我国的技术市场从 1985 年起跨入一个新的发展阶段，技术交易组织迅速发展，交易形式日益多样化，交易法规也逐渐齐备。1987 年，全国人大常委会通过了《技术合同法》。1991年，适应技术市场的国际化，国际知识产权方面的立法、司法工作进展也很大。这一切都标志着我国技术市场的健康发展和日渐完善。

3. 我国技术市场的作用和存在的问题

作为社会主义市场体系重要组成部分的技术市场的发展，对促进科技成果的商品化、推动科技体制的改革和加快生产企业技术进步等方面都发挥了重要作用。

第一，促进了科学技术成果的推广和应用。传统科技体制弊端是科研与生产、科技与经济的分离。这种体制既窒息了科研机构的活力，也不利于科技成果的推广和应用。伴随着科技单位事业体制的改革，科技成果的商品化和市场化是我国科技体制的一大革命，它极大地推动了科技成果的推广和应用。在技术市场开放前，我国科技成果推广应用率为 20%—30%，目前，地方科技成果推广应用率已提高到 80%—90%，中央直属院所也达到 40% 以上。

第二，技术市场增强了科研单位自我发展能力，促进了科研人员提高自身素质的积极性。在旧的科技体制下，科研机构被作为事业单位，科研经费主要靠财政预算，规模狭小，渠道单一。同时科研成果则无偿提供国家。这种体制下，科研单位既无动力，也缺乏经济实力。技术成果的商品化和技术市场的发展则为科研单位注入了不竭的动力，从而也使科研单位初步具备了自我积累、自我发展的能力。仅据 1986 年不完全统计，全国 55 个部委的技术开发型科研机构取得技术转让收入 3.4 亿元，相当于同期财政拨款的 111%。

科技体制的改革和科技成果的商品化，使科研人员的收入与其成果的应用情况密切联系起来，这就一方面鼓励科技人员提高自己的科研能力，另一方面也促进了科技人员关心成果的推广和应用。

第三，促进了企业的技术进步。旧的科研与生产分离的体制，使我国企业科研力量普遍不足，从而技术创新缓慢。科技成果的商品化和技术市场的发展，密切了科研单位与企业的联系，加速了科技成果向现实生产力的转化，从而直接推动了企业的技术进步和经济效益的提高。据统计，1986 年全国高等院校转让的成果中，68.8% 流向了企业。

改革十几年来，我国的技术市场发展迅速，对于推动社会主义建设和计划与市场的结合起了很大的积极作用。但也要看到，我国技术市场尚在发展和完善中，还存在着许多值得改进的问题：

第一，技术市场的管理还不健全。我国的市场建设工作刚刚起步，组织待创新，法规待健全，经验待积累。特别是对历来崇尚仕途，耻于言商的科技人员而言，技术市场的管理更是复杂，科技市场存在的问题也更为集中。如技术市场管理机构政出多门、条块分割，缺乏统一和权威的协调；有些政策和规定不够明确，技术商品的范围、技术合同的订立、技术贸易税收等问题规定得不够具体，技术商品的价格缺乏分类指导，比价不够合理。

第二，先进、适用、经济的技术商品供给不足、需求也较疲软。由于我国大批科研机构长期游离于经济建设之外和企业之外，致使不熟悉企业的生产情况和市场需求，不能灵活地适应经济发展和市场升级换代的需要，从而难以提供先进、适用和经济的技术商品，据国内有关部门的调查，对于国内科研机构所提供技术的水平，大企业中有 77.4% 认为"一般"，19.6% 认为"不高"，只有 3% 认为"较高"。中小企业中有 12.8% 认为"较高"，59% 认为"一般"，28.2% 认为"不高"。

与此同时，作为技术商品需方的广大生产企业，由于各种原因而缺乏对技术需求的动力与实力。特别是国营大中型企业由于价格、税收和管理方面的原因，1/3 以上的企业亏损，更多的企业靠借贷度日，缺乏购进技术的经济实力。以上供求两方面的原因限制了我国技术市场的发展。这也说明，技术市场不能孤立地发展，它是处在整个改革与发展的大背景中的。

（五）房地产市场的兴起

房地产市场是我国社会主义市场体系的重要组成部分。房地产市场的发展对于促进社会经济发展和调节社会资金的流向具有重要的意义。

1. 我国房地产市场发展状况及主要经营方式

所谓房地产市场是指房地产业的劳动产品通过交易，实现其价值和使用价值的过程。房地产市场的业务主要有房地产的买卖、租赁、抵押三种流通方式。房地产市场又可再进一步分为房产市场和地产市场。房产市场主要是对房屋进行租赁、买卖和抵押，地产市场的业务则是将平整和开发的土地，出售或租赁给用地单位或个人。由于我国长期以来实行低收入、高补贴的工资制度和低租金和国家包下来的住房制度，以及对城市土地实行无偿使用的体制，与其他市场形式相比，我国的房地产市场起步相对较晚，发育的程度也不高。

在某种意义上，我国的房地产市场是与对外开放联系在一起的，因为外商投资办厂首先就遇到一个地权的有偿使用或转让的问题。正是在对外开放和经济改革大潮的推动下，从 1983 年起，深圳、佛山、厦门、汕头、珠海、江门等城市率先开展了各种房地产经营业务。六届人大二次会议所通过的《政府工作报告》肯定了房地产业是一个新型产业，房地产市场是要大力发展的市场。在此形势下，各地房地产管理部门和其他有关部门纷纷成立各种房地产开发公司。1986 年，据 12 个省、市、自治区的不完全统计，城市从事房地产经营开发活动的公司有 1343 个。到目前为止，全国已有各类房地产开发企业 2400 多个。近 200 个城市设立了房地产交易所或交易中心。房地产交易额近年来增长迅速。一些房地产开发公司业务已达海外房地产市场，如珠江实业总公司、广东省信托房地产开发公司、深圳经济特区房地产公司等在香港、澳门、美国、加拿大、澳大利亚、马来西亚和泰国等地投资房地产业。较之于地产市场，我国的房产市场更是不足。其表现是：（1）住宅商品化程度低，建筑面积达几十亿平方米的公房沿用着半福利性质的低租租赁方式；（2）住宅的非市场分配，主导形式是单位买房或建房后，分给职工低租居住；（3）商品房源不足，而且售价与普通居民收入相比过高。由于这些方面的原因，使我国的房产经营业务主要限于住宅的流通，其主要的经营方式有：

（1）建设部门——消费者（单位或个人），即住宅开发公司、住宅建设公司等生产单位把建造的住宅出售给单位（或个人），再由单位分配给个人。

（2）建设部门——管理部门——用户，即生产部门把建造的住宅卖给或租给住宅管理部门，住宅管理部门再转租给用户。

（3）住宅拥有者——用户，即城市居民将其私人房产租赁或售卖给用户。

我国地产的经营方式目前主要有如下几种：

（1）农民（或占地单位）——开发公司——用户，即开发公司从农民或占地单位手中征地，加以开发后，出售给用户。

（2）农民（占地单位）——用户，即用地单位直接向农民或占地单位征购土地。

2. 我国房地产市场建设中存在的问题

（1）福利型住宅制度影响了住宅市场的发展。几十年来我国城市一直沿用着国家（单位）包（自建、购买）房、行政办法分房和低租赁房的福利型体制，这种体制一方面产生了过度的住宅需求，加剧了住宅的供求矛盾；另一方面也妨碍了住宅市场的发育和形成。因为在低房租下，"买房不如租房，少租不如多占"。

（2）住宅商品价格畸高畸低。在住宅商品化的过程中，一方面存在着将公房以极低价格转让给个人，从而损害了国家利益的情况；另一方面又存在着住宅商品价格过高，一般居民难以问津的现象。这种情况严重影响了房地产市场的运行秩序。

（3）地产交易中，国家所有制利益不能得到保障。由于长期实行城市土地国有但由占地单位无偿使用的制度，结果在地产交易中，作为所有者的国家得不到地产转让收入，而由无偿占有国有土地的原占有人获取。

（4）没有规范和统一的地产市场，致使地产投机时有发生。我国目前的地产交易缺乏专门和权威的地价评估机构，多由当事人非公开地议定，结果地价畸高畸低。在这种不合理的地价下，倒卖"生地"，牟取暴利的事件经常发生，影响了地产市场的正常发展。

（六）资产市场的培育

所谓资产市场是指资产产权（所有权和经营权的交易）包括资产的买卖和租赁，在这里资产是指能够带来利润或收益的财产。所以资产市场是以营利为目的的现代市场经济中的重要的市场形式。在我国资产市场包括企业资产的买卖、租赁，企业的兼并和股权的交易。

1. 资产产权市场在我国出现的必然性

资产市场的初期形式，是企业资产产权的买卖或兼并。企业资产买卖（或称有偿转让）在我国出现不是偶然的，而是有着深刻的经济根源。

迄今为止，我国已经具备了8000多亿元的国有资产（包括固定资产及与之配套的流动资产）。作为这些存量资源的整体，已经形成了40多万个工交企业。这些国有资产和企业对我国的经济发展和社会主义建设起到了重要的作用。但是，由于我国原有经济发展战略的某些缺陷和投资体制以及条块分割的经济管理体制存在的弊端，使一部分资产和企业在投资和建立之初就具有先天不足的明显特征；还有一部分则由于经济的发展和经济结构的调整而不再符合资源合理配置的要求。然而长期以来，在我国的经济运行中，由于缺乏资产存量和已有的企业组织结构合理流动和重组的有效机制，使这些资产存量和不合理的企业组织格局固定化了、僵死了，从而使我国的宏观资源配置效率一直滞留在很低的水平上，并且由此产生出诸多矛盾。

（1）有效配置资源的要求与宏观资源配置效率低下的矛盾。我国从"一五"到"六五"，平均每年的积累率均高达30%以上，形成了较大规模的固定资产。但是参差不齐的行业结构和重轻产业失衡的比例格局，严重阻碍着经济发展和宏观效益的提高。在原有资源滞存，不能通过合理流动调整产业结构的情况下，迫使国家不得不更多地在新增资源上下工夫。如自 1978 年以来，国家每年拿出 1000 多亿元的新增投资，用于新建企业并对原有企业进行改造。尽管国家财力对此已不堪负担，但这种"撒胡椒面"的投资方式以及条块自我投资权力的强化，又造成了低水平的平面扩张、重复建设和投资规模小型化以及规模经济逐步恶化，使宏观资源配置中出现了更大的矛盾，阻碍着宏观经济效益的提高。

（2）政府花大气力搞活企业与企业普遍缺乏活力和效率的矛盾。改革以来，尽管国家采取了多种放权让利的措施，但企业，特别是国有企业仍然普遍缺乏活力。最明显地表现在，一方面，短线行业和效率高的企业生产发展和能力的扩张缺乏资金，发展缓慢；另一方面却是大批经营不善、产品无销路、无发展前途的亏损企业，长期大量地吸吞政府补贴而处于不死不活状态。如上海、江苏等地很多握有拳头产品、效益好的企业，由于缺乏资金难以进行技术改造，发挥更大的活力。而全国至少有二三千家预算内的国营亏损和微利企业则长期靠政府补贴维持生存，从而制约国家把有限资金投到效益高的行业和企业中去。

（3）企业产出结构中积压与短缺并存的矛盾。我国原有的产业组织结构不尽合理，又缺乏合理流动和重组的机制。因此，一些生产长线产品的企业虽然产品无销路，但在无力转产又不能通过被兼并转向其他更有效率的产业的情况下，也只能把市场上已经饱和或过时的产品不断生产出来，导致库存滞销产品大量积压，而生产畅销产品的企业则由于不能通过兼并其他企业实现生产力的扩张，因而无法满足人们日益增长的生活需要。1986 年我国商品可供量与购买力的差额相当于 8 个月的社会商品零售总额。积压库存物资占用大量资金，使产品结构中积压和短缺的矛盾日趋严重。

（4）资源不足与资源浪费并存、生产力的紧张与闲置并存的矛盾。一是基础原材料和能源的短缺，一直是制约我国经济发展的"瓶颈"。一些急需发展的行业和企业因资源短缺而开工不足。而那些经营差、无规模经济效益的企业却在大量浪费着有限资源。一些效益好的企业生产力紧张，却无法实现横向扩张；二是企业却长期缺乏主导产品，人员和设备闲置，不能发挥应有的效益。据统计，全国工业企业 7000 多亿元固定资产中，得不到充分利用的竟达 30%。这种要素流动机制不畅而引起的乏、剩并存的格局，严重制约着整个宏观经济效益的提高。

对于上述问题和矛盾，在改革以前，曾多次通过关、停、并、转、组建工业托拉斯等形式，欲对原有的资产存量格局进行调整。但由于这些形式都是以主观评价和行政性强制为主，没有触及资源配置的基本机制，因此，收效甚微，最终不得不通过经济大调整、大砍大转一部分企业来实现资源配置的强制平衡。

改革以来，为了解决企业普遍缺乏活力和资源配置效率低下的问题，在从利益机制入手，主要沿着"简政放权、减税让利"的主线进行改革的大前提下，采取了多种改革措施，如价格改革、开展企业间的横向联合、发展生产要素市场等，这些措施都从不同侧面促进了企业活力的增强和经济效益的提高，今后还应不断发展和，完善。但是这些措施有着共同的局限性，即没有从根本上触动要素存量合理配置和重组的机制。因此，在已有改革的基础上探求搞活企业、使要素存量合理流动的新途径成为摆在人们面前的迫切任务。在这种情况下，各地区、各部门和许多企业，纷纷开始探索新的改革途径，也正是在这种背景下，企业产权转让的改革形式应运而生，成为深化企业改革，促使存量资源实现优化配置的一条重要途径。

2. 资产市场在我国的发育状况

伴随着汹涌澎湃的改革大潮，企业资产的整体买卖以其强劲的势头，冲破现存的条块分割的束缚，在我国破土而出。从 1984 年以来的短短几年时间里，全国从经济较为发达的沿海一带，到经济欠发达的西部地区。在北京、上海、辽宁、黑龙江、吉林、河北、湖北、广东、福建、四川、甘肃、内蒙古等地都出现了企业资产产权转让活动。据不完全统计，全国已经进行产权转让的企业已逾千家，尽管这些改革形式多样，不尽相同，但都以其崭新的形式展示出优化资源配置、深化企业改革的良好前景。

（1）企业资产有偿转让的类型和方式。全国各地出现的企业资产的有偿转让，形式多种多样，并各具特色。

从资产转让形式看，可分为自下而上的转让和自上而下的转让。前者是指两个企业之间已经主动进行了有关资产转让的洽谈，基本成交条件商妥后，再上报主管部门和地方政府，请求批准。这种转让形式在武汉市居多。例如，武汉市百货商场兼并长江板箱厂，就是两个企业谈判妥当后，才报请上级批准，求得认可。这种转让形式由于是自下而上的，因此多为双方自愿，基础工作已做好，兼并中的矛盾较少。自上而下的资产转让，是指地方政府和主管部门运用行政首长的权威和所有权代表的身份，根据本地企业经营状况和产业结构、企业组织结构的要求为企业牵线搭桥，促成转让，调节资产存量的配置。这种形式以河北省保定市较为典型。目前已经进行的十几家企业的资产有偿转让，多是在市政府的直接干预下实现的。在我国目前的情况下，由于市场发育程度较低，因此，政府利用所有者身份和行政权力，依靠信息优势，引导所属资产优化配置，也是一种现实可行的办法。

从资产转让的主体看，有国营企业之间、集体企业之间、国营与集体之间以及集体与私营、国营企业与私营企业之间的转让。也就是说，参与转让的主体是多元的、多种经济成分的。有的是具有经营优势的企业兼并了不景气的国营、集体企业，也有发展前景好的集体企业购买了长期亏损和微利的国营企业的产权，一些亏损的小型国营、集体企业还被私营企业所收购。

从资产转让的范围看，有同一区域内企业之间的相互转让，例如，保定市和武汉市，多是在本市内进行资产的买卖；也有不同区域之间企业的转让，例如，长沙市汽车电器厂兼并了大庸县机械厂，常德市浦源机械厂兼并了长沙湘中机械厂，等等；还有跨越国界的资产买卖。例如，首都钢铁公司购买了美国麦斯塔工程公司的大部分股份，实现了跨国界经营；也有很多外国企业通过购买股份的形式或通过整体买下，购买我国企业资产产权。

从资产转让方式看，有同一市场上从事同一产品生产或经营的两个企业的横向兼并；也有同一市场上有彼此产品系列联系的不同产品生产和经营企业的纵向兼并，还有为了扩大企业生产或经营门类的复合式兼并。

从转让的内容看，有所有权与经营权的同时让渡；也有所有权不变，只是经营权的买卖。具体内容还可划分为五种：第一种，在不同所有制或不同隶属关系的企业间，按照工艺相近、双方需要、生产要素互补的原则实行产权有偿转让。例如，化工部第一胶片厂以分期付款方式兼并了保定市属国营企业感光材料厂。兼并后，双方实现了工艺互补，生产能力达到了整体平衡。第二种，以抵押加赎买的方法实行产权有偿转让。这主要是在资不抵债的集体所有制企业与其最大债权人之间进行。其转让方式是首先将资不抵债的集体企业的全部资产作价抵押给最大债权人——工商银行，实行所有权首次转移，原企业法人资格自行消失，债务挂账停息。由于金融机构无力直接经营企业，因此由银行与企业主管部门协商，利用原厂设备、资金，根据市场需求，选定新产品，组建新的企业，聘选新的法人代表，并将新企业部分利润以租赁费形式分期偿还债务，按规定时间全部还清债务后，赎回所有权，实现资产所有权和经营权的再转移。第三种，同一资产集团内部，经营权由劣势企业集中到优势企业，取消劣势企业的法人资格。例如，经营效益好、具有市场竞争优势的国营保定市锅炉厂，以出资 70 万元偿还全部外债和欠发职工的工资、药费、房补等内债为条件，兼并了已处于停产状态的国营保定市风机厂的产权，使锅炉产量成倍增长，风机的生产也得到发展。第四种，通过法人承包、租赁等形式向优势企业转让经营权。实行这种转让形式的，主要是在工艺相近、技术与管理水平差异较大的企业间，本着发展系列产品和规模经济的原则进行。又如，中国人民银行所属的 604 厂承包了保定市板纸厂，板纸厂法人地位不变，由 604 厂派驻新的法人代表，把经营权实际上转移到 604 厂。由于经营管理方式的改变，604 厂把一个即将倒闭的集体企业挽救过来，进而又以板纸厂为主体，购买了资不抵偿的永华餐巾纸厂的产权，实现了辐射兼并。第五种，通过参股形式，实现了所有权多元化，向优势企业转让经营权。这种形式主要在不同所有制企业间进行，为适应市场竞争，企业间相互参股，产权重新组合，把经营权转移到优势企业。

通过以上多种形式的企业资产有偿转让，收到了很好的效果，主要表现在：

第一，通过优势企业兼并劣势企业，消灭了经营性亏损企业，以保定市为例，自1984年实行所有权、经营权的有偿转让以来，市属预算内亏损企业逐年减少，1987年当年已无经营性亏损企业。1987年完成的工业总产值比1982年翻了一番，财政收入五年增长了1.39倍。

第二，资产买方的企业优势得到较大发挥，被兼并企业得到有效消化。据对保定13户兼并企业的统计，企业盈利总额和被兼并企业亏损及内外债务相抵后，增收750万元，比兼并前提高186%。被兼并的14个企业2956名职工得到了合理安置，2773万元的固定资产和814亩场地得到了充分利用。

第三，以少量资金和较快速度优化了产业结构和产品结构。通过资产买卖方式扩大生产、调整结构具有投资少、风险小、收效快的特点，因此，在较短时间内能迅速改变产业结构和产品结构。例如，武汉市地处九省通衢的重要地理位置，但原来流通产业不甚发达，第三产业不能适应人民生活和经济发展的要求，通过资产的转让，一部分资金、场地、人员流向了第三产业，使武汉市产业结构在短期内得到部分调整，收到了明显效果。

第四，盘活了一部分长期呆滞的资金。我国经济发展中，最大的制约条件之一是资金不足，而有限资金的利用率却很低下，由于一些企业长期亏损，资不抵债，所欠债务已成为呆账，影响了资金的正常周转和融通。通过资产转让，债权债务关系得到了落实，例如，武汉市在企业产权转让改革出现以前，仅工业企业过期未还的贷款就有2.546亿元，企业间相互拖欠的高达10亿元。通过企业资产产权转让，目前各专业银行收回了逾期贷款，企业间相互落实的债权债务已达数千万元。

（2）企业资产买卖市场的出现。随着各地企业资产有偿转让交易的发展，企业对于建立资产市场的要求越来越迫切。因为，在没有产权市场的情况下，进行企业资产的买卖有许多困难和不便。第一，没有资产市场，企业之间缺乏信息交流，买方、卖方难以实现意愿沟通，往往是愿卖者找不到买主，而欲买者又四处寻找卖主。第二，没有资产市场，企业资产买卖的透明度不高，不能在较大范围内寻找买卖对象，往往只是一对一的谈判，缺少竞争机制。第三，没有资产市场，资产评估就没有一个市场评价，只能是双方讨价还价，常常因一些利益问题难以处理而不能成交。第四，没有资产市场，资产买卖双方很难及时得到审计、工商、税务、公证等部门的综合性服务，而且没有资产市场，自然也不可能有资产买卖的市场规则，致使交易双方都无章可循。因此，建立资产转让市场在各地，尤其是在资产转让和兼并起步早、发展快的地区已成为企业的内在要求。在这种情况下，企业资产市场便应运而生。到1988年上半年，沈阳、武汉、成都、福州等城市已先后建立起企业资产的买卖市场（或称企业兼并市场），使企业资产产权转让逐步走上市场化和规范化的轨道。

从几个城市建立的资产市场看，基本内容是：第一，有一个固定的交易场所。在这里，买方和卖方企业分别到市场上登记注册，并提供企业的基本情况和资产经营状况。第二，由政府有关部门、银行、税务等部门组成资产市场管理或指导委员会，主要负责掌握并提供买卖双方的信息及资产状况，并提供审计、公证等方面的必要指导和业务性服务。第三，资产产权转让的价格可以由产权买卖双方协商议价，也可由资产市场管理部门协同有关部门进行评估。第四，对一些企业的资产，也可在资产市场上公开招标拍卖，价格由市场决定。

资产转让市场的建立，使企业资产产权的转让具有了开放性、透明度高，交易双方选择范围广，更利于企业资产在较大空间内流动等特点，因此进一步促进了资产产权转让的发展。福建省还推出了提供外商转让、参股、承包的88家小型企业的名单，使资产转让的范围进一步扩大。

（3）股权转让交易的出现。随着股份制的发展和合资企业的增加，企业资产产权转让的形式出现了新的变化，股权转让交易的出现预示着股权市场的萌芽。现在出现的股权转让，即股份制企业和合资企业将一部分股权有偿转让出去，实现资产存量的转移和调整。股权转让在沿海开放城市已经初露端倪。例如，在深圳市，目前已经有二十几家合资企业实现了股权的转让。从转让的动因来看，大体有这样两种：一是某些合资企业，由于是合资双方或几方共同组成领导班子，因此，在经营方向、管理方法等问题上出现一些分歧，最后矛盾加剧，难以继续合作，往往有一方将股权转让出去。二是一些合资企业的一方欲改变自己的经营方向，便想转让股权，将所得的货币资产投向自认为更有利可图的行业；而另一些企业为了扩大经营范围，特别是内地企业为了在沿海城市建立自己的窗口和创立立足之地，也希望在深圳这样的城市购买部分股权，这样不仅可以享受所得税率低、外汇留成高等优惠政策，而且可以作为外引内联的阵地。正因为有以上买卖股权的需要，因此，股权转让自发地出现并有继续发展之势。尤其是随着股份制改革的深化，对股权转让的要求会越来越强烈，所以，在深圳这样的沿海开放城市建立开放性的股权交易市场也应该提上改革的日程。目前，这个问题已经得到有关部门和地方政府的重视。

3. 企业资产市场的积极作用

企业资产市场对于改革和发展有着积极的作用：

（1）有利于救活现有亏损企业，使生产要素向具有经营优势的企业家手里集中，迅速提高经济效益。1986 年，我国国营工业企业亏损达 6479 户，亏损额达 47 亿元，1987 年亏损额也在 40 亿元左右，这些亏损企业中为数不少的企业属于经营性亏损，如何救活这些企业是一项艰巨的任务。不少地区的做法提供了可贵的经验。经过四年多产权有偿转让的实践，保定市目前已有 13 家企业购买了 14 家企业的产权，从而使全市经济效益迅速提高。青岛市在承包中引入兼并机制，1987 年全市亏损户减少 40%，亏损额下降 74.2%。如果把保定市和青岛市的经验推广至全国，那么每年国家将不仅减少几十亿元的亏损补贴金额，而且能将大量闲置的资金活动起来，使宏观经济效益大幅度提高。在救活亏损企业的同时，使生产要素以企业买卖方式向具有经营优势的企业和经营者手里集中，同是那些要素，同是那些职工，但在新的管理方式和先进的企业文化下重新组合，就能创造出更多的财富，资产产出率迅速提高。据保定市 13 家企业资产买卖的资料统计，买方企业盈利总额与卖方企业亏损总额相抵后，增收 1030 万元，比买卖前提高了 223%，大大促进了社会主义商品经济的发展。

（2）有利于搞活存量资产，改变增量投资方式，提高投资的效益。

通过企业资产买卖，使现有大量闲置或利用效率很低的资产流动起来，得到充分利用。按现有固定资产和相应的流动资金估算，若将其中 1/3 的部分搞活，其潜在效益就相当于"六五"期间国家全部生产性基建投资，会大大加快我国的经济建设。同时存量的流动会促进增量的革命，改变现有投资方式，使新增投资尽量投向现有企业，发掘已有的社会生产力，逐步减少重复建设，有效抑制投资膨胀，改善投资结构。这也是我国经济由粗放经营到集约化经营的重要途径。

（3）有利于推动各类生产要素市场的建立和发展，促进整个市场体系的发育和完善。作为生产要素集合体的企业成为交易对象，进入市场，会带动各类要素的市场尽快发育和形成，资金市场、劳务市场、地产市场等都会随着企业买卖的发展更快地发育和建立起来，并将促进整个市场体系的发展和完善。

（4）有利于沿海经济发展战略的有效实施。实施沿海经济发展战略，对于调整我国经济结构，利用世界市场加快我国经济发展，有重要意义。在实施沿海发展战略中，企业资产买卖能发挥重要作用。目前，海南、福建等沿海省份都明确提出允许国外资本来本省购买企业。允许外国人购买企业，可以带来资金和技术以及国外的销售网，有利于发展外向型经济。与此同时，我们也应该积极提倡内地资金到沿海地区购买企业。沿海地区等开放省份，享有许多优惠政策，又具备吸引外资和扩大出口的有利地理条件，这些地区转让一部分亏损和微利企业给其他地区，实际上是将对外开放的机会和优惠政策变成了财富，将会吸引大量内地经营效益好的企业到沿海地区购买企业。这样，在大量引进外资的同时，可以大量引进内资，一方面加快了沿海地区外引内联的步伐；另一方面使这些地区真正成为全国可以利用的窗口，内地企业也能够得到"间接开放"的收益，真正使沿海带动内地，加快全国的发展步伐。另外，在对外开放中，还应提倡国内资金到国外购买企业，发展海外投资，这样可以直接利用国外的原材料、技术和国际市场，打破贸易和关税壁垒，更有利于直接参与国际市场的竞争。

从中长期发展趋势看，企业资产产权转让的深刻意义在于改变了公有资产的运行机制，打开资产存量和增量之间的界限，增强国有资产的选择性，使不同的国有经济主体所拥有的资金能够流向资金产出率高的地区、行业和企业，使实物资产向经营效率高的行业和企业集中，有利于解决我国现存的比较严重的结构性矛盾，为社会经济总量平衡创造相应的结构性基础，包括产业结构、产业组织结构、企业组织结构、产品结构、地区结构，从而成为使改革与发展有机结合起来的有效途径。

（5）企业资产产权转让是所有制改革的启动机制。企业产权有偿转让的前提是企业财产关系的明确化。我国的实际情况是，企业财产分级管理，立足于这样一个现实，企业资产买卖的发展将会促使各级政府以资产所有者身份来经营所属产权，并逐步建立起国有资产的管理机构和多元经营主体。这是实行企业资产转让的一个极其重要的条件。这种国有资产的管理机构要负责管好自己所管的资产使之不受损失，不仅要保值，而且要增值。这里就有一个经营问题，为使所经营的资产迅速增值，或购买企业，把货币资产变为实物资产，或卖出企业，将实物资产变为货币资产，并将资金投向更有利可图、社会效益更好的企业、行业和部门。这样就将政府管理企业生产的职能转变为经营产权，有利于国有资产不断增值，宏观效益不断提高，而且为政府的职能转换创造必要的条件。

（6）它有利于新的经济运行机制发挥作用。从中长期看，国家调节市场，包括调节企业产权买卖市场，国家根据经济发展战略和产业政策的要求，对产权有偿转让中的所有制结构、行业结构、产业组织结构、地区结构进行宏观调节，通过制定方针、政策、法规，使企业买卖朝着有利于优化结构、提高宏观经济效益的方向发展，宏观调控下的企业资产产权转让，能够引导企业资产向优势企业集中，促进和引导存量资源的合理的流动和重组，使新经济运行机制发挥更大的作用。

（7）资产的买卖有助于形成较硬的企业预算约束机制，预算约束软化，是由旧的经济体制模式决定的。改革以来，虽然采取多种措施力图把企业塑造成自负盈亏的商品生产者，但实践证明，在原有的财产所有权关系下，企业有可能自负其盈，但不可能自负其亏。目前实行的经营承包责任制，虽然能在一定程度上硬化企业预算约束，但仍不能从根本上解决问题。可能的选择是通过企业买卖、产权有偿转让的发展来促进产权关系的界定，并在同一所有权下形成若干产权经营主体，各主体之间进行企业化产权经营并展开竞争。胜者，资产将不断增值，败者，资产逐步减少以致破产。这样就形成了较强的市场约束。企业买卖也给企业经营者以较大压力，迫使其不断追求新技术，改善经营管理，否则将被效益好的企业兼并，只有这样才能形成较硬的企业预算约束机制，造就大批精明能干的企业家，创立新经济机制运行所需要的微观基础，使整个经济运行步入良性循环的轨道。

（8）企业资产转让有利于促进各级政府逐步改变管理方式，真正实行政企分开，冲破条块分割。而且，这种趋势会随着跨地区的资产产权交易的发展而发展。因为一个地方政府的管理部门原则上无权直接管理不属于本身而属于其他经济主体的企业，同时也难于对属于自己但散布在许多省、市的企业进行直接的管理。这样，各级政府将逐渐转向搞好本地区的基础设施，创造有利的投资环境，以吸引外地资产和国外资产的流入。这就有利于逐步解决政企分开的问题。

企业资产转让有利于为中国企业家队伍的发展壮大提供土壤和基础。因为企业资产转让后，一方面会产生对企业家的需要，另一方面政企分开后也为企业家放手进行管理提供了广阔天地，一大批新的企业家将会脱颖而出。

4. 中、近期我国资产市场的发展趋势

资产市场在我国还只是刚刚出现。由于企业资产的转让还主要是在同一区域内进行，跨地区的转让还不普遍。因此，从中、近期发展来看，还不能很快实现全国统一的资产市场。近期和中期资产市场将主要从以下三个方面深化和发展。

（1）以区域资产市场为主的各地资产市场会纷纷建立起来，从我国资产产权转让的形势看，随着资产产权转让的发展，各地都会出现建立资产市场的迫切要求。武汉、成都、保定等地已经走在前面。其他地区、城市也会吸收这些城市的成功经验，在本地建立起以推动区域市场为主要内容的资产产权交易市场，而且在资产转让的实践中，这些资产市场会不断发展和完善，形成区域市场规则，使本地区资产存量得到合理的调整和优化重组。区域性资产产权交易市场对于减少以致消灭经营性亏损企业，提高企业经济效益，促进优势企业的更快发展，效果显著。因此，各级政府也会积极促进区域资产产权市场（主要是企业资产的整体转让）的形成和完善。

（2）在各地区资产产权转让不断发展，区域资产市场形成和完善的同时，存量资产必然要求在更广泛的范围内重新组合和流动，以实现资产收益的最大化。因此，跨地区的资产产权转让会逐步发育和发展起来，并将出现多种转让形式，包括企业资产产权的整体转让，企业之间的合股经营和经营权的转让，等等。在跨地区的转让中，以优势企业的拳头产品为龙头的企业集团将得到发展，规模经济效益会不断提高。"大而全"、"小而全"的企业组织结构将得到一定程度的改变，并将逐步出现向集约化、系列化的生产组织体系过渡的趋势。

（3）股权转让市场将日益发展。在发达的商品经济国家中，资产存量的调整和产权关系的转换也有企业整体转让的形式，但是资产产权转让的最主要形式则是股权的转让，即股票、股单等有价证券的买卖，股权转让的结果，是企业资产的所有权主体发生了变更，但实物形态的资产仍在生产经营领域内运转。这种资产产权的转让是商品经济较充分发展的表现形式，是资产产权转让，存量资产流动和重组的较高级形式。

我国目前进行的资产产权转让还主要是以企业资产的整体转让为主，即一个企业全部购买另一个企业的生产要素的集合体。这种资产转让形式虽然具有资产存量转移较为彻底的特点，但从发展来看，在产权转让过程中会更多地遇到一些具体困难。第一，对卖方企业的资产难以合理评估。在已经进行的产权整体转让中，企业资产往往是根据原有固定资产投资额稍加调整得出来的。这种评估不够准确，而且追溯投资额等也很烦琐，同时，它也不能反映市场变化对资产价值的影响。第二，资产产权转让不够便利，不同地区企业之间的转让受时间和空间的约束较大，如一个内地企业到深圳市购买产权，如果是整体购买，必须派专人考察、评估、谈判，然后才能成交。第三，资产转让的方式不够灵活。目前这种形式的资产转让，买方企业面临的选择是：或是整体买下，或是放弃购买，在购买方式上不够灵活，也使资产存量得不到更灵活、更有效的重组，资产转让的成交量受到限制。以上三个方面的困难，使我国的资产产权转让难以在更大范围和空间铺开。因此，从资产市场发展趋势看，股权转让将日益成为我国资产产权转让的主要方式和内容。

股权转让，是指将资产的存量在进行清核的基础上重新评估，按一定份额转化为用有价证券（如股票、股单）表示的企业资产的转让。在进行股权转让过程中，由于企业资产都用各种证券表示，证券价值的面值就是资产价格，并且能够通过证券价格的市场波动反映资产价值的变化，从而使资产评估得以通过市场机制来解决。同时，这种证券的转让不受时空的限制，能提高转让效率。实现股权转让后，由于买方购买的是表示资产的证券，因此在数量上就不再只限于是否全部购买企业资产的问题。买进股权后，还可灵活地根据经济条件的变化迅速在证券市场上卖出股权，减少损失，或将资金投向资产收益率高的行业和企业。

当然，要形成如西方发达国家那样较为完善和运转灵活的股权交易市场，在我国还需要比较长的时间。这与整个国家的商品经济的发展程度、产权制度变革和股份制的发育和发展都有一定的内在联系。但是，目前我国一些城市已经出现了股权转让市场的萌芽。随着合资企业、股份制企业和合股企业的增多，特别是股份企业的股票上市，股权转让市场的发展会越来越快，从而一些中心城市和沿海开放城市在不久的将来建立起较为完备的股权转让市场。股权转让市场的建立之初，可能交易量不太大，只有当产权制度改革和股份制改革深化后，才能逐步形成功能齐全的股权市场。股权市场的建立对于改革和发展具有重要意义，通过股权转让能够推动企业制度改革的深入，加速企业股份化进程，促进产权转让市场的完善，促进资产存量的合理调整和优化配置，加速整个市场体系的形成。

八　宏观经济管理体制改革的进展

（一）关于宏观经济管理体制改革的基本认识

在社会主义市场经济运行中，宏观调节与搞活企业、搞活市场三者是统一的，缺一不可。离开了政府对社会经济运行有效的宏观调节，市场调节就可能出现盲目性，企业经营就可能缺乏良好、稳定和有序的外部环境。然而，政府宏观经济调控的有效性根本上取决于宏观经济调控机制与社会主义市场经济运行规律的相互适应性。如果政府对社会经济运行仍采用原有的直接管理方式，对生产要素实行调拨分配，势必影响企业经营的独立性，使之难以自主经营、自负盈亏，也不可能有效地促进企业之间的合作、联合和竞争，形成真正的市场主体。因此，当确立以发展社会主义市场经济为我国经济体制改革的基本方向以后，如何转变政府部门的经济职能作用，使之更好地领导和组织经济建设，以适应国民经济和社会发展的要求，就成为一个需要认真加以解决的问题。

政府宏观经济调控机制的改革，至少应该包括以下三个方面的内容。

首先，要合理界定政府的经济管理职能。如政府与企业、政府与社会之间经济职能的界定；中央政府与地方政府之间经济职能的界定；政府机构内部各部门之间经济职能的界定，等等。通过合理界定经济职能，明确各自的经济管理权力、责任和义务。

其次，要转变政府的经济管理方式，实现政府不同经济管理活动之间的有机结合。如政府计划、财政、货币、价格、工商行政、税收、审计等职能部门经济管理活动之间的有机结合；政府对法律、经济、行政、信息等调节手段运用之间的有机结合；政府宏观总量调节、中观区域或行业调节以至微观重点企业经营活动调节之间的有机结合；等等。通过转变管理方式，逐步健全以间接管理为主的宏观经济调节体系。

最后，要适应经济管理方式的转变，实现政府经济管理观念、管理素质和管理组织机构的转变。

早在 1978 年，党的十一届三中全会有关文件中就明确提出了要解决政府部门权力过于集中的问题，强调要大力精简各级经济行政机构，扩大地方和企业的经营管理自主权。1982 年，五届全国人大五次会议通过的《关于第六个五年计划的报告》指出："现在经济生活中城乡分割，条块分割，生产重复，流通堵塞，运输浪费，领导多头，互相牵制等现象，都同行政管理体制和行政机构设置有关。这种情况不改变，许多合理的事情办不通，整个社会的浪费很难减少。解决这个问题，一是要注意发挥行业的作用，二是要注意发挥城市的作用，特别要着重发挥大中城市在组织经济方面的作用。要按照这两条原则，结合企业的改组联合，逐步合理调整企业的隶属关系。"① 这是我国政府关于机构改革的最初设想。到 1984 年，党中央根据以往改革实践的经验，在十二届三中全会通过的《中共中央关于经济体制改革的决定》（以下简称《决定》），更进一步明确规定了政府机构管理经济的主要职能，即：（1）制订经济和社会发展的战略、计划、方针和政策；（2）制订资源开发、技术改造和智力开发的方案；（3）协调地区、部门与企业之间发展计划和经济关系；（4）部署重点工程特别是能源、交通和原材料工业的建设；（5）汇集和传播经济信息，掌握和运用经济调节手段；（6）制订并监督执行经济法规；（7）按规定的范围任免干部；（8）管理对外经济技术交流和合作，等等。《决定》还强调"今后各级政府部门原则上不再直接经营管理企业，至于少数由国家赋予直接经营管理企业责任的政府经济部门，也必须按照简政放权的精神，正确处理同所属企业的关系，以增强企业和基层自主经营的活力。"② 这就基本确立了社会主义市场经济条件下我国政府经济管理体制的改革方向。

1987 年 10 月党的十三大召开和 1988 年 4 月七届全国人大一次会议的召开，推动了我们对政府经济管理体制改革认识的进一步深化。在这两次大会的有关文件中，党中央和国务院进一步提出了逐步健全以间接管理为主的宏观经济调节体系的任务。强调要从有利于保持社会总供给与总需求基本平衡，促进科学技术进步和优化产业结构出发，加快宏观经济管理方式的改革。并具体指出：（1）计划管理的重点应转向制定产业政策，通过综合运用各种经济杠杆，促进产业政策的实现。（2）要深化金融体制改革，加强银行在宏观经济调节体系中的地位和作用，按照货币流通规律适当控制信贷规模和货币供应量。（3）要改革财政税收体制，根据公平

---

① 《坚持改革、开放、搞活》，人民出版社 1987 年版，第 165 页。

② 同上书，第 242 页。

税负、促进竞争和体现产业政策的原则，合理设置税种，确定税率，发挥税收对经济的调节作用，并抓紧建立国有资产的管理体制。（4）要在合理划分中央和地方财政收支范围的前提下实行分税制，以正确处理中央和地方，国家、企业和个人的经济利益关系。（5）要抓紧建立完备的经济法规体系，并加强司法，严肃执法，健全税务、工商行政管理、审计和监察体系，对企业、市场和各经济部门实行必要的监督、管理。（6）要深化投资体制的改革，建立和完善固定资产投资基金制，逐步做到国家只掌握关系全局的基础设施和基础工业的投资，把经营性投资主体逐步转向企业。（7）要继续按照"调、放、管"相结合的路子，逐步理顺价格体系和价格管理制度。（8）要加快社会保障制度的改革，建立和健全各类社会保险制度，进一步发展社会福利事业，逐步形成具有中国特色的社会保障体系。七届全国人大一次会议还按照加强宏观管理和减少直接控制的原则，确立了国务院的机构改革方案，强调机构改革要以转变政府部门职能为关键，与政府内部的制度化建设相配套，并结合推行国家公务员制度进行。可以说，至此，我国政府经济管理体制改革的目标框架已经基本确立。以后的几年中，虽然某一时期人们在具体改革方案认识上曾出现过一些反复，但党的十三大确立的基本原则和思路在人们认识中始终是占主流的。

（二）宏观经济调控方式的改革

从改革的实际进程看，我国政府宏观经济调控方式的改革，包括了两个方面的基本内容：一是对传统的指令性计划为主的调控方式进行改造。这主要表现为计划体制的改革。二是建立新的宏观调控体系和手段。

1. 关于计划体制的改革

1978 年以来，我国政府计划体制的改革主要是从以下几个方面着手进行的。

（1）缩小以指令性计划为主的直接控制范围，扩大工商企业自主权，减少统配物资和部管物资的品种和数量，发展有领导、有组织的生产资料市场。

首先是指令性计划范围的减少。从 1979 年开始，工业企业在保证完成国家计划的前提下，可以根据条件制订补充计划。可以自行销售产品。可以承担协作任务、来料加工。这意味着，虽然计划仍然是占主导地位的资源配置形式。但与以往相比，企业有了一定的自主生产空间，然而此时，市场价格尚未成为真正的引导企业生产的信号。从 1984 年经济模式开始全面转换后，国家的指令性计划大幅度减少，企业自主权进一步扩大。到 1987 年，国家计委管理的工业生产指令性产品品种，由 120 种左右减到 60 种左右。国家只对统一分配调拨的煤炭、原油及各种油品、钢材、有色金属、木材、水泥、发电量、基本化工原料、化肥、主要机电设备、化纤、新闻纸、卷烟及军工产品等重要产品实行指令性计划，其余实行指导性计划，或放开由市场调节。与此相应，减少统配物资和部管物资的品种及数量，发展有领导有组织的生产资料市场，到 1987 年，国家统配物资品种由规定的 256 种减少到 26 种。主要产品产量中由国家统配部分的比重发生了较大变化：1980—1987 年，钢材由 74.3% 下降为 46.8%；煤炭由 57.9% 下降为 47%，水泥由 35% 下降为 15.6%，木材由 80.9% 下降为 26.2%。

其次，是对价格体系和价格体制进行了调整和改革。从 1979 年改革以来，我国的价格改革已经迈出了四大步（有关细节详见第七部分第一小节）。

（2）扩大了地方和城市管理经济的自主权。过去，省、自治区、市管经济的自主权很小，计划、投资、物资、外贸、信贷等各项指标，按照部门系统层层下达，地方照抄照转，一直管到企业，为了贯彻分层、分级调控的原则，国家扩大了地方在这些方面的管理权限。

首先，国家扩大了地方在投资项目审批方面的权限。省、自治区和直辖市审批限额，能源、交通、原材料行业由 1000 万元提高到 5000 万元，其他行业由 1000 万元提高到 3000 万元。同时，为适应对外开放的需要，利用外资建设的生产性项目，在资金、能源、运输、原材料以及其他生产建设条件自行平衡的条件下，每个项目总投资的审批权限，京、津、沪、粤、闽、辽、冀、鲁、苏、浙、桂和几个经济特区放宽到 3000 万美元以下，沈阳、大连、广州放宽到 1000 万美元以下。其他省、自治区、计划单列省辖市、沿海开放港口城市放宽到 500 万美元以下。

其次，是扩大了地方在财政、外贸、信贷方面的管理权限。在财政方面，实行了"划分收支、分级包干"和"划分税种、核定收支、分级包干"的预算管理体制，使地方在财政方面的权利有所扩大。在信贷方面，从 1981 年起，实行"统一计划，分级管理，存贷挂钩，差额控制"的信贷资金管理办法。即各专业行的存款和贷款总额，存贷款按比例挂钩，实行差额包干，多存可以多贷。这种体制扩大了地方银行在信贷工作方面的权限，调动了基层银行挖掘资金潜力的积极性。在外贸方面，为调动地方、工业部门和生产企业发展对外贸易的积极性，决定对出口商品实行分级管理经营的原则。即经贸部所属外贸专业总公司负责经营少数大宗的、有关国计民生和具有战略意义、国际市场上竞争激烈的商品，以及出口有特殊加工、整理、配套和储运要求的商品。其余产品放开经营，全国 29 个省、市、自治区和广州、大连、武汉、青岛、西安、沈阳、哈尔滨以及海南等 9 个计划单列市或特别行政区①，均开辟了外贸口岸，按批准的权限经营进出口业务。同时，实行外汇留成制度，即出口贸易创汇可按一定比例留归地方使用。更重要的是，为了加速外贸体制改革，国务院决定从 1988 年起，全国推行对外贸易承包责任制。这一方案，更进一步扩大了地方在外贸计划、财务、经营、管理、价格以及外汇分配等方面的权限。在外贸计划体制方面，除统一经营、联合经营的 21 种出口商品保留双轨制出口计划以外，其他商品的出口计划一律由双轨制改为单轨制。即由各省、自治区、直辖市和计划单列市直接向中央承担出口创汇任务。财务体制则初步打破了以"条条"为主的中央财政统负盈亏的"大锅饭"体制。部分进出口盈亏由地方财政自负，在经营体制上，进一步明确了中央与地方分工范围。在外汇分配和管理方面，扩大地方外汇留成比例，取消用汇指标，开放外汇调剂市场。

（3）对部分直辖市实行计划单列。为了发挥城市的经济中心作用，消除相对狭小的行政区划对中心城市经济辐射能力的限制，从 1983 年 2

---

① 当时海南尚未称省，下同。

月至 1983 年 4 月，党中央和国务院陆续对重庆、武汉、沈阳、大连、哈尔滨、广州、西安、青岛、宁波、厦门 10 个省辖市实行计划单列，同时赋予相当于省级的经济管理权限。这项改革，增强了城市组织经济的功能，带动了城乡经济的进一步融合。

（4）对一些部门实行多种形式的计划承包制。从 1981 年以来，为了提高部门的积极性，促进这些行业的较快发展，先后对石油部、煤炭部、冶金部、有色金属总公司，石油化工总公司和铁道部实行了以包投入、包产出为基本内容的计划承包责任制。例如，铁道部从 1986 年开始实行"投入产出，以路建路"的承包制，一定五年不变。部门向国家承包运输、机车车辆生产、铁路建设规模和形成运输能力、基本建设投资和机车车辆购置费、缴纳税款、换算吨公里工资含量等任务和指标，在完成承包指标的前提下，所得收入，由铁道部用于铁路建设和其他开支，国家同时给予一定的优惠政策。

（5）改进计划方法，逐步完善计划体系。计划体制的改革除去上述的计划主导形式的转变（减少指令性计划、增加指导性计划）和扩大地方及部门计划管理权限以外，还包括计划方法和计划体系自身的完善。由于计划工作的重点开始由短期的年度计划向综合性的中长期规划方面转变，从而使计划部门有能力开始完善我国的计划方法和计划体系。一是从 1982 年起，我国国民经济计划改称国民经济和社会发展计划。增加了人民生活、环境保护、科技发展、人才培训等方面的内容。二是重视中长期计划和综合发展计划，一个中、长、短计划相结合，专项计划与综合规划相结合的计划体系正在形成。三是完善计划综合指标，准确反映经济发展的规模和速度。1983 年确定，使用"社会总产值"和"国民收入"作为计划综合指标，以后又增加了"国民生产总值"指标。四是加速计划手段的现代化，做好国民经济和社会发展信息管理和发展预测工作。

2. 关于新型宏观调控体系的建立

在建立新的调控手段和形成新的管理方式方面，1978 年以来我国政府调控机制的转换主要包括以下六个方面的内容。

（1）建立中央银行体制，充分发展货币政策在宏观调控中的作用。

1983年前，中国人民银行既担负管理金融事业的职能，又承担对工商企业存贷款业务和国内贸易结算业务。这种职能双重化，不利于中国人民银行充分承担起金融宏观调控的功能，为了和政府由直接控制向间接调控的转换相适应，1983年9月，国务院决定由中国人民银行专门行使中央银行职能，将货币发行和信贷分开，不再兼办工商信贷和储蓄业务，以加强对货币的调节和对金融机构的管理和监督，更好地为宏观经济决策服务。与此同时，分设中国工商银行，承担原来由中国人民银行办理的工商信贷和储备业务。从此，一个以中央银行（中国人民银行）为领导，以国家专业银行（中国工商银行、中国银行、中国农业银行、中国人民建设银行）为骨干的二级银行体制开始形成。

（2）建立多种金融机构，形成金融市场。随着发展、运行主体多元化和国民收入分散化，为了充分地吸收分散化的资金和在竞争的基础上优化资金的配置，就需要建立多种金融机构，形成金融市场，这是充分发挥货币政策在宏观调控作用中的组织前提。

建立多种金融机构包括建立新型的银行机构和建立其他非银行金融机构。就前者而言，1986年，国务院决定重新恢复、组建交通银行，交通银行是以公股为主的股份银行，经营人民币和外汇业务的综合性银行。稍后又相继成立了中信实业银行、发展银行和地方性的住房储蓄银行。就后者而言，包括（1）恢复中国人民保险公司。（2）发展城市信用合作组织。目前全国已有1500多家城市信用社，到1987年年末，存款余额75亿元，贷款余额63亿元。（3）建立各种信托投资机构。1979年，首先成立了中国国际信托投资公司。此后，各种信托投资公司、融资公司、租赁公司、财务公司相继在各地成立。1987年年末，各类金融公司已达590家，资产额571亿元。（4）开办邮政储蓄。到1987年年末，邮政储蓄网点达到9597个，储蓄存款余额已达44.8亿元。

目前我国的金融市场由以银行同业拆借为主的短期金融市场和各类债券为主的长期金融市场构成。

（3）加强和完善货币调节手段。随着中央银行管理下的二级银行体制的建立和金融市场的初步形成，货币政策在宏观管理中的职能逐渐增强,成为政府管理宏观经济的基本手段。根据我国有计划商品经济的特点,为了实现稳定经济、稳定通货的目标,国家加强和完善了金融宏观调控手段。

第一,完善信贷额度控制。在金融市场仍不发达的条件下,信贷额度控制仍是控制信用规模和货币发行的重要手段。中国人民银行通过计划手段,确定贷款总规模、货币发行量和对专业银行的贷款额度,确保贷款规模、货币发行符合经济稳定运行的要求。

第二,实行准备金控制。1983年国务院关于中国人民银行行使中央银行职能的通知中规定,人民银行必须掌握40%—50%的信贷资金,用以平衡国家信贷收支,专业银行吸收的存款,要按一定比例存入人民银行,建立存款准备金制度,当时存款准备金的比例,企业存款交20%,城镇储蓄存款交40%,农村存款交25%;从1985年起,专业银行存款准备率,一律调整为10%。1987年,配合金融紧缩政策,准备率又上调到12%。这样,准备率的变动,使中国人民银行能够控制专业银行货币创造能力和信贷规模。

第三,充分运用利率杠杆,调整资金供求。由于利息是贷方的成本支出和借方的收入,从而利率的变动,在一个金融发达的经济中能有效地调节资金的供求。在我国,利率的功能虽不像发达国家那样大,但已经在增加居民储蓄、遏制企业贷款需求方面发挥了很大作用,成为我国最重要的货币政策手段。

从1979年以来,为了充分发挥利率杠杆的作用,我国围绕着提高利率水平、调整利率结构和改革利率管理体制三个方面进行了改革。

第一,增加利率档次和种类,提高利率总水平。利率水平体现着利率政策,我国的利率改革以调整利率总水平为突破口,于1979年4月、1980年4月、1981年4月、1985年4月和8月、1988年9月先后6次提高储蓄存款利率,并相应提高了企业存款利率。1981年、1983年、1985年和1988年四次提高贷款利率。利率总水平的提高对抑制资金需求,增加资金供给起了非常积极的作用。这在1989年的经济运行中得到了充分的证明。可以这样说,没有银行利率的提高(特别是对居民长期储蓄进行保值）。1988 年四季度金融——信用高度紧张的局面就不会得到缓解。更谈不上 1989 年储蓄存款新增 1300 亿元。在提高利率水平的同时，增加了利率种类。这对吸纳存款，更好地运营资金也起了积极作用。

第二，调整利率结构，理顺利率体系。为了改变旧体制中利率不合理的状况，提高了固定资产贷款利率；调整了人民银行与金融机构之间贷款的利差；基本放开了农村信用社的存贷利率；对流动资金贷款利率，按效益高低和产业政策等实行区别对待、灵活掌握的原则，基本形成了放开、浮动和固定三者并存的利率格局。另外，对逾期贷款、积压占用贷款和被挤占和挪用的贷款实行累进加收利息的制度。这种利率结构对于贯彻产业政策、搞活资金运营均起到了积极作用。

第三，改革利率管理体制，下放利率管理权限。旧体制下，利率管理高度集中，全国利率统一。这种呆滞僵化的管理体制，限制了利率灵活调节经济的作用。几年来，这方面的政策措施主要有：中国人民银行 1981年授权中国银行拟订外币存、贷款利率；1982 年，给信托投资公司 20%的利率浮动权；1984 年，批准农村信用社的贷款利率以接近当地市场利率的原则进行浮动。在以上改革的基础上，国务院于 1986 年颁布了《中华人民共和国银行管理暂行条例》，对利率管理做了如下规定：各种存款的最高利率和各种贷款的最低利率，由中国人民银行总行拟定；国家专业银行具有一定的利率浮动权，其浮动幅度由中国人民银行总行规定，进入市场的利率，由信贷双方自由议定。

（4）国家预算内基本建设投资由预算拨款改为建设银行贷款。1979年以前，国家预算内投资实行无偿拨款、建设单位无偿使用的管理方式。投资的无偿使用，造成各部门、各地区、各企业热衷于争项目、争投资。而对投资效益又不承担任何经济责任，以致投资效益不断下降。1978 年，国务院决定对预算内基本建设拨款改为建设银行贷款，并在部分地区进行试点。从 1981 年起，对实行独立核算有还款能力的企业实行"拨改贷"。1984 年 12 月，国家计委、财政部、建设银行又发出了《关于国家预算内基本建设投资全部由拨款改为贷款的暂行规定》。到 1985 年，国家预算内投资中拨改贷部分已占 95.3%，考虑到文化、教育等建设项目没有直接的经济效益，从 1986 年起，这部分投资仍改为预算拨款。

"拨改贷"是国家利用经济手段管理基建投资的一项重大改革，它在一定程度上加重了建设单位使用资金的责任感，对于促进建设单位和部门慎重确定建设方案，考虑投资效果，促进建设单位改善经营管理、节约建设资金、缩短建设工期、提高投资效益，都有一定的作用。

（5）实行税制改革，发挥税收调节生产、流通、分配和消费的作用。通过税种的设计、税率的调整和税负的征、免，可以对整个经济运行进行有效的调整。但在传统体制下，税收的作用在很大程度上仅限于分配领域，即便是在分配领域，它的功能也主要是为国家预算获取收入，而未把目标指向提高效率和社会公平。改革十年来，为了充分发挥税收在宏观调控中的重要作用，国家进行了以下几个方面的工作：

第一，建立若干体现特殊调节作用的税种。为了合理使用能源，促进企业用烧煤来代替烧油，1982 年 4 月，经国务院批准，财政部决定征收烧油特别税；为了集中必要资金，保证国家重点建设，控制固定资产投资规模，1983 年 9 月，国务院发布了建筑税征收暂行办法；为了促进企业推行内部经济责任制，从宏观上控制消费基金的过快增长，1985 年，国务院决定对不同企事业单位分别开征全民所有制企业奖金税、全民所有制企业工资调节税、集体企业奖金税、事业单位奖金税；为适应改革、开放以来收入差距拉大的状况，合理调节公民之间的收入差别，从 1987 年起，开始征收个人收入调节税；为加强土地管理，保护农用土地资源，1987 年 4 月，国务院颁布《耕地占用税暂行条例》，决定对非农业建设占用耕地课税。

第二，建立和健全所得税制，以促进企业加强经济核算，提高经济效益，稳定财政收入。1983 年 4 月，国务院批准了财政部《关于国营企业利改税试行办法》，按统一办法对国营企业征收所得税，随后进行第二步利改税改革。1984 年 9 月 18 日，国务院发布了《国营企业所得税条例（草案）》。随后，国务院又于 1985 年 4 月、1986 年 1 月分别发布了《集体企业所得税暂行条例》和《个体工商户所得税暂行条例》。加上 1980 年 9 月五届全国人大第三次会议审议通过并颁布的《中外合资经营企业所得税法》和 1981 年 12 月五届全国人大第四次会议审议通过并颁布的《外国企业所得税法》，我国已经基本上建立了统一的所得税征收制度。

第三，进行流转税制的改革，促进企业的经济联合和改善产业结构。改革前，经过简并的流转税只剩下"工商税"一种，税目、税率也很简单，背离了税收调节经济的职能。1984 年 9 月，国务院发布了产品税、增值税、营业税和盐税等四个条例（草案），将原工商税一分为四，体现了不同税种在不同领域里发挥特定调节作用的原则。1984 年以后，为了克服产品税重复征税的弊病，促进企业的专业化生产和协作，扩大了增值税实施范围。到 1987 年年底，增值税的征收范围已扩大到机械、冶金、电子、纺织、轻工等产品。

（6）建立、健全各类经济法规，把经济管理纳入法制的轨道。宏观经济调控机制的转换，除去直接控制内容的减少和更多地运用货币、财政等经济手段外，还包括经济法规的制定、执行和经济法规体系的完善。在传统模式下，由于企业"做什么"、"如何做"、"做多少"统一由指令性计划规定。所以无须规定那些企业"什么不能做"的法规。改革以来，随着企业自主权的逐渐扩大，企业开始自主决定"做什么"、"如何做"和"做多少"。这时就迫切需要规定企业自主活动的范围和空间，需要规定企业自主决策需要承担的责任、义务。只有这样，企业自主权的扩大、企业的自主行为才会不违反社会公众利益，才会在一个有序的规则中运行。

为了使新的社会经济运行模式有一个相应的制度保证，10 年来，我们相继通过和发布或颁布了一系列法规。其中主要的有：1979 年 7 月 8 日第五届全国人大第二次会议公布实施的《中华人民共和国中外合资经营企业法》；1980 年 7 月国务院常务会议通过的《国务院关于推动经济联合的暂行规定》；同年 7 月国务院公布施行的《中外合资经营企业登记管理办法》和《中外合资经营企业劳动管理规定》；1980 年 8 月，五届全国人大常委会第 15 次会议通过的《中华人民共和国广东省经济特区条例》；1980 年 9 月五届全国人大第三次会议通过的《中华人民共和国中外合资经营企业所得税法》和《中华人民共和国个人所得税法》；1980 年 10 月

17 日国务院常务会议通过的《国务院关于开展和保护社会主义竞争的暂行规定》；1981 年 7 月国务院发布的《国务院关于城镇非农业个体经济若干政策性规定》；1981 年 7 月中共中央、国务院转发的《国营工业企业职工代表大会暂行条例》；1981 年 12 月五届全国人大第四次会议通过的《中华人民共和国经济合同法》和《中华人民共和国外国企业所得税法》；1982 年 1 月中共中央、国务院颁发的《国营工厂厂长工作暂行条例》；同年 2 月国务院发布《广告管理暂行条例》；同年 4 月国务院发布《企业职工奖惩条例》；同年 8 月国务院发布《物价管理暂行条例》和《工商企业登记管理条例》；1982 年 8 月五届全国人大常委会第 24 次会议通过的《中华人民共和国商标法》；1983 年 4 月国务院颁布的《国营工业企业暂行条例》；同年 8 月国务院发布的《中华人民共和国经济合同仲裁条例》；同年 12 月六届全国人大常委会第三次会议通过的《中华人民共和国统计法》；1984 年 3 月国务院发布的《国营企业成本管理条例》；1985 年 3 月六届全国人大常务委员会第十次会议通过的《中华人民共和国涉外经济合同法》；1986 年 4 月六届全国人大第四次会议通过的《中华人民共和国外资企业法》，同年 4 月国务院发布的《中华人民共和国税收征收管理暂行条例》；同年 6 月六届全国人大常委会第 16 次会议通过的《中华人民共和国土地管理法》；1986 年 9 月国务院发布的《中华人民共和国个人收入调节税暂行条例》；同年 12 月六届全国人大常委会第 18 次会议通过的《中华人民共和国企业破产法（试行）》；1987 年 3 月国务院发布的《企业债券管理暂行条例》；同年 8 月国务院发布的《城乡个体户管理暂行条例》；同年 9 月国务院发布的《价格管理条例》；1988 年 2 月国务院发布的《全民所有制工业企业承包经营责任制暂行条例》；1988 年 4 月七届全国人大第一次会议通过的《中华人民共和国全民所有制工业企业法》和《中华人民共和国合作经营企业法》，1988 年 6 月李鹏总理签发的《中华人民共和国企业法人登记管理条例》，1992 年 7 月，又签发的《全民所有制工业企业转换经营机制条例》。此外，为了保证股份制企业的健康发展，国务院先后颁发了《股份公司暂行条例》、《有限公司暂行条例》等十几个行政法规条例。

（三）宏观经济调控组织机制的改革

"组织"有两重意义，作为名词，它主要是指单位、机构，经济组织就是指从事经济活动和管理活动的经济单位和经济机构；作为动词，它则是指规划、执行和协调，这个意义上的经济组织则是指国民经济活动的管理和协调。我们这里的"组织"主要在第一种意义上使用，所谓组织乃是指国民经济运行得以进行的机构，以及各类机构之间相互联系的形式。

1978 年以来，我国社会经济运行模式中宏观调控组织机制的转换包含以下两个方面的内容：一是中观领域地区或行业经济组织机制的转换；二是宏观管理组织机构的转变。

1. 地区经济组织机制的改革

在传统体制下，由于按行政区划和行政层次组织和管理经济，这样就出现了两方面的问题，一是地区间的经济联系被行政区划所限制。特别是我国是一个大国，较之外国，省（区）的面积辽阔，人口众多、市场广大、资源多样，有内向发展的条件，故更易走上相对封闭发展的道路。二是行政层次以及由行政级别决定的行政空间限制了大中城市的发展。为了消除地区封锁、"条块"矛盾对经济发展的消极影响和发挥中心城市的集聚、带动功能，1978 年以来，也对地区经济组织机制做了改革和调整。

（1）推进地区间的联合，建立和发展经济区。1981 年，华北地区三省二市召开技术经济协作会议，国务院肯定了这一形式，指出地区之间开展技术经济协作有利于经济调整，有利于冲破条块分割。从此全国地区之间的经济协作开始活跃起来。当时协作的主要内容是余缺物资的调剂和技术、资金的联合。1983 年 1 月，国家经委召开了"全国经济技术协作报告会"中央和国务院领导同志出席了会议。1984 年 9 月，国家经委、国家计委、国家民政部和国家物资局在天津联合召开了"全国经济技术协作和对口支援会议"。在 1984 年十二届三中会议通过的《中共中央关于经济体制改革的决定》指出，"对外要开放，国内各地区之间更要相互开放"。在《决定》精神的推动下，全国各地之间的横向经济联合又有了新的发展。

地区间横向经济联系的一种高级形式就是经济区的出现。经济区就是由相邻的若干行政区域或行政区域的一部分组成的具有某些共同经济特点，彼此之间存在着密切的经济联系和传统交往关系的地域空间，它是在不改变目前的行政区划的条件下，加强区域间联系与协作的一种组织形式。目前较有影响的经济区有长江三角洲经济区、东北经济区、西南四省五方经济协作网、华北五省市经济协作会议、环渤海经济协作会议、以徐州为中心的徐淮经济区等。

（2）扩大城市特别是中心城市的管理权限和行政空间。城市是社会经济生活高度集聚的空间，是现代经济生活的中心。特别是大城市具有生产中心、流通中心、交通中心、通信中心和金融中心的功能。社会经济发展的过程从人口和经济活动的空间布局的角度看，也就是乡村城镇化的过程。新中国成立以来，我国城市有了很大发展，仅100万人以上的特大城市从7个发展到25个。然而，这些年来，大城市的经济功能始终没有得到很好的发挥。其主要原因：一是按行政部门、行政区划来管理经济活动，既切断了大城市内部不同部门、不同行业间的经济联系，也切断了城市与外部的经济联系，使大城市不能按照社会化大生产的要求，合理地组织生产与流通。二是城市的辐射和带动功能被相对狭小的行政辖区所限制。除京津沪三个直辖市外，其余大城市大都是省辖市。在我国的计划管理体制中，国家以省作为安排计划的基本单位，各项经济计划大都通过省来安排。而城市多为计划的二级单位。这样，大中城市的经济管理权限较小，既不能根据本市的经济优势、地理优势来统筹安排本地区的经济活动，也不能自主地运用经济杠杆调节生产和流通。三是城市的行政层次相对较低，其经济中心的职能受到狭小的行政空间的限制。所以，要克服条块分割，充分发挥大中城市的经济中心职能，就要改变大中城市在计划和管理经济中的组织地位。

城市管理权限的扩大，使大城市能够根据本市经济发展的实际情况，统一制定全市社会经济发展规划，统一组织本地区的工农业生产，以克服条块分割、区域封锁等弊端，这是首要的问题。

其次，发展城市与城市间的联系。由于城市是区域经济活动的重心，区域间的协作和联合的重要形式之一就是城市间的联合。特别是相邻城市间的协作是消除地区封锁的重要形式。1984 年，组成了以沈阳市为中心，有抚顺、丹东、本溪、辽阳、铁岭、鞍山 6 市参加的"辽宁中部城市群经济技术联合体"。以后又相继出现了由大连、丹东、营口、锦州等 5 市组成的"辽宁沿海城市经济技术联合体"、江苏的"宁、镇、扬"（南京、镇江、扬州）、"苏、锡、常"（苏州、无锡、常州）和浙江的"杭、嘉、湖"（杭州、嘉兴、湖州）等城市群体。目前，全国的城市群体已发展到50 多个。

（3）实行"市管县"体制，推动城乡一体化。长期以来，我国实行的是地、市分治的行政体制，市管城，"地"（地区行署）管农村，在经济上也相应地导致了城乡的分离隔绝，甚至带来了某种程度上的城乡对立。随着农村商品经济的发展和城市改革的深入，建立一种新兴的便于组织城市和乡村经济联系的组织体制已成为一个十分重要的课题。1982 年12 月，中共中央提出"以经济发达的城市为中心，以扩大农村为基础，逐步实行市领导县体制，使城市和农村结合，是我们改革的基本目的和要求。"1983 年 3 月，国务院批准在江苏省全面试行市领导县体制，以后又在全国逐步推广。到 1987 年年底，全国 153 个地级市领导了 703 个县，占地级市的 90%；加上京津沪三大市领导的县共有 727 个，占县（包括县级市）的 33.1%。"市管县"体制促进了工农结合和城乡一体化的发展。

首先，"市管县"体制促进了城乡互相支援。城市从经济、科技、教育、信息等方面支援农村，加快了农村产业结构调整和农工商一体化。如沈阳市发挥城市的多功能辐射作用，为农村经济的发展创造了条件，开辟了渠道，提供了服务，培养了人才。由城市工业单方面无偿支援，转向城乡互利互惠、联办联营、利益共享的横向经济联合；由单纯的物资、设备原材料等硬件支援，转向技术、管理、专利等软件的支援。

其次，促进了城市与乡村工业的合理布局和专业化协作。农村工业化是中国经济发展的重要内容。近年来，我国乡镇工业的发展是支撑国民经济增长的基本力量。然而也要看到，乡村工业的发展还存在着相对无序的问题，无论其规模、技术和组织结构都需要调整，特别是城乡工业的低层次结构相似，导致了资源的严重浪费。"市管县"体制在促进城乡工业的合理布局和优化城乡工业的结构关系方面有其不可替代的作用。如常州市以城市国营工业为龙头，组织了城乡连通的工业经济网络，密切了城乡工业分工基础之上的协作，发挥了各自的优势。威海市则通过产品向乡镇企业转移的形式，在城市工业与乡村工业之间建立了一种新兴的分工与协作关系。

最后，促进了小城镇的发展。大力发展小城镇是我国这样一个农业人口众多的国家城市化的基本方向之一。"市带县"体制有利于把小城镇建设纳入城乡总体建设发展规划中。大城市有较强的经济实力和较强的综合规划能力，这样就能根据地区经济综合发展和发挥中心城市经济功能、缓解中心城市压力的需要，合理地、有效地促进小城镇的发展。如南京市从1984年起从市财政中拿出100万元用于小城镇建设，重点解决集镇用水、交通、电力和通信设施的建设，促进了集镇经济的发展和城市与集镇的联系。

（4）进行了以转变政府管理经济职能为重点的城市机构改革。党的十二届三中全会指出：实行政企职责分开以后，要充分发挥城市的中心作用，逐步形成以大城市特别是大、中城市为依托的，不同规模的，开放式、网络型的经济区。并强调城市政府也必须实行政企职责分开，简政放权，不要重复过去那种主要依靠行政手段管理企业的老做法，以免造成新的条块分割。为了充分发挥中心城市的经济功能，1986年5月，国务院批准江门、丹东、潍坊、苏州、无锡、常州、马鞍山、厦门、绍兴、安阳、洛阳、黄石、衡阳、自贡、宝鸡、天水16个中等城市进行机构改革试点。改革的基本指导思想是：以搞活企业为中心，以转变政府管理经济职能为重点，与经济体制改革紧密结合，加强综合经济部门和经济调节监督机构，撤并专业部门，向区县放权，逐步实现党政合理分工，政企职责分开的原则。

从改革的具体实施方案来看，这次改革与以往历次机构改革的根本区别，就是这次机构改革并没有仅在撤并机构、精减人员和权力分配上做文章，而是立足于搞活企业，转变政府职能，解决长期以来形成的政府部门对企业管得过多、统得过死的老大难问题。

以往我国中等城市政府各主管部门一般都承担着几百项具体工作。这次经过归类合并，大体上分为五类职能，即党群领导职能、社会工作职能、综合经济管理职能、经营企业职能和行业管理职能。各试点改革城市在分解职能的基础上，进行了转移职能的工作。

关于主管部门承担的综合经济管理职能，一般都采取平滑转移的方式，分别移交相应的综合经济部门和经济调节监督机构。

关于原主管部门承担的计划生育、人武保卫、植树绿化等社会工作职能，则全部转移到企业所在城区。

关于直接管理企业职能，主要有两个方面：一是按隶属关系分配原材料、资金、贷款指标和确定技术改造项目，或称为"分钱"、"分物"职能；二是直接指挥调度生产的职能。由于当时全国计划、投资、物资、金融体制改革尚未推开，试点城市一方面仍保留原有渠道，将原主管部门所属的有关单位企业化，仍然承担与上级对口单位的衔接职能。另一方面，通过大力推动生产资料市场、资金市场等的形成，来减少企业生产要素需求对政府的压力。对原主管部门的直接指挥生产职能，则在扩大企业经营自主权的基础上，尽量予以压缩，改由新组建的经委或工委行使。

关于行业管理职能。许多试点改革城市在撤销原行业主管部门以后，采取设立行业办公室、经委行业科或行业协会等方式，将原主管部门的这部分职能转移出去，普遍注意加强行业管理。对于保留的主管部门，则仅保留其行业管理职能，规定主要是贯彻国家关于发展行业的方针、政策、法规，提出本行业发展的重点、方向，编制行业基本建设、技术改造规划，等等。

在转变政府职能的基础上，各试点改革城市大多采取了"撤局建委"的方式，进行政府机构的重组。例如，丹东市重新组建了工委、商委、经贸委、体改委4个新机构，同时撤并经委、外经委、商业局、外贸局等10个政府部门，撤销电子、纺织、化工等10个局级行政公司和饮食服务、包装装潢等5个副局级行政公司，17个商业总店，共计43个行政机构。潍坊市在1986年11月撤并了工业、商业、城建、交通4个系统中的

17 个局和局级行政公司，同时组建了工、商、交、建 4 个委员会。宝鸡市委机构从 13 个撤并为 7 个，减少 46%，政府机构从 57 个撤并为 30 个，减少 35%。安阳市党政部门从 91 个减少为 48 个，减少 47%。马鞍山市和自贡市撤销机械、化工、轻工、电子、纺织等主管局或局级行政公司后，在经委重新组建的工委内设立行业办公室，同时加强统计、审计、物价等经济调节监督机构。

　　总的来看，1986 年下半年开始的中等城市试点改革，是我国在政府机构改革方面的一个大胆尝试，虽然由于各种主客观因素的影响，这次改革的预期目标没有完全实现，甚至在以后出现了反复，但这次试点为全国政府机构改革积累了经验，而且它在扩大企业经营自主权，促进市场体系发育方面确实起到了推动作用，其成绩应该是肯定的。

　　2. 行业经济调控机制的改革

　　1978 年以来，我国宏观经济管理体制改革的一个重要内容，是积极促进政府对企业从原来部门管理向行业管理转变。

　　部门管理，是指传统社会主义经济体制下，国家根据国民经济发展需要和对现实社会分工水平的认识，通过建立一系列专业性政府经济管理部门，主要按照行政组织和行政层次，运用行政手段直接经营所属企业的一种管理方式。部门管理有两种含义：其一是从管理组织形式上看，政府对企业实行按部门隶属关系形成的纵向管理；其二是从管理方法上看，政府对企业主要是采取直接管理。

　　部门管理曾经是社会主义国家管理行业经济的主要方式。在新中国成立初期，我国生产力水平极其落后，发展极不平衡且经济发展面临国外反动势力封锁威胁的情况下，部门管理体制在集中利用有限的社会资源，迅速发展社会生产力，提高人民生活水平，实现社会主义工业化，巩固以公有制为基础的社会主义经济制度方面发挥了重要作用。但是，由于部门管理方式强调把行政作为独立的经济组织来管理，这样，随着国民经济体系的逐步完善，一方面，大批新兴行业的形成要求国家建立起越来越多的部门管理机构；另一方面，由于部门间相互自成封闭式生产体系，各部门为了保证自身的发展，又必然需要建立起许多与本行业有密切协作关系的其他相关行业企业，结果，随着部门的增加，部门管理范围与行业经济活动范围的不协调性日益严重，人为地形成了社会主义经济运行中的行政"条块"分割和管理效率低下，阻碍了生产力的进一步发展。因此，必须予以改革。1978 年以后，随着发展社会主义商品经济方向的确立，我国围绕着增强企业活力这个中心环节，在扩大企业自主权，深化企业内部机制改革，建立和发展社会主义市场体系的同时，也逐步开始在各级政府中进行行业管理体制改革。

早在 80 年代初，我国在借鉴日本行业管理经验的基础上，先后成立了中国显像管行业民主管理协会、中国包装行业协会、中国有色金属加工行业协会等民间性行业管理组织。1981 年，国务院有关领导同志指出："我们的工业将来怎么合理地组织起来，怎么打破部门所有制，打破地区所有制，必须从行业搞起，按行业组织，按行业管理，按行业规划。"1984 年，当时的国家经委专门组织理论界开展了行业管理理论的系统研究工作。同年 8 月 31 日，国务院批转了机械工业部《关于机械工业管理体制改革意见的报告》，提出改革的总体设想是：以政企分开和进一步扩大企业自主权为突破口，实现各机械工业部门由主管企业过渡到管好全行业，城市的政府由直接管理企业过渡到创造条件、充分发挥城市的经济中心作用。同时，发展企业之间的横向联系，形成多种形式的联合；发展制造和使用单位的横向联系，促进设备和工艺的密切结合，更好地为使用单位服务。为此，机械工业部的管理范围要从过去归口管理 1 万多个机械工业企业，转向全国近 10 万个机械工业企业；管理职能要从主要直接组织指挥企业的日常经营活动，转向主要管好行业发展方针政策、统筹规划、综合平衡、组织协调和监督服务；管理机构也要相应精简与调整，如合并或撤销一些专业局，将某些二级机构改为公司，增设或加强必要的参谋咨询机构，等等。以后，行业管理体制改革又先后推广到商业、外贸、电子、建筑、建材、煤炭、医药、航空、交通、食品等部门。到 80 年代下半期，我国已形成各种类型的全国性行业协会组织 180 多个。此外，武汉、上海、南京、重庆、沈阳等省市也组建了一批地方性行业协会。例如，南京市已成立了大小不等的行业协会 41 个。通过改革，我国已形成了以下三种新型的行业管理模式：

（1）"公司型"行业管理模式。"公司型"行业管理模式是国家通过组织全国性行业总公司实施全行业统一集中管理的一种模式。其基本特点是：国家与行业总公司实行政企职责分开，赋予行业总公司对全行业经济活动实行统一经营管理的权力。总公司则通过对内部经营管理体制的改革，在扩大企业经营自主权的基础上，统一计划管理全行业生产经营活动。例如，80年代，我国的包装行业、烟草行业、有色金属行业、船舶制造行业、汽车制造行业、石油化工行业等，都曾建立了具有一定行业管理职能的全国性行业总公司。此外，冶金、铁道、邮电、煤炭等部门，也实行了行业主管部门对国家投入产出包干的承包责任制，相应地形成的也是一种高度集中的行业管理体制。

（2）"职能部门型"行业管理模式。"职能部门型"行业管理模式，是国家通过设置政府行业管理职能部门来统管全行业经济活动的一种管理模式。其基本特点是：行业管理部门一般不直接管企业，而只是作为政府主管该行业的职能部门，统管全行业的方针政策、统筹规划、综合平衡、组织协调和监督服务，并通过参与其他政府经济职能部门的管理活动，保证对行业经济运行的有效调节与控制。例如，机械电子行业、建筑行业、建材行业等，都采取了这类行业管理模式。

（3）"协会型"行业管理模式。"协会型"行业管理模式是指以行业协会为管理主体的行业管理模式。其基本特点是，行业经济发展与运行主要是由企业自主组织行业协会实行民主管理。政府只是通过综合经济管理进行宏观计划指导和控制。这种管理模式主要存在于政府无力管理和众多小型行业中。如河南省酿酒行业协会、中国显像管行业民主管理协会、有色金属加工行业协会，等等。

应该指出的是，以上三种行业管理模式并不是孤立的，而是相互融合，有机形成改革时期我国的行业管理体系。这些行业管理模式也各自存在优势和不足，还有待于进一步完善。特别应该指出的是，虽然，80年代我国在行业管理体制方面进行了重大改革，但是，从经济发展的实际过程看，行业盲目发展、重复建设、条块分割的弊端还远未解决，直接阻碍着我国产业结构和产业组织的合理化与现代化，行业管理还缺乏有效性。这些，都是需要在 90 年代进一步深化改革过程中予以解决的。

3. 政府管理组织机构的改革

政府管理组织机构改革是我国政治体制改革的重要组成部分。地区或行业管理组织机制的改革当然也有属政府机构改革的内容，但也同时包括某些非政府机构改革的内容，如行业协会或民间区域经济协作组织的建立就不属于政府机构改革范围。这里，我们着重所谈的是政府系列内机构的改革。

新中国成立以来，国务院的机构经历了几次较大的调整。经过 1982 年的机构精简，到 1988 年 3 月，国务院设部委 45 个，直属机构 22 个，办事机构 4 个。此外，还有 14 个由部委归口管理的国家局和 82 个非常设机构。1978 年以来，随着经济体制改革的全面展开，经济体制改革日益受到滞后的政府机构改革的影响，原有机构的弊端日益突出。主要表现为：（1）政企、政经不分，政府机构过多地干预经济组织的运行；（2）在职能上微观管得过多，宏观调控不力；（3）机构臃肿，层次过多，职责不清，相互扯皮，工作效率不高。所以，党和政府从 1986 年起，把政府机构改革作为政治体制改革的重要内容提上了议事日程。1986 年下半年，邓小平同志多次指出，中国要搞政治体制改革，其主要内容是党政分工、权力下放和精简机构。1988 年 4 月，第七届全国人民代表大会第一次会议通过了《国务院机构改革方案》。根据这一文件精神，政府机构改革的长远目标是要建立一个符合现代化管理要求，具有中国特色的功能齐全、结构合理、运转协调、灵活高效的行政管理体系。而近期目标则是转变职能，下放权力，调整机构，精减人员，减少政府机构干预企业经营活动的职能，增强宏观调控职能，初步改变机构设置不合理和效率低下的状况。其基本原则是：（1）把直接管理企业的职能转移出去；（2）把直接管钱、管物的职能放下去；（3）把决策、咨询、调节、监督和信息等职能加强起来，使政府对企业的管理逐步变为间接管理；（4）把原有的部分行政职能转移到各种协会去承担。

国务院这次机构改革方案包括撤销 12 个部委、新组建 9 个部委，其重点是国家管理宏观经济组织机构的调整。包括：

第一，组建新的国家计划委员会，撤销原国家经委，其一部分职能由中国工业经济协会和中国企业协会承担。按照方案要求，新的国家计委是国务院管理国民经济和社会发展的综合部门，不再承担微观管理与行业管理的职能，是一个高层次的宏观经济管理机构。其主要职能是，制定国民经济与社会发展战略，编制中长期国民经济和社会发展规划与年度计划；研究重大的资源配置政策、产业政策、分配政策和技术经济政策；调整国民经济重大比例关系，加强宏观调控，综合运用经济调节手段，搞好社会总供给与总需求的平衡，以及经济活动和生产建设中的重要协调工作等。

第二，组建物资部。为了适应物资体制改革的要求，加强物资的综合管理，发展和完善生产资料市场，全面规划城乡物资流通网络，搞好物资流通，组织好重点生产建设单位的物资供求，撤销国家物资局，组建物资部。其主要职能是，拟订物资管理的方针、政策、法规和体制改革方案，并组织贯彻和监督执行；根据国民经济和社会发展计划，编制指令性计划物资的分配计划；组织国家指令性计划分配物资的订货，监督检查订货合同执行情况，组织重要物资的调度；规划全国物资市场的网络，指导、协调和监督各类物资市场，制定物资市场的管理办法，组织推动物资协作；负责物资统计和市场价格、供需信息的汇集和反馈，为企业的生产和经营服务。

第三，组建能源部，撤销煤炭工业部、石油工业部和核工业部。为了统筹管理和开发能源，对能源工业实行全行业管理，推进能源开发和建设，组建能源部。原水利电力部中的电力部分划归能源部，石油部撤销后，成立了中国石油天然气总公司，对石油工业进行统一的管理和必要的行政协调，保留中国海洋石油总公司；煤炭部撤销后，除东北、内蒙煤矿公司外，组建中国统配煤矿总公司，统一管理除东北、内蒙以外全部统配煤矿的生产，并负责筹建跨地区的煤炭企业集团，上述工作完成后，统配煤矿总公司即转为行业管理组织。新组建的能源部是国务院统管全国能源工业的职能部门。主要职能是，拟订能源工业的方针政策和战略布局，搞好综合平衡和宏观决策；促进能源的合理利用和开发；拟订有关的法规、条例和经济调节政策，监督、协调生产建设，提高经济效益，协同国家计委推动社会节能和能源的综合利用。

第四，组建机械电子部。为了加强机械工业全行业的统筹规划和宏观管理，促进机械工业和电子工业相互融合与更快发展，撤销机械工业委员会和电子工业部，组建机械电子工业部。其主要职能是，研究拟订行业发展战略、产业政策、技术政策，加速电子信息产业的发展，促进机械、电子工业的有机结合，提高机械电子工业的科技水平。

通过这次宏观管理组织机构的调整，再加上 1984 年后，中国人民银行转变了职能，新成立了审计署，应该说适应国家经济管理从直接控制向间接控制转换的我国宏观调控组织机构开始形成。随着经济治理整顿时期的结束，国民经济发展状况逐步好转，到 1991 年年底，加快政府机构改革的任务再一次被提上了议事日程。

九　农产品的计划与市场

70 年代末至今，中国农村经济体制改革已经历了十多个年头。1979 年以后，农村实行家庭联产承包的经营责任制，同时政府开始调整农业价格政策，提高农产品价格，农业政策与农村经济体制发生了一系列重大变革，这极大地刺激了农民的生产积极性，使我国农业生产得到了迅速发展，农业经济也由以往的自然经济和农产品的计划管理向商品经济转变。

（一）农产品价格政策调整和流通体制初步改革

农业领域的计划与市场调节主要反映在农产品的价格管理和改革农产品流通体制及价格管理体制方面。

1. 改革初期的农产品价格调整与政策变化

（1）改革的基本内容。1979 年 3 月，国家陆续提高粮食、油脂油料、棉花、生猪、菜牛、菜羊、鲜蛋、水产品等 18 种主要农产品的收购价格。其中，粮食和油料超购部分的加价幅度由 30% 提高到 50%，并开始对棉花实行超购加价政策（加价 30%）。当年，这 18 种农产品的收购价格水平平均上调了 25.7%。其中粮食 30.5%，油脂油料 38.7%，棉花 25%。

按全年计算，农民从提高农产品收购价格中增加收入98.4亿元。同年11月，政府调整了肉、禽、蛋、菜等8种副食品销售价格，并发给职工副食补贴作为提价补偿，1980—1984年，政府根据农产品供求状况，又陆续在原来提价的基础上进一步调整了棉花、油脂、油料等主要农产品的收购价格。1979—1981年是提价最为集中的时期，农副产品收购价格平均提高了38.5%，农民出售农产品1981年比1978年增加收益约204亿元。

与此同时，政府开始对农产品流通体制和价格管理体制进行改革。主要内容包括：一是放宽农副产品的集市贸易政策。1979年，开始允许完成国家统、派购任务后的一、二类农产品（除棉花以外），以及完成收购合同后的三类农产品自由上市。1979—1984年，集市贸易成交额每年平均增长25.3%。二是恢复和发展农副产品的议购议销。1979年年底，议购议销在全国普遍恢复；1980年，又恢复了粮食部门的粮油议价议销；1981年，明确：完成收购任务后允许上市的一、二类农副产品在议购议销范围之内；1983年，规定三类农产品和完成统、派购任务后的一、二类农产品的议购议销价格可以随行就市，有涨有落。三是逐步减少国家直接控制的农产品的品种与数量。1981年，重新规定了一、二、三类农产品的范围，到1984年，已将统、派购品种减少到40多种。四是1982年，对全国的粮食征购、销售、调拨实行包干一定三年的办法。五是开展多渠道流通。鼓励多种商业组织（包括私人）经营完成统、派购任务后的农产品和非统、派购产品。六是1981年，提出对大、中城市蔬菜供应的购销形式，价格政策进行有计划的稳步改革；1984年，提出城市蔬菜产销体制、价格体制改革的总体设想。在此期间，政府还着手进行了粮食、蔬菜、副食品等农产品的购销体制改革试点。

（2）改革的最初尝试——广东的实践。在中国实行了30年的统购统销体制的最初松动，大概始于1979年广东省在一些地区和一些方面，开始试行一系列放宽农副产品购销政策的大胆尝试。在广东"三鸟"（鸡、鸭、鹅）和水产品是农副产品中放弃最早的产品。大体经历了三个阶段。

第一阶段：价格大幅度的上涨阶段。由于"三鸟"和水产品在广东一直需求大于供给，即购买力大于商品量，且需求弹性较大，在配给制度下可以少食，敞开供应（价格相对合适的情况下）则可以多食。因而，一旦放开，由于过去长期统得过死，商品量一时跟不上，导致价格大幅度上涨。在其背后，广东省农民因农副产品价格上升带来的增加收入1979—1982年共65.35亿元，比1978年增长了97.65%。它直接刺激了两个经营，一是生产者经营，二是流通经营。生产者从中满足了收益动机，并产生扩大再生产的冲动，且有了为扩大再生产积累资金的可能；流通部门则为生产者实现商品价值架设了桥梁，并从中吸收了社会劳动力。当然，在此期间，国营商业部门也受到严峻的考验，开展议购议销，跻身于市场竞争行列。

第二阶段：价格回落阶段。由于放开的农副产品的价格上涨，1980年年底，政府发出关于实行最高限价的通知，但适得其反，此举只限制了国营货栈，而限不到个体商贩，造成国营"有价无货"，个体"有货高价"的局面。后来广州市物价部门调高了控制价，国营货栈的货源才迅速增加，价格也随之下降。到1983年，广东省取消了对农副产品议购议销的最高限价。这个过程说明，政府单纯利用行政手段干预价格的结果，是不符合市场规律的，被抑制了的一部分均衡价格，最终还是被一部分畸形的价格吸收了进去，并在市场上反映出来，轻则触及流通领域，重则会波及生产。

第三阶段：在生产发展中价格稳中有降。广东省农副产品流通放开以后，价格上升的阶段持续了大约一年时间（主要是1980年）。生产者在放开的最初阶段的价格上涨中，得到了应有的超额利润，发展了生产，商品增加了，价格自然稳中有降，直到趋于合理。生产则逐步进入平均利润时期和均衡发展阶段。

从最先放开农副产品的广东经验亦可见全国一斑，全国各地基本上也是从农副产品开始松动的，且先后取得不同的效果。

（3）改革的效果。在政府大幅度提高农产品收购价格，和对市场的逐步开放以后，市场对农产品生产的调节作用日益明显，它改变了统购体制下生产与市场供求状况脱节的局面。政府统、派购的种类与数量的不断减少，使农民获得了更大的经营自主权，从而农民可以在相当大的程度上面向市场，市场的供求关系，决定着价格的高低。因而，农产品生产对供求状况的反应越发敏感，农产品供给形成机制发生了根本的变化。

　　与此同时，农产品收购价格的提高，使农民收入有了较大幅度的增加，这不仅提高了他们的生活水平，且增强了他们的投资和长期发展的能力。据国家统计局的分析，1979—1984 年期间，农民因提价增加的纯收入，人均达到 51.2 元，占纯收入增加总额的 23.1%。1984 年与 1981 年相比，农民人均生产性投资由 9.09 元提高到 39.44 元，占总支出比重由 3.8% 上升到 9.4%。

　　总之，从 1979 年开始的农产品价格改革，取得了巨大的进展。政府通过大幅度提高农产品价格，在一定程度上矫正了价格体系的偏差，使工农产品比价和农产品内部比价明显不合理的状况有所改善；更重要的是，通过对农产品流通体制和价格体制的改革，逐步开始了农产品购销体制的转变。从政府仅依靠行政控制，对大多数农产品实行国家垄断的统、派购体制，逐步向政府只利用行政手段控制部分对国计民生最重要的农产品及只对个别农产品实行垄断经营，而以政府间接调节的、多种经营成分并存，由各种经济组织竞争的农产品流通体制过渡。由此，开始了我国农产品价格形成机制的变革，对农产品的生产、流通和消费起主要调节作用的，不再仅仅是政府的行政控制，而是农产品价格。尤其是在农产品供给的形式上，除了定购部分粮、油的生产仍是由政府通过数量控制来调节以外，定购以外的粮、油和其他农产品的生产，形成以价格调节为主的局面。

　　2. 农产品统、派购制度的改革

　　（1）改革的内容。1985 年是农村经济改革中极为重要的一年。应运出台的几项重大改革措施，都有着极其深刻的经济背景。

　　1979 年农村经济改革开始后，生产力一经发展，流通领域的不适应立即表现出来。到 1984 年，由于生产力的极大提高，这种矛盾从个别产品、局部地区的"卖难"，变成全国性的"卖粮难"和"卖棉难"。财政补贴问题、通货膨胀压力问题日益严重。由于流通领域改革滞后所引发的矛盾，已经不仅会影响到农村经济的长期发展，而且到了直接威胁国家经济正常运行的程度。与此同时，从积极的方面看，前一阶段农产品价格政策的调整与改革，为在流通领域进一步改革打下了基础，尤其是广东省的区域性超前改革探索，为进一步的改革提供了可借鉴的经验教训。在这样的背景之下，政府决定自 1985 年开始，改革农产品统、派购制度。

1985 年，中国政府针对统购统销制度在新的农业形势（特别是粮食形势）下暴露出来的一系列问题，决定在部分农产品市场已经逐步放开的基础上，改革在我国实行 30 年之久的农产品统购派购制度。除了个别品种外，国家不再向农民下达统购派购任务，按照不同情况，国家分别实行合同定购和市场收购。其主要内容有：第一，将粮食、棉花统购制度改为合同定购制度，即废除了过去政府向农民下达具有强制性收购任务的做法，政府所需要的粮食将通过与农民在双方自愿的基础上以签订经济合同的方法收购，不足部分从市场上采购，以此更大限度地发挥市场机制对供求的调节作用。第二，定购的粮食，国家确定按"倒三七"比例计价（即三成按原统购价，七成按超购价）。定购以外的粮食可以自由上市。如果市场粮价低于原统购价，国家仍按原统购价敞开收购，以保护农民的利益。第三，定购的棉花，北方按"倒三七"，南方按"正四六"比例计价，定购以外的棉花可以自由上市。第四，生猪、水产品和大、中城市、工矿区的蔬菜，也要逐步取消派购，实行自由交易，随行就市，按质论价。并且猪肉价格放开后，要给城市居民适当补贴。第五，其他统、派购产品也要分品种、分地区逐步放开。

（2）农副产品放开后遇到的问题及改革效果。农副产品放开后，产供销衔接上总有个适应过程，这方面最明显的是猪肉市场。猪肉是我国人民副食消费中的大项，也是我国农业经济系统中的一个基本环节和主要生产项目。根据上述国家对生猪政策的调整，1985 年基本放开生猪价格以后，生猪市场发生了巨大的变化。与此同时，其他农副产品（特别是鲜活产品）提价并放开以后的最初阶段，也遇到类似的问题：

第一，价格上涨。1985 年放开生猪价格以后，当年收购价格上升 30% 以上，全国城镇猪肉零售价格指数以上年议价水平为基数，上升 27%。有的省当年个别月份出现价格暴涨的现象。湖南省在生猪价格放开之前市场零售价为 1.40 元/斤左右，1985 年 3 月放开销价后，至 7 月初一些城市的零售价已涨到 2 元/斤左右。广东省韶关市 1985 年 1—3 月猪肉价格为 1.50 元/斤左右，8 月最高价达到 2.20—2.40 元/斤。

第二，国营商业陷入困境。在价格上涨的同时，市场格局也发生着根本的变化。个体经营者在一年之间大量增加，占有的市场份额急剧扩大，县以下的初、中级市场中，其市场占有率已超过 70%，国营商业的占有率随之下降，在中、小城市和没有补贴的大城市只有 1/3 左右的零售份额，在部分地方甚至全部退出。市场份额较大的只是大城市的批发领域。因其有资金雄厚的独特优势，大多数国营商业开始面临是否能在市场中生存和发展的现实问题。个体商贩以其十分简单的购销形式，将流通成本降至最低，由此而占领了很大的市场份额。国营基层购销企业则大为不同，由于市场份额减少，人员冗多等原因，反而造成流通成本上升，无法在个体户可以获利的价格水平下同样经营，亏损大量发生，而竞争能力低下，又使市场份额进一步丧失，进入一种恶性循环。于是大多数国营企业成了吃财政饭的管理部门。

第三，新的牌市差价的形成。由于城市职工人均生活收入的增长对需求的拉动，以及生产方面农业生产资料价格的上涨，使市场副食品价格呈缓慢上升趋势，而国营副食品价格没有弹性，牌市差价逐步形成。而牌市差价拉得越开，就越易形成牌价对消费者的刺激，于是国营猪肉销量增长，部分地区猪肉又从销地流回产地。在这种情况下，迫使政府不得不在 1988 年重新恢复发票限制猪肉的补贴供应。直到国家最后一次将猪肉价格提高到相当市场水平，国营商业亦逐步真正进入市场竞争。

如果我们抛开国营商业市场竞争问题，仅从市场供给而言，1985 年放开以后，市场供应丰富，个体经营的参与，使流通环节降低了费用成本，且使消费者可以随时买到鲜肉。

从上述实例来看，1985 年改革总的来说是顺利的。生猪等鲜活产品放开以后，基本上达到了促进生产，活跃流通，方便生活的目的。当年生猪、猪肉、牛羊肉、水产品等副食品的产量都有较大幅度的增长。蔬菜的上市量充足，品种增多，质量改善。放开流通以后，集体、个体商业有了迅猛的发展。农副产品经营中的竞争局面迅速形成。由于发放了补贴，多数消费者的利益没有受到损伤，当年城市居民的副食品消费水平在继续上升，同时，政府对农副产品的财政补贴有所下降。

（二）粮食购销体制的进一步改革

1. 粮食购销"双轨制"的形成

（1）改革中存在的问题。粮食是关系到国计民生的第一大宗农产品，1985 年中国政府对农产品统购、派购政策做了重大调整以后，矛盾最为突出的，要属在粮食收购体制改革方面。

遇到的一系列问题：一是定购价格缺乏足够的吸引力，仅凭自愿协商难以实现国家粮食收购计划。当时的情况是，在国家定购价格明显高于市场价格的地方，农民踊跃同政府签订合同，但在粮食订购价格低于，甚至与市场价格大至相当的地方，农民则不愿签订合同。二是面对着的是数以亿计的小农户，合同定购的管理成本太高，而保证手段又不足。三是改革对销售制度触及很小。当时，我国平价粮食销售的数量约占社会粮食商品总量的 80%。这部分粮食的销售在价格和数量上都是没有弹性的。为了保证平价粮食供应，国家必须收购到足够数量的粮食。在这种情况下，许多地方不得已而重新使用强制性手段来落实定购合同，用封锁市场等办法来保证合同定购的实现。四是由于当年粮食大幅度减产（减产 6.92%），市场粮食价格迅速回升（年末比前一年同期上升 10%），牌市差价重新拉开，而国家又无力提高粮食合同定购价格，因此更加失去了在粮食收购上与农民进行商品交换的价格条件。在这种背景下，政府在 1985 年提出了"逐步缩小合同定购数量，扩大市场议购"的方针和和"双轨制"的改革策略。

（2）粮食购销"双轨制"的内容。粮食购销"双轨制"，是指政府通过带有一定强制性的手段直接控制一部分粮食的购销，以稳定粮食供给。另一部分的粮食购销由生产者、消费者的流通组织自主进行，实行完全的商品交换，由市场机制调节。"双轨制"的基本内容为：在粮食购销方面，政府的强制性低价收购和低价定量供应与一般的市场交换并存；在粮食经营方面，政府的粮食机构与非政府的流通组织并存。

1988 年以后，各地对粮食购销体制改革进行了一系列深入探索，形成了 1985 年实行合同定购制度以后的又一个粮食购销体制改革浪潮。据当时不完全统计，动作较大的共有四省、二市（地）、三县，改革所涉及的范围都是前所未有的。

第一，收购制度改革。根据 1988 年以后的情况，为了在发挥市场调节作用的同时，保证粮食供给的基本稳定，各地比较一致地采取了保留"双轨制"、完善"双轨制"的改革策略。

保留"双轨制"，是指保留政府对一部分粮食仍作为强制性收购任务。河南省新乡市进一步将"合同定购"改为"国家定购"，并明确宣布其性质是国家任务，是农民应尽的义务。

完善"双轨制"包括两方面的内容：一是各地普遍认识到，国家粮食定购价格要大致公道，并通过多方筹集资金，在不同程度上提高国家粮食定购的实际价格。内蒙古自治区的卓资县，实行了"死任务，活价格"的做法。二是对放开的那部分粮食购销，加强政府调控，加速市场发育。为了稳定市场，山西省建立了议价粮储备系统，河南省新乡市建立了粮食风险基金，广西玉林市建立了粮食批发市场，并积极发展多渠道流通。

第二，通过不同方式筹集提价资金。各地在改革实践中，突破了单纯由国家拿钱提价的传统思路，探讨了各种筹集提价资金的途径：一是在对粮食销售进行"暗补改明补"时，让城镇企业承担一部分粮食补贴；二是通过取消一部分平价，销售项目，不对消费者发放补贴的方式，从城市居民中提取一部分收入；三是通过提高农村返销粮价格的方式，从农村非粮食产业提取一部分收入；四是通过提高农业税和奖售物资价格的方式，从农村非粮食产业提取一部分收入。

第三，销售制度与补贴制度改革。新中国成立以后的统购、统销制度，是一个完整的体系，离开销售制度的改革，便无法取得收购制度改革的最终成功。1988 年以后，各地在粮食销售制度方面取得了突破性的进展。实际做法大致有两类：一是压销：将城镇居民基本口粮以外的平价供应改为议价供应；二是暗补改明补：在提高平价粮食价格的同时，向消费者发放补贴。

第四，农业生产资料奖售制度改革。以往的农业生产资料奖售制度，存在着不利于农业生产资料的合理利用和落实困难、中间流失严重两大弊端。鉴于这种情况，一些地方在改革粮食购销制度的同时，也改革了现有的农业生产资料奖售制度，主要的做法有两种：一是奖售方式由农民自己选择。要物给物，要钱给钱（牌市差价）；二是议价（略低于市场价格且较稳定）销售，差价作为提高粮食定购价格的资金。

第五，农业税制度。河南省新乡市将粮食牌市差价的一部分转为农业税，为建立"高（收购）价、高（农业）税"这种有利于资源合理使用的新机制，迈出了关键性的一步。该市改革后的农业税由占前五年平均种植业总产值的 1.7% 提高到 3.6%。在提高农业税的同时，还对县、乡间的负担水平进行了适当的调整。

（3）改革的成效。1988 年以后各地改革的实践，总的说是成功的。在两年多的时间里，全国的粮食供求形势和市场价格发生了很大的波动，整体经济环境也发生了很大的变化，但各地的粮改至少在以下几方面产生了积极作用：

第一，在不同程度上增加了粮农收入，缓解了粮食牌市差价过大的矛盾。据不完全统计，通过改革，山西省粮农 1988—1989 年共增收 3.4 亿元，广东省粮农每年增收 2.7 亿元，贵州省遵义地区粮农每年增收 2425 万元。

第二，在一定程度上抑制了粮食的浪费，缓解了粮食的供求矛盾。据统计，1988—1989 年，山西省的平、议价粮食销售，分别减少 14.8 亿斤和 10.2 亿斤；广西玉林市减少平价粮食销售 362.1 万斤。

第三，遏制了财政补贴日益沉重的趋势。这一阶段改革是在各地自筹资金作为粮食提价资金来源的，且在销售方面也是尽量以压销、企业吸收补贴等方式进行的。这样，至少没有给国家财政因提价带来新的负担。

2. 全国性粮食购销体制改革高潮的到来（1991—1992 年）

1990 年下半年，农业生产形势好转，粮食生产丰收带来了充足的粮食资源和稳定的市场；与此同时宏观经济环境开始出现好转势头，通货膨胀得到有效抑制，企业逐步摆脱经营亏损、效益低下的状况。基于这样的背景，并在充分借鉴和吸取各地改革试验区的成功经验和失败教训的同时，国务院于 1990 年年底提出了近期内全国粮改的基本方针，即"稳购、压销、提价、包干"。明确了全国现阶段改革的基本内容是：在保证平价粮食供应和近几年内稳定国家定购数量 500 亿公斤不变及各地通过压缩平价粮食销售，力争在一两年内把居民口粮之外的平价粮食销售放开，实行定购粮食与平价销售粮食大体平衡的基础上，推进农产品价格改革步伐，即在收购上，逐步提高粮食的定购价格；在销售上，适当提高粮食的统销价格，并给予居民以适当的补贴，逐步实现粮食的购销同价。

1991 年 5 月 1 日，国务院出台了调整粮食统销价格的改革措施。这是自 60 年代中期以来，国家第一次对定量供应城镇居民的粮食统销价格做新的调整，其改革的主要内容是：

第一，适当提高粮食的统销价格。三种粮食（面粉、大米、玉米）中等质量标准品全国平均统销价每 500 克提高 1 角，其他粮食品种的统销价格也相应调整。

第二，对居民给予适当的提价补偿，为了使城镇大多数居民的实际生活水平不因粮食提价受到大的影响，决定按照国家、企业、个人共同负担的原则，给城镇居民适当补偿。具体办法是把对职工及其家属的补偿纳入职工基本工资，对个别困难户，有关单位酌情给予适当照顾。

1991 年的粮食提价，并没有一次到位。但在一定程度上缓解了粮食价格严重扭曲的矛盾，为进一步理顺粮食价格迈出了关键性的一步。通过这次提价，定量粮食购销价格倒挂的矛盾得到缓和，每 500 克定量粮食，全国平均购销倒挂由 0.15 元减少到 0.05 元。若加上经营费用国家仍需补贴 0.20 元左右。

1991 年全国的粮改，对于理顺粮食价格，减轻国家财政负担，促进粮食节约起到了重要的作用，市场物价平稳，社会安定，因而得到人民群众广泛理解和支持。在此基础上，一些地区还率先进行了深化改革的尝试。如广东和海南省实行了基本建立在"等价交换意义上的购销同价"。四川省广汉市则大胆实施了粮食购销上的议购议销，随行就市。

1992 年 4 月，全国在 1991 年改革的基础上，进一步实施了粮食购销同价的政策。其主要内容有：一是提高粮食定购价格，以进一步调动农民种粮、售粮的积极性、增加对粮食生产的投入，保持粮食生产的稳定发展；二是在提高购价的同时，相应提高统销价格，实现购销同价；三是对城镇居民的补偿仍依照 1991 年的补贴原则执行。

综上所述，在 1991 年、1992 年连续两次提高粮食的统销价格，实现（不打入经营费用的）粮食购销同价之后，中国的粮食购销体制改革进入了一个新的阶段。它是在 1986 年"双轨制"的粮食购销体制基础上，在实质意义上的一步改革。这一举措选择了十分有利的时机，又充分吸收和借鉴了前期区域性改革试验的经验和教训。但毕竟它还是在保留"双轨制"意义上对粮食购销价格的调整，尚未真正涉及购销体制上的转轨问题。

1992 年，不仅是全国实施粮食购销同价的一年，也是许多地区踊跃开始新的改革尝试的一年。到目前为止，进入新的改革尝试的地区有广东省，福建省石狮市，四川省广汉市、绵阳市，湖南省郴州地区，山东省长岛县，湖北省石首，广西壮族自治区玉林市、北海市，江西省樟树市、遂川县和定南等县，内蒙古乌海市，贵州省息烽地区等。这些地区粮改的普遍做法是全部放开粮食的购销价格（购销数量有些地方亦已放开），实行议购议销、随行就市，归纳起来如下：

第一，收购政策方面。大多数试验地区均已完全放开，按市场价格收购，湖北省石首市采取收购价格随市场供给变化而浮动的办法，上浮不封顶，下浮保到粮食企业不赔不赚的低限价格；四川省广汉市则以定购价格为基础，另加价外补贴，目前已接近或达到市场价格。在收购数量方面，一些地区如广汉、卓资（内蒙古自治区）、石狮、石首则取消了国家定购任务，实行了市场收购和农业税征收。

第二，销售政策方面。各试验地区在保留军供粮和侨汇粮继续实行平价供应的前提下，对其他用粮的价格均已放开。石狮、玉林、郴州、广东等多数地区均实行了保量不保价的办法；但也有些地区取消了定量供应制度，按市价供应。

第三，粮食企业经营机制转轨方面。普遍实行政企职责分开，推广各种承包经营责任制，开展"本业为主，多种经营"，由产品分配型向商品经营型转变。

第四，积存粮票及粮本存粮处理。对于粮票，试点地区均已冻结，由持有者保存，但不流通，也不宣布作废。长岛对 250 万斤的居民粮本存粮，采取可买现粮，找给平议差价以及换发代储卡三种办法，一次清理完毕。

可以看出，这一阶段改革的特点已经明显地改变了过去以调价为主的做法，而在不同程度上正在尝试由购销价格和数量的"双轨制"向"单轨制"的转变。

对于多数试点地区来讲，这一阶段改革试验经历的时间不长，尚未经历过粮食供求变动和价格剧烈波动的考验，因此对迄今改革的成效和问题还难做出准确的全面评价。目前可以看到的较明显的效果是：

第一，解决了长期以来存在的粮食购销价格倒挂，牌价低于市价的问题，从根本上甩掉了财政的粮食补贴只增不减的包袱，同时也抑制了粮食浪费的现象；并初步扭转了不合理的粮食消费结构。

第二，粮食价格"双轨制"并为"单轨"，使价格关系逐步理顺，有利于农业生产结构、粮食的品种结构适度调整，提高资源的利用效率。

第三，面对市场供求关系的变化，农民在生产中有了更多的选择余地以调节种植，从而可以提高效益，增加收入。

第四，购销体制改革把粮食企业推向了市场，促使国营粮食企业经营机制进行艰难的转变。

（三）对今后粮食购销体制改革的思考

1. 深化改革的目的与内容

深化粮食购销体制改革的目标是通过理顺关系，转换机制，实现国家、企业、生产者、消费者之间的利益关系的合理调整。具体来说，一是要调动起农民的生产积极性，使其真正成为自主生产和销售的生产者，以促进粮食生产长期协调与稳定地发展；二是解决粮食购销上的价格扭曲，并引导粮食合理消费，抑制和克服浪费；三是减轻国家财政负担，以支持整个国民经济的协调发展；四是搞活粮食流通，稳定市场；五是搞活国营粮食企业，实现自主经营，自负盈亏，自我发展，自我约束的经营机制。

通过连续两年的粮食购销体制改革，1992 年在全国范围实现了粮食的"购销同价"（在不考虑费用成本意义下的）。这是"完善双轨制、走出双轨制"改革过程中迈出的第一阶段改革，是在"完善双轨制"意义下的改革。因此，它仍属于量变的范畴，下一步的改革将要走出"双轨制"的圈子，更多地涉及体制上的转轨问题。

粮食是商品，应该按价值规律和市场供求规律放开经营。但粮食在使用价值上，又是关系到国计民生的特殊商品，受到自然条件的约束很大，这就要求国家对粮食必须要有一定的调控手段。因此粮食购销体制改革的目标模式应该是在国家宏观调控下的粮食放开经营，在第二阶段的改革中，将实现以下体制上的转变：

（1）由强制性的指令性计划管理为主，转变为依据经济规律进行宏观调控为主。即在粮食收购上，逐渐改变国家指令性定购的这一做法，取而代之的是粮食企业同农民在双方自愿基础上通过合同收购的方式收购粮食。一句话，就是放开收购，取消指令收购计划，粮食企业则根据市场情况以销定购。这是收购制度改革中的一项重要内容，也是发展商品经济的最终要求，在粮食的销售上，亦取消国家的计划供应指标，粮食的销售通过市场渠道由需求变化决定销售量。

（2）由政府的粮食计划价格，转变为在国家宏观调控下的目标价格，努力实现粮食的商品化。即彻底放开粮食的购销价格，随行就市，价格水平的变化由市场供求关系的变化决定。但是这项改革内容，在改革的步伐上存在着两种不同的主张，一种认为，在达到目前的"购销同价"水平之后，由于其国家计划价格与市场价格仍有一定的距离，所以改革宜分两步走，先实现与市场价格水平相当的"等价交换的购销同价"，然后在此基础上再放开粮食价格。其理由是通过分两步走，可减轻转轨过程中带来的阵痛。另一种主张认为，虽然目前的"购销同价"水平与市场价格有一定的距离，但已经很接近，应尽快选择时机，一步放开到位。至于阵痛问题，一步到位甚至可能比两步到位还要小得多，因为"等价交换的购销同价"仍然是一个相对静态的概念，难以从容地适应变化的市场环境。

所以，恰恰相反的是仅仅实行"等价交换的购销同价"这一步，由于其价格依然被固定死，缺乏灵活性，其所产生的困难与问题就可能远远超过一步放开所产生的困难与问题。

（3）国营粮食企业转变机制，实行政企职能分开，努力实现经营上的市场化。即划分开政府职能与企业职能，政府职能在于调控、引导和保障，企业要摆脱由国家计划安排为主的局面，变为"四自"的经济实体。

（4）完善流通体制，形成以国营商业、多种经济成分、多条流通渠道、多种经营方式并存的格局。这是放开粮食经营后，稳定市场、稳定供求的必要前提。

2. 对今后改革中将面临的问题的重新认识

第一阶段改革到第二阶段改革是一个从量变到质变的过程，因此遇到的困难与问题也不尽相同，考虑问题的方法与角度也要有所区别。关于第一阶段的改革，我们有多年的积累，包括理论上的和实践上的。而第二阶段的改革，只是刚刚开始了区域性的探索工作，还不足以提供相当完备的理论及实践经验。然而，依据目前这些区域性深化改革试验中遇到的情况和问题，今后全国展开第二阶段改革，至少应注意的几个问题是：

（1）对改革风险的重新认识。长期以来，一谈到粮改，人们普遍担心的是三个问题，一是消费者的承受能力；二是企业的承受能力；三是对物价指数的影响。这三个问题曾一直被认为是十分敏感和棘手的。诚然，在1988年、1989年由于受通货膨胀的影响及治理整顿的客观环境要求，这三个问题似乎成为当时改革中一条难以逾越的鸿沟。但实际上，1988年以来的改革实践，特别是1991年以来区域性深化粮改的试验及全国范围的粮改都证明了这样一个结论：只要适当处理好分配关系，有相应的配套改革措施，选择较好的改革时机，上述三个问题并不是不可妥善解决，事实上，尽管各地改革的方法与内容不尽相同，但都能够顺利地实施。由此可见，若还在观念上过分敏感于这三个问题而夸大它们对改革带来的风险，将会在今后的行动上束缚自己的手脚，坐失改革的良机。

（2）要使改革能顺利进行，注意协调好财政、企业和消费者的利益分配问题是很重要的。在以往全国各地的粮改经验中，粮食部门在改革中通常或多或少地是主动者和受益者，但是第二阶段的深化改革试验，出人意料的是国营粮食企业在面对市场竞争时陷入进退两难的境地。对于这一问题，必须引起足够的注意，否则在今后全国第二阶段改革中将会同样遇到这样的问题。

第二阶段改革试验中粮食部门陷入困境，主要表现为：一是粮食价格放开后，粮食多渠道经营竞争激烈，国营粮食部门经营的粮食，陈粮多，品质差，成本高，缺乏竞争力，销量锐减，压库滞销现象十分严重，造成大量资金被占用，既无法实现资金的有效周转使用，又要负担巨额利息费用。与此同时，陈粮处理、霉变损耗也进一步加大企业亏损。这一现象在1992年全国实现购销同价后已有所反映，粮价放开后，则矛盾更加突出。二是价格放开后，粮食系统实行政企分开，粮食企业成为自主经营、自负盈亏的经营者；但由于种种原因包括思想不适应、经营机制转变慢、人员多、"挂账多"、外部制约条件多等，国营粮食企业经营很困难。特别是历年遗留下来的"挂账"问题得不到合理解决，银行对粮食企业限贷、拒贷、罚息等种种压力，使得企业很难在新形势下轻装上阵，放开经营。

（3）第二阶段改革将出现的另一个新问题是粮食生产品种结构会有较大的调整。粮食价格放开后，由于"平价粮"的销售价格提高而导致粮食品质差价相对缩小，消费者的粮食消费在品种结构上开始迅速朝优质化的方向发展。需求结构的变化必然引起粮食生产在品种结构上的调整，因而随着改革的深入，扩大优质粮生产将会成为今后粮食生产的一个趋势，在这个结构调整的过程中，将可能伴随粮食产量水平的停滞或下降，对此应有充分的估计和认识。

十　对外贸易的计划与市场关系

在80年代和进入90年代以来，对外贸易在我国国民经济发展中的地位变得越来越重要。随着我国经济参与国际分工程度的加深，国内市场同国际市场的联系变得更加密切了。外贸体制正由"独家垄断、统负盈亏、计划管理"向"放开经营、自负盈亏、间接调控"转变，市场调节在进出口贸易活动中发挥着越来越大的作用。随着改革开放进程的加快，对外贸易作为连接国内和国际市场的主要环节，正朝着在宏观控制下，以市场调节为主的方向发展。

（一）　对外贸易管理体制改革的必然性

1978 年以前，在很长的一段历史时期内，由于帝国主义的封锁，加上"左"的思想路线和"自给自足"的自然经济观念的影响，我国的经济建设基本上是在半封闭的环境中进行的。在这一时期内，虽然我国从未停止过对外贸易，但对外贸易在整个国民经济中处于次要地位，只起着互通有无，调剂余缺的作用。国家根据进口需要安排出口，而进口设备和原材料是为了在国内组织有关商品的生产，以实现自给自足，不再依赖国际市场。在这种完全的进口替代模式束缚下，对外贸易不仅自身不可能有很大的发展，而且它对于整个国民经济的促进作用也是十分有限的。这种半封闭状态使我国的对外贸易错失了世界经济技术迅速发展的良机，逐渐落后于世界潮流。1959 年中国出口总额占世界出口总额的 1.95%，居第 12 位，到 1978 年，下降到 0.75%，居第 32 位。

党的十一届三中全会以后，中央提出了对外开放的方针，并写入《宪法》成为我国的基本国策。我们打破了过去那种闭关自守、墨守成规的落后思想束缚，抛弃了自给自足的自然经济观念，对外贸易在国民经济建设中被提到了十分重要的位置上。1987 年党的十三大曾明确指出："出口创汇能力的大小，在很大程度上决定看我国对外开放的程度和范围，影响着国内经济建设的规模和进程。"在过去的十几年里，由于国家对对外贸易实行了优先发展、重点扶植的政策，同时积极推进外贸体制改革，调动各方面扩大出口创汇的积极性，使我国对外贸易有了突破性的发展。1991 年同 1980 年相比，我国进出口总额由 381 亿美元增加到 1357 亿美元，增长 2.5 倍，进出口总额在国民生产总值中所占比重，由 12.7% 增加到 36.5%。进出口总额在世界各国的排位，已由 1978 年的第 32 位上升到第 15 位。

随着对外贸易的迅速发展和国民经济对国际市场依赖程度的提高，我们通过扩大进出口贸易，积极参与国际分工，以促进国民经济发展的认识也不断加深。

1984 年党的十二届三中全会决议指出，为了促进国民经济实现有效增长，"我们一定要充分利用国内和国外两种资源、开拓国内和国外两个市场，学会组织国内建设和发展对外经济关系两套本领"。这样我们就彻底抛弃了斯大林关于"两个平行市场"的理论，而这一理论曾长期阻碍着我们充分利用国际市场来优化资源配置，促进国民经济的发展。

第七个五年计划制定了以出口创汇为中心，全面发展对外经济贸易的方针。按照这一方针，增强出口创汇能力不仅是我国实行对外开放的基础，而且只有逐步使国内生产者面向国际市场，经过努力把产品打入国际市场，在国际竞争中上水平求发展，才能最大限度地发挥利用外资和引进技术的经济效益，带动国民经济的增长。这样，我们对扩大对外贸易的认识又前进了一步。开始意识到让生产企业参与国际竞争，对促进技术进步和经济发展的作用，远远大于一般的商品交换。

1987 年年底，中央制定了沿海地区经济发展战略。明确提出，要利用国际产业结构调整的有利时机，充分发挥我国沿海地区劳动力费用低廉、素质比较高、交通方便、基础设施比较好，特别是科技开发能力强的优势，大力发展劳动密集型产业，以及劳动密集与知识密集相结合的产业，大力发展外向型经济。这一战略的核心思想是发挥我国的比较优势，积极参与国际分工，以沿海地区外向型经济的繁荣带动整个国民经济的发展。按照这一思想，对外贸易的作用就不再是"互通有无，调剂余缺"，而是我国积极参与国际分工的纽带和桥梁。

对外贸易地位和作用的转变，必然要求有一个与之相适应的外贸体制。而我国原有的外贸体制，基本上是 50 年代初期从苏联学来的高度集中的计划管理体制。其主要特点是：

（1）国营外贸公司"独家经营"。新中国成立之初我们就实行"统制贸易"。在对私营进出口企业的社会主义改造完成以后，从 1957 年开始，进出口全部由国营外贸专业公司经营，外贸部及其所属的十几家外贸专业总公司成为我国开展对外贸易的唯一窗口和渠道。

（2）对外贸易实行统负盈亏。长期以来我国实行计划价格，物价稳定在一定水平上。出口实行收购制，以内销商品的价格为基础。进口实行拨交制，按国家统一规定的调拨价格作价。汇率基本上固定不变，只起计价核算的作用。进出口贸易由中央财政统负盈亏。

（3）进出口贸易活动严格按照国家计划进行。计划管理的内容包括进出口计划、出口货物的收购计划、进口物资的调拨计划、财务计划、进出口货物的运输计划等。由于外贸专业总公司是政企合一的机构，外贸部主要通过行政渠道和手段来监督检查各地、各机构执行年度、季度计划。价值规律以及与之相联系的经济手段在对外贸易中基本不起作用。

这种高度集中的外贸体制是整个计划体制的一个组成部分。此外，它还被赋予特殊使命，这就是要在国际市场与国内市场之间建立起一道"堤坝"。因为按照传统的理论，国际市场是由少数垄断资本控制的，贸易是国际资本剥削的手段。国际市场的波动是价值规律的自发性和竞争的无政府状态造成的。为了不让国际资本剥削，防止国际市场的波动冲击国内市场，就必须建立国家垄断贸易，用计划价格把国内外商品价格完全割开，以保证社会主义经济的独立自主性，保护社会主义经济建设不受资本主义经济波动的影响。这种依靠闭关锁国来维护社会主义独立性的理论，已被苏联和东欧各国的失败和解体彻底否定了。这种理论与我国对外开放和积极参与国际分工的方针是背道而驰的，依据这种理论建立起来的外贸体制，完全不能适应我国对外贸易发展的需要。因此，客观上要求对高度集中的外贸体制实行彻底的改革。

早在 1979 年，当我国城市经济改革尚未全面推开的时候，外贸体制改革就已经先行一步，进行了一些试验性的改革。1984 年中央《关于经济体制改革的决定》，明确提出了社会主义商品经济的理论，为我国外贸体制改革奠定了理论基础，依据这一理论，外贸体制主要实行了以下几个方面的改革：

（1）下放外贸经营权，形成多部门、多层次、多种经济形式和经营方式的经营体制。

（2）实行外贸承包经营责任制和进出口商品分类管理，缩小了指令性计划管理的商品，扩大了指导性计划管理和市场调节的商品。

（3）强调自负盈亏的原则，通过调整国内外价格关系，取消了出口补贴，减少了进口补贴商品，逐步建立平等的竞争机制。

（4）建立了外贸宏观经济调节体系，通过运用汇率、税收、信贷等经济杠杆，对进出口活动进行调控。

在外贸体制改革中，计划调节与市场调节始终是一对突出的矛盾。

首先，国际贸易中通行的是竞争原则，参与竞争的对手都是自主经营的企业。而我国的外贸企业和生产企业"政企不分"，造成政企不分的原因是多方面的，其中企业不能自负盈亏是主要原因之一。

其次，国际市场上绝大多数商品的价格是由价值规律决定的，而我国的价格体系，由于过去长期忽视价值规律的作用和其他历史原因，存在着相当紊乱的现象，不少商品的价格既不反映价值，也不反映供求关系。我们是在国内价格体系很不合理的情况下进行改革的，外贸最卡壳的地方正是在这里。因为自负盈亏是放开经营的基础，价格扭曲又使企业很难做到自负盈亏。

最后，国际贸易涉及参加贸易各国的民族利益，为了保护自身的利益，各国都不同程度地对国际间贸易实行某种干预。同时世界最大的国际贸易组织"关税和贸易总协定"又对此做了各种限制。另外，还有其他一些条约、双边或多边协定、国际惯例、区域性贸易规则等。这些形成了国际贸易规范。我国作为发展中国家需要实行保护贸易，在国内缺乏合理价格机制的条件下，也需对微观行为加以协调和制约。而我国的贸易管理机构习惯于依靠计划和行政手段管理企业和贸易活动，对国际上通行的经济调节手段都比较陌生。

因此，解决上述几方面的矛盾，在对外贸易中实现计划调节与市场调节的有机结合，就成为外贸体制改革的主要内容。

（二）外贸经营机制的转变

在原有的外贸体制下，进出口贸易几乎全部由外贸部所属的十几家专业进出口总公司经营。外贸专业总公司在各地的分支机构，主要任务是执行外贸收购和调拨计划，向总公司提供出口货源。地方和其他部门的企业都无权经营进出口贸易，为外贸提供出口货源或大量使用进口产品的生产企业，也不能直接面对国际市场。外贸专业总公司实际上也是一种政企不分的机构，其主要任务是执行国家的进出口计划。出口不能按国际市场需要在国内进货，进口只能按国内用货部门需要订货，而且大部分进出口商品的调拨价格和收购价格是固定的计划价格。外贸企业不搞独立核算，财政收支由中央财政统包，吃"大锅饭"。

这种高度垄断的经营机制，在国内市场与国际市场之间形成了一种"隔层"。这种"隔层"不仅抑制了国内企业扩大出口的积极性，而且由于隔断了国内企业同国际市场的联系，还带来其他的弊病：

第一，出口结构不合理、效益低。由于国际市场的价格变化没有传导给生产企业，盈利的出口商品的生产得不到鼓励，而亏损的出口商品的生产又受不到限制。结果是出口产品在数量、品种、质量等方面产销不对路的情况经常发生，外贸公司库存量逐年增加，占用资金也逐年增加，有的商品长期积压，有的商品经常脱销。

第二，国内生产企业得不到国际市场的信息。生产企业无法对国际市场出现的机会及时做出反应，扩大出口的潜力没有得到充分发挥。由于生产企业同国外客户没有直接联系，失去了通过这种联系可以免费获得技术和销售知识的机会。

第三，缺乏来自进口的竞争。外贸专业总公司统一进口，按计划价格交拨的进口机制，使进口竞争不能起到促进国内生产提高效益的作用。

由于这种独家经营的体制已成为我国对外贸易发展的桎梏，它最先受到改革的冲击。1978年，各方面强烈要求打破外贸专业总公司垄断经营的格局，实行放权经营。当时下放经营权主要有三方面的内容：

第一，允许广东、福建两省和经济特区成立新的外贸公司，以后又逐步扩大到其他省市。经营范围也逐渐从小变大，先是扩大进口业务，随着扩大了出口业务范围。

第二，允许一些工业部门成立工贸总公司，逐步批准少数工业企业直接从事本企业的进出口业务。

第三，随着外贸实行分级管理，地方外贸行政管理机构和外贸专业总公司的地方分支机构，开始从垂直向上依赖转变为同时向中央和地方的双重依赖。

下放外贸经营权与实行出口收汇分成等让利措施结合在一起，立刻调动起地方和部门的出口积极性。然而，由于其他改革措施不配套，很快就出现了一些新的矛盾。

首先，下放外贸经营权引发了国内外两种价格体系之间的冲突。一些初级产品和浅加工产品的国内定价很低，出口有利可图，成为各外贸公司竞相收购的对象。由于利润很高，一些外贸公司为争得市场，不惜压价销售。这种情况被称为"对内抬价抢购，对外削价竞销，肥水外流"。进口方面的盈利动机也造成大量"洋货"涌入，对国内制造业及其产品价格形成冲击。当时，许多人对国内外两种价格体系严重扭曲所引发的矛盾认识不清，往往把外贸秩序的混乱统统归咎于下放经营权。

其次，下放经营权引发了外贸企业吃财政"大锅饭"与提高经济效益之间的矛盾。由于外贸企业的财务是软约束，进出口出现亏损由中央财政给予补贴，而承担的出口计划是指令性的，并且与外汇留成、奖励等挂钩。外贸公司为了完成计划，往往超越预算约束，有时为了争夺出口货源和市场，企业间不惜进行不计成本的恶性竞争。1985年以后，由于外汇收支出现较大逆差，国家为了增加收汇，放宽了对外贸公司的财务约束，结果是一方面外贸企业出口创汇的积极性增加，另一方面财政对出口的补贴也在增加。到80年代末，中央财政对出口的补贴已超过100亿元。这期间，国家虽然也采取了一些控制亏损的措施，但始终没有能解决"要多创汇，亏损补贴就难以控制，要控亏，创汇就难以保证"的矛盾。

再次，下放经营权后，外贸企业之间出现了不平等竞争。由于我国地区间经济发展不平衡，各地产品的竞争力也不一样，但在实行计划价格、统一经营的体制下，这种竞争力的差别被掩盖了。下放经营权以后，允许各外贸公司交叉经营、跨地区收购产品，原有的矛盾开始暴露出来，主要表现为外贸企业间的出口竞争与各地区、各部门完成出口计划、获取外汇留成之间的矛盾。外贸管理部门试图通过分商品核定出口换汇成本、按外贸公司专业性质给予差别财务待遇、分地区和分产品实行不同的外汇留成比例、计划分配配额和许可证等办法来协调这一矛盾。这些行政办法在很大程度上照顾了地方和部门的既得利益，没有充分体现价值规律的作用，而且随着出口商品品种的迅速增加，用这些行政办法来协调也越来越困难。用制造差别待遇的方法不但没有达到协调矛盾的目的，反而因各公司面对的财务条件不同，造成了外贸企业间的不平等竞争。各地政府为了保护本地区的利益，采取封关设界的做法，禁止其他地区的外贸公司到本地区来收购产品，这更加剧了原有的矛盾。

最后，下放经营权后，工贸之间的矛盾也开始尖锐起来。改革外贸体制，从一开始就包含向出口生产企业下放外贸经营权，实行工贸结合、推行代理制等内容。然而，这方面的改革始终进展缓慢。其中，主要原因之一是工贸双方之间的价格和财务条件关系不透明。工业企业和外贸企业相互猜疑，相互抱怨。工业企业指责外贸公司封锁国际市场消息，压价收购。外贸公司指责工业企业不懂国际市场规律，随意抬高产品价格。结果是工业企业要求经营出口，外贸企业转向乡镇企业寻找新的出口货源。工贸公司和出口自营工业企业与外贸公司之间也存在着矛盾，由于竞争条件不平等，相互指责对方扰乱市场。

上述矛盾表明，在下放外贸经营权以后，企业增强了活力，也有了积极性，但与此同时，外贸自负盈亏的机制还没有建立起来，外贸公司自然吃财政大锅饭。外贸公司也没有真正实现政企分开，它同时采取承担完成进出口计划、盈利（或减亏），维护地方，部门利益、价格管理、提供就业机会等各方面义务。而且企业所面临的价格和财务条件严重扭曲。这些因素加在一起，往往造成对企业行为的误导。于是就出现了外贸经营"一放就活，一活就乱，一乱就收，一收就死"的"怪圈"。

为了走出这个"怪圈"，从1987年以后，外贸实行承包经营责任制，希望用"包"的办法，硬化外贸企业的财务约束，遏制出口成本不断上升、财政补贴不断增加的趋势。但是，由于出口创汇承包基数、财政补贴和外汇留成水平不同所形成的不平等竞争条件尚未消除，外贸只是实行承包条件下的自负盈亏，真正的自负盈亏机制基本没有建立，外贸经营中的混乱现象仍未改变，在出口商品主要产地进行的抢购"大战"仍时有发生。除此之外，一些地方政府和外贸公司对由"分灶吃饭"恢复到吃

"大锅饭"的体制抱有幻想，出口换汇成本超过了承包指标，超亏部分在银行挂账，寄希望于中央财政帮助解决。这样，又出现了从吃财政大锅饭转向吃银行大锅饭的现象。

1990年年底，在总结前十年外贸体制改革经验教训的基础上，充分肯定了下放经营对搞活企业，调动各方面积极性，增加出口创汇的重要作用。同时也分析了承包经营责任制所存在的不完善之处，国务院决定对外贸体制采取重大改革措施：从1991年1月1日起，取消国家对外贸出口的财政补贴，从建立自负盈亏机制入手，使外贸逐步走上统一政策、平等竞争、自主经营、工贸结合、推行代理制、联合统一对外的轨道。在这次改革中，一个重大的突破是取消国家出口补贴。这是外贸体制改革多年来想要实行而又不敢实行的重大步骤。为了保证这项政策的出台，国家采取了与之相配套的两项措施。一是在取消补贴之前，国家调整了人民币汇率，使国家规定的牌价更接近于外汇调剂市场的价格；二是推行收汇全额分成的办法。不论承包基数内外都按同比例上缴和留成，只是对不同的出口商品实行不同的分成比例，而且提高了外汇留成比例，使大部分收汇（包括有偿向国家上缴部分）都实行外汇调剂市场价格。这样，就把外贸经营从主要依靠财政补贴的统包盈亏机制，向主要依靠汇率调节的自负盈亏机制推进了一大步。这一重大改革实行一年多的结果表明：

第一，取消国家出口补贴后，外贸企业开始走上自主经营和自我约束的道路。过去，外贸公司把很大一部分精力放在同政府管理机构就承担的出口计划、财务条件等讨价还价上，因为企业经济效果如何，在很大程度上取决于承包条件。现在，外贸公司都把精力集中在改善企业经营管理和开拓市场方面。因为在失去财政后盾以后，只有通过降低出口成本，提高产品在国际市场上的销价，开发新产品，不断扩大市场份额，才有可能实现企业利润，改善职工的收入和福利。由于外贸公司加强了自我约束，外贸经营管理费用比过去减少了，而出口额却在继续增加。

第二，取消补贴和改进外汇分成办法，创造了相对平等的竞争条件，维护了外贸经营秩序。过去，外汇分成实行按承包基数上缴，超基数部分多留成的办法。由于在各个地区和各个外贸公司之间存在着创汇承包基数畸轻畸重的现象，同样的出口商品，同样的创汇水平，仅仅由于外汇留成比例不同，有些地方经营就亏损，而有些地方经营就盈利。不同的经营条件造成了不平等竞争，扰乱了外贸经营秩序。实行改革后，有效地避免了地区之间因外汇上缴任务不同而形成的不平等竞争，往年外贸公司四处争夺货源，收购季节在主要农副产品产地搞抢购大战的现象已经看不到了。

第三，比较平等的竞争条件和比较简明的财务关系，为促进工贸结合，推行代理制，联合统一对外创造了条件。过去，各外贸公司之间的竞争条件不平等，财政补贴和外汇留成的办法十分复杂。外贸公司为了完成出口创汇任务，往往要在不同出口商品之间采取统一调剂、以盈补亏的作价办法。这就意味着要对出口供货企业保守外销价格秘密。工贸之间的矛盾长期难以解决，其根源就在这里。另外，工贸公司和出口生产企业所获得的经营条件往往也不如外贸公司，外贸管理部门之所以采取这种有亲有疏的政策，主要是担心让更多的部门和生产企业经营外贸口，就会使今天的出口供货者变成明天的竞争对手，从而影响外贸专业公司的地位。实行改革后，不同类型的外贸企业都在基本相同的条件下经营。外贸企业与供货企业之间的价格关系也比较透明了。这样，就可以让更多的企业在平等的基础上，相互竞争和协作，形成新型的外贸经营机制。

到目前为止的外贸体制改革，只是从外部财务条件上为外贸企业创造了自我约束的机制，外贸企业要真正做到完全彻底的自负盈亏，还需要在企业内部经营管理机制的改革方面取得新的突破。另外，政府管理部门同外贸企业之间的关系也需要重新界定。因为企业真正实行自负盈亏之后，国家将主要通过经济手段对进出口贸易活动进行调节，而不能再用指令性出口计划和行政手段来规定企业的经营活动。

我国外贸经营机制改革的目标，是在自负盈亏的基础上，逐步实现放开经营。这不仅包括商品种类上的放开经营，也包括建立外贸经营的准入机制。过去的十几年里，我国从事对外贸易的企业由十几家增加到目前的近4000家。如果加上拥有进出口权的"三资"企业，已经上万家。然而，我国的外贸经营体系仍然是封闭的，企业获取进出口经营权要经中央有关部门审批，部门间的行业界限还没有打破，内贸不许经营外贸、外贸不许搞内贸的限制依然存在，贸易经营方式虽然已向多样化发展，但出口收购制仍然占主导地位，大量的生产企业没有进出口经营权。这种状况不改变，微观经济的活力就不可能得到充分发挥。因此，下一步的改革，将在真正实现企业自主经营、自负盈亏的基础上，向放开经营发展。

（三）从计划定价到市场定价

长期以来，我国出口商品在国内的收购价格和进口商品在国内的调拨价格，实行国家计划定价。汇率只起计价换算作用，对外贸易由国家财政统负盈亏。这种定价制度是基于这样一种理论，即在帝国主义时代，垄断价格处于主导地位，破坏了价值规律的作用，因此，国际市场价格是不合理的。而且，资本主义周期性经济危机造成国际市场价格经常发生剧烈波动。为了防止国际市场波动的冲击，保护国内生产，发展独立自主的经济，有必要将我国国内市场价格与国际市场价格割开。但是，这种长期把国内价格同国际价格割开的做法，使我国的生产企业感受不到来自国外竞争的压力，不利于提高劳动生产率和产品的档次，促进企业的技术进步和经营管理的改善，从而使我国的一些产业和产品逐渐丧失了国际竞争能力，而且，长期割断国内外价格联系，形成了两种价格体系，不仅无法利用国内国际两个市场来有效地配置资源，相反，扭曲的价格信号还会产生误导，影响我国国民经济的宏观效益。

1979年以后，我们对国际市场的认识有了根本的转变，开始积极地参与国际竞争和交换。然而，由于价格体制改革的步履艰难，国际市场价格同国内价格的矛盾，在进出口贸易活动中表现得越来越突出。

首先，在价格扭曲的作用下，出现了微观经济利益与宏观经济利益不一致的矛盾。对外贸易实行放权经营后，经济利益对企业的经营决策和基层行政机构的管理决策，开始产生重要影响。我国国内价格与国际价格相比，国内初级产品包括农副产品和部分资源性产品价格偏低，而工业制成品的价格偏高。外贸公司为了盈利，竞相收购和出口初级产品，而工业制成品特别是深加工产品，由于定价偏高，而成为高亏产品，不能扩大出口。在"六五"计划期间，甚至一度出现出口产品结构和贸易条件恶化的情况。在进口方面，一些单位也从微观角度出发，大量进口利润丰厚的消费品或者盲目重复引进机械设备。为了维护宏观利益，国家也曾采取行政措施加以限制，然而，与价格信号所起的诱导作用相比，行政手段不仅不能灵活做出反应，而且显得软弱无力。例如，出口农副产品抬价抢购风潮一波未平一波又起，主要产地的抢购大战，苎麻大战、兔毛大战、玉米大战、蚕茧大战、羊绒大战等接连不断，一直到把这些产品的价格抬到出口无利可图才罢休。针对这些现象，有人认为是外贸放权搞乱了国内价格，应该收权。这实际上是把国内原有的价格体系看做是合理的。这种观点显然是脱离实际的。对外开放和下放外贸经营权，必然要对我国原有的不合理的价格体系产生冲击，这种冲击引入市场竞争机制，对我国价格改革应该具有促进作用。只不过由于我国体制改革不配套，国家未能及时对其加以引导，反而造成了一些损失。

其次，价格双轨制在资源配置和市场竞争方面造成不平等待遇，不利于贸易结构的优化。我国价格体制改革的一个重要特点，是实行计划内和计划外两种价格，通过缩小计划内国家定价，扩大计划外市场定价来逐步推进改革。1984年国家取消出口收购的指令性计划以后，出口收购也面临两种价格。出口生产企业，只能得到一部分计划供应原材料，而其余部分要依靠市场。外贸要扩大出口只有更多地使用市场提供的原材料，而由于两种价格畸高畸低，扩大出口必然引起亏损增加。而另一方面，进口物资中仍然有很大一部分按计划价格调拨。这样就造成出口高作创汇，进口低作用汇，严重打击了出口积极性。双轨价格还导致企业间不平等竞争。例如，一些效率高的企业，因为拿不到按计划价格分配的物资，而不得不使用高价的市场物资，引起产品成本上升，出口亏损；而一些效率低的企业更多地使用了低价的计划物资，出口反而盈利。在这种混乱的价格信号引导下，外贸企业很难对进出口的经济效益做出合理的判断。

尽管存在着上述尖锐的矛盾，在进出口商品定价方面，外贸体制改革仍然取得了明显的进展。这主要表现在两个方面：

第一，放开出口商品的收购价格。在国内市场和价格逐步放开的条件下，外贸出口开始实行相应的市场价格政策。1984年，国家取消了出口收购的指令性调拨计划和大部分出口商品的价格控制，使多数出口商品以国内市场价格为基础，贯彻按需定价和优质优价等原则。同时，国家还明确鼓励外贸企业随行就市组织货源，参与市场调节。

第二，减少国家对进口的补贴。国家削减了中央进口统一调拨的商品计划，将其下放给地方和企业，并相应放开进口商品的国内价格，改按国际市场价格作价，实行高来高去，或按国内需求变化实行价格浮动，扩大了市场机制对进口的调节作用。

在放开大多数出口商品的收购价格以后，并不就意味着企业可以直接面对国际市场了。由于人民币定值过高，许多出口产品的收购价格按汇率折算后，高于国际市场价格，只有国家给予出口补贴后才能出口。因此，在对外贸易中，理顺价格关系的关键，就在于确定合理的汇率水平和建立合理的汇率制度。

1. 人民币汇率趋向合理化的过程

在 1979 年以前，人民币汇率长期固定在 1.53 元兑换 1 美元的水平上，汇率对进出口定价基本不起作用。

80 年代初，国内农副产品提价后，出口平均换汇成本上升，超过了汇率水平，亏损开始增加。同时，由于大量进口成套设备，外汇储备接近枯竭。有关部门开始意识到这种几十年不变的汇率既不利于鼓励出口、限制进口，也不利于促进进出口单位加强经济核算，改善经营管理。于是在 1980 年年底决定实行双重汇率。一个是对外公布的外汇牌价，主要用于非贸易外汇收付的兑换，一个是贸易外汇内部结算价格，按出口平均换汇成本加上 10% 的合理利润来确定，当时定为 2.8 元兑换 1 美元。其目的在于奖出限入，而同时又不减少非贸易收汇。这一政策实行了三年，当时正值国民经济实行调整，贸易外汇内部结算价确实起到了奖出限入的作用。然而，这一政策也带来一些问题。一是在进口商品仍然普遍实行按国内计划价格调拨的情况下，国际市场价格上涨和汇率上调，使国内外差价不断扩大，造成进口贸易巨额亏损。据 1983 年的价格计算，粮食每吨平均进口折价人民币 486 元，内销拨交价仅 313 元，每吨差价 173 元；化肥每吨平均进口价折人民币 298 元，拨交价 178 元，每吨差价 120 元；钢材每吨平均进口价折人民币 1052 元，拨交价为 909 元，每吨差价 143 元；

木材每立方米差价 69 元。仅这 4 种进口商品财政补贴就占当年进口补贴的 80%。同时，由于国内已出现轻度通货膨胀，加上一部分农副产品放开价格，出口也开始出现亏损。进出口双方使汇率调整面临两难的局面。二是实行双重汇率引起国际上的非议，国际货币基金组织和一些贸易伙伴要求我国取消双重汇率。这样国家就没有上调贸易外汇内部结算价，而是通过分商品核定换汇成本的办法对出口实行控亏。到 1984 年年底，国家逐步上调外汇牌价，实现了汇率并轨。

1984 年年末和 1985 年上半年，出现货币政策失控和经济过热，随之而来的大量进口，把前几年积累起来的外汇储备几乎用光，而国内物价上涨推动出口换汇成本不断增加。为了鼓励出口，限制进口，国家在 1985—1986 年期间曾两次上调汇率，1985 年年底调到 3.2 元兑换 1 美元，1986 年 7 月调到 3.7 元兑换 1 美元，这两次汇率调整的特点是：第一，汇率上调幅度低于国内物价上涨的幅度。1985 年全国零售物价总指数比上一年上升 8.8%，1986 年上升 6%，1987 年上升 7.3%，1988 年上升 18.5%，1989 年上升 17.8%，五年累计上升 72.7%，而同期汇率只上调了 32.2%。第二，汇率调整滞后。每次调整只是对已经增加的出口换汇成本的追认。因此，这一时期，汇率上调的奖出限入效果不明显。鼓励出口主要是依靠增加财政补贴、扩大外汇留成和出口奖励等措施。当时，有关部门对汇率上调之所以持谨慎态度，主要担心汇率上调会从两方面推动国内物价总水平的上涨。一是出口企业抬价，使出口换汇成本追逐汇率；二是进口价格提高后，财政如不予补贴，将增加国内生产成本，引起价格上涨。实际上，到 1986 年财政已经出现赤字，增加出口补贴的来源只能是增发国债或向银行透支，最终结果是扩大货币投放，其对物价总水平的影响与上调汇率的影响几乎是一样的。

1989 年年底，国家把汇率调到 4.7 元兑换 1 美元，这次汇率调整的奖出限入效果比较明显。据海关统计，1990 年外贸出口额达到 620.6 亿美元，比上年增长 18.1%，进口额为 533.5 亿美元，比上年下降 9.8%，进出口贸易自 1984 年以来第一次出现顺差。这次汇率调整之所以收效明显，调整幅度大固然是原因之一，但根本上是由于国民经济实行治理整顿，压缩了国内总需求。在国内市场疲软的情况下，生产企业纷纷转向国际市场，出口货源比较充裕。在进口方面，由于国家只补贴粮食、化肥等少数几种商品，进口价格变化开始对国内用户产生直接影响。

1990 年年底，国家又一次把人民币汇率上调到 5.23 元兑换 1 美元。这次汇率调整的目的同以往几次调整不同。它主要不是为了奖出限入，而是为了推进外贸体制改革。汇率上调后，出口收汇所换取的人民币数额有了较大幅度的增加，即使国家财政不再补贴，绝大多数商品出口仍能盈利。这就使取消出口财政补贴这项重大改革措施能够比较顺利地得到贯彻。调整后的国家外汇牌价与外汇调剂市场价格之间的差距明显缩小，到 1991 年年底，1 美元外汇额度的调剂价格在 0.5 元左右，还不到外汇牌价的 10%，这样就为逐步实行外汇牌价与外汇调剂市场价格并轨，实现统一的汇率创造了有利的条件。1991 年和 1992 年国家两次较大幅度地提高国内粮食零售价格，缩小了进口粮食价格与国内粮食销价之间的差额，相应减少了粮食进口补贴，而粮食补贴在目前我国进口补贴中占很大比重。这样，经过 12 年的改革，除少数进出口商品外，绝大多数国内市场定价的进出口商品可以不再依赖国家财政补贴，直接同国际市场价格挂钩了。这对于我国企业参与国际竞争和交换，充分利用国际和国内两个市场，调整进出口结构，合理配置资源，无疑将具有重要的意义。当然，我国目前的人民币外汇牌价还不是合理的汇率水平。因为，第一，官方牌价是国家规定的，不能充分及时地反映外汇供求的实际情况。第二，汇率实行双轨制，外贸企业还要承担按官方牌价向国家上缴一定比例外汇的义务，这说明人民币币值仍然是高估的。第三，进出口还存在一些数量限制措施。第四，仍实行外汇管制，外汇买卖（包括调剂）受到严格的限制。要真正实现汇率合理化，还有赖于国内价格进一步理顺关系，金融体制改革的深化，以及建立符合国际规范的外贸运行机制。

2. 外汇留成和调剂是建立合理的汇率制度的过渡措施

对外贸易是国内、国际商品的交换，外汇作为商品交换的媒介，必然受价值规律的作用，通过市场来分配外汇资金，通过供求形成价格。而我国长期以来实行严格的外汇管制，外汇统收统支，汇率由国家规定。

　　实行外贸体制改革以后，国家一方面通过调整人民币外汇牌价，逐步改变人民币币值高估的状况；另一方面，从 1979 年起实行了外汇留成制度，即允许地方、部门和企业在出口和非贸易收汇中保留一部分外汇的使用权。最初，实行外汇留成的目的是方便用汇，解决各方面发展生产，扩大业务所需物资的进口，以调动出口的积极性，后来，外汇留成制度的作用发生了很大的变化，成为校正官方汇率的一种手段，而且不断加以强化。

　　一是扩大外汇留成比例。1987 年以前，国家对各地、各部门规定的外汇留成比例不一样。如深圳特区的外汇留成比例为 100%，而对多数省市规定的外汇留成比例为 25%，地方政府和出口企业各得 12.5%。总的原则是国家得大头，地方和企业得小头。1988 年全面推行外贸经营承包责任制以后，对超过承包基数的外汇收入实行全部或大部分由地方和企业留成的办法。从 1991 年起推行收汇金额分成办法，不论基数内外按同样比例留成，取消了地区间外汇留成比例的差别，改按分商品统一分成。这又进一步扩大了外汇留成的比例。目前，外汇分配总的情况是国家拿小头，地方和企业拿大头。企业按官方牌价上缴的外汇在收汇总额中所占的比例不到 50%。

　　二是逐步形成了一个有管理的外汇调剂市场。最初，国家外汇管理部门对企业间的留成外汇调剂价格实行控制，曾经规定调剂价格与官方汇率的差额不许超过 10% 和 1 元钱。1988 年以后，国家放开了外汇调剂价格，企业可以在各地的外汇调剂中心买进或卖出留成外汇。上海和深圳还建立了外汇调剂公开市场。1991 年全国外汇调剂交易额为 204.5 亿美元，占当年进口用汇的大约 1/3。

　　如前所述，由于我国价格体系严重扭曲，给确定合理的人民币汇率造成了很大困难。由国家规定的人民币币值一直高估。虽然对出口实行财政补贴，仍然不足以弥补名义汇率与均衡汇率之间的差额。于是外汇留成和调剂就成为校正汇率作用，缓解价格扭曲对进出口贸易造成不利影响的另一种手段。官方汇率和外汇调剂市场价格并存，形成了外汇双轨价格。这种汇价双轨制也是计划与市场调节相结合的一种尝试，与原来外汇统收统支，汇率由国家规定的做法相比，无疑是一大进步。但外汇双轨价格也存在一些弊病：（1）外汇的两种价格以及不同的留成比例，给企业的成本效益核算增加了困难；（2）国家外汇从使用权上分成中央外汇、地方外汇、企业外汇，再加上额度留成所造成的持汇成本过低，以及各地对外汇调剂的种种限制，降低了外汇的流动性；（3）双轨价格增加了国家制定和执行汇率政策的难度，影响了汇率的宏观调控作用；（4）在贸易顺差的情况下，长期实行双轨汇价，容易引起贸易伙伴的非议。因此，外汇双轨价格只能是汇率制度合理化的一种过渡办法。

近两年，国家两次上调人民币汇率，并积极推进外汇留成和调剂制度的规范化，为逐步实行两种汇价并轨创造了有利条件，目前，随着改革开放步伐的加快，有关部门正在酝酿建立一个既有利于加强中央政府的宏观调控能力，又能充分发挥市场调节的积极作用的汇率制度。

（四）外贸经济间接调控体系的形成

过去，我国进出口贸易活动严格按照国家计划进行。外贸部除编制下达计划外，还要通过行政系统对所属各外贸专业总公司，以及各地、各机构执行年度、季度计划的情况，实行监督检查。在国家统制贸易体制下，汇率、税收、利率等经济调节手段都不起作用，这种高度集中，以行政管理为主的计划体制，统得过死，不利于调动地方和企业的积极性。而且，用国家指令性计划和行政管理代替企业微观决策的做法，助长了不按经济规律办事、主观主义和官僚主义的作风。往往因资源配置不当和忽视经济效益，给国民经济带来损失。

1979 年以后，伴随外贸经营体制、价格体制、财务体制的改革，外贸计划管理也做了相应的改革。当前，我国外贸计划管理主要有两个特点：

一是实行分级管理。外贸实行承包经营责任制，国家根据中长期计划对外贸发展的要求和全国外贸出口的实际情况，逐年核定各地方和各外贸、工贸专业进出口总公司及其他外贸企业等承包单位向国家承包的出口总额、出口收汇和上缴中央外汇额度任务。国家下达的各项承包指标是指令性计划，各承包单位必须保证完成，由经贸部负责督促检查。各承包单位负责将出口商品供货任务分解落实到生产部门、企业及其他供货单位，并督促其按时、按质、按量保证完成。经贸部只对原有的十几家外贸专业总公司实行直接管理，其他外贸企业，包括外贸专业总公司原来在各地的分支机构，由地方和主管部门管理。这样，出口计划管理就分为中央和地方两级管理。在进口方面也实行分级管理。中央外汇进口由各外贸企业按国家计委下达的计划执行。地方、部门自有外汇进口由地方、部门分别实行计划管理。除少数需要统一经营和申请进口许可证的商品外，国家对地方、部门和企业的进口活动没有直接的干预。

二是对进出口商品实行分类管理。在1979年以前，国家对所有的进出口货物实行指令性计划管理，有大约3000种商品。1985年以后，取消了出口指令性收购计划和调拨计划，除对少数商品价格实行控制外，大多数出口商品收购实行随行就市，放开价格。同时国家也逐步减少统一进口按计划价格调拨的商品，大部分进口商品实行代理作价，高来高去的原则。这样，由国家指令性计划管理的进出口商品品种大幅度减少。到1988年，指令性计划出口商品有21种，出口额占出口总额的30%，指导性计划出口商品有91种，占出口总额的15%，不列入计划的商品占出口总额的55%。指令性计划进口商品39种，进出口额占进出口总额的20%，指导性计划进出口商品占进口总额的20%，不列入计划的商品占进口总额的60%。1991年以后，国家对计划列名的大约110种出口商品，全部实行出口许可证管理，由经贸部门严格按计划核发出口许可证。

外贸计划体制实行分级管理和分商品管理，都是探索计划调节与市场调节的尝试。当前我国经济体制的格局是地方政府在经济上负有较大的责任，特别是财政实行分灶吃饭和包干制以后，各级政府在制定政策、发展规划等方面都具有举足轻重的作用。外贸体制改革从一开始就强调放权、让利，即下放部分进出口商品的经营管理权和实行外汇分成制度，以调动地方政府发展对外贸易的积极性，同时继续实行中央财政对进出口贸易统负盈亏的政策。由于责、权、利不统一，造成财政对外贸的补贴不断增加，最终到了难以为继的地步。1988年全面推行外贸承包经营责任制，国家给各地核定的承包指标，实际上就是原来的计划指标。承包的核心就是计划内出口实行定额补贴，超计划出口依靠市场调节，实行自负盈亏。这在人民币币值高估，官方汇率与外汇调剂市场价格差额较大的情况下，不失为一种计划调节与市场调节相结合的选择。然而，当1991年双轨汇价差额缩小，国家取消出口财政补贴，出口主要依靠市场进行调节以后，是否有必要继续实行指令性计划的出口承包指标，就很值得研究了。因为，目前出口实绩已远远超过承包指标，说明实现出口收汇总额已不再需要行政命令。那么，继续搞承包的主要意义就只剩下保证各单位按官方汇率上缴中央外汇额度了。为了推进国内价格体制改革，这种用低价外汇进口对某些生产部门实行"暗补"，而把包袱转嫁给出口企业的做法也应该改变。否则，国内价格体系扭曲和资源配置不合理的状况，就不可能彻底扭转。

在改革过渡期间，由于国内价格尚存在较严重的扭曲，外贸管理不得不较多地依靠数量限制的做法。这不仅包括对一部分进口商品的数量限制，也包括对一部分出口商品的数量限制。目前，我国出口实行数量限制的一百多种商品中，大致可以分为四类：（1）因国外市场实行数量限制而设置的被动配额，如纺织品。（2）关系国计民生的大宗商品，如原油、粮食等。（3）我国出口在该类商品世界贸易中或港澳局部市场上占很大份额，对国际市场价格是有操纵力的商品。（4）非国计民生商品，但国内外价差很大、国内资源有限的商品。这四类商品中除第一类外，其余三类都是我方主动设置的出口限制。国家对这些商品实行按计划核发许可证管理，而对绝大多数出口商品实行放开经营、市场调节。这也是计划调节与市场调节相结合的一种形式。然而，这种把数量限制同计划管理捆在一起的做法存在着一些弊病。因为，数量限制的目的是控制出口总量，以达到在国际和国内两个市场间的资源合理配置。而计划管理不仅控制总量，而且要由行政部门分配许可证。在许可证的计划分配当中，不可避免地加入了其他因素，如各地利益的平衡，照顾关系等，而往往不能根据企业经营的效益来决定，甚至成为官僚主义和以权谋私等不正之风滋生的土壤。因此，改革的方向是实行许可证招标分配，通过市场竞争，使效益最好、创汇率最高的企业优先获得许可证。而且，随着国内价格关系逐步理顺，应减少那些仅仅因为国内外市场价差较大而实行数量控制的出口商品。在进口方面，我国也实行对部分商品的数量限制。最近，为了加快进口发展，促进企业的技术改造和技术进步，国家已取消了 16 种商品的进口许可证管理，二三年内使进口许可证管理商品范围减少 2/3。并在努力创造条件取消进口的行政性审批办法。凡符合国家产业政策、自筹资金进口企业技术改造需要的技术设备，从 1992 年开始不再履行审批手续。

对外贸易减少指令性计划管理，并不意味着要削弱宏观经济管理，进出口完全由价值规律自发调节。因为，当今世界贸易中，各国为了维护自身的利益，都不同程度地实行了某些政府干预。由于垄断因素的存在，国际市场价格也会出现扭曲的现象。我国价格体系改革的目标是趋近于国际价格体系，但由于受经济技术发展水平限制，在相当长的时期内，价格差异始终会存在。因此，在进出口贸易活动中，企业的微观利益同国家的宏观利益之间，不可避免地会出现这样或那样的矛盾。为了促进我国对外贸易的发展，有效地参与国际竞争和交换，贯彻执行国家产业政策，合理地配置资源，进出口方面的宏观管理不仅不应削弱，而且应该加强。过去，一讲加强宏观管理，人们就会同指令性计划、统一经营、集中管理等行政手段联系起来。实践已经证明，用行政办法去统的结果，只能是伤害微观经济的活力，造成低效益、低速度。而要真正做到"宏观管好，微观搞活"，就需要建立一个以汇率、利率、税收等政策为主要手段的外贸宏观经济调节体系。

80 年代初，我们已经开始注意利用经济手段来调动各方面扩大出口的积极性，而且取得了一些成功的经验。但由于政策分工不当、定量不准、相互不配套，总的来讲，还未形成一个完整的外贸经济调节体系，各项政策的作用没有得到充分、合理的发挥，主要表现在：（1）人民币定值过高，不得不用财政补贴、出口奖励、外汇留成、进口高关税和过多的行政审批等措施来校正汇率偏差。（2）出口退税不彻底，未能起到鼓励深加工产品出口的作用。（3）没有充分利用信贷政策来支持出口开拓市场的战略。（4）由于各项政策设置不当，使得不同地区、不同企业、不同经营权限、不同经营方式、不同商品获取进出口利润的机会不均等。以致出现出口超过成本制约的恶性竞争、进口盲目重复引进的现象，危及国家产业政策和宏观经济效益。

"七五"计划期间，中央提出，国家对企业的管理要逐步由直接控制为主转向间接控制为主，主要运用经济手段和法律手段来控制和调节经济运行。有关部门贯彻中央的建议，把建立和健全外贸宏观经济调节体系作为外贸体制改革的一个重要组成部分，总结已有的经验，逐步改进各项政策，取得明显的进展。到"八五"初期，我国已初步形成了对外贸易宏观经济调节体系。其主要内容包括：

第一，汇率已成为平衡国际收支的主要经济杠杆。对汇率的作用，并不是一开始就意见一致的。尽管国际、国内的许多经济学家一再强调汇率对调节进出口贸易的重要作用，有人却认为，在国内价格体系不合理的条件下，很难确定合理的汇率水平，因此主张以财政补贴为主要的调节手段。这种意见在 1985 年国际收支出现严重逆差，而财政状况暂时好转的情况下曾占了上风。但结果是进口未能受到抑制，而财政补贴却不断增加并终于到了无法承受的地步。在 1989 年和 1990 年年底，国家两次较大幅度地上调人民币汇率，取消了出口财政补贴，不仅扭转了进出口贸易连年逆差的局面，而且也没有对国内物价水平产生很大的影响。尽管我国目前的汇率形成机制尚不完善，汇率水平不尽合理，仍实行国家牌价和市场价格并存的双轨制，但经过十几年的实践，人们对发挥汇率调节作用的意义已经取得了比较一致的认识。随着国内价格关系逐步理顺，人民币汇率将趋于合理，外汇留成制度将自行消失。主要由市场供求关系决定的汇率，将成为平衡国际收支的主要经济杠杆。国家可以通过对外汇市场的介入，主动调节汇率水平。

第二，出口退税已成为鼓励出口的主要手段。长期以来，我国产品价格相对于国际价格呈现倾斜性结构，即初级产品和资源性粗加工产品的价格偏低，制成品和深加工产品价格偏高，客观上起着鼓励初级产品出口，抑制制成品出口的作用。而造成这种现象的主要原因，是我国尚未开征资源税，制成品价格中所含累计流转税过高。在国际市场上，各国出口多实行全面退还增值税或间接税的做法。这就使我国的制成品出口，在国际竞争中处于不利的地位。为了改善出口商品结构，扩大具有高附加价值的制成品出口，充分发挥我国产品的比较优势，从 1985 年起，国家开始推行出口退税制度，随着这一制度的逐步落实和深加工制成品出口增加，退税额连年增长，已由 1985 年的十几亿元增加到 1991 年的 154 亿元。然而，目前的出口退税制度仍不尽完善。一是退税用计划控制，往往不能贯彻"征多少退多少"的原则。二是由于中央、地方两级财政分灶吃饭，存在由谁退税的问题，这也影响了彻底退税。而解决这些问题有待于计划和财税体制进一步改革。

第三，合理发挥关税的调节作用。关税是国家用以贯彻执行产业政策、调节进出口贸易、抵制外国关税歧视的重要经济杠杆。为了发挥关税的调节作用，适应对外开放形势的要求，国家在 80 年代制定了新的关税条例，修订了关税税则，对关税税率做了大幅度调整。例如，为了鼓励出口，除对少数资源性产品征收出口关税外，对其他商品一律不征出口关税。为了发展进料、来料加工出口业务，推广了保税制度。过去，我国不仅进口关税总水平偏高，而且对最终产品征收的税率明显高于对原材料征收的税率，使得某些产业的关税实际保护率非常高。这不利于引进国际竞争，促进国内产业的升级。用进口调节税代替国内间接税的做法，引起贸易伙伴的非议。针对这些问题，我国已于 1992 年 4 月 1 日起取消了进口调节税，这将降低 225 种进口商品关税。我国正在积极争取恢复在关贸总协定中的合法地位，并准备以关税减让作为进入关贸总协定的条件。这样，我国关税税率总水平将进一步降低。

第四，加强对出口的金融扶植。由于关贸总协定对出口直接补贴有着极其严格的限制，发达国家和发展中国家为提高出口产品的竞争能力，普遍采用优惠的金融政策对出口企业实行扶持和鼓励，主要形式有短期、中期和长期贴息贷款，以及出口买方和卖方信贷等。同时对有风险的出口产品和项目开展出口信用保险等业务。我国出口生产企业和外贸企业的流动资金主要依靠银行信贷。中国银行作为国家外贸外汇专业银行，是外贸企业流动资金的主要供应者。在现行金融体制下，中国银行按照人民银行的计划安排，向外贸公司提供利息略低于国内同类贷款的信贷。除此之外，国家对机电产品出口还给予一定数量的更为优惠的贷款。但总体上看，我国对新开发的出口产品、开拓新市场的产品以及生产周期长、资金占用多的出口产品的金融扶植还不够充分。例如，大型成套设备、船舶出口，需要流动资金量大，由于出口信贷得不到保证，有些出口经营单位不敢大胆成交，经常失去效益好的成交机会。另外，由于我国尚未建立起出口信用保险制度，一些出口经营者因存在收汇风险，而不敢扩大业务。目前，有关部门正在酝酿成立进出口银行，以贯彻对出口贸易的金融扶植政策。

尽管我国现有的外贸宏观经济调节体系尚不够完善，但已经在进出口贸易活动中发挥着重要的作用。国家将进一步运用汇率、关税、税收、利率、信贷等经济手段，调节对外贸易发展，减少不必要的行政干预，使许可证和配额管理逐步科学化、规范化，增加透明度。我国外贸体制改革的最终目标，是建立计划与市场相结合的经济运行机制，对外贸易的经营管理将完全按国际贸易规范运行。

（五）外贸体制与国民经济体制的关系

我国实行对外开放政策，更加积极地参与国际分工，对外贸易作为参与国际竞争和交换的主要渠道，在国民经济中的地位加强了。由于国际贸易中通行的是竞争原则和价值规律，扩大对外贸易就必然要遵循国际市场规范，在经营管理中更多地引入市场调节。十多年来，外贸体制改革正是沿着这一方向走过来的。然而，对外贸易作为国民经济的一个组成部分，与其他部分和其他环节是紧密连接的。因此，在经济体制上不可能有独立的选择，在经济政策上也不可能自成一个体系。过去，曾试行为外贸体改先走一步的做法，但实践证明，当外贸体制与整个经济体制不协调时，就一定有来自各方面的压力，迫使外贸体制进行调整。因此，外贸体制能在多大程度上引入市场调节，以及以何种方式实行计划调节与市场调节的结合，在很大程度上取决于整个国民经济体制改革的方向和进程。

1. 关于外贸放开经营问题

在对外贸易中要充分引入竞争机制，就必须在自负盈亏的基础上放开经营。目前，经过改革，在国内外比价关系上已为企业创造了自负盈亏的条件，然而要真正实现放开经营，还存在一些障碍。例如，在政企不分普遍存在、国营企业只能生不能死的情况下，放开经营，让更多的企业参与竞争，是否会重新出现外贸领域中秩序混乱的现象。又如，在企业分别隶属于不同部门和各级政府，地区之间、部门行业之间互相封锁、互相限制的情况，只放开对外贸易领域，是否会重演企业间的不平等竞争。因此，要实现对外贸易的放开经营，必须在国营企业中全面推行自负盈亏的机制，必须打破地区、行业之间的行政界限，创造平等竞争的机制。中央一再强调对外开放首先要对内开放，如果国内不能实现开放，对外开放的进程必然受到阻碍。

2. 外贸体制改革与价格改革的关系

要面向国际和国内两个市场，利用国际和国内两种资源，不适当引入国际市场价格，只按国内供求关系进行价格改革，就不可能。实现国内价格合理化。国内价格改革，在很大程度上意味着要改变国内供求结构，而这绝不能脱离进出口结构而单独成立。反过来，在国内价格体系严重扭曲的情况下，放开外贸经营，就很难保证进出口结构的优化。所以，外贸体制改革与价格体制改革是相互依存的。目前，我国对外贸易中存在的许多问题都有待于国内价格关系的进一步理顺。例如，国家仍对某些出口商品实行计划管理、统一经营，就是因为国内外差价过大。又如，实行双轨汇价，国家用指令性计划集中一部分低价外汇，对部分进口商品实行财政补贴，这些措施实际上都是由于国内价格的扭曲。因此，国内价格改革的步子应该更大一些，以保证对进出口结构的合理导向，而进出口结构的改善和更多地引入国际价格，也必然会推进国内价格体系的合理化。

3. 外贸宏观调控与承包制的矛盾

财政体制实行"分灶吃饭"，工业实行承包经营责任制，在很大程度上制约着外贸体制改革。国家在取消出口财政补贴后，本应主要依靠宏观经济手段来调节进出口贸易活动，但由于其他方面仍然维持原有的体制格局，地方政府在经济管理方面承担着很大的责任，外贸体制就不得不适应这一格局，继续实行承包制和外汇分成的做法。这在一定程度上阻碍了宏观经济调节手段的合理运用。例如，国家外汇分为中央外汇和地方外汇，各地为了维护本地的利益，往往限制外汇跨地区流动，从而阻碍了全国统一外汇市场的形成。又如，由于财政实行了不分税种的"分灶吃饭"，实行出口退税政策就遇到了由谁退和退给谁的问题。中央财政认为地方分走了很大一部分外汇，应承担一部分出口退税。而地方财政对那些从其他省区收购来的产品就不愿意退税。因此，要充分实现国家对进出口贸易的宏观管理，还需要其他方面的改革再推进一步，例如，财政由目前的承包制向分税制转换。

总之，我国的对外贸易经营管理要真正做到完全按国际贸易规范运行，就必须在体制改革方面有所突破，改变目前在计划与市场的关系方面存在着的双轨制、板块结合的格局，在企业经营和价格形成机制中，更多地引入竞争，同时努力健全宏观经济调控体系，使国家能够通过汇率、利率、税收等政策，合理地校正价格信号，引导企业的微观决策，使之尽可能地与宏观利益保持一致，进而优化进出口结构和资源配置，促进国民经济实现有效的增长。

十一　部门、地区的计划与市场关系

国民经济是由不同的部门和不同的区域组成的。不同部门间在国民经济中的地位、不同部门间的市场结构、不同部门产品的供求状况都存在着很大的不同。地区之间在市场发育程度、地区产业结构、地区经济在国民经济中的地位以及管理经济的水平也都有程度不同的差异。这些差异决定了不同部门和地区间计划与市场的结合形式、两者的调节范围都存在着相应的差异。改革十余年来，计划与市场两者的结合实践在部门间和地区间也有较大的不同。认真总结这方面的经验、教训，对于促进计划与市场在不同部门和不同地区的有机结合，有着重要的意义。

（一）计划与市场结合的部门差异和地区差异

所谓计划与市场的结合，是指在资源的配置活动中，根据计划调节手段和市场调节手段的各自特长，合理地确定它们各自的调节范围，并将它们的优点、长处结合起来。计划和市场结合在形式和范围上要有所不同，其理论原因主要是部门间和地区间在一些重要的方面有许多的不同。

1. 导致计划与市场结合形式、范围在部门间不同的原因

（1）部门所生产的产品或服务的差异所引致的部门间在国民经济、社会生活中的地位的不同。部门间所生产的产品或服务是不同的。有些部门生产一般消费品，如食品、服装、家具、电视机等；有些部门则生产重要的生产资料，如石油、煤炭和重型设备等；有些部门则生产兵器（常规武器与战略武器）、运载火箭等；有些部门则为社会生产和生活提供通信、运输和金融等服务。产品不同其用途也就不同，从而对国计民生和社会安全的影响程度也就不同。国家为了国计民生和社会安全的需要，就要对那些于国计民生和社会安全影响较大的部门，如兵器工业、原子能工业、航空、航天工业，实行较多的管理、干预和控制，包括：一是限制进入的资格；二是企业的生产方向；三是企业产品的交易形式；四是企业所需投入的供应办法；五是企业所需资金的融资形式。反之，对于一般普通产品和劳务的生产部门，国家在生产流通和金融领域的计划控制就很低，基本上交由市场去调节。

这里需要提及的是，我国计划与市场在生产资料生产部门和消费资料生产部门的结合有些差异，但这些差异并不直接是因这种部门划分而产生的，而是因为对国计民生和社会安全影响大的产品，生产资料部门较多，而消费资料部门较少的缘故。如果某种消费品是对国计民生影响很大的商品，那么，国家对这一部门计划干预的程度就较高。在我国，粮食的生产、收购和销售就是一个很好的例子。1985 年以前，我国对粮食生产和流通实行的是指令性种植计划和"统购统销"。近年虽取消了"统购统销"，将来将逐步向放开经营过渡，但目前国家仍保留适当程度的粮食种植计划、调拨计划和城镇居民口粮实行国家定价的制度。其原因就在于"民以食为天"。

（2）部门所提供的产品或劳务的供求平衡程度不同。从长期均衡看，在市场机制的作用下，供求的失衡会通过价格的涨落而得到消除，从而部门供求状况的差异不应成为部门间市场调节比重、程度不同的原因。但就短期均衡看，价格的涨落并不能消除供求失衡。因为增加供给或者需要建新厂，或者需要老厂增加生产能力。需求的减少需要开发出新的产品。这

两方面的活动都需要时间和资金。

由于仅靠价格涨落在短期不能实现新的平衡，而且价格上涨可能给正常的生产过程和居民生活产生影响，这时就产生了对产品（供不应求）的流通实施某种程度的计划管理的必要，如实行配额供应或控制价格。而对供求平衡的部门，国家则无须干预生产和流通过程。几十年来，我国对短缺的生产资料部门实行了较多的计划调节，道理也就在这里。当然，长期实行这种计划管理，将会影响长期均衡的早日实现，这也是我们应汲取的教训。

（3）部门的市场结构不同。

部门的市场结构是现代产业组织理论解释部门内竞争与垄断状况的一个概念，主要指部门内的规模结构、组织结构和大中小企业间的竞争关系。有的部门是分散型的市场结构，即该部门企业众多，大企业占有的市场份额较小。这种部门垄断势力较弱，市场机制自由作用的空间较大，从而国家的干预就可较小；有些部门企业数目较小，市场份额较为集中，从而支配市场的垄断势力较大，政府就要对这些部门进行较前一类部门更多的干预；有些部门则属自然垄断部门，即该部门以独占经营最为有效，如铁路、电话、供水、供电、煤气等。国家为了控制它们借垄断的地位牺牲社会的福利，就需要对这些部门进行较多的干预，如国家定价等。

2. 决定计划与市场结合地区差异的原因

（1）地区间市场发育程度的差异。仅就作为调节手段而言，计划与市场是可以相互替代的，除了在宏观领域外，市场对计划的替代将会有助资源配置效率的提高。然而市场对计划替代的方向、范围和程度却以市场的发育程度、市场体系的健全程度为转移。凡是市场发育程度较高、市场体系比较齐全，从而市场调节能力较高的地区，市场调节的比重就应大一些，范围就应广一些，程度就应高一些。反之，市场发育程度不高，市场体系不健全的地区，市场调节的比重就应小一些，范围就应窄一些，程度就应低一点。随着市场的逐渐发育和市场体系的不断完善，微观领域的活动就主要由市场来承担。

我国是一个大国，由于历史、地理和政策上的原因，市场发育程度在不同地区差异很大，东南沿海一带，特别是经济特区和开放区，商品经济发达，市场发育程度较高，从而这些地区的商品生产和流通就应基本上放给市场，政府的计划管理主要作用在总量平衡、产业政策和收入调节等方面。我国广大内陆地区商品经济相对不发达，市场组织无论在"软件"还是硬件方面都不如沿海地区。这就要求我们在处理计划和市场关系方面，一方面通过改革与发展，大力推进市场的发育，另一方面将一些市场做不了或能做但做不好的事由政府承担起来，充分发挥政府在组织经济中的积极作用。

（2）地区产业结构的差异。地区之间由于资源储存的差异、科技水平的不同、区域位置的特殊和历史的原因，形成了不同的各具特色的产业结构。有的以农业为主，有的以工业为主，有的轻工业比较发达，有的重工业比较突出。正如在上面曾提到的，产业间在产品用途、供求状况和市场结构上有较大的不同，这样产业间、部门间计划与市场结合形式的差异就会因地区产业结构的不同，在地区间也反映出来。如辽宁省为我国的重工业基地，关系国计民生的产品较多，故国家的计划管理在辽宁省就更强一些。而江苏、广东、浙江为轻工业密集区，由于这些产品多为普通型产品，故国家的计划管理也就少一些，放给市场的比重也就高一些。

（二）机械电子工业部门的计划与市场

机电工业是制造业的主体，是我国一个非常重要的工业部门，它所生产的总产值约占全部工业总产值的 1/5。随着科技进步和产业结构高度化，这一指标还将会提高：

1. 14 年来机电工业改革旧的计划体制的概况

党的十一届三中全会以来，随着国家整个经济体制改革的进行，高度集中的机械电子工业管理体制逐渐被打破，市场机制在这一部门发挥的作用也越来越大。计划与市场的结合在机电工业主要经历了以下两个阶段：第一阶段是 1978—1984 年期间。这一阶段机械、电子两部门的改革，主要围绕着激发企业的内在动力，扩大企业经营自主权，改革分配体制进行。在生产和流通领域利用市场机制进行，机械、电子产品（生产资料）作为商品进入市场，突破了高度集中的计划体制，带动了生产流通体制和价格体制的改革。

（1）机电产品（生产资料）作为商品进入市场，推动了计划、流通体制的改革。在1980年年初，国民经济调整时期，机械电子工业是调整的重点，许多机械电子企业在调整中生产任务不足，在这种情况下，机械电子工业生产和销售方面进行了改革。除国家重点任务纳入指令性计划外，开始允许机电产品作为商品进入市场，由产需双方自行购销。1983年，机械部拟订了贯彻计划经济为主、市场调节为辅方针的具体办法，率先由单一指令性计划管理转变为三种计划管理形式：一是把国家重点任务需要的机电产品列为指令性计划。主要包括：基本建设的大、中型项目、重大技术改造项目所需的各种机电产品；国家战略储备需要的机电产品；各部门重点工矿企业维持简单再生产大宗需要的或特殊需要的关键机电产品；援外出口的机电产品；国防军工所需机电产品；国外引进项目分交留国内生产的机电产品；由国家统一安排的引进技术与国外合作生产的主要机电产品。列入指令性计划的产品，企业必须保证完成。二是将各机械部门和企业根据市场需要承接的订货任务，自下而上的汇总，经过一定的综合平衡后，纳入指导性计划，这部分机电产品，不经过物资部门统一分配，而由生产企业直接销售给用户。三是对少量生产技术相对较简单，原材料较单一，对国家经济发展影响较小，生产点和需要单位分散，近似小商品的产品，不列入国家计划，实行市场调节。这就从计划管理体制上，扩大了企业产、销自主权。

（2）改革价格管理体制，实行价格浮动。为适应机电产品进入市场的需要，机械电子产品在价格管理上，除国家统一定价外，对部分产品实行了浮动价格，以发挥价格在经济活动中的调节作用，为企业间开展竞争创造了条件。在规定的浮动幅度内，生产企业有权按产销情况，自行确定产品出厂价格。

（3）实行工贸结合，进行了扩大企业外贸自主权的试点。随着广大企业的机电产品进入国内市场，越来越多的企业希望走向国际市场，为了适应这种需要，探索企业外贸路子，开始实行工贸结合，进行了若干扩大企业外贸自主权的试点。机械工业部组建了机械设备进出口总公司，1982

年选择了 28 个企业和 4 个联营公司进行了扩大外贸自主权的试点；到 1983 年扩大外贸自主权的企业发展到 103 个，使一批大中型骨干企业开始走上出口贸易的第一线。

（4）进行了经营形式的初步改革，普遍实行了各种经营责任制。当时，全民所有制企业，普遍实行的经济责任制形式主要有 6 种：一是计划内利润留成和超计划利润分成；二是利润基数留成和利润增长分成；三是全额利润分成；四是上缴利润包干或上缴利润递增包干；五是以税代利，独立核算，自负盈亏；六是亏损企业定额补贴，超亏不补，减亏分成。这些办法在不同程度上，把职工的劳动报酬与企业的经营成果联系起来，使企业对其经营好坏承担经济责任。

（5）企业之间横向经济联系加强，发展了各种经济联合体。这些联合体，有的是主管部门组织的，有些是企业自主发起的联合，尤其是企业之间的自动联合，已开始打破部门、地区的界限，以共同需要为基础，以达到共同发展的目的。这些联合松紧不一，形式多种多样，对于机械工业内部结构调整和改组，起了重要作用。

第二阶段是从 1984 年至今。这一阶段的主要特点是：以搞活大中型企业为中心环节，继续扩大和落实企业经营自主权，实行政企职责分开和机械管理部门的职能转变，同时，"下放"企业，发展横向经济联合，研究城市如何管理机械工业，开始探索如何从部门直接管理转向行业管理。

首先，从原机械部率先开始，有计划地将各有关部委的直属机械企业下放到所在城市。原机械部的直属企业，除中汽公司所属的 37 个企业外，其余 62 个企业全部下放。各省、自治区机械工业厅的直属企业，以及国务院各有关部委的直属企业也陆续下放，电子部除保留两个直属企业外，其他 170 个企业也全部下放。

其次，机械工业部面向全行业的工作开始起步。根据国务院 114 号文件要求，机械工业管理部门要作为各级政府的职能部门"统管全行业"。统管全行业就是要从部门管理转向行业管理，更好地为各部门服务。从四个方面入手开展行业工作：一是全行业规划工作；二是研究政策、法规面向全行业；三是企业联合面向全行业；四是信息工作面向全行业。

最后，进行了科技体制和教育体制的改革。在科技体制上，为了调动科研单位和科技人员的积极性，使科研成果尽快转化为生产力，主要围绕着拨款制度进行改革。在一些研究院所逐步用经济办法管理科研的试点。

在教育体制上，为了建立与机械工业发展相适应的教育体系，主要对直属院校实行简政放权，扩大了学校办学的自主权，给学校在人事、财务、基建、委托培训等方面的自主权。同时，发展各种形式的联合办法，搞好学校内部改革，进行了校长负责制试点，改革了招生和毕业生分配制度，开始对行业教育进行指导，加强了职工教育，进行分级管理。

2. 计划与市场结合作用的效果

14 年来，随着指令性计划范围的缩小和市场机制作用的扩大，我国机电工业的运行机制发生了巨大变化。

首先，企业由封闭式生产型开始转向开放式经营型，企业活力有所增强。一是企业开始树立了市场观念、竞争观念、经营观念和服务观念。二是促使企业自觉地去调整产品结构，扩大服务领域，开发市场用户所需要的品种，不断改进和提高产品质量，加强成套服务。三是促进了企业内部的领导体制、分配体制、经济管理体制的改革，建立了不同层次的不同形式的承包经营责任制。加强了企业基础建设的工作，提高企业管理水平。四是自我发展的能力有了增强。许多企业随着经营状况的好转，生产的发展和经济效益的提高，企业自留资金有所增加，在维持简单再生产的基础上，开始有条件使用自留资金，进行必要的技术改造，采用先进技术和设备，提高了企业的技术水平。

其次，机械电子工业产品结构发生了重大变化。一是扩大服务领域，从主机到配套产品和关键零部件、元器件，共生产了 5 万多个品种。二是军工企业转向军民结合，民品比重普遍由 20% 至 30% 提高到 50% 以上，其中电子、造船企业的民品比重已提高到 90% 以上。三是压长线、上短线，淘汰落后产品，新产品和新装备的投产率由 50% 提高到 80%。四是抓基础、攻成套，主机、辅机配套失调的状况有一定好转。产品结构的转变，使机械电子工业具有了较强的服务能力。仅近 10 年来研制开发的 1 万多种产品，加上原有的老产品，就可以使 85% 的机电产品基本立足国内。

再次，改革使政府管理机械工业部门的职能发生了变化。各级机械工业管理部门开始由部门管理向行业管理过渡，从指导思想到实际工作步骤上都在转向全行业；在管理内容上，微观经济管理工作有所减少，年度生产调度除重大成套的国家重点任务外，一般的日常生产调度工作不管了，企业的劳动指标和财务工作，随着企业下放，也基本不管了。在管理方法上，逐步过渡到主要是以制定经济调节政策和法规，发布信息为主的进行间接管理。

最后，市场机制成为机械电子工业生产与流通的重要调节手段。目前，机械电子行业的企业，除电子部仅留两个直属企业外，其他企业全部下放。因此，从生产和流通来讲大部分是放开的。机械行业的生产计划目前的产品是 208 种，国家指令性计划（国家计委本子上）是 3 种：发电设备、汽车、线缆。机电部计划是发电设备（包括发电机、汽轮机、锅炉、辅机）4 种；汽车（包括汽车、改装车）2 种；线缆 15 种，总计是 21 种，占总量的 10.5%。指导性计划产品（包括合同订购的 90 种）共 112 种占 54.2%。市场调节的产品 74 种，占 35.3%。从产值上看，有 70% 以上的产品实行市场调节，即由企业自行根据市场需要组织生产、寻找用户，并以市场价成交。与此相适应，机械工业 80%、电子工业 95% 的原材料、设备、零部件是从市场上取得的。这样，经过十余年的改革，机电工业已经形成了少数关键产品由计划调节，大部产品由市场调节的计划与市场结合的格局。

3. 目前存在的主要问题

目前机电工业发展中存在的主要问题是：

（1）部门分割严重，尚未形成有效和统一的行业管理。目前，我国机电行业有 12 万个企业，就业人数 2000 多万，分别属于四个方面：机电部系统的企业、使用部门机电企业（如交通机械、纺织机械、医疗机械等）、军工部门机电企业和地方乡镇机电企业。虽然国务院已责成新的机电部（由原机械工业部、电子工业部和兵器工业部合并而成）实施对全国机械电子工业的行业管理。但总件来看，效果仍不理想，统一和有效的行业管理远远没有形成。主要原因是，第一，机电部有自己所属企业，有自己的既得利益，这种部门利益主体与行业管理职能存在冲突；第二，缺少（因是部门利益主体而不能赋予）进行统一行业管理的手段。在宏观管住、微观放开的新体制中，国家对主要工业的计划管理主要体现、落实在中观的行业管理这一层次上，而恰恰是由于属于中观层次的统一的行业管理徒有虚名，结果是中观的行业管理严重滞后于宏观和微观的改革。在机电工业集中地表现为部门分割、生产分散、低层次重复扩张。

（2）企业规模结构、组织结构严重不合理。没有统一的行业管理下的部门分割和企业下放导致的生产、建设分散、重复，使机电工业规模结构、组织结构严重的不合理，也是导致近年基础工业与加工工业失衡的重要原因，机电行业的"小而全"、"大而全"，分散生产、重复建设在全国各工业行业中几乎是最严重的。这种状况不仅导致了资源的巨大浪费，也严重削弱了市场组织的效率。

（3）机电工业指令性计划范围划分不尽合理。目前国家按产品、企业来划分指令性计划是不科学的。要实现计划与市场的有机结合，在不同时期、不同部门、不同地区的结合方式应当是不同的。选择机电工业的结合形式，取决于机械电子工业的特点，及机电管理部门的具体情况而定。机电工业的特点是：一是机电产品品种、规格繁多；二是使用部门对许多机电产品的技术要求各异；三是产品销售前后都要为用户提供技术服务；四是必须根据用户的工艺要求成套生产供应设备，才能使之形成一定的综合生产能力，而组织成套设备的生产，又往往涉及许多大、中、小型的企业。根据这一特点，机电工业的指令性计划应按承担国家的重大技术装备项目划分，而不宜于按产品、或按骨干厂来确定。机电部则应该组织全国机械制造力量，共同完成重大技术装备的研发、制造任务，把相应的任务分别纳入各部门发展规划，年度科研及生产计划，并优先安排，这样才有利于确保国家重点任务的完成，实现计划与市场最好结合。

4. 进一步深化改革的方向

机电工业是国民经济的一个部门，所以，促进机电工业计划与市场的有机结合，需要进一步加快企业体制特别是企业产权制度的改革、加快市场体系的建设和国家协调配套的间接调控的完善。除此以外，还要抓好以下三方面的改革：

（1）进一步消除机电工业的部门分割，实行统一的行业管理。行业管理是工业部门计划和市场有机结合的中间环节，它既体现国家的宏观管理、产业政策，又顺应市场机制作用的要求。行业管理应面向所有的机电工业企业，而不管它属于什么部门，是什么所有制性质。而要真正解决这一问题，就必须彻底打破分部门来管理工业的传统工业管理体制。只要机电工业部（包括其他的拥有机电工业企业的部门）仍然直接管理企业的产供销，统一和有效的行业管理就很难形成。在目前这种体制尚不能一下子彻底打破的情况下，改革的方向是弱化机电工业部直接管理企业的功能，强化其统一的行业管理的功能。包括根据国家产业政策，制定行业发展战略、中长期规划并组织实施，组织制定并颁布淘汰老产品、限制生产产品、鼓励生产产品的目录，并制定配套措施，组织实施，调整优化行业产品结构；组织研究高、新技术、共性技术、基础技术；组织开发新产品、新材料；调整、优化行业科研结构、技术结构，推动企业技术进步和科技成果商品化，组织机电产品和技术的推广应用；参与国家有关机电行业产品价格、税收、信贷、折旧、补贴等方面的经济调节活动；管理机电行业信息统计工作等。

（2）发展企业集团，提高机电工业规模结构和组织结构的水平。提高市场组织经济的效率，改变机电工业重复建设、分散生产、低水平竞争的状况，是促进机电工业计划与市场有机结合的重要内容。在我国应当通过产品结构和企业组织结构的调整，在促进专业化协作和规模经济的前提下，组建一批大型企业集团。这些企业集团通过重大成套项目、专业化协作和产品分包形式把成千上万个中小企业联系在一起，这样既提高了我国的规模经济水平，也减少了交易费用，提高了市场组织的效率。另外，在机电部一时尚不能全部转向行业管理的条件下，可以暂时把直接管理的范围转向这些数量有限的大型企业集团，并通过它们，对成千上万个中小企业实施间接管理。同时，按承担国家的重大技术项目划分经济调节的形式，由大企业集团为龙头，组织那些属于指令性计划的重大技术装备的研究和制造任务。

（三）钢铁工业的计划与市场

我国钢铁工业原有计划体制存在国家计划权力集中，指令性计划范围大，片面注重行政管理，忽视价值规律和市场机制的作用，限制企业竞争；投资建设、发展方向和建设项目由国家统一计划，企业缺乏建设和改造的积极性，技术进步的欲望低下，工艺技术装备落后，长期得不到改善；产品几十年一贯制，难以更新换代等弊端。

针对原有计划体制中存在的问题，1979 年特别是 1984 年以后，国家进行了一系列计划体制改革。同时，国家对钢铁行业，冶金部及各地冶金工业主管部门对冶金企业的管理方式也发生了很大变化。

首先，缩小以国家指令性计划为主的直接管理范围。改革后的钢铁行业的生产经营计划主要有三种，一是完成国家指令性计划规定的产品产量、品种任务；二是在国家指导性计划的指导下生产国民经济建设各部门所需的产品；三是根据市场供求的变化情况，生产市场急需的产品。这三种计划形式在重点企业和地方骨干企业所占比例不同。重点企业中指令性计划占 85％ 以上，地方骨干企业只有 50％ 的指令性计划任务，有的企业甚至更少一些。

产品分配方面：国家计划内的钢铁产品，企业有 2％ 的自销权，其余由国家统购统销，统一调拨；计划外生产的产品，企业有权全部自销。

其次，改进固定资产投资管理办法。钢铁工业的投资根据不同情况，分别实行指令性计划和指导性计划。行业进行项目建设的总投资规模，必须在国家计划中确认，由国家计委审批。用于基本建设和技术改造的银行贷款指标均为指令性计划。在项目审批权限上，总投资 3000 万元以上的建设项目，由部报国家计委审批，3000 万元以下的项目由地方审批。

再次，在产品销售和产品价格方面，计划内产品可自销 2％，计划内产品价格由国家统一制定，自销的产品价格由企业自行定价或由供需双方在不高于或不低于国家价格 20％ 的幅度内协商定价。另外，各地政府为了发展本地区经济，对钢铁工业发展制定了许多优惠政策，也出现了不同地区的不同地方价。

最后，实行多种形式的承包经营责任制，将企业的责、权、利统一起来，使企业在确保完成国家计划和国家供货合同的前提下，可以自行安排增产国家建设和市场需要的产品，企业可以按照本企业的发展规划，不同程度地自筹资金自行建设。

钢铁行业在改革原有计划经济管理体制方面取得了明显成效。但同时在计划经济与市场调节具体相结合上，也出现了一些新的问题。其主要表现在以下几个方面：

（1）扩大企业自主权以后，一方面，使企业自我积累、自我改造、自我发展的能力增强；另一方面，由于投资主体多元化和投资决策的分散化，再加上地方利益的驱动，导致一些企业出现了盲目引进、重复建设的混乱局面。

（2）现行的计划管理体制中，由于还存在新旧体制并存的因素，改革尚未完全配套，在计划经济与市场调节相结合时，计划经济的行政干预色彩较浓厚。尤其是指令性计划管理部分。指令性计划一般是以产品的重要程度和社会需求为依据，这种管理方式对于关系到国计民生的国民经济重要基础部门，如基本建设、能源、交通以及原材料中重要产品品种的生产方面是适宜的，可以保证国民经济的综合平衡，然而对于其他方面也采取这种集中程度很高的管理方式，则会出现很多问题。计划经济部分行政色彩浓厚，违背价值规律，计划内产品由国家统一分配原材料，统一调拨，并实行国家调拨价，造成计划内产品组织生产困难，盈利水平低，甚至出现大面积亏损。指令性计划在各个企业中所占比例不同，造成在目前价格"双轨制"情况下企业新的苦乐不均。另外，计划经济管理部门行政成分多，与市场有机结合程度低，产供销缺乏周密的计划平衡，造成计划与实际脱节，指令性计划难以在企业中落实和实现。

（3）改革14年来，计划调节作用有些削弱，而在宏观政策指导下的市场调节作用也没有得到有效、合理的发挥。就投资建设领域来说，也存在许多问题。对固定资产投资管理办法进行改革以后，建设投资由财政拨款改为银行贷款，转变了资金无偿使用的状况，并相继成立了投资公司，负责管理、筹集建设基金，确保国家和地方重点建设。由于投资公司实行独立核算，用经济办法进行管理，将投资建设的行政关系改变为经济合同关系。投资公司作为企业，它必须考虑投资效果，必须完成一定的资金盈利指标，投资方向与国家产业政策调整重点不尽一致，产业结构的矛盾突出。

（4）体制的经常性变化，使一部分企业难以全力搞好生产经营，进入 90 年代第一年，钢铁工业生产持续增长，产品质量稳定提高，而经济效益却严重滑坡，原来经济效益好的钢铁企业，也出现亏损现象。其中有相当一部分属于地方所辖企业在前些年简政放权过程中，由省管改为市管、县管和地区管。体制变化后，由于主管部门所处位置不同，考虑问题的角度不同，往往造成政策缺乏连续性，一个企业几个"婆婆"，既管又不管，问题得不到及时解决，严重影响企业面向市场进行生产经营决策。

（5）市场发育程度低，价格体系不合理。在钢铁行业，价格问题是企业效益滑坡的因素之一。能源、交通连年提价，已超过企业的承受能力，而钢材价格又实行"双轨制"，计划内产品价格低，发生亏损，使企业采购结构与销售结构成反比。指令性计划产品所需要的外部条件，原则上由国家保证；而指导性计划和超产部分所需的外部条件，需要靠指导性计划和市场调节来解决，盲目性较强，如遇到物资流通领域管理环节上出现问题或物资供应货源短缺时，市场缺乏计划性，有限的原料谁抢到就是谁的，使重点企业的生产外部条件受到影响。

为了进一步促进钢铁工业计划与市场的有机结合，我们可以考虑采取以下一些改革措施：

（1）采取国家直接订货的办法，调控重要物资商品的生产。现行体制是国家采取下达指令性计划的办法，调控重要物资商品的生产。这种管理方式同商品经济规律是矛盾的。应当按照商品经济的规律，把指令性计划改为国家物资或商业部门按计划向生产企业直接订货，由订货单位与企业签订合同。企业必须优先完成国家合同，国家保证给予企业必要的外部生产条件，但保量不保价。

（2）对于关系到战略性结构调整的建设项目，应采取国家直接投资的办法，重点调控基本建设，调整产业结构和资源配置，并在计划安排、资金筹措、物资供应、价格政策上切实体现优先扶持，用产业倾斜代替地区倾斜。与产业政策背道而驰的投资项目，资金、物资协作条件不落实的项目，要严格把关不许上马。投资公司应当按照国家计划和产业政策的要求进行投资，投资项目应会同有关部门共同审批。投资主体转移主要体现于企业技术改造，即由企业自筹资金，进行以提高产品质量、开发性品种结构调整、节能降耗、环境保护等目的的建设，推进企业技术进步。扩大规模由国家投资，提高水平由企业投资。

（3）取消价格"双轨制"，形成新的价格机制。价格"双轨制"的实施，使钢材价格双向扭曲，由于计划内产品价格背离价值：不能反映市场供求关系和产品成本的真实情况，必须取消。目前，国家正在制订提高计划内价格的方案，市场价处于低潮。因此，在目前情况下，取消钢材价格"双轨制"是较好的时机。取消"双轨制"后，最好采取最高限价下的市场价。完全由计划定价，不能反映钢材市场的供求矛盾和价值规律。

（4）发挥计划的指导性作用。指令性计划将被国家直接订货、直接投资代替时，要充分发挥计划对经济的指导作用。国家制定预测性的经济计划，和钢铁工业的发展规划，确定相应的技术标准和行业政策。

（5）积极培育市场，完善市场机制。为了充分发挥市场调节作用，需要有一个较为发育的市场和规范化市场秩序，因而要进一步完善商品市场，特别是发展有控制的钢材市场，使市场正常而有秩序地运转。这里的一项重要工作，就是在沈阳、苏州和深圳试点的基础上，逐步建立钢材期货市场。

（四）轻工业的计划与市场

1. 1978 年以来改革的成效

在传统的计划体制下，轻工业的发展主要取决于中央和地方决策，轻工业部作为行业主管部门，也拥有较强的调控手段，企业自主权很小，企业的产供销人财物、基本建设和技术改造等基本上都是由国家计划安排的，企业实际上是政府的附属物。在过去 14 年改革过程中，国家和轻工业部的计划管理范围大大减小，地方和企业决策权增大。1979 年国家计委管轻工业计划产品 17 个，轻工业部管轻工业计划产品 73 个，国家计委管和轻工业部管的轻工业计划产品当时在计划管理形式上没有多大差别。只是在资金的来源渠道与产品统购包销的比例等方面有些不同。到 1989 年，国家计委管理的轻工业计划产品减少到 10 个，轻工业部管轻工业计划产品几经增减调整，仍调整为 73 个。随着国家固定资产投资审批权的改革，按资金限额划分的基本建设和技术改造的建设项目，1984 年以前，省一级只能审批 1000 万元以下的投资项目，1985 年以后，扩大到可以审批 3000 万元以下的项目；省一级利用外资的建设项目，其审批权有的为 3000 万美元、1000 万美元，最低的也放宽到 500 万美元。其他方面包括财、物、外汇等，地方和企业也都获得了较大的支配权。

轻工企业大都是中小企业，固定资产投资大都在限额以下，投资决策的主体自然也就从中央转移到地方。投资权力的下放，调动了地方发展轻工业的积极性。1978 年轻工业固定资产投资完成 13.2 亿元，1988 年增加到 182.7 亿元。

在国家下放计划决策权、分配权的同时，国家统配物资和商品，无论是品种还是数量都大幅度减少。从 1985 年起除国家计委管的指令性计划产品，由国家负责做好主要生产条件的衔接外，其他计划产品所需的国家分配的原材料和燃料等只维持 1984 年计划分配基数，不足部分，由地方和企业自行解决。

1984 年国家进一步改革计划管理体制，把计划经济的具体形式，划分为指令性计划，指导性计划。1985 年国家计委管的轻工计划产品由 1979 年的 19 种减少到 14 种，其中卷烟、原盐、机制纸及纸板中的新闻纸和凸版纸国家计划部分为指令性计划，其余为指导性计划。轻工业部管计划产品由 1979 年的 73 种减少到 63 种，均为指导性计划。1990 年国家计委管的轻工业计划产品品种进一步缩减为 10 种，其中卷烟、食用盐、列入计划的碱用工业盐、中央七报一刊用新闻纸为国家指令性计划。中小学生课本用纸为地方指令性计划，塑料制品中农地膜视同指令性计划，其余均为指导性计划。部管计划产品上升为 73 种。不过，今天的指导性计划与 1979 年的部管计划已大不一样。从 1987 年起，国家不再保轻工业统配物资 1984 年分配基数，由部分配的进口物资，由于中央安排的外汇减少，也比 1986 年减少 1/3 左右。国家统配物资只能用于重点保证部分优质名牌产品和出口产品的生产。

在固定资产投资方面，过去对基本建设和技术改造投资全部实行指令性计划，1985 年已改为只对预算内投资、国家统借外资、纳入国家借贷计划的银行基建贷款采取指令性计划管理，其余的则实行指导性计划。

在计划调控手段上，行政手段明显弱化，经济手段和法律手段的作用逐渐增强。比如，14 年来国家曾多次有计划地调整和放开某些轻工产品的价格，调动生产国家计划产品企业的生产积极性，以保证计划产品产量的实现，满足市场和国家的需要。80 年代后期，计划工作中更加重视产业政策的研究和制定，以及中长期计划的制定和指导，同时通过制定投资、贷款优先序列，采取差别利率，促进产业政策的实施，等等。

随着改革的深入，轻工业产品和企业也开始直接面向市场。随着工商购销形式的改变和消费品市场的变动，各地轻工业部门和企业，在努力搞好工商衔接的同时，积极开展了自销活动。初期，企业自销产品的范围是：一是交商业、外贸部门计划收购、订购、选购后的多余产品；二是紧俏产品计划内 15%—30% 留成部分；三是新产品、传统自销产品、自筹原料和超计划生产的产品等。轻工业产品自销的基本形式是生产企业的自销。企业自行组织和参加各种展销会、订货会以及开展经常的行销、访销活动，并同当地零售企业和外地商业批发机构建立起长期的购销关系。各级主管部门也都设立了工业自销的批发部，各省、市在经济中心城市逐步建立起轻工业产品批发中心，省、区、市之间和省、区、市内根据自愿互惠的原则，开展轻工业产品联销。

另一方面，由于计划体制和物资体制改革，使得轻工企业计划分配的物资大大减少，轻工企业生产所需的原材料绝大部分开始依靠市场解决。为此大部分轻工企业和轻工业部门大大加强了供应机构和供应工作。企业或是独自采购，或是联合多家企业集资集体采购，或是由企业自身利用自有物资串换所需物资，或是由所在地政府、主管部门出面利用自产产品串换所需物资。

与市场调节部分逐渐扩大相适应，轻工企业的自主定价权也逐渐增大。轻工业企业自主确定自己生产的产品的价格首先是从小商品开始的。鉴于原材料涨价，生产小商品的企业亏损严重，市场上商品供应紧张和国家物价改革的需要，1982 年 9 月，国务院批转了国家物价局、轻工业部、商业部《关于逐步放开小商品价格实行市场调节的报告》，第一批放开了 160 种商业、纺织、轻工小商品的价格，1983 年 7 月，国务院第二批放开了 350 种小商品价格。1984 年 10 月，国家物价局经国务院批准，规定除各级政府必须保持管理权限的少数小商品以外，对小商品价格实行全部放开，由企业根据市场供求情况自主确定价格。随后国家对其他市场供求平衡的轻工业产品也下放了定价权。除盐、糖、纸等极少数关系到国计民生的重要产品仍实行国家定价外，相当一部分轻工产品开始由省、区、市定价和企业自主定价。1990 年，轻工业产品由国家定价的有 17 种，国家指导价的有 5 种。省、区、市也管理着相当一部分轻工产品的价格。

从生产经营过程看，随着企业自主权的扩大，企业承包经营责任制的实行，轻工企业开始拥有用于生产发展的自有资金，同时作为投资主体进入市场。比如，佳木斯造纸厂是我国"一五"期间由国家投资建设的一个综合性大型造纸企业。从 1957 年投产到 1982 年的 26 年间，国家先后共投资 12459 万元，但由于企业自己没有资金搞技术改造，1982 年全厂设备有 60% 超期服役，1983 年实行上缴利润递增包干，到 1989 年上缴国家利税 42127 万元，留利 23384 万元，其中用于技术改造的资金达 16355 万元，为承包前 26 年国家投资总和的 1.31 倍。随着企业作为投资主体进入市场，市场对企业投资方向的诱导也开始发挥其作用。一些企业开始对其他轻工行业和产品进行投资，也有一些企业开始对轻工以外的行业和产品进行投资，致使采用资金购买方式的企业兼并和入股方式的企业集团出现在轻工业经济运行中。

总的看来，以放权为中心内容的轻工业计划改革给轻工业企业带来巨大变化，其主要有：一是使企业生产由原来的国家决定开始转向企业自主决定。企业由依附于行政管理部门的地位，开始转向具有相对独立地位的生产经营单位，独立的法人地位逐步确立起来，企业的积极性和活力的发挥有了制度的前提。二是计划管理手段的改进，改变了过去国家和主管部门定项目、定指标、分钱、分物的管理办法，迫使国家和主管部门改善计划管理手段，运用经济手段、法律手段和其他管理方法。三是引发和带动了其他方面的改革，如轻工业企业产品生产计划减少以后，物资供应、项目安排、资金来源都跟着发生了一系列的变化，引发和带动了物资、基建、金融以及企业内部管理体制的改革。

轻工业市场调节作用的扩大也给轻工业企业带来很大变化，其主要有：一是企业更加明确了最直接的生产目的是为了满足消费者的需要。企业有了相对独立的经济利益，这个利益的实现程度，主要取决于企业产品满足市场消费者需求的程度。企业独立利益的存在和直接的生产目的的确立，使企业由行政主管部门的附属物向独立的经营单位转变。二是由于企业利益的实现，直接取决于企业产品满足市场需求的程度，企业压力大大增强，促使轻工产品的品种开发与质量提高。三是更新了轻工业企业管理者和职工的思想意识。"风险意识"、"竞争意识"、"时间意识"、"质量意识"开始在管理者和职工群众头脑中扎根。四是扩大了企业经营谋略的范围，为企业活力的发挥开辟了一个新天地，如价格竞争、广告战略、新产品开发、债券发行、股票出售、劳动力选择、新技术引进、对外贸易的开展等，使企业紧张而又充满生机地运转起来。五是使各级政府和主管部门的政府行政行为发生改变，提出了规范政府行政行业和为企业创造良好市场环境的要求。

2. 目前存在的问题及深化改革的方向

在计划与市场有机结合方面，我国目前轻工业发展中还存在如下问题：

（1）在中央计划决策权削减地方、企业发展轻工业的积极性大大发挥的同时，由于缺乏有效的宏观调控手段来规范，造成了轻工业盲目建设、重复引进、地方经济结构趋同化。虽然国家和轻工业主管部门有一些轻工业宏观上的指导文件和产业政策的引导，但因行业管理缺乏必要的调控手段，致使行业发展混乱无序。比如，我国电冰箱行业，1989 年全国电冰箱（包括主要零配件）生产企业 110 多个（其中 43 个电冰箱定点企业，包括冰柜为 52 个），年产量多数只有 10 万台左右，批量小，达不到经济规模的要求（电冰箱的经济规模在 40 万—100 万台/年）：全国电冰箱的年生产能力超过 1500 万台，大大超过了市场需要量（年需要量在 600 万台左右），致使生产能力不能充分发挥，经济效益差，专业化水平低，主要配套件品种、质量跟不上整机生产的需要。引进技术没有统一的部门规划管理，目前国内引进的 70 多条电冰箱生产线是从 10 个国家的 25 个公司引进的，牌子过多，形成"万国牌"，由于企业内部科研开发新产品能力差，目前基本上处于仿制阶段，无法形成自己独立的设计开发能力，难以参与国际市场竞争。

（2）计划性质的确定缺乏科学性和规范性。产品计划是指令性的，还是指导性的，没有科学的确定标准，比如指令性计划，有的是考虑市场的供求状况，有的是考虑产品的社会性质，有的是考虑国家收入，有的是为了鼓励生产，有的是为了限制生产，有的是为了供应原材料，有的是为了提供保证运输。指令性计划的增减和确定没有统一的、相对稳定的、科学的根据，由于指令性计划缺乏科学性，执行起来严肃性大大削弱。指导性计划由于没有一套行之有效的具体实施办法，基本上是徒有虚名，大都变成了扭曲的指令性计划或放任市场去调节。

（3）有些必要的行政手段没有能继续发挥应有的作用，经济手段和法律手段由于制度和体制不完备等原因难以广泛运用，更谈不上行政手段、经济手段和法律手段的相互配套和综合运用。轻工业主管部门的行政权力都有哪些，没有法律规定，所以得不到法律上的保证。

（4）市场竞争规则不健全，市场秩序还存在一定程度的混乱，企业盲目发展。改革以来，我国消费品市场拓展很快，但是创建市场竞争规则的进程却十分缓慢。一方面，市场竞争应有的一些基本制度未能形成；另一方面，许多同商品生产不相适应的旧规章依然具有效力，并对市场行为发生作用。比如，企业成立、变更、消亡；企业商品进入市场的基本条件和程序；生产和经销消费品的企业之间的关系；商品给消费者带来损害的赔偿办法；消费品定价的基本方法；消费品广告宣传应遵守的基本准则；不正当竞争的限制和制裁；等等，不是无规可循，就是有法不依、执法不严，致使轻工业消费品市场存在着一定程度的混乱状况。

（5）市场地方分割严重，统一的全国市场体系未能建立。地方政府是中央政府下的二级机构，在调控经济方面应与中央政府保持一致。但在指令性计划缩小，地方扩权，财政包干，分地域考核政绩保持稳定以后，各地区经济发展必须依靠市场运行来实现，税收要靠企业发展来获得。因此，地方政府为了地方利益，封锁市场，争夺短缺资源，致使地区间相互封锁。出现了阻碍原材料外销，保证产地"小酒厂"、"小烟厂"、"小食品厂"等低效率企业的原材料供应和产品销售；禁止外地名优产品进入本地市场，保护本地厂商免受市场竞争挑战的"诸侯割据"的局面。

（6）市场主体政策上的差异造成不平等竞争。目前，国家在对大中型国营企业、集体企业、乡镇企业的政策上有很大的差异，尤其在财政税收、信贷等方面。比如，国营大中型企业优惠政策多，在原材料供应上，国家分配比重大，乡镇企业政策活，税率低，允许税前还贷；军工企业享受的政策等，致使生产同一种轻工消费品的企业，因隶属于不同的部门，不同的所有制性质而处于不同的竞争地位。

（7）"父爱主义"与市场竞争并存，企业风险机制尚未形成。优胜劣汰是竞争机制发挥作用的表现，却很少有企业倒闭，企业经营毫无风险可言。市场调节、优化资源配置的作用在这种情况下受到限制。

为了解决以上问题，需要继续进行以下四个方面的改革：

（1）建立适应有计划商品经济发展的企业制度，使企业基本做到自主经营、自负盈亏、自我约束、自我发展，成为充满生机活力，行为合理的商品生产者和经营者，成为真正的市场主体。这是实现轻工业计划管理与市场调节相结合的微观基础和先决条件。作为市场主体的企业必须是独立的商品生产者和经营者，享有生产经营自主权，能对价格的变动做出灵敏的积极反应，随时根据市场需求的变化自主地做出生产、销售、劳动力使用、技术改造及投资等方面的决策，并承担经营风险。随着企业承包经营责任制的推广，企业的生产经营自主权有所扩大，企业的盈亏与利害之间或多或少地建立了联系，但由于承包基数是通过讨价还价机制来确定的，再加上企业负盈不负亏，企业经营者毫无风险可言，即使企业亏本，甚至破产只不过少拿点奖金而已。市场信号也因行政定价制度在相当大的范围内保留和行政干预的存在而严重扭曲。企业经营没有风险，企业的发展没有动力。当前应进一步推进企业经营机制和企业产权制度的改革，使企业彻底摆脱与政府的行政隶属关系成为真正的独立的商品生产者和经营者。

（2）转变政府经济管理职能。国家和轻工业主管部门要搞好科学决策、制定发展规划、加强协调监督，通过计划来控制整个轻工业的宏观总量、比例以及带长期性和战略性的问题，弥补市场调节的不足方面，对轻工业行业的发展做出科学的规划。同时健全行政执行体制，提高各级轻工业主管部门行政立法、执法的权威性。

（3）积极稳妥地推进价格改革，逐步全部放开轻工业产品价格，由企业根据市场决定，积极发育、组织各种要素市场，建立、健全市场体系，为市场机制在轻工业经济中充分发挥积极作用创造良好环境和条件。

（4）建立一种反应灵活、联动有效的经济调节机制，引导企业的经济行为朝着符合国家宏观经济政策（主要是产业政策）的方向发展。当国家重点支持或严格限制某些产业或某种产品发展时，除了采用某些行政手段、法律手段等以外，应重点采用经济调节杠杆，通过调整产品税率、海关关税、贷款利率、外汇汇率等经济手段，以引导实现企业行为的宏观合理化、有序化。

（五）纺织工业的计划与市场

新中国成立以来，纺织工业的管理体制，大体经历了以下三个阶段：

第一阶段是从 1949—1957 年 8 年间，纺织工业的主体部分（纺织加工各行业的国营工厂），是采取纺织工业部通过大行政区纺织工业管理局直接管理企业的体制，中央集权较多。这一阶段，在商业实行原料统购、产品包销体制下，工业生产部门严格按计划组织生产和平衡。它的重要特点是：用行政办法把整个纺织工业系统的全民所有制企业组织了起来，中央的计划一贯到底。

第二阶段是从 1958 年到 80 年代初的二十几年间，纺织工业的管理体制是：棉、毛、麻、丝纺织等加工行业的工厂，全部改由地方领导和管理；纺织工业部主要负责全面规划、协作平衡、技术指导和督促检查。实践证明，这样的管理体制，基本方向是对头的。

第三阶段是从 80 年代以后，在改革开放方针指引下，纺织工业进行了一系列的改革，主要是打破传统的计划体制，发挥市场调节的积极作用。改革的主要内容有：一是计划指标体系由全部指令性方式改革为指令性、指导性、市场调节三种方式，并以指导性计划为主。1985 年后，纺织工业指令性计划（国家和部管）减少到 4 个产品，物资体制相应改革，国拨物资减少到 30% 左右，其余靠市场调节。二是从统购包销转向放开经营、多渠道流通。目前总量上看纺织企业已拥有 70% 左右的产品销售经营权。三是固定资产投资从集中管理转向分级管理，地方已拥有 3000 万元以下项目的审批权；资金来源也从国拨改为贷款，实行多渠道集资；技改资金以企业自筹为主渠道。四是物价管理从统一定价转向分级定价、浮动和放开三种。五是承包企业推行经营责任制和厂长负责制。国家颁布企业法，使企业逐渐具有自主经营、自负盈亏、自我发展、自我制约机制。六是各级政府和主管部门实行财政和外贸承包体制。

这样，经过 14 年市场导向的改革后，纺织工业已从高度集中的产品经济转变为有计划的商品经济。14 年前纺织工业从原料、纱、布到最终成品都靠从中央到地方的严格的计划管理。原料按计划调拨，生产按计划进行，产品按计划由商业部门统购包销。由于供产销统得过死，产品单调，地方和企业没有自主权，没有积极性，整个纺织工业缺乏活力。14 年来经过对计划体制进行改革，纺织工业的计划指标体系，除少数产品实行指令性计划外，多数列为指导性计划和市场调节的产品。目前指令性计划，主要是针对重要原材料和半成品。1990 年化纤生产 145 万吨，其中指令性计划 66.7 万吨，占 45%；棉纱生产计划 2300 万件，其中由国家供应棉花、化纤的指令性计划为 1780 万件，占 77%。指导性计划，主要是根据市场需求情况，对原料、产品、市场的总量进行宏观平衡，部分原料导向分配，进口原料配额管理及煤、水、电由当地组织平衡供应。这部分产品已占主要比例，布、针织复制、毛、麻、丝等产品，都是指导性计划。市场调节产品，主体是乡镇集体企业的纺织小商品和服装，目前这些产品所占比例正在不断扩大。

纺织工业计划体制虽然发生了很大变化，并带来了纺织工业的巨大发展。但还要看到，纺织工业计划与市场的结合仍是不完善的，还存在一些问题，主要表现在：一是在放开的过程中，由于缺乏有效的宏观调控和行业管理，纺织工业低水平重复建设严重，致使生产能力过度扩张，不仅超过了原料供应能力，也超过了市场容量。二是计划决策不科学。一方面年度计划不能准确地反映市场供求变化，并与中长期计划脱节；另一方面，纺织部的计划只管部系统内的，不管全社会的，致使计划管理出现真空。三是企业规模结构不合理，经济效益偏低，再加之生产能力低水平过度扩张，无效竞争、过度竞争现象严重，市场的组织效率不高。为此，在促进纺织工业计划与市场有机结合方面，需要继续深化改革。同时积极做好以下工作：

（1）搞好中长期计划，并切实按中长期计划实施。要使计划工作从"调整态势"转向预期态势，很重要的一点是搞好中长期计划并真正付诸实施。首先，中长期计划的制定，必须具有科学性，不仅要进行实物量的平衡，还应考虑价值量的平衡，纺织工业的中长期计划，必须认真分析国际、国内两个市场需求发展趋势。主要考虑四方面的因素：一是国民生产总值的增长和人均国民收入的增长；二是人口增长；三是价格的变化；四是流行趋势等。其次，中长期计划一经批准，年度计划和大中型项目必须按五年计划的大纲实施。再次，要考虑不可预测因素和市场的变幻莫测。中长期计划，特别是五年计划必须实行滚动计划，对原定指标不断进行修改和完善，这样才能保证宏观上的协调平衡。

（2）认真制定和贯彻国家的产业政策。考虑我国目前的现行体制，为了实现国家中长期计划目标，很重要的一条，是认真地制定和贯彻国家产业政策。从全国的全局考虑，要对鼓励和支持哪些行业和产品的发展和生产，限制哪些行业和产品的发展和生产，禁止哪些行业和产品的发展和生产做出规定，并制定相应的实施措施。当然，产业政策也不是一成不变的，也要随着客观经济情况变化进行补充或修改。

（3）搞好指令性计划、指导性计划的制定和实施。要认真研究指令性计划的品种和数量，要尊重价值规律，要有实施的可能性。如棉纱计划、化纤计划，要从原料、中间产品和最终成品的资金、能源、价格等统筹考虑，否则就无法实施。从发展趋势看，纺织行业指令性计划应逐步减少。指导性计划主要领先经济政策和经济杠杆促其实现。纺织行业的指导性计划应进一步搞好，使其真正起指导作用，一方面起到宏观平衡作用，另一方面起到企业生产的导向作用。

（4）充分发挥市场机制的作用，逐步建立与完善纺织市场体系。

首先，要不断增强商品经济意识。纺织品主要是消费品。在国内市场，它关系到亿万人民的生活，消费者从市场购买各式各样的纺织品，因此，纺织品生产数量的多少，花色品种的发展，都要到市场去找方向、找出路、找发展途径。从出口创汇的角度看，更要有强烈的市场意识。在国际市场上，纺织品和服装更是瞬息万变，不容稍懈。我们要进一步扩大纺织品出口，必须参加国际交换、分工和竞争。我们的企业走向世界、参与竞争之时，如果没有市场观念，将在国际市场这个舞台上找不到立足之地。

其次，要充分发挥市场机制的作用。市场机制是价值规律内在的客观的自动调节体系。包括强烈的竞争、供求和风险。让所有企业都有强烈的市场观念、竞争意识、质量意识、服务的观念和效益的观念，从而尽一切办法采用新技术、加强管理、减少物化劳动和活劳动的消耗。市场机制中很重要的是价格，除少数指令性计划的产品按规定价格外，其余所有纺织品和服装价格均应放开，在市场竞争中求发展。

再次，要逐步形成统一的开放市场。目前纺织品市场比较活跃，但总的市场发育程度较低。特别是原材料半成品市场、信息市场、技术市场、人才市场没有很好地形成。地区封锁比较严重。好的服装厂没有好的面料，好的针织厂没有好的专用针织纱等。今后应逐步发展纱、布市场与服装面料市场、研究探索国家调拨计划外的棉花市场，使市场作用发挥得更充分。

最后，建立与市场经济相适应的信息网络。国内外纺织品市场瞬息万变，没有灵敏的信息系统，管理部门无法决策，企业就无法组织生产。因此，建立全国各省市及企业的信息网络，越来越显得重要。我们统计信息也要改变传统的方法，要及时正确把反映全社会全行业的纺织情况，要根据国内外市场发展趋势，从产、供、销、人、财、物的再生产全过程收集和储存信息为企业服务。要逐步改善手段，采用先进工具，建立现代化的信息系统，促进纺织工业的发展。

（六）能源工业的计划与市场

能源工业是国民经济的一个非常重要的基础部门。十余年计划与市场的结合，初步改变了过去高度集中的计划管理体制，市场机制的引入、能源价格的提高和管理权限的下放，调动了各方面发展能源的积极性，促进了能源工业的发展。

1. 能源工业计划与市场相结合的进展

（1）煤炭行业。从计划与市场调节总量看。改革开放以前，煤炭产品分配几乎全部由国家及地方各级政府的计划调节，乡镇煤矿也只有少量煤炭进入市场。实行改革开放后，首先从办矿体制放开，实行"国家、集体、个体一起上"（当然现在看个体矿的发展问题不少），乡镇集体煤矿出现了大发展势头，同时在煤炭流通领域逐步放开，取消了地区封锁，价格实行随行就市。统配煤矿和地方国营煤矿超计划生产的煤炭也逐步进入市场。到 1990 年，全国生产的 10.8 亿吨煤炭，约有 3 亿吨进入市场调节，占总量的 28%。其中乡镇煤矿进入市场约 2.5 亿吨，占乡镇煤矿总产量的 67%，统配和地方国营矿进入市场约 3000 万吨，占其总产量的 4.2%。

从计划调节形式看。目前有三种：一是指令性计划，就是过去传统的计划部分。这种计划刚性强，但煤炭的价格比较低，背离价值比较远。1990 年，统配煤矿平均销售一吨指令性计划煤炭亏损 20 多元。近几年，指令性计划煤炭的比例逐步缩小。1991 年，统配煤矿指令性计划分配煤炭 34593 万吨（不含精煤公司，下同），占计划分配总量的 80.64%。二是指导性计划。这部分煤炭价格比指令性计划煤炭价格平均高 1 倍，比指令性计划更多地体现了价值规律和计划经济与市场调节相结合的原则。1991 年，统配煤矿指导性计划分配煤炭 6014 万吨，占计划分配总量的

14%。三是定向议价煤。这是 1990 年新出现的一种计划分配煤。这部分煤炭由国家定向分配，但价格由供需双方议价。这是目前计划经济与市场调节有机结合的典型形式。1991 年，统配煤矿定向议价煤 2292 万吨，占计划分配总量的 5.34%。

从企业经营机制看。我国国情决定了企业应是市场的主阵，企业能否进入市场，能否具有适应市场变化的能力，是计划经济能否与市场调节结合好的关键。目前，我国能源企业特别是统配煤炭企业在这方面的差距还很大。统配煤矿实行投入产出总承包，国家给企业一个"笼子"，在这"笼子"内企业拥有一定自主权，在完成承包任务后，产品可以自销，增盈减亏额可以自由支配。在一定程度上体现了计划经济与市场调节相结合（石油、电力也实行了承包）。

（2）电力行业。在基本建设方面，国家对基本建设是控制的，体现了国家计划管理的原则。但在电力建设资金筹集方面已开始引入市场机制，多渠道、多层次引导地方、企业、个体集资办电。如卖用电权、每度电向用户征收 2 分钱电力建设基金、卖电力债券、试行股份制等，使电力建设预算外资金大幅度增加。全国电力建设资金由 1978 年的 49.33 亿元，增加到 1990 年的 245.03 亿元，增长了 4 倍。预算外建设资金由 6.4% 上升到 71.3%。同时在电力建设项目的设计、施工队伍的选择方面，也引入了招标、投标市场竞争机制。这些都在一定程度上体现了电力基本建设方面计划经济与市场调节相结合的形式。

在电力分配方面，改变了过去完全由国家指令性计划分配的状况，与多渠道、多模式集资办电和"谁投资，谁受益"政策相配套，增加了指导性分配计划。在计划与市场调节相结合上迈出了一步，1990 年，指令性计划分配电量降到 67%，指导性计划分配电量达 33%。

在电价方面，在国家控制电价制定原则的前提下，"七五"期间对电力企业普遍实行了煤运加价政策，即根据燃料和燃料运费加价情况，相应调整电力价格，使电力企业增强了适应市场变化能力。同时，开始对一些新建电力企业如华能电厂等实行了有还本付息能力的电价，使电价更趋于符合价值规律。

（3）石油行业。从 1981 年起开始实行 1 亿吨原油产量包干，这 1 亿吨油由国家按指令性计划分配。超过 1 亿吨部分，由原石油部（现石油天然气总公司）按国内外市场价格组织销售，增加的收入用于石油勘探开发，1990 年，全国石油产量 1.37 亿吨。指令性计划分配部分占 73%，市场调节部分占 27%。另外，海上石油已进入市场调节。因此，在石油行业也出现了计划经济与市场调节相结合的形势。

2. 能源行业计划经济与市场调节结合的初步效果及其存在的问题

计划经济与市场调节相结合在能源行业虽然只是初步的，但也取得了很好的效果。煤炭工业在国家预算内投资不足的情况下之所以能大幅度增产，1980—1990 年，全国煤炭产量平均每年增长 4600 万吨，缓解了煤炭供求紧张关系，满足了国民经济发展需要，主要是由于乡镇煤矿大发展的结果。10 年中乡镇煤矿增长的产量占全国煤炭增产总量的 60%。而乡镇煤矿的发展，主要靠的是政策，靠引入了市场机制。电力工业在国家预算内投资相对减少的情况下，投产发电能力由"六五"的 2100 万千瓦增长到"七五"的 5100 万千瓦，增长了 1 倍多，根本的原因是由于在投资领域引进了市场机制，实行了多渠道、多模式的集资办电。石油天然气工业，在东部油田进入高含水期、开发难度和成本加大的情况下，能够保持石油产量稳定并略有增长，也主要靠利用超产油高平差价收入，补充了石油勘探开发费和油田维护费。这也是市场调节的作用。

可以说，没有改革、没有计划经济与市场调节初步相结合，就没有今天能源工业发展的好形势。但是，能源行业计划经济与市场调节相结合中也存在一些问题。

（1）能源行业与整个国民经济在计划经济与市场调节相结合方面进展不协调，能源行业明显落后于国民经济其他行业的步伐。改革开放以来，整个国民经济运行向计划经济与市场调节相结合迈出了比较大的步子，但是由于国民经济的基础产业和骨干企业进入市场的程度不同，市场机制只能在一定范围和一定程度上起作用，造成把不同企业置于不平等竞争的地位，越是对国计民生重要的产业、产品，进入市场的程度越低，亏损越严重，需要国家亏损补贴越来越多。全社会的市场调节比例越大，这些产业的处境越困难。近些年，能源行业就是处在这种困难的境地。如统配煤矿在指令性煤炭价格扭曲，严重背离价值的情况下，只有不足 5% 的煤炭进入市场，价格放开。"高进低出"，无论如何难以应付 50% 以上设备和原材料放开的市场环境，致使企业亏损增加，由 1985 年的亏损 3 亿元增加到 1990 年的 120 亿元，企业连简单再生产都难以维持，许多煤矿采掘失调，设备失修，安全措施欠账，等等。石油工业在指令性油价不合理的情况下，以 30% 左右的石油市场调节对付原材料大部分市场调节的局面（石油工业使用的主要原材料需要从国际市场采购），也是难以应付，亏损大量增加，1990 年亏损 60 多亿元。

（2）能源行业目前计划经济与市场调节相结合的形式，有机结合程度低，相当一部分是机械的板块结合。能源行业实行计划经济与市场调节有机结合程度高的产品比重很小。试按有机结合程度高低排列如下：一是统配煤矿的定向议价煤，这是能源行业有机结合程度最高的部分，但仅占统配煤矿产量的 5% 左右。二是华能集团公司由国家计划分配实行还本付息能力价格的电量，有机结合程度也比较高，但仅占全国电量的 4.1%。三是指导性计划，有机结合程度不如前两种高，但也是目前有机结合比较好的形式，只是能源系统目前的比重太小，统配煤矿只有 14%，电力行业只有 30% 左右。四是电力行业目前电量实行国家分配，电价实行煤运加价的做法，这部分电量比较大，但是有机结合程度比较低。

能源行业目前出现的计划经济与市场调节结合，相当一部分是机械的板块结合形式。如煤炭工业，乡镇煤矿从矿井建设到产品分配基本是市场调节（只有一部分煤炭上调纳入统一分配），统配煤矿、地方国营煤矿从建设到产品分配基本属于计划调节（只有少量产品进入市场调节，总体上应把统配与地方国营矿划为计划调节部分）。石油工业计划与市场调节机械的板块结合更为明显。1 亿吨是计划控制，3000 多万吨进入市场调节。这种计划是计划，市场是市场的板块结合虽是改革中出现，今后一段时间也不可能马上取消的一种结合形式，但这种结合形式问题很多，计划调节部分，仍未很好地运用价值规律，价格仍然严重背离价值，致使这部分产品的生产单位缺乏活力。对市场调节部分也缺乏有效的宏观调控和计划管理。如有些乡镇集体煤矿出现的乱采滥挖，资源流失严重，死亡率高，危及国营煤矿安全；电力行业实行集资办电后出现的办电机构重叠，重复建设，布局不合理，水电、网架建设不够，以及借集资办电的名义乱涨价，等等。这都是实行市场调节后，宏观控制不力的表现。

（七）交通运输业的计划与市场

交通运输业是生产与消费的纽带，是商品流通和要素移动的物质基础。改革十余年来，按照计划与市场相结合的原则，对过去高度集中管理的交通运输业体制进行了相应改革。

1. 交通运输业计划与市场结合方式的改革与完善

由于交通运输业是国民经济的重要部门，加之长期以来是制约国民经济的短线部门，所以，在很长的一段时间内，国家对铁路、航空、公路、水运实行了比较集中的计划管理。这种体制虽在一定程度上有利于交通运输整体布局的优化，但由于投资、价格、体制多方面的原因，我国交通运输业发展跟不上国民经济发展的需要。在这种大背景下，与我国整个市场取向的改革相适应，从 80 年代初起，对传统的交通运输业管理体制进行了改革，初步引入了市场机制，促进了计划和市场的结合。

（1）改革过于集中的交通运输管理体制。

铁路。"六五"期间，为了适应国民经济的发展和铁路管理体制完善的需要，打破了按省设局的格局，实行大铁路体制，将原来的 20 个铁路局合并为 12 个，在此基础上，铁道部与各局从 1983 年起实行利润递增包干。特别是 1986 年后，国务院批准铁路系统实行"投入产出、以路建路"的经济承包责任制，在此基础上形成了部对局、局对分局、分局对段的多层经济承包制，初步改变了过去统得过死的体制，基层局、段的积极性有所提高。

航空。为适应整个经济体制改革的需要，从"七五"期起，民航系统改变了传统的政企高度合一的管理体制，将过去集管理与经营于一身的体制改变和政企分开的体制，民航局作为国务院主管民航事务的部门，主要行使行业管理职能，不再进行企业经营。成立了若干个骨干航空公司，分别经营国际、国内航线，并将机构与航空公司分开，均实行企业化经营。这样，初步建立了符合商品经济的航空运输管理体制。

公路与水运。从 1987 年起，全国大部分公路运输和水路运输企业在政企初步分开的基础上实行了以扩大运输企业权利为主要内容的承包制，扩大了运输企业的权利，调动了运输企业的积极性。特别在 80 年代中期，交通部把部属的港口下放地方管理，协调了条块关系，促进了港口建设的发展。

（2）提高偏低的运价。价格的高度集中管理和缺乏弹性是传统的交通运输体制的特征，也是最大的弊端，它严重地阻碍了交通运输业的发展。改革以来，与扩大运输企业的权利相适应，国家连续数次调整了各种运输方式的价格，初步增强了运输企业的后劲。在提价的同时，对运价管理体制也做了相应的改革，放开了部分运输工具计划外市场调节部分的价格。

（3）鼓励社会力量进入运输市场，初步形成了交通运输业的市场竞争。在传统的计划经济体制下，交通运输业（特别是航空、铁路）一般由国家垄断经营。这种限制进入和竞争的体制影响了交通运输业运力和运能的供应。改革开放以来，这种局面有了初步打破。

铁路。为了促进铁路运输的发展，国家先后制定政策，鼓励修建地方铁路和合资铁路，并实行地方自建、自运和自管体制、铁道部代管体制和合营体制三种形式并存。

民用航空。随着从 1985 年、1986 年起民用航空体制的改革，由过去中国民航垄断航空运输的局面也在打破。一是军队系统成立了中国联合航空公司，二是许多省区自办了地方航空公司，初步形成了民航局行业管理下的航空运输市场。

公路和水路运输。改革以来，随着政策的放宽，公路和水路运输中的非国有运输企业，特别是个体公路运输发展迅速，已经成为我国公路运输中的一支重要力量。目前，在整个运输系统中，公路运输是市场调节比重最高，民间或非国营成分发展最快的运输部门。

2. 目前交通运输业计划与市场结合中存在的问题

（1）计划与市场有机结合的融资、投资体制尚未形成。由于交通运输是一个资金高度密集部门，这一部门计划与市场结合得是否顺畅、协调，关键在于是否形成了一个能够保证交通运输业发展的补偿机制。用这个标准衡量，应该说这一任务尚没完成。从财政补偿的角度看，由于国民收入的分散化、国家用于交通运输业的投资份额逐个时期下降；从价格补偿的角度看，由于运价提高幅度不到位，运输企业自我积累不足。结果造成交通运输投资在全部投资中的份额几年中持续下降，从而严重影响了交通运输业的发展（见表 11-1）。

表 11-1　　　　　　　　　　交通运输业投资份额的下降

时期（年）	占全国投资比重（%）
1953—1957	15.3
1958—1962	13.5
1963—1965	12.7
1966—1970	15.4
1971—1975	18.0
1976—1980	12.9
1981—1985	13.3
1986—1990（计划）	11.4

（2）交通运输业条块分割严重。长时期内，我国铁路、公路、水运、民航和管道五种运输方式，分别由不同的行政部门直接领导和管理。在这种体制下，各种运输方式各自为政，自成体系，它们的发展和利用难以统筹规划和安排，综合运输优势不能充分发挥。即使在各种运输方式内部，运输管理体制也是不适应的。以公路运输为例，多年来，我国公路运输实行的是多家办、多家管的体制。交通、公安、城建、旅游、经贸部门都分别参与了一部分运输管理工作，造成了政出多门，矛盾重重。

国营运输企业缺乏活力，难以发挥主力军的作用。各种运输方式的国营运输企业普遍成立较早，目前生产设施和生活福利等方面都积累了许多问题，离退休老职工逐步增加，营业外支出越来越大，燃料、原材料价格不断上涨，运输成本上升，利润大幅度下降，使企业缺乏自我积累、自我发展、自我改造的能力。以公路运输企业为例，实现利润由 1985 年的 10 亿元降至 1988 年的 4.28 亿元；人均留利由 1984 年的 266 元降至 1988 年的 145 元，并且有许多企业在负债经营。

（3）运价改革步子缓慢。我国多年来在运价的制定和管理中忽视了价值规律的作用，主要表现在：

第一，运价水平较低。现行运价低于 50 年代水平。不计物价上涨指数，汽车货物运价比 1955 年低 24%；长江货物运价比 1956 年低 13.2%，沿海货物运价降低 12.9%；国内民航旅客票价比 1955 年低 39.5%；铁路现行货物运价比 1955 年名义上提高 22.4%，扣除物价上涨指数，实际下降 20.8%。更为严重的是，现在运输生产建设所需物资的价格不断上涨，而运价不能同步增长，运价背离价值的状况日益恶化，公路、航运企业难以承受，也给铁路部门实行的经济大包干增添了很大困难。

第二，各种运输方式的比价不合理。一方面是由于公路、水路运价水平较低，另一方面是铁路长期实行低运价政策。铁路运价过低，一定程度上限制着公路运输和水路运输优势的发挥，使得本应走公路和水运的客货被铁路拉走。

第三，运价管理体制不适应。在运价管理方面统得过死，交通主管部门没有调整运价的权力，运输企业的权力也只限于根据上级规定的运价总水平及运价率、费率进行一定的加（减）成，以致企业应变能力差。

（八）不同地区的计划与市场结合

1. 14 年来中央与地方权力关系的调整

我国是按中央、省（市、自治区）、县三级行政层次管理经济的。对于我们这样一个地区间经济、技术、历史、资源等条件相差很大的大国而言，政府对经济的管理活动（亦可称为计划管理）的很大一部分自然是应由省级政府承担的。正是出于这一考虑，从 1979 年开始的经济体制改革，在扩大企业自主权的同时，也扩大了地方政府管理经济的权限。

过去，省、自治区、市管经济的自主权很小，计划、投资、物资、外贸、信贷等各项指标，按照部门系统层层下达，地方照抄照转，一直管到企业。为了贯彻分层、分级调控的原则，国家扩大了地方在这些方面的管理权限。

首先，国家扩大了地方在投资项目审批方面的权限。省、自治区和直辖市审批限额。能源、交通、原材料行业由 1000 万元提高到 5000 万元，其他行业由 1000 万元提高到 3000 万元。从 1992 年起，这一限额又分别提高为 1 亿元和 0.5 亿元。同时，为适应对外开放的需要，利用外资建设的生产性项目，在资金、能源、运输、原材料以及其他生产建设条件自行平衡的条件下，每个项目总投资的审批权限，京、津、沪、粤、闽、辽、冀、鲁、苏、浙、桂和几个经济特区放宽到 3000 万美元以下。沈阳、大连、广州放宽到 1000 万美元以下。其他省、自治区、计划单列省辖市、沿海开放港口城市放宽到 500 万美元以下。

其次，是扩大了地方在财政、外贸、信贷方面的管理权限。在财政方面，首先实行了"划分收支、分级包干"和"划分税种、核定收支、分级包干"的预算管理体制，使地方在财政方面的权利有所扩大。在信贷方面，从 1981 年起，实行"统一计划，分级管理，存贷挂钩，差额控制"的信贷资金管理办法。即各专业行的存款和贷款总额，存贷款按比例挂钩，实行差额包干，多存可以多贷。这种体制扩大了地方银行在信贷工作方面的权限，调动了基层银行挖掘资金潜力的积极性。在外贸方面，为调动地方、工业部门和生产企业发展对外贸易的积极性，决定对出口商品实行分级管理经营的原则。即经贸部所属外贸专业总公司负责经营少数大宗的、有关国计民生和具有战略意义、国际市场上竞争激烈的商品，以及出口有特殊加工、整理、配套和储运要求的商品，其余产品放开经营。全国 29 个省、市、自治区和广州、大连、武汉、青岛、西安、沈阳、哈尔滨以及海南等 9 个计划单列市或特别行政区，均开辟了外贸口岸，按批准的权限经营进出口业务。同时，实行外汇留成制度，即出口贸易创汇可按一定比例留归地方使用。更重要的是，为了加速外贸体制改革，国务院决定从 1988 年起，全国推行对外贸易承包责任制，这一方案，更进一步扩大了地方在外贸计划、财务、经营、管理、价格以及外汇分配等方面的权限。在外贸计划体制方面，除统一经营、联合经营的 21 种出口商品保留双轨制出口计划以外，其他商品的出口计划一律由双轨制改为单轨制，即由各省、自治区、直辖市和计划单列市直接向中央承担出口创汇条件。财务体制则初步打破了以"条条"为主的中央财政统负盈亏的"大锅饭"体制，部分进出口盈亏由地方财政自负。在经营体制上，进一步明确了中央与地方分工范围，在外汇分配和管理方面，扩大地方外汇留成比例，取消用汇指标，开放外汇调剂市场。

最后，为了发挥城市的经济中心作用，消除相对狭小的行政区划对中心城市经济辐射能力的限制，从1983年2月至1983年4月，党中央和国务院陆续对重庆、武汉、沈阳、大连、哈尔滨、广州、西安、青岛、宁波、厦门10个省辖市实行计划单列，同时赋予省级的经济管理权限。

2. 不同特色的地区管理经济模式的形成

在中央向省级政府分权的同时，省级政府也扩大了省属地、市、县在投资、财政、信贷、外贸方面的管理经济的权利。由于省与省之间在市场发育、产业结构等方面的差异，以及对合理的分级管理体制的理解不同，省级政府向所属市（地）、县的放权速度、程度也不同，从而形成了几种不同的地区管理体制。

（1）市场经济发育程度较高和指令性计划比重较低的地区模式。这种地区管理体制的特点有三：一是省级政府基本上把企业下放给所属地、市（所谓无省属企业），地、市拥有较大的经济管理权限；二是市场发育程度较高，从而市场组织经济的能力较强；三是由于历史的原因和产业布局的特点，指令性生产比重较低。广东、江苏是这种地区计划与市场结合模式的代表。广东、江苏，特别是深圳、珠海、汕头经济特区、广州、珠江三角洲城市群，是我国市场发育程度最高的地区。目前，广东已逐步形成了较为发达的农副产品市场、工业消费品市场和生产资料市场、金融市场、劳务市场、房地产市场、技术市场，旅游服务市场也在逐渐发育。在这里，90%以上的农副产品和工业消费品、70%以上的生产资料的生产和流通由市场调节，产品结构、产业结构的调整和省内各城市、地区之间的分工关系由市场决定，这样一个政府调控下的、以市场为主导的经济运行机制已在广东初具雏形。应该说广东模式是我国东南沿海以加工工业为主的省份计划与市场结合的方向。

（2）经济发展水平较高和指令性计划比重偏高的地区。这种地区模式的特点也有两个：一是经济发展水平和商品经济发展程度较高，二是参与调节的程度低于第一种地区模式。辽宁和上海是这种地区模式的代表。对于辽宁和上海来说，市场调节比重偏低，除去市场发育程度不如广东高外，重要的原因是重工业比重较高，属于基础行业的国营大中型企业较多，从而国家指令性调节的比重也较高。对于这种地区模式而言，它的弊病主要是较高的计划调节比重影响了市场的发育。

（3）经济比较发达和省级调控能力较强的地区。这种地区模式的特点有：一是经济比较发达，但市场发育程度低于广东等省区；二是省政府在计划、投资、财政、税收和外贸方面的权力相对较大，从而省级政府对全省经济的调控能力较强。山东省是这种地区模式的代表。从理论和实践看，这种体制是优于第二种体制的。第一，它较好地发挥了省级政府在宏观经济管理中的作用。我国是一个大国，一个省就相当于国外一个大国。为了发挥本省资源的综合优势，发展省内的专业化协作和分工，建立优势互补的统一产业格局，就要求省级政府充分发挥统一的调控功能。那种天上一个中央政府、地上成千上万个企业的管理模式是不能完成上述任务的。第二，充分发挥了政府对市场的替代作用。市场取向改革是我国经济体制改革的重心，但是市场建设不是一蹴而就的，在市场充分发育以前，一些将来可以转移给市场的功能和那些不宜转给市场的功能就必须由政府承担起来。在这方面山东省的一些做法对情况类似的省区有启迪意义，一是山东省通过"电力基金"、"钢铁基金"的形式集中了一部分资金，把其投向省内重点发展的基础工业。这是在资金相对分散和缺少有效的横向融资机制的条件下，发挥政府筹集资金、调节资源分配的良好形式。山东省近年内电力工业的长足发展就得益于这种把计划与市场较好地结合起来的基金制。二是在市场组织效率还不高的条件下，不是简单地下放企业，而是通过组建行业总公司的形式（如组建省冶金工业总公司、省丝绸公司等）进行组织创新，这样既减少了交易费用和企业下放引起的困难，又在政企分开的基础上加强了省政府对这些行业的管理。

（4）经济欠发达和市场发育不充分的地区。这一地区模式中市场发育程度低，不是像辽宁那样来自于国家计划调节比重高，而是来自于不发达的西藏、青海、内蒙等边远省份属于这类地区计划与市场结合的模式。在这类地区促进计划与市场结合的关键是大力发展经济，在经济增长的过程中，加快市场的建设。由于这里是经济和市场双重欠发达，所以在经济发展过程中充分发挥政府在资源配置中的重要作用是至关重要的。哪个地区政府计划调控功能发挥得好，哪个地区的经济就会较快发展起来，从而市场也就会逐渐发育起来。当然，强调政府的调控功能绝不是要这类地区走传统计划体制的老路，而是在促进社会主义市场经济的发展中，进一步发挥政府在制定发展战略、地区发展政策、产业政策上的重要作用。

3. 地区计划与市场结合方式的完善

大力发展市场体系的建设和在市场机制作用的基础上发挥政府调控经济的作用，是我国以上四种计划与市场结合地区模式演进的共同方向。但是，由于地区之间在经济发展水平、资源赋有状况、政府调控能力和市场发育程度的差异，广东和山东分别代表的两种计划与市场相结合的地区模式可能在中近期内是两种可以选择的模式。当然，包括这两种可选择的地区模式在内，所有地区模式都面临着进一步完善的任务。对于第一种地区模式而言，重要的是大力发展各种非商品市场，制定和完善市场法规，并在此基础上充分发挥政府的间接调控作用；对于第二种模式而言，最为重要的是减少指令性计划的比重，进一步发展商品市场和非商品市场；对于第三种模式而言，是大力发展商品市场和非商品市场，并继续提高政府宏观调控的效率；对于第四种地区模式而言，中近期最重要的是充分发挥政府在发展经济中的重要作用，并根据经济发展的情况，积极发展和培育商品市场。除此之外，这四种模式都要在以下两个方面做更多的工作：

第一，大力发展社会主义市场体系，进一步完善市场运行规则。这对于市场组织程度不高的地区而言更加重要和更为迫切。

第二，完善宏观经济调控体系，提高政府调控能力。这对市场组织程度较高但相对分权的地区更为重要。

市场机制并不意味着可以削弱政府的调节，市场自身存在的缺陷和

"盲点"，需要政府从宏观和长期的角度进行协调与控制，社会主义商品经济新秩序的建立，也同样离不开党和政府的领导。全国近几年出现的经济大幅度波动以及价格的猛涨，从实践上说明了不是不需要政府的协调，而是政府自身的调节职能、形式、方法与市场经济不相符；不是行政的控制不够，而是我们还没有找到适应市场机制要求的有效率的调控手段。

十二　经济改革的政策效果

十余年来的经济改革，一直是沿着减少指令性计划范围和比重，扩大市场机制作用的方向前进的。由于逐步摆脱了高度集中的计划体制的束缚，我国社会主义经济的活力日益增强。在这十余年的改革开放过程中，企业参与国内国际市场竞争的能力大大增强，国民生产总值以每年平均9%左右的速度递增，人民生活得到了显著改善。下面分三个阶段对我国经济改革的政策效果做简要分析。

（一）80 年代初期改革中的经济发展

1978 年年底召开的中共十一届三中全会，标志着我国社会主义建设进入一个崭新的历史发展时期。政治上清算了"左"倾思想的束缚、确立了解放思想和实事求是的马克思主义思想路线，提出了把全党工作重点转移到社会主义现代化建设的伟大历史任务。紧接着，在 1982 年召开中国共产党第十二次全国代表大会，邓小平同志在大会开幕词中正式提出了建设有中国特色的社会主义的重要思想；在十二大报告中提出了中国社会主义现代化建设两步走的战略设想：从 1981—2000 年间，工农业总产值翻两番，前十年打好基础，后十年经济进入新的振兴时期。围绕着实现上述任务和目标，80 年代初主要在以下三个方面开展工作，并取得了重大成效：

1. 推行家庭联产承包经营责任制，走出了一条中国独有的社会主义农业发展道路

我国经济体制改革首先是从农村开始的，并且在 80 年代初的短短的几年时间内确立了以家庭联产承包责任制为基本形式的农业经济组织形

式。这一改革不仅大大激发了广大农业劳动者生产经营的积极性，使我国农业生产面貌迅速发生了深刻变化；而且农村改革的成功，为城乡人民生活的改善奠定了坚实的物质基础，对稳定社会，丰富市场，增强人民对改革的信心都起到了积极的作用。

农村改革的实质是在国家各项方针路线的指导下，承认广大农民家庭自身的物质利益和生产经营自主权，在农业经济活动中发挥价值规律和市场机制的作用。1978 年年底，安徽省少数地区率先实行"包产到组，包产到户"。当时不少人对包产到户还有疑虑，一些地方开始推广包产到组的经验，到 1979 年年底，全国有 1/4 的生产队实行包产到组。但由于包产到组没有完全解决生产队社员之间分配上的平均主义，广大农民更倾向于实行包产到户或包干到户，中央在 1980 年 9 月正式肯定了包干到户的经验。到了 1981 年 10 月，包产到户和包干到户的比重迅速上升到占农户的 48.8%。到了 1983 年年初，全国实行"双包"的生产队占生产队总数的 93%，我国农村统分结合的双层经营体制基本确立起来。

在实行家庭联产承包经营责任制的同时，加强对农业产业结构的调整，在发展粮食生产的同时，注重发展农业经济作物，发展林、牧、副、渔、工、商、服务等多种经营，农村经济出现全面高涨。1979—1984 年间，农业年平均增长速度达到 9.4%，大大高于前 30 年 4% 的速度，而且在世界经济发展史上也是少有的。农民收入大幅度增加，农民人均纯收入由 1978 年的 134 元增加到 1984 年的 355 元，增长 164%。

2. 大力调整经济结构，改变以往 30 年片面强调重工业、忽视轻工业的指导思想，迅速扭转了长期存在的轻重工业比例不协调的局面

1979 年 6 月召开的全国人民代表大会五届二次会议提出了用两三年时间打好四个现代化的第一个战役：搞好"调整、改革、整顿、提高"。当时经济调整的主要目标是：针对基本建设规模过大，经济结构严重不合理的状况，通过一系列调整措施，使经济建设规模与国力相适应，并且着重调整轻重工业结构，为国民经济的后续发展打好基础。在压缩基建规模的同时，采取轻纺工业"六优先"（能源、原材料供应优先；挖潜、革新、改造优先；银行贷款优先；基本建设优先；利用外资和引进技术优

先；交通运输优先）政策，加快轻纺工业发展；扭转重工业自我服务的方向，使重工业面向农业、轻工业，面向市场。

实践证明：这次经济结构调整是非常成功的，1979—1981 年间，轻工业增长速度每年分别是 9.6%、18.4%、14.1%；1982—1984 年间，轻工业的增长速度也分别达到 5.7%、8.7%、13.9%，从 1979—1984 年间，轻工业平均年增长 11.7%，大大高于重工业同期 6.0% 的增长速度，轻重工业的比重由 1978 年的 43.1：56.9 变为 1984 年的 51.5：48.5；短短五年，轻工业比重提高 8 个百分点，轻重工业的比例走上了初步合理的轨道。

轻重工业的比例之所以在短短几年内迅速调整合理，既归功于发展政策上正确地实施了一系列调整措施，也归因于在调整过程中逐步实施了一系列改革措施，扩大市场机制调节也在其中发挥了积极的作用。轻纺工业的迅速发展，改变了我国长期存在的消费品匮乏的状况，到 1984 年，除了粮油等极少数产品凭票供应外，其他消费品已全部敞开供应。我国消费品的品种、数量开始大大丰富起来。

3. 城市经济体制改革在探索中起步，为我国社会主义经济注入了初步活力

城市经济体制改革的起步比农村改革晚一些。1981 年之前，在某些省份的国营企业进行扩大企业经营自主权的试点。在 1979 年 7 月，国务院下达了扩大企业经营自主权的五个文件，同时，在全国 26 个省、市、自治区的 1590 个工业企业进行扩权试点。初期的扩权试点，是在执行国家计划的前提下，给予企业一定程度的生产经营自主权，同时也给予企业一定的利润留成。打破了长期实行的国家对企业财务的统收统支，企业有了自身相对的物质利益。在扩权试点的基础上，从 1981 年中期，全国普遍推行工业经济责任制，工业经济责任制实际上是肯定了扩权试点中的一些基本做法，并使扩权试点的做法在进一步完善基础上，国家与企业之间责、权、利相结合的新的管理形式。到了 1981 年 8 月，实行经济责任制的企业占全国国营企业总数的 65%，到了 1982 年 10 月，全国 80% 以上的大中型国营企业实行了不同形式的经济责任制。

在对国营工业企业进行扩权改革的同时，80 年代初开始实行在全民所有制工业占主导地位的前提下，多种经济成分共同发展，集体企业（特别是乡镇企业）出现了迅速发展的势头。到 1984 年，集体所有制工业产值占全部工业产值的 25%，比 1978 年上升近 6 个百分点，个体经济、私营经济、"三资"企业也都出现了迅速发展的势头。

与此同时，在价格、财政、金融、外贸、商业、物资等部门也开始程度不同的改革，计划调节的比重和作用开始下降，市场调节的作用逐步增强。整个国民经济的活力与改革以前相比已不可同日而语。工农业总产值和粮、棉、油、钢等 30 多种主要工农业产品产量，提前两年达到或超过"六五"计划指标。但是这一时期的改革仍是初步的，计划为主的经济格局还没有打破，市场发育尚在起步，政企关系远远没有理顺。经济生活中仍存在一些比较严峻的问题，需要在深化改革中加以解决。

（二）80 年代中期改革深化中的发展成就

80 年代中期是我国经济体制改革由前几年的起步向纵深发展的阶段。这一阶段的特征是双重体制共存，旧体制的因素逐步减少，新体制的因素逐步增长的阶段。通过前几年改革的试验、探索，无论从改革理论的认识上，还是改革政策和措施的实施上，都比前几年有了实质性的进展。1984 年年底召开的中共中央十二届三中全会作出了《中共中央关于经济体制改革的决定》，提出了发展社会主义商品经济的重大任务，把搞活企业作为城市经济改革的中心环节。

根据党的十二届三中全会《中共中央关于经济体制决定》的精神，1985 年 9 月，中共中央对我国经济体制改革的总体规划又做了新的论述。这就是《中共中央关于制定国民经济和社会发展第七个五年计划的建议》中所指出的："建立新型的社会主义经济体制，主要是抓好互相联系的三个方面：第一，进一步增强企业特别是全民所有制大中型企业的活力，使它们真正成为相对独立的，自主经营、自负盈亏的社会主义商品生产者和经营者。第二，进一步发展社会主义的有计划的商品市场，逐步完善市场体系。第三，国家对企业的管理逐步由直接控制为主转向间接控制为主，主要运用经济手段和法律手段，并采取必要的行政手段，来控制和调节经济运行。要围绕这三个方面，配套地搞好计划体制、价格体系、财政体制、金融体制和劳动工资制度等方面的改革，以形成一整套把计划和市场、微观搞活和宏观控制有机地结合起来的机制和手段。"① 1986 年 3 月，六届全国人大四次会议通过的政府工作报告中，关于"七五"时期我国经济体制改革规划的论述，正是以上述指导思想为依据的。报告指出："上述三个方面的改革，是互相联系的有机整体，是不可分割和缺一不可的。第一个方面的改革，目的是使企业拥有必要的自主权并正确地加以运用；第二个方面的改革，目的是使企业活力的发挥能有一个既有动力又有压力的良好的外部经济环境；第三个方面的改革，目的是促使企业的微观经济活动能够更好地符合宏观经济发展的要求。这三个方面的改革必须配套进行，相辅相成，不能孤立地突出某个方面而忽视另一个方面。认真搞好这三个方面的改革，逐步形成一整套把计划与市场、微观搞活与宏观管理、集中与分散有机地、恰当地结合起来的机制，就能够更好地做到国家、集体、个人三者利益的统一，做到经济发展速度、比例和效益的统一，进一步促进社会生产力的蓬勃发展。"②

从以上论述可知，在这一时期，我们党和政府关于计划与市场关系的政策主张与前一阶段相比发生了较大变化，其具体表现为：一是认为计划经济与商品经济是统一的，计划与市场是可以有机结合的，并提出了建立"有计划商品经济"的新模式。二是明确指出实行计划经济不等于以指令性计划为主，指导性计划也是计划经济的具体形式。同时，指令性计划也必须运用价值规律。三是提出了"适当缩小指令性计划，扩大指导性计划和市场调节范围"的计划体制改革方向。四是强调"社会主义经济与资本主义经济的区别不在于商品经济是否存在和价值规律是否发挥作用，而在于所有制不同，在于剥削阶级是否存在，在于劳动人民是否当家做主，在于为什么样的生产目的服务，在于能否在全社会的规模上自觉地运用价值规律，还在于商品关系的范围不同。"③ 五是逐步不再采用"计划

① 《坚持改革、开放、搞活》，人民出版社 1987 年版，第 348 页。
② 同上书，第 371 页。
③ 《中共中央关于经济体制改革的决定》，人民出版社 1984 年版，第 17—18 页。

经济为主，市场调节为辅"的提法。

在这一系列改革方针政策的指引下，我国各方面改革的步伐逐步加快，我国原有的经济体制和运行机制已经开始发生深刻变化，经济建设取得了重大成就。其具体表现在以下四个方面：

1. 国民经济实力明显增强

据统计，按可比价格计算，1986 年与 1978 年相比，我国工农业总产值增长了 115.5%，国民生产总值增长了 102.7%，国家财政收入增长了 101.6%。1978 年国家财政收入只有 1121 亿元，1986 年增加到 2260 亿元，加上各部门、各地方和国营企业拥有的、未纳入国家预算的 1670 亿元，1986 年我国总财力为 3930 亿元。此外，我国的谷物、猪牛羊肉、棉花、油菜子、水泥、棉布产量均居世界第 1 位。电力、钢、煤炭、原油产量也分别从 1978 年居世界第 7、5、3、8 位，上升到 1986 年的第 5、4、2、5 位。

2. 国民经济主要比例关系趋于协调

首先，从三大产业结构来看，1986 年与 1978 年相比，其国民生产总值结构比例从 29.2：47.8：23.0 调整为 29.4：45.6：25.0，其社会劳动者分布结构从 73.8：15.2：11.0 调整为 61.1：22.1：16.8。这对发展生产、方便生活和增加就业起了重大作用。其次，从农轻重结构比例看，1978 年，我

表 12－1　　　　　　　　国家经济实力增强

	1978 年	1980 年	1981 年	1982 年	1983 年	1984 年	1985 年	1986 年
社会总产值（亿元）	6846	8531	9071	9963	11125	13167	16587	18961
工农业总产值（亿元）	5634	7077	7580	8291	9211	10832	13336	15207
国民收入（亿元）	3010	3688	3940	4261	4730	5650	7007	7790
人均国民收入（元）	315	376	396	423	464	547	674	741
国民生产总值（亿元）	3482	4336	4629	5038	5627	6761	8306	9380
人均国民生产总值（元）	364	442	466	500	552	657	799	892
国家财政收入（亿元）	1121	1085	1090	1124	1249	1502	1866	2260

注：本表指标均按当年价格计算。

资料来源：国家统计局编：《新的里程、新的成就》，红旗出版社 1987 年版。

表 12－2 国民经济持续稳定增长

	1978 年比 1952 年增长（%）	1986 年比 1978 年增长（%）	平均每年增长速度（%）	
			1953—1978 年	1979—1986 年
社会总产值	625.8	119.3	7.9	10.3
工农业总产值	679.0	115.5	8.2	10.1
农业总产值	97.2	66.2	2.6	6.6
工业总产值	1565.6	134.9	11.3	11.3
国民收入	353.2	95.1	6.0	8.7
国民生产总值	353.8	102.7	6.0	9.2
财政收入	510.3	101.6	7.2	9.2

注：本表各项增长速度均按可比价格计算。

资料来源：国家统计局编：《新的里程、新的成就》，红旗出版社 1987 年版。

表 12－3 工农业主要产品产量居世界位次的变化

	1978 年	1986 年
谷　物	2	1
猪牛羊肉	3	1
棉　花	3	1
大　豆	3	3
花　生	2	2
油菜子	2	1
甘　蔗	9	4
茶　叶	2	2
钢	5	4
煤	3	2
原　油	8	5
发电量	7	5
水　泥	4	1
硫　酸	3	3
化　肥	3	3
化学纤维	7	5
棉　布	1	1
糖	8	6
电视机	8	3

资料来源：国家统计局编：《新的里程、新的成就》，红旗出版社 1987 年版。

表 12 – 4　　　　　　　　　　　　工农业主要产品产量

单位	1978 年	1986 年	1986 年比 1978 年增长（%）
一、主要农产品产量			
粮　食（万吨）	30477	39151	28.5
棉　花（万吨）	217	354	63.1
油　料（万吨）	522	1474	1.8 倍
猪牛羊肉（万吨）	856	1917	1.2 倍
水产品（万吨）	466	824	76.8
二、主要工业产品产量			
化学纤维（万吨）	28.46	101.73	2.6 倍
布（亿米）	110.3	164.7	49.3
自行车（万辆）	854.0	3568.3	3.2 倍
家用电冰箱（万台）	2.80	225.02	79.4 倍
家用洗衣机（万台）	0.04	893.40	2.2 倍
电风扇（万台）	137.8	3528.7	24.6 倍
收录音机（万台）	4.7	1756.8	372.8 倍
电视机（万台）	51.73	1459.40	27.2 倍
彩色电视机（万台）	0.38	414.60	1090.1 倍
照相机（万架）	17.89	202.54	10.3 倍
原　煤（亿吨）	6.18	8.94	44.7
原　油（万吨）	10405	13069	25.6
发电量（亿千瓦小时）	2566	4495	75.2
水　电（亿千瓦小时）	446	945	1.1 倍
生　铁（万吨）	3479	5064	45.6
钢（万吨）	3178	5220	64.3
水　泥（万吨）	6524	16606	1.5 倍
平板玻璃（万重量箱）	1784	5202	1.9 倍
汽　车（万辆）	14.91	36.98	1.5 倍
铁路机车（台）	521	818	57.0

资料来源：国家统计局编：《新的里程、新的成就》，红旗出版社 1987 年版。

表 12－5 　　　　　　　　国民经济主要比例关系趋向协调　　　　　　单位:%

	1978 年	1986 年
一、工农业总产值中农轻重比例		
农业	24.8	26.4
轻工业	32.5	35.1
重工业	42.7	38.5
二、国民收入使用额中积累消费比例		
积累	36.5	34.6
消费	63.5	65.4
三、基建投资中生产性与非生产性比例		
生产性投资	79.1	60.9
非生产性投资	20.9	39.1
其中：住宅投资	7.8	24.2
四、财政收入占国民收入的比例	37.2	29.0
五、文教卫生科学事业费占财政支出的比例	10.1	16.6

注：本表按当年价格计算。

资料来源：国家统计局编：《新的里程、新的成就》，红旗出版社 1987 年版。

表 12－6 　　　　　　　　　社会劳动者在三次产业的分布

	1978 年	1980 年	1981 年	1982 年	1983 年	1984 年	1985 年	1986 年
一、社会劳动者总计（万人）	39856	41896	43280	44706	46004	47597	49873	51282
第一产业	29421	30206	31166	32007	32504	32532	31187	31311
第二产业	6074	6821	7070	7270	7504	8196	10524	11356
第三产业	4361	4869	5044	5429	5996	6869	8162	8615
二、社会劳动者构成（%）	100.0	100.0	100.0	100.0	100.0	100.0	100.0	100.0
第一产业	73.8	72.1	72.0	71.6	70.7	68.3	62.5	61.1
第二产业	15.2	16.3	16.3	16.3	16.3	17.2	21.1	22.1
第三产业	11.0	11.6	11.7	12.1	13.0	14.5	16.4	16.8

资料来源：国家统计局编：《新里程、新的成就》，红旗出版社 1987 年版。

表 12-7 　　　　　　　　　　国民生产总值中三次产业的构成

	1978 年	1980 年	1981 年	1982 年	1983 年	1984 年	1985 年	1986 年
一、国民生产总值（亿元）	3482	4336	4629	5038	5627	6761	8308	9380
其中：第一产业	1015	1355	1541	1756	1955	2289	2534	2755
第二产业	1666	2092	2148	2265	2511	2961	3679	4269
第三产业	801	889	942	1006	1133	1478	2063	2347
二、构成（%）	100.0	100.0	100.0	100.0	100.0	100.0	100.0	100.0
第一产业	29.2	31.3	33.3	34.9	34.9	34.0	30.6	29.4
第二产业	47.8	48.2	46.4	45.1	44.9	44.0	44.5	45.6
第三产业	23.0	20.5	20.3	20.0	20.2	22.0	24.9	25.0

注：国民生产总值除包括三次产业增加值外，还包括来自国外的净收入。三次产业构成是按扣除来自国外净收入的国内生产总值计算的。

资料来源：国家统计局编：《新里程、新的成就》，红旗出版社 1987 年版。

国工农业总产值中农业、轻工业、重工业所占比重分别为 24.8%、32.5% 和 42.7%，1986 年调整为 26.4%、35.1% 和 38.5%。由于轻工业特别是消费品工业的迅速发展，我国以往那种消费品供应全面匮乏的状况有了根本性改变，重工业也调整了服务方向和产品结构，降低了以能源为主的物资消耗。纠正了过去那种片面发展重工业，忽视农业、轻工业的发展倾向。最后，从国民收入中积累与消费的比例看，两者占国民收入的比重分别从 1978 年占 36.5% 和 63.5% 调整为 1986 年占 34.6% 和 65.4%。在保持高速增长的同时，人民生活水平明显提高。

3. 指令性计划范围明显缩小，市场体系逐步形成

1986 年，国家计委管理的工业生产指令性计划产品由原来的 127 种减少为 60 种，其产值占全部工业总产值的比重由 40% 下降为 20% 左右。消费资料市场基本放开。轻工产品实行指令性计划的只有卷烟、原盐、新闻纸、凸版纸四类，另有 76 种产品实行指导性计划，其余都是由市场调节。国家统配物资也由 259 种减少为 26 种，统配物资占社会总资源的比重逐年下降，1986 年钢材为 53.1%，煤炭为 42.3%，水泥为 16.2%，木

材为 30%。在生产资料销售总额中，计划调拨比重由 1981 年的 75.8% 降低为 1985 年的 55.2%。生产企业购进原材料中通过市场购入的部分，一般占 2/3 左右，依靠国家调拨的只占 1/3[①]。与之相适应，许多地方开办了生产资料交易场所，物资部门的供销机构开始从分配管理型转向经营服务型，并逐步实行企业化。1981 年，全国形成了 64 个综合性交易场所，营业额达 6 亿多元。到 1985 年，各种生产资料贸易中心已发展达 644 个。此外，上海等 6 个重点城市和 20 个省、自治区的 66 个城市试点建立了钢材市场。资金市场、技术市场、劳务市场也逐步兴起。例如，1986 年 5 月，武汉市在市内各城市集体信用合作社、各专业银行、城近郊县各金融组织、以武汉为中心的江汉平原各大中城市，以及全国 7 个计划单列大城市的金融组织之间，充分利用资金存贷上的时间差、空间差和行际差，开展短期资金拆借和票据交换活动，形成了 5 个层次的短期资金融通市场。1987 年，这种短期资金融通市场在全国普遍兴起。另据统计，1987 年，全国已有 23 个省、市、自治区成立了技术市场管理协调机构，各类技术经营机构 5000 多个。1986 年，在全国 22 个省、市、自治区和 17 个部门中，技术交易合同共有 8.7 万多项，技术成交额达 20.6 亿元[②]。为了促进社会主义市场的发展和完善，国家还根据"稳步前进、放调结合"的方针，改革了僵化的传统价格管理制度，调整了不合理的价格关系。1986 年，国家统一定价的商品已由原来的 113 种减少为 25 种，各类商品实行浮动价格的比重，农副产品占 65%，工业消费品占 55%，生产资料占 40%，还有 1000 多种小商品价格完全由市场供求决定[③]。

4. 经济对外开放程度迅速提高

首先，外贸进出口额成倍增长。1986 年，我国对外开放的口岸由 1978 年的 52 个增加到 114 个，经营进出口贸易企业有 800 多家。进出口总额达 738.5 亿美元，比 1978 年增长 2.6 倍，平均每年递增 17.3%，大大超过了前 26 年平均每年增长 9.5% 的速度。其中，出口总额由 1978 年

①　国家统计局编：《新的里程、新的成就》，红旗出版社 1987 年版，第 20—21 页。
②　《光明日报》1987 年 5 月 27 日。
③　《红旗》1987 年第 17 期，第 30 页。

的 97.5 亿美元上升为 309.4 亿美元，增长 2.2 倍。进口总额由 1978 年的
108.9 亿美元上升为 429.1 亿美元，增长 2.9 倍。

其次，利用外资规模不断扩大。到 1979—1987 年 6 月止，我国共签
订利用外资协议 8796 项，协议金额 536.11 亿美元，实际利用外资 319.25
亿美元，占 59.5%。利用外资的领域已从轻工、纺织、旅游行业扩大到
冶金、机械、电子、能源、交通、化工、邮电、建材等各个行业。国家批
准建立的中外合资、合作和外商独资企业达 8516 家。全国 29 个省、自治
区、直辖市中，除西藏外，都利用了数量不等的外资，初步形成了一个由
沿海到内地，由点到面的利用外资格局。

表 12 - 8　　　　　　　　　　全国利用外资概况

	总　计		对外借款		客商直接投资及其他	
	项目（个）	金额（万美元）	项目（个）	金额（万美元）	项目（个）	金额（万美元）
签订利用外资协议（合同）额						
1979—1986 年	9431	4788342	242	2789234	9189	1999108
1979—1982 年	1841	1805741	27	1252175	1814	553566
1983 年	690	343021	52	151331	638	191690
1984 年	2204	479136	38	191642	2166	287494
1985 年	3145	986742	72	353421	3073	633321
1986 年	1551	1173702	53	840665	1498	333037
实际利用外资额						
1979—1986 年		2923364		2092642		830722
1979—1982 年		1264344		1087348		176996
1983 年		198064		106468		91596
1984 年		270452		128567		141885
1985 年		464674		268802		195872
1986 年		725830		501457		224373

资料来源：国家统计局编：《新的里程、新的成就》，红旗出版社 1987 年版。

表 12 - 9　　　　　　　　　　十四个沿海开放城市利用外资情况

年份	新签协议合同数（个）	协议合同外资额（万美元）	实际利用外资额（万美元）
1983 年	231	31515	19814
1984 年	755	99983	33793
1985 年	1035	214971	56463
1986 年	1011	168809	92372

资料来源：国家统计局编：《新的里程、新的成就》，红旗出版社 1987 年版。

表 12 - 10　　　　　　　　　　对外承包工程和劳务合作

	合同份数（份）	合同金额（亿美元）	完成营业额（亿美元）
一、对外承包工程	2188	54.39	26.04
1976—1978 年	6	0.02	
1979 年	24	0.33	
1980 年	138	1.40	1.23
1981 年	250	2.76	
1982 年	195	3.46	1.89
1983 年	280	7.99	3.16
1984 年	344	15.38	4.94
1985 年	465	11.16	6.63
1986 年	486	11.89	8.19
二、对外劳务合作	1771	10.95	7.97
1976—1978 年	1		
1979 年	12	0.18	
1980 年	34	0.45	0.47
1981 年	113	2.28	
1982 年	119	1.61	1.59
1983 年	180	1.25	1.36
1984 年	396	1.99	1.28
1985 年	458	1.49	1.72
1986 年	458	1.70	1.54

资料来源：国家统计局编：《新的里程、新的成就》，红旗出版社 1987 年版。

　　再次，对外经济技术合作局面初步打开。据统计，截至 1987 年 6 月末，我国已成立 70 家国际经济技术合作公司，与世界上 104 个国家和地区签订了约 4000 个劳务承包项目合同，总金额达 72.5 亿美元，累计完成营业额 38.8 亿美元。最后，对外经济开放地区逐步扩大。1986 年，全国有 18 个市实行对外开放，土地面积 16 万平方公里，占全国的 1.7%，总人口 9267 万人，占全国的 8.8%。这些地区的国民收入达 1334 亿元，占全国的 17.1%；独立核算工业企业实现利润 423 亿元，占全国的 25.4%，预算内财政收入 363 亿元，占全国预算内财政收入的 16.1%。对外经济开放的扩大加强了我国与各国经济技术的交流，使我国经济的发展越来越与国际市场紧密联系，也同时促使我国经济体制的改革与之相适应。

　　1987 年 10 月，中国共产党召开的第十三次全国代表大会，对 1978 年以来的改革进行了认真总结。会议认为："我国经济体制改革已经取得重大成就，给社会主义注入了新的活力。为了加快和深化改革，必须加深对我国经济体制改革性质的科学理解。"① 这次大会提出了社会主义初级阶段理论。其基本内容为：一是社会主义初级阶段"是特指我国在生产力落后、商品经济不发达条件下建设社会主义必然要经历的特定阶段。我国从 50 年代生产资料私有制的社会主义改造基本完成，到社会主义现代化的基本实现，至少需要上百年时间，都属于社会主义初级阶段"②。二是社会主义初级阶段现阶段的主要矛盾，是人民日益增长的物质文化需要同落后的社会生产力之间的矛盾。"为了解决现阶段的主要矛盾，就必须大力发展商品经济，提高劳动生产率，逐步实现工业、农业、国防和科学技术的现代化，并且为此而改革生产关系和上层建筑中不适应生产力发展的部分。"③ 三是"在社会主义初级阶段，我们党的建设有中国特色的社会主义的基本路线是：领导和团结全国各族人民，以经济建设为中心，坚持四项基本原则，坚持改革开放，自力更生，艰苦创业，为把我国建设成

---

① 《中国共产党第十三次全国代表大会文件汇编》，人民出版社 1987 年版。

② 同上。

③ 同上。

为富强、民主、文明的社会主义现代化国家而奋斗"。①

　　党的十三大认为："我们已经进行的改革，包括以公有制为主体发展多种所有制经济，以致允许私营经济的存在和发展，都是由社会主义初级阶段生产力的实际情况所决定的。只有这样做，才能促进生产力的发展。改革中所采取的一些措施，例如发展生产资料市场、金融市场、技术市场和劳务市场，发行债券、股票，都是伴随社会化大生产和商品经济的发展必然出现的，并不是资本主义所特有的。社会主义可以而且应当利用它们为自己服务，并在实践中限制其消极作用。"在这一认识基础上，党的十三大报告继承和发展了党的十二届三中全会《中共中央关于经济体制改革的决定》中关于社会主义计划与市场关系的基本思想，指出："社会主义有计划商品经济的体制，应该是计划与市场内在统一的体制。在这个问题上，需要明确几个基本观点：第一，社会主义商品经济同资本主义商品经济的本质区别，在于所有制基础不同。建立在公有制基础上的社会主义商品经济为在全社会自觉保持国民经济的协调发展提供了可能，我们的任务就是要善于运用计划调节和市场调节这两种形式和手段，把这种可能变为现实。社会主义商品经济的发展离不开市场的发育和完善，利用市场调节绝不等于搞资本主义。第二，必须把计划工作建立在商品交换和价值规律的基础上。以指令性计划为主的直接管理方式，不能适应社会主义商品经济发展的要求。不能把计划调节与指令性计划等同起来。应当通过国家和企业之间、企业与企业之间按照等价交换原则签订订货合同等多种办法，逐步缩小指令性计划的范围。国家对企业的管理应逐步转向以间接管理为主。第三，计划和市场的作用范围都是覆盖全社会的。新的经济运行机制，总体上来说应当是'国家调节市场，市场引导企业'的机制。国家运用经济手段、法律手段和必要的行政手段，调节市场供求关系，创造适宜的经济和社会环境，以此引导企业正确地进行经营决策。"②

　　1988年3月，七届全国人大一次会议通过的政府工作报告，则依据

---

① 《中国共产党第十三次全国代表大会文件汇编》，人民出版社1987年版。
② 同上书，第26—27页。

党的十三大报告精神，对我国计划体制改革做了如下新的论述："计划体制的改革，重点是转变国家计划机关的职能，逐步缩小指令性计划，扩大指导性计划，重视中长期产业政策的制定和搞好各项经济比例关系的综合平衡，配套运用经济手段，逐步形成'国家调节市场，市场引导企业'的新的经济运行机制。"①

（三）治理整顿以来的改革与发展

1. 治理整顿深化改革

党的十二届三中全会以后，我国的经济体制改革与经济发展速度明显加快，并取得了巨大成就。但是，也不能不看到，在改革以指令性计划为主的传统管理体制的同时，如何建立起以间接管理为主的宏观经济调控体系方面，我们还缺乏经验。因而一段时期国民经济出现了一些问题和失误，这些问题到1988年已经十分突出。主要表现在以下几个方面：

表 12-11　　　1978—1988 年我国的通货膨胀情况（以上年为100）

年　份	1979	1980	1981	1982	1983	1984	1985	1986	1987	1988
零售物价总指数	102.0	106.0	102.4	101.9	101.5	102.8	108.8	106.0	107.3	118.5
职工生活费用价格总指数	101.9	107.5	102.5	102.0	102.0	102.7	111.9	107.0	108.8	120.7
集市价格指数	95.5	102.0	106.6	103.5	104.1	100.3	116.9	107.7	120.8	135.0
国民生产总值平均指数	103.7	103.6	102.1	100.1	101.4	104.9	109.0	104.8	105.6	112.6
建筑造价指数	108.6	108.8	113.8	105.8	112.2	113.3	109.6	112.7	116.9	

资料来源：吴敬琏主编：《1988年中国经济实况分析》，中国社会科学出版社1991年版。

表 12-12　　　我国 1988 年各月物价指数（去年同期=100）

1月	2月	3月	4月	5月	6月	7月	8月	9月	10月	11月	12月
109.5	111.2	111.6	112.6	114.7	116.5	119.3	123.2	125.4	126.1	126	126.7

资料来源：吴敬琏主编：《1988年中国经济实况分析》，中国社会科学出版社1991年版。

---

① 《中华人民共和国第七届全国人民代表大会第一次会议文件汇编》，人民出版社1988年版，第27—28页。

表 12－13　　　国民生产总值和货币总量的增长（年末比年初的百分比）

年份	1978	1979	1980	1981	1982	1983	1984	1985	1986	1987	1988
国民生产总值		7.6	7.8	4.5	8.8	10.3	14.6	2.7	8.3	11.0	11.2
现金（M_0）	8.5	26.3	29.0	14.5	10.9	20.7	49.4	24.7	23.3	19.4	46.7
M_0＋活期存款（M_1）	24.4	23.0	25.9	13.8	14.9	31.4	5.8	28.0	17.9	20.8	22.5
M_0＋全部存款（M_2）	26.2	27.1	29.8	19.93	19.5	39.2	17.0	29.3	24.8	20.4	22.4
广义货币（M_3）	9.5	33.0	32.9	19.5	13.1	19.3	41.2	18.4	29.6	23.3	19.8
贷款	6.6	18.0	24.1	22.5	16.9	17.7	28.5	19.0	25.6	21.7	17.3

（1）通货膨胀明显加剧。1978—1988 年期间，我国经济生活中出现了两次大的通货膨胀[①]。1980 年零售物价总指数上升 6%，经过 1981 年调整，很快得到缓解。1981—1984 年，一直保持在 1.5%—3% 的幅度内；但 1985 年再次出现通货膨胀的明显迹象，到 1988 年达到高峰，全国零售物价总指数比 1987 年上升 18.5%，是新中国成立以来增长幅度最高的一年，超越了群众、企业和国家的承受能力，使相当一部分城市居民的实际生活水平有所下降。

（2）银行信贷失控，基本建设规模急剧膨胀，并因此而引起工业生产的超高速增长。据分析，1983 年我国的固定资产投资只比 1978 年增加 42%，而 1988 年比 1983 年增加了 215%。前 5 年每年平均增加固定资产投资 50 多亿元，后 5 年每年增加固定资产投资 600 亿元。即使扣除物价上涨的因素，后 5 年的投资规模也比前 5 年上升几倍。建设规模的急剧膨胀引起工业生产的超高速增长，1983 年与 1978 年相比，我国工业生产增长 45.7%，而 1988 年比 1983 年增长 149.1%。与之相适应，社会总需求迅速膨胀，与社会总供给的矛盾越来越严重，货币的超量发行很难控制。据统计，1983 年我国货币发行量比 1978 年增加 150%，而 1988 年比 1983 年增加 302%。其中，1984—1988 年间，各类货币流通量年均增长率仍在 30% 以上，超过国民生产总值年均增长率 20 个百分点。

（3）国民经济产业结构矛盾突出，经济效益下降。1984 年以后，由

---

① 参见吴敬琏主编《1988 年中国经济实况分析》，中国社会科学出版社 1991 年版，第 23 页。

于经济体制和经济政策上的缺陷，基础产业发展缓慢而加工工业盲目发展，使得前5年调整中已初步改善的产业结构又开始出现恶化趋势。例如，我国在1953—1980年时期，发电量超前系数为1.33，进入"六五"以后，电力工业的发展进一步滞后，发电量超前系数降到1以下，1988年降到0.46的水平。据有关部门测算，1976年全国缺电400亿度，1986年，缺电增加至700亿度，因电力供应不足，全国约有1/4的生产能力不能充分发挥作用。原材料工业增长速度与加工工业增长速度之比，由1978年的1∶0.96上升到1984年的1∶1.40，再上升到1988年的1∶1.67。铁路货运弹性系数"六五"时期为0.25，1986年为0.47，1987年为0.25，1988年为0.18，货运能力只能满足实际需要的60%—70%，关键路段只能满足30%—40%，形成经济发展的"瓶颈"。另外，各地为了追求高速度、高盈利、高收入，竞相发展高档耐用消费品生产。例如，1984—1986年期间，全国共引进彩电装配线113条，装配能力达到1600万台，以后，又一哄而起，先后引进了年产能力达1700万台的彩色显像管生产设备，① 大大超过了国内市场的实际需求量。1986年，全国手表生产企业从1980年的64家发展到366家，年生产能力为7319万只，而当年实际销售仅5883万只。自行车生产企业由1978年的38家发展到621家，仅轻工部定点的60家企业1984年生产能力就达4000万辆，超过了1987年3500万辆的市场实际销售量。但是，1985年、1986年，自行车行业又新增投资3亿元，使年生产能力扩大到5000万辆以上。1986年，我国洗衣机行业生产能力已达1200万台，而当年洗衣机实际产量为893万台，仅为生产能力的74.4%，产品已滞销积压170万台，相当于当年实际产量的19%。同年，全国电风扇生产企业已有200多家，年实际生产能力达3500万台，超过了实际销售量近1倍。再如电冰箱、吸尘器、照相机、摩托车、空调机等产品生产企业，也都由1980年的几家、几十家猛增到1986年的数百家、上千家②。与产业结构恶化趋势相并存，产业

① 吴敬琏主编：《1988年中国经济实况分析》，中国社会科学出版社1991年版。
② 刘国光等：《80年代中国经济改革与发展》，经济管理出版社1991年版，第318—319页。

组织不合理、行政条块分割等问题也日趋严重，企业效益和国民经济宏观效益逐年下降。随之财政赤字逐年扩大。

表 12 – 14　　　　全民所有制独立核算工业企业主要经济效益指标　　　　（元）

年　份	1979	1980	1981	1982	1983	1984	1985	1986	1987	1988
百元产值实现利税	24.3	24.5	23.7	23.4	22.1	23.1	23.0	19.3	18.9	17.8
百元资金实现利税	24.8	24.8	23.8	23.4	23.2	24.2	23.8	20.7	20.3	20.6
百元产值占用流动资金	31.0	28.9	28.7	28.4	27.2	26.3	27.8	31.5	30.8	
可比产品成本降低(%)	-1.1	-1.2	-0.4	-0.2	-2.0	-2.0	-7.7	-7.3	-7.0	-15.6

资料来源：吴敬琏主编：《1988 年中国经济实况分析》，中国社会科学出版社 1991 年版。

表 12 – 15　　　　　　物质部门的净产值率　　　　　　单位：%

1979 年	1980 年	1981 年	1982 年	1983 年	1984 年	1985 年	1986 年	1987 年	1988 年
43.8	43.2	43.4	42.8	42.5	42.9	42.4	41.4	40.4	39.4

资料来源：吴敬琏主编：《1988 年中国经济实况分析》，中国社会科学出版社 1991 年版。

表 12 – 16　　　　1979—1988 年期间的财政收支　　　　单位：亿元

年　份	1979	1980	1981	1982	1983	1984	1985	1986	1987	1988
财政收入	1102	1085	1089	1124	1249	1502	1866	2260	2369	2628
财政支出	1273	1213	1115	1153	1292	1547	1844	2331	2448	2706
国际口径的赤字	206	146	58	71	96	105	41	179	264	349
我国口径的赤字	177	128	26	29	44	45	-22	71	80	78.5

资料来源：吴敬琏主编：《1988 年中国经济实况分析》，中国社会科学出版社 1991 年版。

　　基于上述情况，1988 年 9 月，中共中央召开了十三届三中全会，正确地分析了我国的经济形势，提出了治理经济环境、整顿经济秩序、全面深化改革的方针，确定 1989 年、1990 年期间，要把建设和改革的重点放到治理整顿上来部署。并强调，必须把稳定、改革和发展统一起来，在稳定中推进改革和求得发展。

1989年11月9日，《中共中央关于进一步治理整顿和深化改革的决定》指出："改革的核心问题，在于逐步建立计划经济和市场调节相结合的经济运行机制。计划经济和市场调节相结合的程度、方式和范围，要根据实际情况进行调整和改进。""在当前治理整顿期间，深化和完善改革的重点，一是要根据计划经济与市场调节相结合的原则，稳定、充实、调整和改善前几年的改革措施；二是要根据治理整顿时期应当多一些计划性的要求，适当加强集中。……三是要在继续搞活微观经济的同时，逐步建立能够促进经济稳定发展的宏观调控体系。"并且提出了治理整顿的六项目标：逐步降低通货膨胀率，要求全国零售物价上涨指数逐步下降到10%以下；扭转货币超经济发行的状况，使当年货币发行量与经济增长的合理需要相适应；努力实现财政平衡，逐步消灭财政赤字；在着力于提高经济效益、经济素质和科技水平的基础上保持适度的经济增长率，争取国民生产总值平均每年增长5%—6%；改善产业结构不合理状况，力争主要农产品生产逐步增长，能源、原材料供应紧张和运力不足的矛盾逐步缓解。进一步深化和完善各项改革措施、逐步建立符合计划经济和市场调节相结合原则的，经济、行政、法律手段综合运用的宏观调控体系。

从1989年开始，采取了一系列比较有效的措施，治理整顿取得了明显的进展：

第一，大力压缩基建项目，当年压缩固定资产投资规模675亿元人民币，新开工项目为2.4万个，比1988年减少36%。同时，严格控制货币发行量，1989年货币发行量仅为210亿元，比1988年680亿元的水平大大减少。由于有效地抑制了需求，经济过热的势头也迅速得到了抑制。从1988年年底开始治理整顿，由于时间滞后的影响，1988年上半年工业生产仍保持了10.8%的速度。从1989年第三季度开始，工业生产增长速度回落，7月份为9.6%、8月份为6.1%、9月份为0.9%、10月份为2.1%。同时通货膨胀也得到了迅速的抑制，全国物价零售总指数已下降到4.1%，大大低于10%的目标。

1989年年底到1990年年初，产品出现大量积压，销售不畅，1990年一季度工业基本为零增长。从二季度开始，经济保持低速回升，1990年全年 GNP 增长为 5.3%。1990 年全年物价指数为 2.1%，治理整顿已经取得了明显的成效。

第二，企业内部深化改革方面又有了新的发展。在治理整顿期内，由于产品销售不畅，相当一批企业面临的经营环境更加困难。为了适应局部买方市场出现后的新形势，许多企业通过内部改革渡过难关，通过企业内部职工的优化组合调动劳动者积极性。有的实行内部劳务市场；有的企业大胆进行内部制度改革、真正实行按劳付酬；有的打破干部工人界限、按能力贡献选聘管理人员。这些方面的改革，以往一直进展不大，而这几年进展迅速。

第三，在理顺政企关系方面，也做了大量工作。在继续实行和完善承包经营制的同时，国家对企业生产经营活动的干预也逐步减少，指令性计划范围和比重不断减少，市场调节的份额相应扩大。同时在股份制试点和证券交易等方面也都有新的发展。

总之，治理整顿之所以能够取得成功，主要得益于我国经济生活中市场机制的作用已显著增强，企业的市场适应能力，社会的产品供给能力大大增加。

从 1990 年下半年开始，经济出现稳步回升。在保持总量平衡的条件下，固定资产投资稳定回升，带动整个国民经济健康发展。1991 年上半年，固定资产投资比上年同期增加 14%。全年固定资产投资增加 19%。1991 年国民生产总值比上年增长 7%，全国零售物价指数为 2.9%。此时，我国历时三年治理整顿的任务已经基本完成。

有的人当时担心，实行治理整顿可能导致改革的停滞甚至倒退。实际结果并非如此，而且在治理整顿期间，我国经济改革又不断迈出了新的步伐。在治理整顿期间价格改革迈出了新的步伐，先后对价格偏低的铁路、公路、水运等运费价格、煤炭价格进行调整，在对粮食价格调整的基础上于 1991 年实现了购售同价。与此同时，由于一些计划外产品实行企业自行定价，实际上，在社会全部产品中，国家定价产品所占的产值比重每年下降，市场定价产品的产值比重每年都在上升。

2. 经济政策的新变化，经济形势的新发展

进入 1992 年，我国从 1990 年开始的三年治理整顿的主要任务已经基本完成，国民经济进入新一轮的高速增长时期。在 1991 年国民经济稳步回升、当年 GNP 增长 7% 的基础上，1992 年 GNP 增长可望达到 10% 左右。

1992 年年初，邓小平同志在武汉、深圳、珠海、上海等地视察时指出："计划多一点还是市场多一点，不是社会主义与资本主义的本质区别。计划经济不等于社会主义，资本主义也有计划；市场经济不等于资本主义，社会主义也有市场。计划和市场都是经济手段。社会主义的本质，是解放生产力，发展生产力，消灭剥削，消除两极分化，最终达到共同富裕。""社会主义要赢得与资本主义相比较的优势，就必须大胆吸收和借鉴人类社会创造的一切文明成果，吸收和借鉴当今世界各国包括资本主义发达国家的一切反映现代社会化生产规律的先进经营方式、管理方法。"邓小平同志的谈话精神对于推动我国经济体制改革步伐产生了极大影响。1992 年年初以来，中华大地上迅速掀起了新一轮的加快改革开放步伐、加快经济发展的热潮。3 月 20 日七届全国人大五次会议通过的政府工作报告，比较集中地反映了我国各界人士的认识，对加快改革步伐，扩大对外开放做出了新的部署。报告指出：要积极推进企业改革，转换和完善经营机制，真正把企业推向市场，使企业逐步成为自主经营、自负盈亏、自我发展、自我约束的社会主义商品生产者和经营者；要进一步培育市场体系，发展消费资料和生产资料批发市场，试办期货市场和为企业服务的原材料配送中心。探索多种途径和办法，促进资金市场、技术市场、信息市场、房地产市场和劳务市场的发展；要进一步调整指令性计划、指导性计划和市场调节的范围，更好地发挥市场机制的作用。在邓小平同志谈话精神的鼓舞下，中国的改革、开放、经济发展正在向纵深挺进。刚刚结束的中共十四大，进一步提出了建立社会主义市场经济新体制的任务，"要使市场在社会主义国家宏观调控下对资源配置起基础性作用"。我们相信，在十四大精神鼓舞下，我国社会主义现代化事业正进入一个前所未有的发展时期。

十三   未来展望及深化改革的策略

我国经济体制改革的基本目标就是要建立社会主义市场经济新体制，既要使市场对资源配置起基础性作用，又要加强国家对经济的宏观调控。兼收计划与市场两种调节方式的长处，避免其各自的短处。计划以市场为基础，市场以计划为指导。要实现这一目标，显然需要我们像小平同志所指示的那样，进一步解放思想，进一步加快改革的步伐，在不太长的时间内建立起与社会主义市场经济相适应的企业体制、市场组织体系和间接调控体系。

（一）进一步深化企业体制改革

从我国十四年来改革的实际情况看，市场经济能否有效地确立，计划与市场能否有机结合的关键，是企业能否真正地做到自主经营和自负盈亏，形成有效的现代企业制度。通过第七章的分析，我们已经看到，经过十余年的企业体制改革，我国的国有企业在从传统的社会大工厂的"车间"向自主经营、自负盈亏的商品生产者转化过程中，已经取得了较大的进展，但同时也还存在着很多问题，如企业预算约束不硬、企业行为短期化、企业创新动机不足、市场适应能力差，等等。这些问题不解决，计划和市场各自的调节效率就不会高，更谈不上计划与市场的有机结合。所以，必须在国有企业产权制度、经营制度和企业组织方面进行深入改革。

1. 加快国有企业产权制度的改革

产权制度改革的基本任务，是对国有（或公有）财产的管理方式进行改革，不是改变全民所有制的性质，而是要使国有财产的管理方式适应社会主义市场经济的要求。

我国传统体制下形成的国有产权制度确实具有便于国家集中资源、优先发展某些行业的优点，但这是以政企不分和效益的极大损失为代价的。传统的产权制度是与产品经济的管理方式相对应的，不能适应市场经济的要求，必须对其进行进一步的改革。这一改革从1979年普遍实行"利润留成"开始，到目前已处在进一步发展和完善承包制的阶段。总的来看，这十几年来，我国的国有企业产权制度改革是沿着所有权与经营权的相对分离这一思路展开的。这一改革对于调动经营者的积极性方面无疑起了一定的作用，也有助于财政收入的稳定。这都是需要肯定的。但我们要看到，承包制并没有真正解决原有国有产权制度的根本性弊端。这种弊端突出地表现为国有企业所有权虚置，即名义上我国的国有制是全民所有制，但在这里"全民"是个无法独立地行使权力和承担责任的虚置概念，它的真正所有者是国家，由国家的行政机构行使所有权，而在具体实现过程中，所有权又是由若干政府部门分割行使的。例如，主管部门行使经营权，财政部门行使收益占有权，现在又有一个国有资产管理部门行使资产处置权，等等。另外，国有企业在所有权职能分割的同时，又存在着所有权的淡化现象，亦即分割行使所有权职能的国家机构并不像自然人或法人所有者那样关心、计较企业的盈亏；没有确定的机构独立负责企业的盈亏，并承担相应的责任；职能分割了的国家机构这一所有者与具体的经营者之间中间环节过多，无法真正了解企业经营情况，且易产生严重的官僚主义、文牍主义。传统体制下国有产权制度这一所有权虚置特点必然产生以下问题：一是企业压力不大，创新动机不强（吃"大锅饭"）；二是采取承包的方式，试图给具体经营者一定的压力和利益刺激，则会产生种种短期化行为，如成本不实、掠夺经营、收入侵蚀利润，等等。

所以，要想实现计划与市场的有机结合，必须解决二者结合的产权制度基础，消除国有企业所有权的虚置问题。

如何改造我国国有产权制度是近年经济理论界探讨的热点。我们应该遵照小平同志的指示，用生产力标准来检验产权制度的改革，看何种产权管理方式更有利于国有财产增值，更有利于现代企业制度的形成，而不要陷入无意义的姓"资"姓"社"的争论中去。近年，已出现了一些值得注意和研究的观点。例如，有的观点主张变国家所有制为社会所有制，这种所有制的性质是非国有的公有经济，凡不属于国家所有，也不属于私人所有的财产即属于社会所有；有的观点主张将国有制改革为"企业产权共有制"，其中包括两层含义：一是企业产权由国家所有改为国家、企业、职工三部分股份共有，以企业为本位；二是企业财产的管理责任由国家、企业和职工共同承担，也以企业为本位。另外，还有的观点提出应变国家所有制为法人所有制，包括法人成员所有权（股权）和法人组织所有权（法人所有权）两层含义。在产权改革方式上有多种观点是正常的，这样便于产权理论的发展。下面仅就产权制度改革问题提出一些看法。

我国的产权制度改革，其目的是要使我国社会主义公有制的产权安排成为一种适应商品经济规律的，有利于计划与市场调节相结合的运行机制形成的，并能有效配置社会资源的财产制度。构造这样一种产权制度的要点应包括：一是公有资产的所有权主体应是多元的、独立的，并相互竞争的；二是公有资产的所有权必须从行政权中分离出来，成为一种只依财产利益而不依行政意志而独立行使和实施的权利；三是公有资产的所有者主体与经营者主体之间关于使用公有资产的约束条件应是清晰的而不是模糊的，而且使用公有资产过程中的风险和收益应是对称的；四是公有资产的产权应是流动的，各权利主体在追求自身财产安全和增值中，可以依法转让各自的财产权。根据上述要点，特别是根据我国改革以来全民财产已经客观上形成的在公有制框架内的多元化状态，可考虑对产权制度进行如下改革：

（1）将一元国有资产转变为多元的公有资产，具体做法是：从法律上将各级地方国有企业及其产权明确划归地方所有，即把现有的各级资产管理权明确为财产所有权，使"国家所有、分级管理"的格局转变为"各级所有、自主经营和管理"的产权安排，从而使中央与地方、地方与地方之间在财产的形成、处分和收益方面的关系成为平等竞争的所有者之间的关系。

（2）在产权界定的基础上，应逐步形成若干各种形式的公有资产经营实体，对公有资产实行商业化经营和企业化管理。这些实体应具有法人地位。其经营目的是努力实现资产的安全和增值，经营内容是根据政府的产业政策进行投资决策，调整资产结构，并以资产的增减承担投资风险。公有资产管理部门则通过董事会、监事会参与重大决策、考核其经营效益和决定其经营领导者的任免，等等。

（3）按现代公司制度改造企业经营组织。关系国计民生的重要企业可由国家国有资产管理部门或其所属的各专业投资公司独资持股或控股，地方的公有资产管理部门或投资公司参股。其他企业则可根据不同情况由各级公有资产经营组织独资、合股或参股、控股经营，以资金的融合来打破各地方、部门给存量要素流动和经济联系所造成的障碍和壁垒，构造各公有资产主体之间利益联结、风险共担的机制。

（4）建立竞争性的资产及其产权经营市场。各级资产经营组织通过市场来选择企业组织，优胜劣汰，通过市场调整资产及其产权结构，优化资产效益并带动产业结构的调整。

具体如何界定中央与地方之间资产的产权关系，有的同志提出，可以采取两种做法：其一是追溯投资来源，即中央财政投资形成的企业资产产权属中央所有，由国家国有资产管理部门及国家各类专业性投资公司作为产权主体行使所有者职能。各地财政投资形成的企业资产产权属各地所有，亦由相应的资产管理组织或投资经营组织行使所有者职能，利润作为所有权收入归各自投资者，由中央财政和地方财政共同投资形成的资产按投资比例划分产权。其二是由产权收入分割比例追溯资产产权分割比例，即将现行财政包干制或分成制的财政收入分配比例，按比例划分中央与地方的资产产权份额。地方各级政府之间关于公有资产的所有权关系亦依此界定。这些意见是值得考虑的。

中央与地方的产权份额应在企业中表现为交叉持股或相互持股的关系。中央投资形成的企业由中央控股、地方参股；地方投资形成的企业由地方控股、中央参股。但各自的股权可以相互转让，也可以向其他法人或自然人转让。中央与地方之间在资产产权关系界定中，还可以结合产权证券化来进行。其方法，是在清产核资的基础上，参照资产收益率来评估资产价值，折发股票，由所有者分别持有，并通过市场发行和转让，实现企业产权的多元化和证券化。

以上这种公有制框架中的产权多元化改革，能够形成一种新体制所必要的产权制约机制。在中央与地方产权边界清晰的条件下，地方政府无限制地获得中央投资的可能性将大大降低。各产权主体的投资决策将不能不受制于产出效益的预期，投资约束软化的现象会相应得到改变。同时，这种产权制度又能形成资产收益约束机制，在产权主体多元化的情况下，各主体的产权将成为收益分配的重要基础。中央与地方的收入分配可以通过"分税制"实现。另外，这种多元公有制形式，有利于微观经营机制的转变，为股份制的发展提供了前提与基础。

计划与市场结合的运行机制在多元公有制的产权基础上，还要求建立恰当的产权结构。即在以公有制经济为主的同时，发挥其他所有制形式的积极作用。把以公有制为主，多种所有制并存的原则进一步具体到建立恰当的社会产权结构上来。其恰当与否的依据，是应使各种所有制形式之间能够形成一种相互激励和促进、相互竞争的总体态势。产权结构的合理化，对于经济发展以及消费与积累的合理转换都有重要的均衡作用。因此，在发展多元公有产权主体的同时，还应继续支持和发展其他所有制主体的发展。同时，也应允许城市居民通过个人投资、购买股票等方式，将部分结余购买力直接转入到企业的扩大再生产中去。使居民个人成为投资主体，在促进经济发展的同时，使居民个人的消费和"积累"步入健康的轨道。

2. 进一步完善企业经营机制

在国有企业产权制度改革的同时要把转变和完善企业经营机制，提高企业活力作为企业体制改革的重要内容。

搞活企业这一概念是针对传统体制下企业是行政机关的附属物这种状况提出来的。所以，搞活企业的初衷就是通过解决政企关系，使企业摆脱过多的行政干预，逐步成为自主经营、自负盈亏、自我约束、自我发展的社会主义商品生产者和经营者。十四年来的经济体制改革也是一直朝着这一方向不断探索前进的。党的十二届三中全会确定了改革的这一目标模式以后，十三届七中全会以及七届人大四次会议，又进一步提出把企业自主经营、自负盈亏作为深化改革的基本方向。1988年七届人大第一次会议通过的《中华人民共和国全民所有制工业企业法》，对企业的性质、权利、义务等作了极为详细的规定，为我们搞活企业提供了根本的法律依据。《企业法》第二条规定：企业"是依法自主经营、自负盈亏、独立核算的社会主义商品生产和经营单位"。这表明：企业是自主经营的，它有权自主地安排自己的生产经营活动；同时它又是自负盈亏的，对自己的经营业绩独立承担责任。特别是《企业破产法》又进一步规定，企业资不抵债时，依法宣布破产，这使企业的自负盈亏具备了更完备的法律依据。《企业法》中具体地规定了企业要实行自主经营、自负盈亏必须拥有的 13 条经营自主权，并规定了企业应当承担的 9 项义务。目前，《企业法》所规定的这些内容还没有完全落实。为此，1992 年 7 月国务院又颁布了《全民所有制企业转换经营机制条例》，明确规定了转换企业经营机制的具体内容和措施。当然，《企业法》和《全民所有制企业转换经营机制条例》只是规定了一些基本原则，如何使这些法律条文变成现实的经营机制，仍需要我们做大量的探索和努力。

当前搞活企业，就要根据《企业法》和《全民所有制企业转换经营机制条例》的要求，按照自主经营、自负盈亏原则切实转变和完善企业的经营机制。经营机制是人们比较熟悉的一个概念。所谓完善经营机制，就是按照社会主义市场经济的要求，理顺企业经营活动中的各种责、权、利关系，使企业成为真正的市场主体。完善企业的经营机制，既要理顺外部关系，更要解决好内部机制，解决外部关系是为了更好地健全企业的内部机制，使企业自身的竞争力得到更好的发挥。具体地讲，完善企业经营机制至少包括以下四个内容：

（1）解决好动力机制或激励机制。解决动力机制首先要提高企业参与市场竞争的主动性和创造性，即把企业推向市场，在优胜劣汰的市场竞争下，保持企业旺盛的竞争力；对企业内部员工形成有效的激励手段，通过有效的劳动考核和人事任免制度，真正贯彻按劳分配的政策，做到"奖勤罚懒"，打破"大锅饭"，从而调动全体职工积极奉献、奋发向上的精神。在这方面，许多富有活力的企业已经创造了不少好的经验，有的企业在不突破国家工资控制总额的前提下，实行内部工资制，职工的收入与其岗位的劳动贡献挂钩，较好地解决了过去长期未能解决的企业内部分配不公的问题。有的企业针对普遍存在的冗员过多，出工不出力的现象，按岗位工作量设定员工，裁减多余人员。被减下来的人员进入企业内部劳务市场。经过培训，条件合格者可重新上岗，或寻找新的就业机会。在进入劳务市场期间，只领取部分工资或生活费用。这样，职工为取得劳动岗位形成竞争。还有的企业注重从工人中提拔干部，对职工定期进行岗位技术考核和评定技术等级，大大激发了职工钻研技术、献身本职工作的热情。还有的企业对技术人员实行项目成果奖励，调动了技术人员进行产品和技术开发的积极性。凡是这样做的企业，职工的劳动态度，工作热情，士气和凝聚力都大大提高。

（2）形成有效的约束机制。目前在搞活企业过程中存在一个很大的问题是：一方面企业的经营自主权没有完全落实；另一方面一些企业对已经获得的自主权又不能正确使用，突出的表现是收入严重向个人倾斜，职工收入增长超过劳动生产率的增长，不但影响了正常的企业积累，而且有的企业不惜挤占流动资金和借贷举债增加职工收入，以牺牲企业的未来发展谋求职工眼前利益。还有的企业不注意精打细算，节约开支。花钱大手大脚，不计效果，成本任意列支，有的用公费请客送礼，公费旅游，在生产和建设的诸环节上存在严重的浪费现象。这些现象的存在，关键在于还没有形成对企业的有效约束机制。解决这些问题，既要从体制上逐步解决企业的自负盈亏问题，克服企业对国家的依赖心理，并逐步解决政府对企业经营承担无限责任的问题。政府在对企业放权的同时，应当对企业的行为用法律手段加以规范，强化企业对国家所承担的责任，今后应逐步解决好约束机制，以提高企业的自我约束能力。

（3）完善企业的积累机制。在近几年的经济体制改革过程中，企业独立的利益机制正在初步形成，主要反映在职工收入与经营成果联系起来。但是企业的积累机制尚未形成，这是企业机制中目前一个薄弱的环节。大中型企业缺乏活力，很大程度上与此相联系。企业收入除去职工收入和利税及各种费用上缴之后，积累所剩无几，企业无力更新技术和设备，无力发展新产品，导致竞争力下降。解决这个问题的关键是对大中型企业应确保它的净收入中有一定比例范围的资金用于积累以扩大再生产。为此，一是应当在对国有资产重估的基础上适当提高折旧率，企业折旧应当逐步免交按比例提取的能源交通建设基金和预算外调节基金；二是制止职工收入增长超过劳动生产率增长的现象，严格保证企业留利中用于积累的比例；三是精兵简政。这包括两方面的任务，一是解决企业内部职能科室人员膨胀臃肿，二线、三线人员过多的问题，减少非生产人员的比重。近几年来，由于企业非生产人员比重上升很快，企业管理费占生产成本的比重由 1980 年的 7.7% 上升到 1990 年的 15.7%。这个问题不解决企业很难摆脱成本高、效益低的状况。二是要解决国家行政事业单位人员膨胀，对财政支出形成的压力。目前一方面国家财政支大于收，另一方面企业又负担过重，其中一个重要原因是国家行政事业单位人员及经费增长超过国民收入的增长。我国 1980—1990 年间，按现价计算的国民收入平均每年增长 14.6%，而同期行政事业费增长 17.5%，行政事业费占财政支出的增长比重由 1978 年的 4.4% 上升到 1990 年的 9.7%。应当看到，迅速膨胀的行政事业费支出与企业积累不足二者之间是密切相关的，要达到财政收支平衡和减轻企业税负，必须下决心精减人员和压缩行政事业费的支出。

（4）完善宏观的调控机制。搞活大中型企业，除了要理顺企业的内部经营机制外，政府也应当通过积极有效的宏观政策引导，努力为企业经营创造一个良好的政策和体制环境。

（二）进一步发展和完善社会主义市场体系

目前，我国计划与市场的结合过程中之所以存在一些问题，主要原因是我国的市场体系还不成熟，统一市场还没有形成，市场调节的效率还不高。经过十几年的改革，我国新体制的大框架正在形成，今后一段时期，我国经济体制改革的重心应放在市场体系建设和扎扎实实的市场组织创新上来，稳步地推进社会主义市场体系的发育。

1. 推进社会主义市场体系建设的基本设想

为了加快我国社会主义市场体系的建设，我们需要继续抓好以下五个方面的工作：

（1）大力发展金融业、保险业、房地产业和信息咨询等，促进金融市场、房地产市场、劳动力市场和技术市场的发育。尽早改变非商品市场发展滞后的市场格局。我国非商品市场发育程度的严重滞后，是与我们长期以来否认这些部门的生产性、排斥它们的发展有着直接的关系。所以，要改变非商品市场发展滞后的局面，就必须像小平同志最近讲的那样，进一步解放思想，在改革和开放的基础上大力发展上述第三产业。金融业发展的重点是在进一步深化银行体制改革、提高银行内部竞争性和效率的基础上，加快以证券发行、交易为中心的直接融资市场的发展。劳动力市场发展的关键是进一步改革我国的劳动人事和工资制度，赋予企业较大的用工权和职工的流动权。在此同时，大力发展社会保障事业和就业介绍、培训机构。房地产市场发展的关键是通过住宅制度改革，将福利型住房制度，改为商品型住宅制度，建立起既能平衡供求，又利于房地产业自我积累、自我发展的新体制。

（2）打破部门和地区分割，形成社会主义统一市场。部门对市场的分割，在商品市场方面主要表现为内贸与外贸分家，商业与物资分设。随着近年来流通体制的改革，商业与物资相互分割和相互封锁的状况有了较大改变，但内外贸分家的格局基本如旧。今后，要逐渐打破这种界限，通过试点，建立起一批内外贸兼营的大型流通企业。这样做有利于把国内市场和国际市场联系起来，发挥两类部门的综合优势。在金融市场方面，部门分割主要表现为几家国家二级银行分专业或部门设置。近年来，它们之间的业务虽也开始交叉，但相互间的竞争仍然不够，改革的方向应是改这些专业性银行为分别从事一般工商贷款业务的商业银行和专门从事长期投资业务的发展银行或投资银行。这些做法，既可以解决银行业的部门分割，又可解决国家二级银行所面临的经营职能和管理职能冲突的问题。打破地区对市场分割和封锁的关键，是地方政府不再继续干预各类企业的自主经营活动。为了实现这一目标，需要对目前的"分灶吃饭"式财政包干体制进行改革，切断地方政府干预本地企业经济活动的利益纽带。

（3）进一步加快产权、劳动、人事、工资和计划体制的改革，切实把企业推向市场，比较彻底地解决我国市场主体软预算约束和政企不分的弊端，消除市场主体行为不合理的体制根源。同时，在保证总供给和总需求基本平衡的基础上，进一步放开价格，逐渐取消价格双轨制，为市场主体的行为提供单一和真实的信号。

（4）大力发展新的市场组织，加快市场法规的建设。农副产品市场的发展，应在充分利用目前已经发展起来的多元化流通网络和多重的市场组织基础上，大力发展大型批发市场，在现货批发的基础上发展远期合同交易，并逐步引入期货市场，工业消费品市场建设的重点是将批发业务转到生产集中、消费分散的商品上。发展总经销等新的购销形式，改造现有的工业品贸易中心，将其办为有形的工业消费品批发市场，工业生产资料市场的发展要把改造订货会与建立国家级物资交易所结合起来，大力发展产销直接见面和城市集中的物资配送中心。金融市场要稳步发展规范的证券交易市场；劳动力市场要大力发展职位信息中心和职业介绍所等新兴有组织的市场。

在组织创新的同时，加快市场立法工作，特别是一些确定市场主体法律地位的法律法规，如公司法、证券公司法，和交易规范的行为法，如公平竞争法、反垄断法、证券交易法要早日出台。地区之间自行制定的一些市场法规要尽早统一化，以保证统一的市场秩序的形成。

（5）大力发展市场基础设施的建设。要加强通信、港口、仓储和商业网点的建设，逐步形成布局合理、联系通畅、节省高效的物流网、信息网和资金网络。

2. 商品市场的完善和规范化

我国商品市场已初步形成，这方面中近期工作的重点应是使各类商品市场向完善化和规范化方向发展。

（1）农副产品。大宗农产品因市场调节的时滞而引起生产和价格大起大落，影响到生产者、经营者和消费者的利益，迫切需要引入新的市场交易形式。1991年以来，已在郑州创建了国家级粮食批发市场，应当在试点的基础上，选择几个大类品种，在生产或消费集中、交通通信基础条件好的大中城市推广。国家级粮食批发市场数目不能过多，要坚持向规范化的方向发展，在现货批发的基础上发展远期合同交易，并逐步引入期货市场机制。同时，创建一批区域性现货批发市场。农副产品市场的发展，应充分利用目前已经发展起来的多元化流通网络和多重的市场结构。城乡集贸市场虽然属于低层次的市场，但在现阶段仍具有不可替代的作用，应逐步提高组织化程度。诸如肉蛋奶等鲜活商品，要建立若干全国性批发市场。

（2）工业消费品。当前在日用工业品的经营中，除个别品种外已基本放开，日用工业品市场的形成已经具有一定的基础。当前的问题主要集中在批发领域，一是工业自销有了较快的发展，流通环节减少，但工商之间的矛盾和摩擦仍比较大；二是工业品贸易中心虽然有了一定的发展，这种新的市场组织形式的功能仍十分有限；三是工业消费市场形成、产需见面的过程中，各种各样的商品订货会、展销会等急剧增加，由于规模小、信息分散，市场交易费用增加。解决工商之间的矛盾要依靠双方在新形势下，搞好分工协作、发展横向联合。耐用消费品等商品可着手组建供产销一条龙的综合企业，由工业推销为主。商业企业发挥自身的优势，把批发业务的重点逐步集中到生产集中、消费分散的商品类。同时，可发展总代理、总经销等新的购销形式。改造现有的工业品贸易中心，办成有形的工业消费品批发市场，并选择少数大型工业品贸易中心，来承担商品订货会和展销会的职能。同时，发展一批经营网点多、覆盖面积大、信息功能全的大型商业企业集团，以提高流通效益、稳定供销渠道。

（3）工业品生产资料。近期促进生产资料市场的发育，重点放在以下三个方面：一是把改革订货会和建立国家级物资交易所试点结合起来。物资订货会是适应产品经济的计划分配制度而产生的，在经济体制转换过程中，物资订货会仍能存在，并且规模越来越大，是因为现在的订货会实际上已经成为计划分配和市场调剂相结合的场所（尽管按规定订货会上只订计划内分配物资）。据统计，全国物资订货会有十二种之多，一般每年开两次，少则几千人，多则几万人。这种组织形式低效、分散、高耗。由于订货地点不固定，开了几十年订货会，社会为此而花费了巨大的财力，却没能形成反映计划和市场全面情况的信息中心，以及具有现代化设施的交易场所。根据计划分配物资不断下降和市场调节部分不断扩大的发展趋势，改革订货会首先从场所固定化做起，并和建立国家级物资交易所结合起来。可考虑组建有色金属、化工交易所作为试点，把计划内定期集中订货和市场常年交易结合起来，交易所除了兼容订货会的功能外，重点发展多样化的市场交易形式，把现货交易和远期合同交易结合起来，有条件的商品也可进行期货交易。国家级规范化的交易所应当逐渐成为全国市场信息窗口和国家调控市场的重要依托。二是在总结苏州、沈阳物资企业集团试点的基础上，有规划地发展一批综合商社式物资企业集团，实行跨地区跨部门综合经营，逐步建立起适合生产资料产销特点的垄断竞争型市场结构。三是抓住当前市场供求关系相对宽松、双轨价差不断缩小的有利时机，适度地削减部分计划分配物资，诸如水泥等供大于求的商品，可采取全部并到市场轨道的措施，即全部放开由市场供求来决定价格和引导生产。

3. 抓紧培育金融市场

金融市场的进一步发展和完善是通过市场配置资源和建立社会主义市场体系的关键。为此，需要抓紧以下三个方面的工作：

（1）正确处理直接融资市场与间接融资市场的关系。虽然对于以财政收入与支出为内容的资金分配形式而言，无论是以银行借贷为中介的间接融资市场，还是以股票、证券发行、流通为主要内容的直接融资市场，都是相对分散或分权的资金分配体制，但相对间接融资市场而言，直接融资的分权性质更强。也就是说国家对间接融资市场的调控能力强于对直接融资市场的调控能力。因为，国家可以通过中央银行的利率、准备率和公开市场业务（在我国则还有额度控制等），以及财政贴息贷款等控制间接资金融通规模和流向。由于直接融资市场是资金需求者和投资人直接交易，所以，国家不便于控制资金融通规模和流向。正是由于上述特点，许多后起的国家往往多用间接融资方式，以充分发挥政府在经济发展中调控资金、贯彻地区政策、产业政策的功能。对于我国这样一个发展中的社会主义大国而言，从有利于经济发展和宏观调控的角度，坚持间接融资为主、直接融资为辅的政策应是发展我国金融市场的基本方针。这样既有利于搞活金融市场，便于企业根据经营需要融通，更有利于国家从经济整体出发对资金分配实行有效的间接调控。

（2）进一步改革银行体制，促进间接融资市场的竞争。充分发挥间接融资在我国金融市场中的主导作用，要求对我国的银行体制进行更深入的改革。

我国虽已基本建立了二级银行体制，但是作为我国二级银行主体的不是西方国家那样综合性的商业银行，而是专业性的国家银行（中国工商银行、中国银行、中国农业银行、中国建设银行等）。这些二级银行不仅从事相应领域的具体银行业务，而且还代表国家对这一领域的金融活动进行一定程度的管理。这种政企合一的身份使二级银行既具有一般银行的经营功能，也有国家银行的管理功能。这种双重功能和银行业务的分割限制了我国银行间的有效竞争，使我国的银行体制带有浓厚的计划管理色彩。为了发展社会主义的金融市场，我国的专业银行应沿着"政企"分开的路子，转变为中央银行管理下的综合性的金融组织。这一转变包含两个方面：一是把承担的管理职能转移给中央银行，二是开展银行间的竞争。

我国的垄断性的专业银行制度是与传统的按条条管理经济的体制相适应的，目前已不适应社会主义商品经济的发展与竞争性的资金用户相适应，银行体制也必须加强它的竞争性。提高银行系统竞争性的途径有三：一是引进外资银行，二是专业银行间的业务交叉，三是对专业银行按大区进行分割，允许分割后的银行跨地经营。在这三种途径中，近期可以以第二种办法为主，中远期以第三种途径为主，并适当引进少量外资银行。

（3）适度地发展直接融资市场。随着居民收入水平的不断提高、投资意识的增强，以及分权改革带来的企业独立性的增强，直接融资市场的发展就成为我国建立和完善金融市场的重要内容。目前，我国各地开办证券市场的呼声很高，居民购买债券和股票的热情更高，这一方面说明我国的确具备了适度发展以股票、证券的发行和流通为主要内容的直接金融市场的条件，在条件适当的大城市和传统金融中心增办证券交易所的时机已经成熟。另一方面，也要看到，第一，直接融资市场在我国金融市场中只宜占据辅助地位；第二，证券市场的发展要满足较高的组织条件，包括规范的交易组织，完善的交易法规和发达的股份经济。显然这些条件都不是马上就能具备的。为了保证直接融资市场适度和稳妥的发展，需要：一是完善中央一级独立的证券管理机构。为了利于证券市场的健康发展，并处理好直接融资市场和间接融资市场的关系，应发挥好独立的证券管理机构的职能，引导直接融资市场健康成长。二是加强证券市场的立法。建立一个完整和规范的证券市场，没有完备的法律是不可想象的。发展证券市场首先要有《证券交易法》，这是发展证券市场的根本大法。它要对各种有价证券的概念、含义有明确的规定，并对证券交易所、证券公司等市场组织和交易规则做出详细说明和规定。除此以外，还要有相应的《股份公司法》、《投资信托法》等。三是优先发展会计审计和证券评级机构。严格的会计审计是证券市场健康发展的前提。在日本，一个股份公司的股票若要上市，上市的前五年就必须有公认的会计师参与它的公司业务处理。只有在公认会计师做出严格的审计检查，证券评级机构认为公司股票符合上市，并通过大藏省证券局的批准后，才能发行和流通。

4. 发展和完善劳动力市场

通过市场体系配置资源的重要内容，就是由市场机制来调节劳动力的就业、流动和再就业，为此需要抓紧以下三方面的工作：

（1）继续深化劳动人事制度改革。目前我国（特别是全民所有制内部）的招工、用工制度，尚带有浓厚的计划色彩，一是实行所谓的"干部"、"工人"相分离的管理制度。在某种意义上，人事（干部）体制的人浮于事、只上不下、缺乏竞争的现象更为严重，而且严重影响了工人就业和用工制度的改革。二是招工、用工单位自主权较小，尚不能根据企业生产状况、人员的称职情况来调节用工数量、辞退不称职人员，铁交椅、铁饭碗现象普遍存在。这种状况不打破，市场机制也就难以发挥配置劳动力资源的作用，劳动力市场也就难以发展和完善。所以，发展社会主义的劳动力市场必须首先加快劳动人事制度和就业、用工制度的改革。首先，废置"干部"、"工人"分离的管理制度。国家机关实行公务员制，其他企事业单位消除"干部"的固定身份，一律竞争上岗，能者上，弱者下。目前，许多企业工人对"破三铁"产生了抵触情绪，除去宣传不够、保障制度没有健全以外，重要原因是只砸工人的"铁饭碗"，不砸干部的"铁交椅"。劳动人事制度的改革应一律平等，一视同仁，谁也不能游离在改革之外。其次，进一步扩大招工、用工单位的权利。企业从社会上招收工人，如同从资金市场上取得资金一样，都是一种自主的市场行为，除了法律以外（如童工法等）谁也没有干预的权力。国家劳动管理机构应向职业介绍机构和劳动纠纷仲裁机构转化。

（2）加快建立保障体制的步伐。劳动力市场的形成是一个系统工程，它要平稳地运转下去就需要一个"减震"装置，这就是社会保障体制。在我国，实行的是就业、福利和"保障"在企业内"三合一"的体制。也就是说，只有取得就业岗位（找到一个自己的"单位"），他才有享受福利（住房、班车、公费医疗、入托等）和保障（退休金、伤残金等）的机会和权益。在这里单位的福利已成为职工实际收入的重要部分。在这种体制下，一旦职工失去职位，他就不仅失去了工资，也连同失去了享受福利和获取保障的机会和权利，这样势必大大影响失业工人的生活，从而加大劳动制度改革的阻力和困难。为了促进劳动制度的改革和劳动力市场的形成，必须从两方面化解阻力，减轻因失业给职工带来的收入急剧下降。一是，改革工资制度和福利体制，将许多福利支出改为工人的货币工资收入（类似于改暗补为明补），这一方面解脱了企业办"社会"的负担，更重要的是提高职工自己支付各种过去由企业支付的支出的能力（比如职工在一个单位工作五年就能以分期付款的方式购买住房）。二是，将企业负担的保障功能交由社会负担，建立社会统筹的失业救济金、贫困家庭救济金、养老金等。这样职工即便暂时失去工作，其收入也不会剧烈下降。这就是说，将就业与福利、保障机会和权利的获得适当分离开来，分别由不同主体承担。对职工来说，这一分离会减少他的失业成本，对企业来说，会减轻劳动制度改革的震动。

（3）进一步建设有组织的职业介绍机构和劳动仲裁机构。随着劳动就业制度的改革，势必有越来越多的人暂时游离出工作职位，产生于职位需求，同时越来越多的用人单位也提供了职位供给，及时传递这些职位信息，促进劳动力与职位的结合是职业介绍机构的主要功能。总体来看，这种职业介绍机构在我国发展不足，更谈不上全国统一的职业介绍网络的形成。在这方面，促进国家劳动管理部门的职能转变有着重要的意义。我国的各级劳动管理部门（劳动部、劳动局等）是传统体制计划配置劳动力资源的产物，随着市场取向改革的深入和劳动力市场的形成，这种管理职能就逐渐消退，其主要功能将更多地转向工人与企业间劳资纠纷的仲裁和劳动就业法规的制定等方面，这也是现代市场经济中国家劳动部门的主要职能。除了这方面的职能转换外，在我国更应强调向职业介绍的功能转换，一是因为我国职业中介机构发展不足；二是劳动管理部门有这方面的条件和优势，如掌握宏观劳动力资源增长状况、全国新增职位状况，等等。

5. 进一步发展和完善技术市场

为了更好地促进我国技术市场的发展，当前应抓好的主要工作是：

（1）促进技术市场的规范化。首先要在完善我国技术市场已有政策和法规基础上，将技术市场纳入更加法制化的轨道。抓紧制定全国统一的《技术交易法》，完善《技术合同法》，并以此为基础，制定或完善各项配套法规和政策。其次，加强技术市场管理，实行宏观调节和微观放开的原则。再次，健全对技术合同的管理，以技术合同法为依据，建立技术合同的公证、登记、鉴证、仲裁和执行制度。

（2）进一步促进技术市场中介组织的发展。首先要加强中介机构信息采集传播功能、资金筹集支持功能、信托代理功能和咨询服务功能。其次要加强技术市场经营人员的培训。随着技术市场经营的技术商品的数量、品种的日益丰富，提高技术市场经营人员的素质已成为技术市场发展和完善的基础性工作。要通过适当的培训方式提高他们的经营能力、法律知识和专业知识。再次，建立通畅的技术供求信息网络。要通过各种现代大众传播媒介和电子计算机等现代化信息手段，建立一个多层次、多渠道、多形式的技术供求信息网络。通过这个信息网络，做好技术市场信息的收集、传播和查询，加速技术商品交易过程，搞好市场预测等。

6. 促进房地产市场的健康发展

积极而又稳妥地发展房地产市场不仅是建立社会主义市场体系的重要内容，对于房地产业这一重要的第三产业的发展也有着重要的意义。

（1）结合提租和开征城市土地使用税，建立房地产基金。房地产业同其他产业一样，要实现投入产出的良性循环，需要相应的投资来启动。现在，国家和全民企事业单位每年用于房地产建设、维修、管理以及房租补贴的资金，总数达 600 亿元左右，应该将这笔巨额资金管好、用好。此外，实行城市土地的有偿使用，全面开征城市土地使用税，每年可征收数十亿元，再加上分步将房租提高到"三项"或"五项"费用标准，每年多收房租 25 亿—40 亿元。上述资金应作为城市建设和土地开发、整治和管理所需的费用来源，包括房地产开发和经营所得资金，不得挪做他用，由相应的金融机构集中管理，统一使用。

（2）组建国家房地产投资开发公司，实行房地产的综合开发。

房地产业是当今世界上一项具有较高收益的产业，许多较发达国家都把它当做重要的经济支柱，由政府组织或扶植进行投资开发。在我国组建国家房地产投资开发公司，有利于疏导、转换、理顺来自各种渠道的原有房地产资金，以及用于城市基础设施建设的资金，搞好房地产的开发和经营。同时，组建国家房地产投资开发公司，可以通过竞争，实现国家对房地产开发的正确引导，为房地产市场最终形成，提供可靠的组织保证和依托。

（3）设立房地产银行，使之成为房地产市场交易的结算中心、信贷中心和融资中心。房地产业投资额大、周转期长。而现代的金融体制是各专业行实行利润逐级上缴，很难保证房地产资金循环和周转。因此，应与房地产基金的建立同步，设立房地产银行。其业务范围：城市土地和房屋的投资开发业务；个人买房专项基金存款和长期低息抵押贷款和分期归还的买房贷款，以及兼营房地产信托投资业务。通过房地产银行的业务带动房地产市场的繁荣，也利于国家运用金融手段加强对房地产市场的管理和监督。

（4）逐步提高房租，并创造条件使住宅市场从租赁制为主向买房为主过渡。目前实行的低租福利式租赁制，国家一年就要拿出 200 亿元的住宅补贴，还加剧了住房需求的过度扩张。所以，住宅体制的改革势在必行，近年来各地也积累起了较多的经验。比较符合我国国情的是将房租逐步提高到"五项"费用水平，并适当提高工资（部分房租暗补改明补），这样既可减少我国财政负担，更重要的是可以调节住房供求。与此同时，适应少数高收入阶层的需要，发展商品房市场。为了从租赁制为主过渡到买房为主，必须提供相应的信用工具解决好"低"工资与"高"房价之间的矛盾，通用的做法是实行抵押贷款和分期付款制度。

（5）加强房地产法规建设，确立房地产市场秩序。房地产市场的崛起和发展，要求把房地产经济活动的准则用法律的形式固定下来，建立良好有序的市场运行规则，使法律成为管理调节房地产经济活动的重要手段。这在目前房地产市场热的条件下，更为重要。因此，要加快制定和完善房地产交易、价格、租赁、管理等方面的法律法规和条例，以保障合法交易，杜绝或减少各种投机交易。同时，在房地产市场较为发达的城市，要尽快建立房地产仲裁机构，以利于调解、仲裁房地产纠纷案件。

（三）改革计划体制　完善宏观调控

计划和市场的有效结合，不仅依赖于市场体系的建立和市场调节效率的提高，还有赖于科学的计划调节和有效的政府调控体系的形成。

1. 进一步加快计划体制的改革

计划体制进一步改革的主要内容包括以下四个方面：

（1）在计划决策结构方面：应把过去过度集中于国家一级的计划决策权力，改变为以增强企业活力、保持宏观平衡为核心的国家、企业和劳动者的多层次决策和中央、地方、企业的分级计划体制。

为保持国民经济的协调发展与综合平衡，为了适应社会主义经济基础的性质，推动社会生产力的发展，就要求社会主义国家对国民经济实行有计划的统一领导。而国家对国民经济的统一领导，又由于经济生活的多样性、地域经济的复杂性，需要在中央政府与地方政府之间合理地划分属于各级政府管辖范围内的管理权限。但是国家的决策却不能代替，更不能取消企业一级的计划和决策。即便是全民所有制企业，由于它的商品生产者的性质和生产资料占有主体的地位，也应享有相应的计划决策权力，以便使它能够审时度势，自主地从事生产经营活动。

在多层次的计划决策体制中，中央计划决策的内容主要应包括国民经济增长速度的确定和国民经济结构（部门结构、地区结构）的确定，国民经济基本平衡（财政收支平衡、信贷和现金收支平衡、外汇收支平衡和重要产品的供需平衡）的维持和积累规模、消费水平的确定，企业行为规范的制定和各项经济杠杆的调整。中央宏观计划决策的任务主要包括两个方面：一是通过国民收入的分配计划保持总供给与总需求的平衡和产业结构、部门结构、地区结构的基本协调，进而保持国民经济持续增长和物价稳定。二是少数关系国计民生的重要产品的计划干预和指导。

地方政府计划的内容主要是在遵从国家总体调控政策的前提下，制定具有地方特色的发展规划与政策。

企业计划的主要内容是在国家中长期计划的约束和国家年度控制数字的指导下的日常生产与流通计划。在这种分级计划体制下，国家一般不控制企业的产品生产计划，而主要通过国民收入的分配，尤其是资金的分配和行业规划来控制企业的生产能力。企业有权参考国家的计划、市场需要，以及本企业的生产能力安排生产和购销计划，保证企业内部供、产、销活动的正常进行。

（2）在调节结构方面：把过去以指令性计划、行政手段等直接调节手段为主的调节结构改变为以指导性计划、间接调节手段为主的调节结构。

调节结构实际上是国家决策与企业行为的联结形式。它的功能是使国家决策与企业行为相一致。在多种所有制并存，全民所有制企业又是商品生产者和相对占有主体的情况下，国家调节、控制经济活动的方式只能是以间接调节为主，而又与直接调节并存。特别是在国家宏观计划已能保证重大比例关系比较适当、国民经济运行大体按比例地协调发展的情况下，更要充分利用与商品经济相联系的价格、利息、税收等经济手段和市场机制的作用。

这种调节结构包括两个系列：第一个系列是间接手段，包括指导性计划、经济杠杆和经济信息，第二个系列是直接调节手段，包括指令性计划、行政规定。这两个系列的划分是根据调节信息的沟通特点来进行分类的。直接调节手段的特点是管理主体即国家对管理客体下达的指令性计划和行政命令具有强制性和约束力，间接调节手段的特点是这种调节信息的沟通，不是靠管理主体的强制，而是靠调节信息影响管理客体的利益来调节其行为。指导性计划的贯彻，归根结底不是来自它的发布主体的权威性，而是指导性计划发出的信息和企业基于自身利益出发的活动的一致性。

　　社会主义市场经济的存在，决定了在计划管理的方式上必须从过分强调指令性计划、排斥市场机制的直接调节为主，转变为以指导性计划、经济杠杆和经济信息等间接手段调节为主的计划管理。充分利用市场机制的作用来增强企业活力和调节微观平衡，国家通过间接手段自觉地调节市场机制，使企业的微观经济活动与国家的计划目标保持一致，保证宏观比例的平衡。

　　计划管理方式的改变，首先要求转变以前那种以指令性计划为主的对企业的直接行政控制。必须坚决而又逐步地缩小指令性计划的范围。严格各级主管部门的审批权限，切实把微观经济活动的决策权交给企业。

　　指令性计划虽然是计划管理的形式之一，有它的特殊作用，但它并不是计划经济的标志。指令性计划，尤其是对企业生产的指令性计划存在的主要条件是重要产品的"供不应求"。在国民经济不断发展和宏观平衡基本实现的前提下，指令性计划一般应只限于对宏观经济的控制（如投资总额、消费水平的确定）；至于微观经济活动的指令性计划则应只限于为数很少的关系国计民生的重要产品的生产与流通。这些尚需保留的少数指令性计划指标，可以以国家供货形式下达给企业，或指定生产企业向需求企业供货，并由两者签订供求合同。国家规定的供货任务一般是指关系国计民生的重要产品中需由国家调拨分配的部分，对其他则只发布指导性的供货指标，以便留给企业以自我调节的余地，保证企业的经营自主权。同时，国家将运用包括价格在内的经济杠杆促进供货任务的实现。在减少指令性指标的同时，要把下达指令性计划的权限集中在各级计委，各级行政机构不得任意增加指令性计划指标。

　　指导性计划和经济杠杆等间接手段的调节，是改革后的计划体制中调节经济活动的主要计划管理方式，是社会主义市场经济在计划管理形式上的主要体现。这种计划管理方式把计划的自觉控制与市场机制的灵活调节有机地结合起来，这可能构成未来中国计划体制的主要特色。

　　这种间接手段调节的特点在于，它并不直接采用行政办法干预企业的经济活动，而是通过自觉地调节市场机制来影响企业的经济活动。国家利用税收、利率、工资和价格等经济杠杆自觉地调节市场机制借以发挥作用的经济参数，引导企业去完成国家的指导性计划，使市场机制的作用方向与国家计划目标保持一致。

这种以间接手段调节为主的计划管理是自觉利用市场机制的一种计划管理方式，因此，它必须建立在完善的市场体系的基础之上。间接控制的计划管理方式客观上要求建立包括消费品和生产资料市场以及资金、劳动力、资源和技术等生产要素市场，使企业的微观经济活动面向市场，根据市场价格——产品价格和生产要素价格进行微观决策并经受市场竞争的压力。国家则通过自觉地调节产品市场的价格、税收和生产要素市场的利率、地租、工资等市场机制借以发挥作用的经济参数以及经济法规来控制市场机制作用的方向。只有建立完善的市场体系，才能使企业成为相对独立的商品生产者，才能充分利用市场机制解决大量的、十分复杂的微观经济活动问题，使国家的计划管理转到关系国计民生和经济发展方向的宏观方面来，真正做到大的方面管住管好，小的方面放开搞活，以提高计划管理的效率。

可见，具有中国特色的计划体制——以间接控制为主的计划管理方式不仅表现为指令性计划、指导性计划和市场调节三种管理形式的并存和结合，而且更重要的是在于计划机制与市场机制的融合与渗透。

（3）在计划组织结构方面：应把过去政企职责不分，以纵向隶属关系为主的条块分割的计划组织结构，改变为政企分开、以横向联系为主、以中心城市为枢纽的网络式组织结构。

既然企业是自主经营，自负盈亏的商品生产者和经营者，那么行政部门按照行政隶属关系对企业的直接干预就理应转变为在维护企业自主经营基础上的规划、协调、监督、服务活动。纵向的、封闭的行政隶属关系就应被不受所有制、行业和地区限制的企业横向联系所代替。具体地说，首先，要打破行政隶属关系的限制，按照专业化协作和有利于提高经济效益的原则，对企业进行改组和联合，组成不同形式、各具特色的经济联合体，通过企业的自我组织、横向联系冲破条块的封锁。

其次，改革政府管理机构。在政企分开、政府机构职能转变的基础上，精简、合并行政机构。一般来说，政府不再直接管理企业。必须保留的专业部、厅、局，也应由过去那种对直属企业进行的直接管理转变为行业性的管理。

最后，在部、省及城市政府都不再直接管理企业的基础上，要充分发挥中心城市组织经济活动的作用，特别是分层实行宏观控制的作用，因为，中心城市在我国国民经济中占有重要地位，城市拥有的工业固定资产约占全国的 2/3，城市不仅是工业的生产中心和交通枢纽，而且也是科学技术文化教育和人才培训中心。以城市为中心组织经济活动，容易解决"条条"、"块块"的矛盾。因此，应采取适当措施利用城市的集中性、综合性和开放性来破除条块分割和地区封锁，形成以城市为中心的、有机的、开放的经济组织网络。

（4）在计划体系结构方面：改变以年度计划为主的计划体系结构为以五年计划为主、长中短期计划相结合、经济计划与科技和社会发展计划相结合、部门计划与地区计划相结合、专项计划与综合计划相结合的计划体系结构。

国民经济计划改为以五年计划为主，不仅是基于承认企业的商品生产者的地位，从而使年度计划成为体现企业自主决策权的参考，同时它还有以下两个好处：第一，它适应现代科学技术发展的要求。在现代科学技术的基础上，一种新技术、新工艺从发明到采用，一种新产品从试制、开发到进入商业性生产，一项重要工程从动工到投产，其周期往往不是一年，而是三年、五年甚至更长的时间。为了保证上述活动计划的连续性，就需要将计划期延长到 3—5 年。第二，它有利于把国家的集中计划领导同企业的经营主动性更好地结合起来。国家计划以五年为主，就可以改变过去那种"计划年年订，整年订计划"的紧张局面，有利于保持国家计划的相对稳定。五年计划既决定国民经济发展的基本方向和国民经济的基本比例，又可以通过它的年度控制数字，为企业提供编制年度计划的依据，并为企业行为指示前进的方向。这样就把国家的长期安排和企业的日常决策紧密地结合起来，用国家中长期计划弥补市场变化的"短视性"。

我国改革后的中长期计划也应包含相应的社会发展的内容，如劳动条件、住宅建设、生活服务、环境保护等。国民经济计划包含社会生活的内容是社会主义生产目的在计划中的重要体现，它可以反映出社会主义国家对公众生活条件和生活质量的重视程度，与计划的隶属关系相适应，在现行计划体制下，各种计划都是按部门编制的，为了促进地区经济的发展和地区的分工与协作，尤其是为了促进部门经济与地区经济的综合发展，还必须重视地区经济计划的编制。地区计划既包括全国计划在某一地区的实施，也包括全国范围内地区间的平衡计划。这一点恰恰是过去计划工作的弱点。

综上所述，具有中国特色的计划管理体制格局将是这样的：它以微观活力、宏观平衡为目标，以宏观计划控制与微观自主经营相结合为核心，国家以间接的经济手段为主调节市场和通过市场调节企业活动的两种调节体系并存，并以开放的有机网络联系起来的国民经济计划管理体制。建立这样一种计划管理体制，就可能正确处理各方面的经济关系，调动国家（中央和地方）、企业和劳动者的积极性，促进国民经济生动活泼和协调地发展，并达到提高整个社会经济效益，满足人民生活需要的目的。

2. 加强和提高政府的间接调控能力

我们强调计划与市场有机结合的条件是计划以市场为基础，并主要靠市场来直接决定企业的产、供、销，绝不意味着忽视社会主义国家在经济发展和资源配置中的重要作用，政府职能的转换绝不是否认和削弱政府的作用。恰恰相反，以市场调节为基础的政府间接调控在我们这样一个发展中社会主义大国而言，更是不可缺少。我们不仅需要有效的市场，更需要有效的政府和科学的计划，以及保证计划与市场有机结合的政府干预或管理。主要表现在以下四个方面：

（1）加强和完善总量（宏观）调控。宏观经济目标包括经济增长、物价稳定、充分就业和国际收支平衡。这些经济目标的实现都有赖于政府有效的宏观调控，单靠市场机制往往是无能为力的。市场失效之处正是政府发挥作用之处。一般说来，当需求不足，致使经济停滞、就业不足时，政府就可采取货币政策（如降低利率、储备率等）和财政政策（降低税率，增加政府开支）来刺激需求转旺，从而推动就业的增加和经济的增长。而当需求过旺，从而物价上涨、国际收支出现逆差时，政府也可以采取紧缩性货币、财政和汇率政策，减少需求压力，从而实现宏观平衡。

更为重要的是，通过政府的宏观经济政策实现总量平衡，也是市场机制顺畅作用的必要条件。从这个角度讲，没有政府的宏观调控，也就谈不上计划与市场的有机结合。

（2）确定并贯彻科学的产业政策。市场机制的作用基本上是短期和事后的。与计划调节相比，它在促进国民经济产业结构合理化的同时，往往伴随着因盲目竞争而造成社会的巨大浪费。在这方面更要求政府有效发挥计划调节的作用。其中的一个重要内容就是要根据国情制定产业政策，有计划地选择主导产业，并运用税收、预算、信贷等经济手段，加快主导产业的发展和传统产业的改造。许多国家经济发展的成功经验证明，合理地依靠政府集中资金和运用资金的能力，有计划、有重点地调整产业结构，正是计划与市场结合的一种重要方式。

（3）制定并实施统一的地区政策。我国地域辽阔，各地区间在资源状况、技术水平和产业结构等方面存在着极大的差异。为了提高资源在地区间的配置效益，形成全国的统一产业布局，使发挥地区优势与加强区域协作结合起来，就需要国家制定并贯彻统一的地区政策。国内外经济发展的实践经验证明，仅靠市场机制的作用不能有效地防止因地区利益差别而导致市场分割的状况，促进生产要素在区域间的合理流动。因此通过政府制定地区政策来弥补市场机制作用的不足，也是计划与市场有机结合的重要领域。

（4）制定并贯彻合理的竞争政策和组织政策。随着社会主义市场经济的发展，市场竞争将变得日趋激烈，这就需要国家制定并切实贯彻规范竞争行为的规则，将市场竞争控制在公平和有序的范围内。除了校正和防止不公平的竞争行为外，还要为公平竞争提供组织上的保证。也就是说，政府要制定和贯彻有利于公平竞争的组织政策，限制垄断性经济组织的形成，执行严格的反垄断政策，鼓励和保护中小企业。只有这样，市场机制的积极作用才能得到有效发挥。

3. 进一步改革金融体制和财政体制

货币政策和财政政策是社会主义市场经济体制中实施宏观调控的基本手段。为了充分发挥货币政策和财政政策在促进经济增长、稳定物价中的作用，就需要对目前的金融体制和财政体制进行更大胆的改革。

（1）进一步改进中国人民银行对各专业银行的管理体制。我国的二级银行体制虽然已经建立，但中国人民银行作为中央银行的职能并没有得到充分的发挥，它对二级银行的管理更多的依赖计划额度控制，这与社会主义市场经济体制是不相应的。为此，今后要对中国人民银行强化货币政策管理职能和银行监控职能，也可考虑组织专门的货币政策机构，由中央银行、财政部、经贸办、各专业银行等方面的代表和金融学者组成，对人大常委会负责。银行监控机构负责监督商业银行的经营是否合法。中央银行根据货币政策机构的决定，负责货币政策的具体实施。

（2）对二级银行体制进行改造，组建真正自主经营、自负盈亏、自我发展的商业银行。首先，目前的国家专业银行可能考虑逐步改造为股份制银行，从国家的专业银行向以股份制为基础的综合性商业银行过渡。其次，适当引进外资银行，以促进银行业的竞争。最后，发展股份制民间金融组织。

（3）积极而又稳妥地发展证券市场，以证券市场为主的直接融资市场是现代金融的基本组织方式之一。在我国金融市场的发展战略中，坚持间接融资为主，直接融资为辅是必要的。在这一前提下，我们应当积极稳妥地发展证券市场，这对促进银行体制的改革，是有积极意义的。发展证券市场，目前要把证券市场的立法放在首位，并建立健全证券业的资产评估、会计事务和证券评价机构，以便把证券业的发展纳入有序轨道。

（4）结合国有企业产权制度的改革，进行利税分流的改革。目前，需要抓紧国有资产的评估和登记工作。

（5）改变目前的财政包干体制，实行分税制。在统一税法，集中税权和明确事权的前提下，逐步扩大地方税收入规模，建立地方税体系，同时赋予地方相应的税收管理权限，地方政府有权决定地方税种的开征、停征和调整税率。同时，将全部税种划分为中央税、地方税和中央地方共享税。

（6）调整税收结构，公平税负。基本方式是强化流转税和统一所得税税率，用统一的税率调整国家和所有类型的企业的关系。同时废除所得税税前还贷，逐步取消所得税后征集的能源交通重点基金和预算调节基金，使各类企业税负大致公平，促进企业经济的公平竞争。

（7）在利税分流和分税制的基础上，进一步完善复式预算，用经常性税收收入弥补经常性开支，将利润和其他资产收入用于直接的经济建设，其赤字可用执行政府建设公债的办法筹集，以防止政府赤字的速度扩大。

后　记

1991 年前后，理论界对社会主义经济中计划与市场问题的讨论再次活跃起来，当时我在不同的场合下先后对这个问题发表了一些观点，深感有必要从理论和实践两个方面对十余年来的改革实践做一些比较系统的回顾、总结和升华。特别是感到在许多方面，改革实践已走在前面，创造了不少发展社会主义市场经济的宝贵经验，需要及时肯定，提炼，以丰富改革的理论。

于是从 1991 年下半年开始写作此书，于 1992 年上半年成书，并在十四大召开之际进行了个别文字润色。在写作过程中，乔仁毅、马建堂、张冀湘、张小洛、朱明春等同志协助做了一些文稿的整理工作。河南人民出版社的同志为此书的出版做出了宝贵的努力，在此一并致谢。

1992 年于北京

关于社会主义市场经济的法律体系*

中国共产党十四大提出了我国在 90 年代初步建立起社会主义市场经济新体制的任务。与确立社会主义市场经济新体制的任务相适应，法制建设工作面临着繁重而紧迫的任务。江泽民同志在十四大报告中指出，要"高度重视法制建设"。加强立法工作，特别是抓紧制订与完善保障改革开放、加强宏观经济管理、规范微观经济行为的法律和法规，这是建立社会主义市场经济体制的迫切要求。

从经济体制改革与法制建设的关系来看，法制建设是新体制建设不可分割的极其重要的部分，没有法律的保障和法律的同步建设，新的经济体制就不可能确立起来和完善起来。

一 新经济体制的建设呼唤着与之相适应的法律体系的建设

社会经济系统是一个由众多的个人、企业，以及各种机构及其活动所组成的巨大而复杂的系统。要把大量的分散的社会经济活动加以有效地协调，保证社会经济有秩序地运行，必须借助一定方式的规则和手段。在任何一种社会经济条件下，都有其特定的规则和手段。当然，不同的经济方式下所运用的规则和手段是不同的。

---

* 本文原载《管理世界》（双月刊）1993 年第 1 期。

现在，我们正处在由以往的产品经济、高度集中的计划经济向社会主义市场经济转变的重要历史时期。经济的运行方式正在发生重大的变化，对社会经济进行协调的规则和手段也将随之发生相应的变化。

以往在产品经济型的计划经济条件下，经济运行主要靠行政指令加以协调。指令性计划就具有法律效力，计划就是法。如企业产品必须由指定的商业和物资部门收购，不准自行销售；产品价格也由国家统一制定；新办企业，新上项目要纳入基建计划，等等。当然，还有许多有关企业必须遵守的行政法规。总之，产品经济型的计划经济主要依靠行政指令和行政手段加以控制，是一种企业听命于政府、下级服从上级的集权型经济。

与产品经济型的计划经济不同，市场经济是一种分权决策的经济。为数众多的个人、企业以及各种机构、组织，既是独立的利益主体，又是独立的决策主体，大量的经济活动通过市场的调节加以协调，社会资源在市场调节下达到有效配置。市场调节之所以能够起作用，就是大家要共同遵守一定的规则。这些规则就是法律。所以，与产品经济型的计划经济条件下主要依靠行政指令协调经济活动完全不同，市场经济下则主要依靠法律进行调节。有人把市场规律称做"看不见的手"，那么，法律则是这只"看不见的手"的最重要的组成部分。

总的来看，产品经济型的计划经济条件下的经济关系，以纵向为主；市场经济下则以横向为主。产品经济型的计划经济以下级对上级的服从为基础；市场经济以信用关系为基础，信用关系则以法律为保障。由于产品经济型的计划经济和市场经济是在运行过程中遵守完全不同规则的两种经济形式，在两种经济体制的转变过程中，必须及时地用新的规则来代替旧的规则。否则，就可能出现调节"真空"，即旧的规则不发生作用了，而新的规则又没有及时跟上，经济生活就会出现紊乱。这几年，我们有不少这方面的教训。破旧的同时必须立新，破旧不等于立新。党中央提出90年代初步建立社会主义市场经济新体制，其后再用20年时间，使新体制更加定型和完善，我们的法制建设要跟上这个步伐。在90年代应当初步形成与社会主义市场经济相适应的法律体系，其后，随着体制的逐步完善和定型，法律体系也将相应地完善和定型。这个任务是相当艰巨的。

改革开放以来，我们的经济立法工作取得了很大的进展。但是与社会主义市场经济的要求相比，还有很大的差距。有些法律是在计划经济体制和计划经济体制与市场调节相结合的背景下制定的，现在看来，有些已不适应社会主义市场经济发展的要求，急需修正和完善。更多的方面则完全是空白。所以，随着发展社会主义市场经济这一改革任务的提出，整个法律体系的建设需要有新的思路，对前几年制定的有关经济方面的法律，需要重新考虑，需要重新修订，需要加快制定新的法律。

二　加快经济立法，需要着手的几个方面的工作

党的十四大对中国共产党的党章进行了重要修改，把建设有中国特色的社会主义理论和党的基本路线等重要内容，包括发展社会主义市场经济写入了党章，成为指导全党的纲领。与此相适应，我们的宪法也应做相应的修改。现行的宪法是 1982 年制定的，这是一个很好的宪法，但是有些内容已不适应新的形势。例如，在宪法第十五条规定："国家在社会主义公有制基础上实行计划经济，国家通过经济计划的综合平衡和市场调节的辅助作用，保证国民经济按比例协调地发展。"与此相关的第十六条、第十七条也有类似的内容。这里讲的我国经济的计划经济性质以及市场的辅助作用都需要修订。建议在下届人大第一次会议，完成这一任务。

具体地讲，加快社会主义市场经济的立法，需要从以下三方面加以考虑：

第一，关于市场主体的法律。我们知道，在以往的计划经济体制下，政府是经济主体，企业不是主体。要使企业真正自主经营、自负盈亏，必须从法律上真正确立企业的主体地位。应当指出，前几年通过的全民所有制企业法还没有完全解决这个问题。要使企业真正成为市场主体，要从三个方面加以探索：一是利益主体。企业经营所运用的那部分公有财产（特别是国有财产）必须从整个公有（国有）财产中划分出来，明确企业与国家之间的产权关系，财务关系必须以法律的形式固定下来。二是在组织形式上使企业成为独立的主体。以往的企业都有一个行政隶属关系的婆

婆，企业在组织上不独立，依附于行政部门。这是政企不分的组织原因。与此相联系，企业负责人的任免、用工计划以及经费活动都由上级部门控制。这些问题需要从立法上加以解决。三是决策主体。法律上必须规定企业生产经营的决策权属于企业，原来法律赋予政府部门干预企业经营的权力必须改变。

现在的法律，还有浓厚的部门的和所有制的色彩，不同的企业由于部门不同、所有制不同，自主权也不同。社会主义市场经济要求突破部门、所有制的限制，所有企业都遵循相同的规则。所以，制定统一的公司法势在必行。这样，才能使各类企业取得相同的主体地位，具有相同的平等的竞争条件。

第二，关于市场秩序的法律。在法律上塑造出独立的市场主体之后，对市场主体的活动需要加以规范。一方面要规范不同主体之间相互的交易活动，使任何一方不受他方的侵权，保证活动主体各自的利益。例如，合同法、证券交易法、票据法，等等。另一类法律则是出于社会利益的考虑，国家要求企业应当遵守的，例如，有关环境保护方面的法律、审计法、会计法、税法、反垄断法、保护消费者权益法、劳动工资和就业以及社会保障等方面的法律。这些法律旨在贯彻国家的意志和维护社会的共同利益。通过这两方面的立法，使市场的活动规范化，既保证企业的活动在不损害社会利益的范围内进行，又保证各经济主体相互之间不发生侵权，并且使各个经济主体在公平的环境下开展竞争。

第三，关于完善宏观调控的法律。随着政府职能的转变，政府管理经济的方式由以往的直接下达行政指令、靠"红头文件"办事，向运用法规办事，运用财政、税收、信贷等间接调控手段转变。这方面的立法面临着两方面的任务：一是通过法律规范政府的行为，明确哪些方面属于政府管理范围，以及政府通过何种手段进行管理，使政企关系、政企之间的职责以法律的形式明确起来。二是政府的宏观调控要通过一定的法律形式加以保证，如预算法、信贷法、投资法，等等。

正如社会主义市场经济新体制需要一个探索的过程一样，与此相适应的市场经济法律体系也需要一个探索过程。建立和完善社会主义市场经济法律体系是一个庞大而复杂的社会系统工程，不可能一蹴而就，需要逐步形成和完善。西方国家市场经济的法律经历了一二百年的历史。要使我们的社会主义市场经济法律体系完善起来，也需要逐步形成和积累经验。我们一方面要在改革探索、积累实践经验的基础上，把那些经过实践证明是行之有效的经验上升为法律；同时，要大胆借鉴发达国家在经济立法方面的经验和法律成果，根据我国的实际情况，加以改造、吸收，为我所用。西方国家一些市场经济的法律，本身并不是姓"资"的，而是属于现代经济组织方面的结晶，是全人类的共同财富，应当对其吸收利用。这样，既便于与国际市场对接，又可加快立法步伐。在某些方面立法可以超前。以促进社会主义市场经济新体制的形成。

抓住机遇　振兴大西南[*]

一　国际经济形势和我们面临的挑战

（一）90 年代和平与发展仍然是世界的主流，世界范围内的经济结构调整将加速进行，竞争也将更加激烈

世界经济区域化、集团化趋势加强，并形成三足鼎立之势。1991 年 12 月 10 日，欧洲经济共同体 12 国在荷兰小镇马斯特里赫特举行的高峰会议上签署了货币统一协定，称《马斯特里赫特条约》。欧洲统一大市场已从 1993 年 1 月 1 日开始实施。美国、加拿大、墨西哥三国已签署协议，将形成"北美自由贸易区"。虽然亚太地区经济合作进展落后于西欧和北美，但亚洲的日本、韩国、新加坡及中国的台湾、香港和东盟国家事实上正以多种形式实行经济合作。

在我国周边，已经有几个次经济合作圈将要形成，并已初步显示出了诱人的发展前景：

——东北亚经济圈，包括中国的东北、华北、华东部分地区和日本、朝鲜、韩国，俄罗斯的远东和东西伯利亚、蒙古。从东北亚来看，朝鲜和韩国已改善关系，日本为了确保资源和出售商品，以及解决北方领土问

---

* 本文原载《经济研究参考》1993 年 4 月 18 日。

题，对东北亚经济圈持积极态度。最近，在联合国开发计划署和亚洲开发银行的帮助下，有关国家已组成"图们江地区开发计划管理委员会"，并已举行了多次讨论会，把建立图们江经济区的可行性研究和制定有关计划放在优先地位。

——中亚经济圈（含西亚部分国家），包括中国的新疆及西北部分地区，苏联、中亚五个国家、伊朗、土耳其、巴基斯坦。虽然中东和谈步履艰难，但是，中东外围的中亚和西亚已开始建立以经济为轴心的"中亚经济圈"，土耳其、伊朗和巴基斯坦等国家欢迎前苏联五个中亚共和国合作，并试图建立新的经济区。由于土耳其等三国组成的"经济合作组织"已正式批准接纳苏联中亚地区的吉尔吉斯斯坦、塔吉克斯坦，乌兹别克斯坦，以及与伊朗接壤的阿塞拜疆等国家，如果哈萨克斯坦和阿富汗也加入经济合作组织，那么该组织总人口将达 2 亿。目前，中亚经济圈还在形成初期。

——东南亚经济合作圈，从东南亚来看，柬埔寨问题随着《巴黎和约》的签署已基本解决，苏联解体后已从越南全面撤出，中印、中越关系改善。东盟 6 国（印度尼西亚、马来西亚、新加坡、泰国、菲律宾、文莱）十分注意加强相互之间在经济方面的合作，并已在项目投资，贸易互惠等领域取得了一定成效。根据 1992 年 1 月第四次东盟首脑会议签署的《新加坡宣言》，《东盟有效普惠关税协议》和《东盟经济合作架构协议》，东盟将在 15 年内，即在 2008 年前建立东盟自由贸易区。东盟还将欢迎越南、老挝加入该组织，预计将对亚太地区以致整个世界的经济格局产生重要影响。

在世界经济集团化的浪潮中，我们也应看到世界局部战乱热点仍然存在。苏联解体后余波未平，民族矛盾并没有彻底解决，潜伏着新的危机，南斯拉夫波黑内战不断升级，中东和谈进展缓慢，阿以矛盾难以调和，阿富汗和平未竟，索马里战乱不休，安哥拉内战又发，柬和平进程困难重重。这些分布在世界各地的局部战乱给世界"和平与发展"蒙上了阴影。

（二）我国面对迅速变化的国际形势和激烈的经济竞争，必须解决两大问题：一是进一步深化改革，扩大对外开放，增强综合国力，致力于工业化的推进，迅速发展生产力；二是争取一个长期的和平建设的环境

从国际上来讲，我国要在和平共处五项原则的基础上，与世界各国发展友好合作关系。近年来，我国与周边的印度、越南、韩国，双边关系得到了改善。以中日邦交正常化 20 周年为契机，实现了日本天皇访华，日中友好关系得到加强。德国取消了对我国的制裁。俄罗斯总统叶利钦访华，标志着两国关系向前迈进了一步。美国当选总统克林顿有关中国最惠国待遇问题的讲话已渐趋务实，美中关系的改善符合两国人民的利益。随着恢复我国关贸总协定缔约国席位的谈判的进展，我国与世界其他国家的经济贸易关系将得到迅速发展。在国际上争取一个和平友好的环境对我国社会主义现代化建设是非常重要的。

从国内来看，要保持政治稳定、社会安定、民族团结、人民安居乐业的平和环境，这是我国社会主义现代化建设顺利进行的前提条件。十四年来改革开放的伟大实践证明，我国走建设有中国特色的社会主义道路是完全正确的。由于这十四年是真正集中力量进行社会主义现代化建设的十四年，因而使得我国的综合国力大大增强，人民生活水平也大大提高。实践证明，国内局势稳定，外资也纷至沓来了。从 1979—1991 年，我国签订利用外资协议合同 42779 个，协议外资金额 1216.60 亿美元，实际利用外资额 796.29 亿美元。1992 年，我国利用外资共批准外商投资项目 40291 个，协议外资金额 458.0 亿美元，实际投入外资 83.4 亿美元。

二　西南地区的综合优势和战略地位

（一）西南地区地域辽阔，资源丰富，优势明显，潜力巨大

我国西南地区包括四川、贵州、云南三省和广西、西藏两个自治区。土地面积 256.32 万平方公里，占全国总面积的 26.7%；1990 年人口为 22286 万人，占全国总数的 19.5%，其中少数民族人口 4052.35 万人。西南地区是我国最大的少数民族聚集区。该区的川、滇、黔三省是我国资源

最丰富的地区之一。而广西则拥有漫长的海岸线和良好的港口条件，广西和云南背靠大西南，面向东南亚，处于对外开放的前沿地带。

具体来讲，我国西南地区具有以下七个方面的优势：（1）具有沿海、沿边、沿江"三沿"兼备的区位优势；（2）能源和矿产资源丰富，特别是水利资源和一些矿产资源十分丰富，而且组合条件好；（3）热带、亚热带植物资源优势丰富；（4）有以往国家两次重大经济布局建立的工业生产能力和"三线"企业存量优势，工业基础好，技术力量雄厚；（5）旅游资源十分丰富；（6）劳动力资源丰富；（7）随着人均购买力的提高，拥有一个庞大的市场，为工业化提供了市场条件。如果把上述各种优势整合起来，实现优势互补，就有可能形成加快西南地区开发和发展的综合优势。

（二）90年代，加快西南地区的开发与发展，在我国经济发展，改革开放的大格局中具有重要的战略地位

加快西南地区资源开发和经济发展有利于全国产业结构的调整和市场经济体制的形成。能源、交通通信和原材料工业是制约我国经济发展的"瓶颈"产业，加强这些产业是一项长期的战略任务，是解决基础产业与加工工业结构失衡的一项根本性措施，这是符合国家产业政策的。西南地区是我国能源、原材料综合开发条件最好的地区之一，加快西南地区的开发有利于促进我国产业结构的合理化。然而，西南地区资源开发需要大量资金以及其他生产要素的投入。由于国家直接投资有限，我们在根据产业政策尽可能争取国家投资以外，更主要的是要重视和发挥市场机制的作用，主要通过市场机制实现生产要素的合理流动。西南地区资源开发的过程也就是随着价格合理化市场体系发育成长的过程，这是建立我国统一市场，最终形成市场经济体制的重要环节。

在90年代，我国还面临着扶持若干战略产业进一步成长（如机电工业中的大型发电输变电设备、矿冶设备、航空航天工业、电子工业等）且逐步实现产业结构高度化的任务。充分发挥西南地区的生产力存量优势，与发达地区的有关产业密切协作，对开发国民经济需要的重大装备和成套设备，改造技术落后的传统产业，达到出口创汇和"进口替代"节约外汇的目的，可以发挥重大的作用。

西南地区沿海、沿边开放是我国全方位对外开放战略的重要组成部分。虽然世界各地局部战乱不休，但东南亚地区却保持着和平的环境。东盟自由贸易区计划已从1993年1月1日起开始实施。我国西南地区面向东南亚，南亚市场敞开大门搞开发的趋势已经更加明确了。不失时机地以边贸为先导，以沿海、沿边开放促进内陆的开发，积极发展与毗邻国家的经济技术合作和交流，将使西南地区面临难得的机遇。

发展西南地区经济也是加强民族团结，巩固边疆的一项根本性措施。西南地区是我国少数民族聚居的地区之一。民族团结是国家安定的重要因素，而民族团结的基础是发展经济、共同繁荣，因此，在保持东部地区经济增长活力的同时，重视发挥西南地区独特的优势，加快发展速度，以逐步缩小与东部地区发展的差距，是全国各民族共同利益之所在。

西南地区地处长江上游，区域内河流较多，还有几条跨国河流，其经济发展和生态保护，将直接关系到我国广大中下游地区及毗邻国家，我们一定要在发展经济的同时，搞好环境保护，以造福于子孙后代。90年代乃至下个世纪，保护生态环境问题将越来越重要，西南地区是我国生态环境保护的战略区域。

三 加快西南地区开发与发展的设想

（一）振兴农村经济，大力发展乡镇企业

邓小平同志指出，90年代经济出问题，很可能就在农业上。这必须引起我们的高度重视。无农不稳，无粮则乱，这是经过历史检验的真理。农业作为基础产业，是工业化的基础。加快西南地区的开发与发展，要切实加强农业的基础地位，进一步调动农民的积极性，全面振兴农村经济。

西南地区粮食生产发展较慢，不能适应人口和经济发展的需要。大力发展农业，要把粮食生产放在首位，实现区域内粮食基本自给。抓好二批商品粮基地的建设，重点是四川盆地、桂东、黔中、黔北、滇中、滇西农

区，以及西藏"一江两河"地区。积极发展经济作物，特别是区域优势明显的热带和亚热带经济作物，西南地区油菜子、烤烟、甘蔗、桑蚕、茶叶、热带特种经济林、中药材、柑橘等都是优势产品，在全国市场中占有重要地位，也是地方财政收入的重要来源。要提高单产，主攻质量，巩固与提高基地生产水平，并逐步扩大主要经济作物基地的生产规模，建成全国重要的热带、亚热带经济作物基地。西南地区山多、高寒，生态环境脆弱，农业的发展和矿产资源的开发要把改善和保护国土环境放在重要地位。要结合三峡工程的建设，加快长江中上游防护林体系建设的步伐，发展速生丰产林。同时抓好广大山区坡改梯的工作。总之，振兴西南地区农村经济应该是就农村经济整体而言的，农业与乡村（镇）工、商、副业及社会化服务体系必须全面发展，从而因地制宜地利用自然条件和人力资源，增强整个农村经济的活力。

在此要特别强调的是，乡镇企业的发展是 90 年代西南地区战略性问题之一。乡镇企业是在市场机制中成长起来的。我国东、中、西部地区之间农村经济发展的差距主要表现在乡镇工业发展的差距很大，这个差距的存在和扩大将影响中、西部地区的经济发展和小康目标的实现。西南地区人口密度大，随着农业劳动生产率的提高，必将有大批农村剩余劳动力出现，只有大力发展乡镇企业，才能吸收大批农村剩余劳动力，减少大批民工流向沿海中心城市，减缓对沿海地区的冲击。西南地区大力发展乡镇企业，一是可以反哺农业，从而振兴农村经济；二是解决农村剩余劳动力出路问题，真可谓一举两得。

（二）扩大能矿资源的开发是西南地区开发的重点

西南地区富集的能矿资源，具有建设大型综合性能源、原材料工业基地的优越条件，是实现全国经济上新台阶的重要物质保证。西南地区可开发的水能资源约 19600 万千瓦，占全国可开发量的 50% 以上。主要集中在川、滇、黔的金沙江、雅砻江、大渡河、乌江、澜沧江、南盘江、红水河等大河流。这些河流适宜梯级开发，建设大型水电基地，以便实现大规模的西电东送。西南地区煤炭资源探明储量为 865 亿吨，而且近 80% 分布集中在黔西北、滇东和川南的大三角地带，适宜集中建设大型煤炭基地和煤电基地，以满足区内需要。结合上述水电基地的建设和煤炭基地的开发，可以新建扩建一批大中型火电厂，以便形成水火共济的电力基地。在原材料工业方面，重点发展黔、桂的铝工业，云、贵、川的铅锌工业，加快云、贵锡工业老基地的改造，结合攀西钒钛磁铁矿的开发，扩大钒钛工业的生产规模。钢铁工业重点改扩建攀钢、重钢、酒钢、昆钢、水钢、柳钢等，同时加快攀钢二基地的前期工作；化学工业重点发展磷化工和石油天然气化工，开发云南昆明和安宁、贵州瓮福、四川马边的磷矿及川南硫铁矿，新建云南安宁、贵州福泉、四川宜宾等黄磷、重钙、磷铵工程，扩大高浓度重钙磷肥和黄磷的生产，同时，依托四川盆地、北部湾的天然气资源，新建扩建一批以乙烯和化肥为主的天然气化工，可以利用北部湾的港口优势，积极吸引外资，进口石油发展石化工业，以改善我国石化工业的布局。与此同时，西南地区地方加工工业、乡镇企业与第三产业的发展，要与能矿资源的开发相适应，为活跃地区经济、增加地方财政收入，在本区优势资源和市场需求的基础上，并考虑到边贸市场的需要，主要由市场机制促进地方加工工业和乡镇企业的发展。

（三）充分发挥"三线"企业在振兴西南经济中的作用

"三线"企业是西南地区规模大、技术力量雄厚的工业群体，是西南经济发展中一支不可忽视的力量。西南地区的"三线"企业主要是六七十年代建成的一大批军工企业和能源、原材料基地，80年代实行军转民以来，许多"三线"军工企业在发展机电、轻纺装备及家用电器，满足社会需要方面发挥了积极作用。有许多"三线"企业在沿海设立了"窗口"，以便于对外联系和传递信息。有计划地对企业进行技术改造、调整产业结构，改善内外部环境，为发展外向型经济创造了条件。"三线"企业是西南地区的宝贵财富，是生产力增长的基点，我们要为"三线"企业发挥作用创造宽松的环境。如解决军工企业发展民品进入归口部门笼子难的问题，打破条块分割的旧体制，鼓励"三线"企业与地方联合开发资源，发展乡镇企业；鼓励"三线"企业和科研单位与地方联合，发展高技术和第三产业；积极组建企业集团，与东、中部先进企业开展专业化协作，优化生产要素，提高产品质量和档次，发挥规模经济效益。

四　深化改革，扩大开放，争取西南地区大发展

无论怎么说，1992 年都是西南地区最值得庆幸的一年，为了具体落实邓小平同志重要谈话精神，国务院开展了对西南和华南部分省区区域规划的研究论证工作，大西南形成了"大联合，大开放，联合走向东南亚"的态势。

（一）加快西南地区开发要从深化改革找出路

加快西南地区改革的步伐，把国家总体战略部署和西南地区的具体情况结合起来，以转换企业经营机制为中心，完善承包责任制，试行股份制，搞活西南地区的大中型企业，并鼓励多种所有制经济成分的发展；尽快实行价格改革，改变能矿产品与加工工业产品比价不合理的状况，实行市场调节；放宽西南地区投资额度的控制，授予其比东部地区更大的项目审批和融资权。

横向经济联合与协作是改革开放的产物，是发展社会主义市场经济的一项重要措施，搞好横向经济联合与协作，对促进地区经济发展，加快区域开发和开放具有积极的作用。根据西南地区资源丰富，但经济技术相对落后的特点，搞好横向经济联合更为重要。加快西南地区的发展受到资金、技术、人才等生产要素的制约，毗邻的广东、福建等东部沿海地区经济进一步发展又面临着能源和原材料不足的困难，即使在西南地区内的许多大型开发和建设项目，也需要通过联合与协作来进行。因此，要打破行政界限，按照"扬长避短，形式多样，互惠互利，共同发展"的原则，加强西南地区与发达的中、东部地区的联合与协作，以东部地区的技术、信息、资金支援西南地区，以西南地区的能源和原材料支援东部地区。同时，还要加强与中部地区以及西南地区内部和西南地区与毗邻国家的联合与协作。联合协作可以采取多种形式，如相互参股，建立企业集团，组织生产联合体。既可以联合开发资源，也可以开展企业间的技术合作。区内各省、区还可以就建立出海铁路、港口，以及设立西南开发银行等重大项目开展联合，围绕加快西南开发这一共同的目标，形成合力，增强区域整

体的竞争能力。

（二）加快西南地区对外开放步伐

当前，以国际政治经济形势趋向缓和和世界性产业结构调整为契机，我国西南相邻国家正在成为具有庞大市场潜力的地区。东南亚 10 国有 4 亿多人口，是一个很有潜力的大市场。与这些国家相比，我国的日用品工业、纺织服装工业、食品工业，机械工业、电子工业已具有一定的比较优势；同时这些国家或地区富集的森林、矿产、原材料等产品均为我国所需要。这种产业结构的互补性有可能形成局部性的有利于我国的国际分工格局。但与此同时，争夺这些国家市场的国际竞争也正在加剧。如果我们不去占领这些市场，别人就会去占领。这将使我们错过一次重要的发展机会。90 年代，我们应该不失时机地加快西南地区对外开放的步伐，促进西南地区经济发展，赢得国际竞争中的主动权。

西南地区对外开放的重点，主要是在我国对外开放政策中增加产业开放内容，根据产业政策实施对外资的优惠政策，将西南资源开发向内、外资开放，并对到西南投入的中、东部资金给予类似外资甚至更优惠的政策，这有利于国内资金等生产要素迅速向西南地区移动。还要加快现有多个内陆开放城市和边境口岸城镇建设和以北海为中心的出海通道建设，在有条件的地方建立保税区。再是要扩大外商、内资投资领域，允许外商及内资参与机场、港口、铁路、航运和通信建设与经营。另外还要在对外贸易和边境贸易方面实行更加优惠的政策。

总之，我国西南地区已经迎来了新中国成立以来的第三次经济布局的高潮，这次虽然是以交通、能源建设为重点，但是显示出敞开大门搞开发，面向东南亚求发展，开拓世界市场的新态势。这种形势是非常鼓舞人心的。我们相信，90 年代，西南地区将异军突起，成为我国经济高速增长的生力军。

中国的社会主义市场经济[*]

　　1992 年秋召开的中共十四大正式确定中国社会主义经济改革的目标是建立社会主义市经济新体制。目前改革开放正在加快步伐，社会主义市场经济新体制正在加速形成。

　　何为有中国特色的社会主义市场经济，它的基本内容如何？这是一个人们比较关注的问题，本文就这一问题谈一些个人的理解。

一　什么是中国社会主义市场经济

　　通过我国 14 年改革开放的理论和实践探索，我国社会主义市场经济的图像大体上比较清楚了。这就是在中共十四大报告中所讲的：在国家宏观调控下市场在资源配置中起基础性的作用。同时要改善和加强国家对经济的宏观调控，运用好经济政策、经济法规、计划指导和必要的行政管理，引导市场健康发展。我理解，中国的社会主义市场经济有三方面的特征：第一个特征，它是一种真正的市场经济，市场经济的原则得到充分的贯彻；第二个特征是我们的市场经济是建立在公有制为主体多种经济成分共同发展基础上；第三个特征是国家运用各种政策手段引导、规范市场，使国家的宏观政策意图得以有效的贯彻。

　　[*]　本文原载《管理世界》（双月刊）1993 年第 2 期。

　　第一个特征表明，我国的市场经济是一种真正的市场经济。它既不是局部的市场，也不是半计划半市场，而是完整的市场体系。大家知道，在80年代末起的改革初期，我们在引入市场机制方面是很不彻底的。最初是在对原有的计划体制不加以根本触动的条件下，通过加强经济核算，承认企业的部分利益，来调动企业的积极性；后来，进一步放权让利，减少计划指标，扩大企业自主权，部分地放开产品市场、劳务市场、金融市场，等等。虽然改革取得了一些成效，但是由于没有形成完整的市场体系，市场经济的一些基本原则（如企业自负盈亏）不能有效贯彻，资源配置的效率仍然很低。所以，中共十四大总结了以往的经验，明确地提出社会主义市场经济的概念，并强调市场机制在资源配置中起基础性的作用。要实现这样的目标需要彻底改变以往的高度集权的计划体制，对整个社会的经济组织结构进行根本改组：包括形成与市场经济相适应的自负盈亏的企业制度，形成完备的市场体系（各种产品市场和要素市场）以及与市场经济相适应的法律体系，形成新的社会保障体系和宏观调控体系。在这些方面我们已经取得了一定的进展，但在许多方面还有待于进一步探索和完善。

　　第二个特征表明，我国的社会主义市场经济是建立在以公有经济为主体，多种经济成分共存基础之上的。与其他国家的改革不同，我们搞市场经济改革没有搞大规模的私有化，而是在公有经济为主体的前提下鼓励多种经济成分共同发展。在改革之初工业产值中国营企业的比重高达80%左右；改革以来，集体经济特别是乡镇企业发展迅速；"三资"企业、个体经济、私营经济从无到有，迅速发展，使我国经济的所有制构成发生了很大的变化。目前工业产值中国有经济的比重约为50%多，集体经济（包括乡镇企业在内）接近40%，"三资"企业、个体、私营企业约占10%。这表明：我国经济的所有制结构发生了显著变化，不再是国营经济一家垄断的局面，各种经济都相应地得到了发展。特别是公有经济（包括国有和集体所有）仍然占主体，比重为90%，但是公有经济自身的形式却在发生变化。原来的国营经济不再完全采取国家经营的形式，通过转换经营机制面向市场，成为自主经营的市场主体。集体企业，特别是乡镇企业已成为国民经济中一支举足轻重的力量。而且通过股份制试点，不同投资者共同出资创办的股份制企业也迅速发展。可以预料，在今后的改革中，在公有经济为主体的前提下，多种经济成分必将进一步发展，比重有可能进一步上升。以国有股、企业股、个人股组成的混合所有的股份制企业也将进一步发展起来。我们将进一步探索适应市场经济要求的、公有经济为主体，多种所有成分共同发展的社会主义产权管理和产权结构形式。

第三个特征是对市场经济进行有效的宏观调控，使我们的市场经济适应中国的国情更加有效地运行。我们知道，现代的市场经济已经不再是处在自由放任的时代，各国政府都以不同的程度和方式干预市场，以保证市场健康运行。当然，这种宏观调控不是那种直接的指令性计划干预企业，干预经济，而是运用多种手段规范和引导市场，比如法律手段、政策手段，以及行政管理。通过经济立法，政策指导、行政干预等方式，不仅能保证资源配置的合理方向而且也可以调整社会的经济关系，还对市场的组织结构、运行方式都会产生重要的影响。这样，通过有效的宏观调控，我们市场经济必然具有适合中国自己国情的特色。我们知道，我国处于由传统的农业社会向经济现代化发展的阶段，我们有完全不同于西方的文化传统，以及资源禀赋也有自身的特点，这些因素决定了我们不能照搬任何西方或东方国家的市场经济的现成模式，而要探索反映自己国情的市场经济之路。

二　目前社会主义市场经济的发育状况

我国通过 14 年的改革，市场经济发育状况可以用一句话来概括：旧的计划经济体制正在改变，新的市场经济体制正在形成并向规范化的方向发展。具体反映在以下几个方面：

（一）指令性计划已经大幅度减少，市场机制在资源配置方面已经发挥着主要的作用

农业生产到 1985 年已全部取消指令性计划，指导性计划的比重也逐年减少，到 1992 年仅对粮食、棉花、造林等少数几种产品实行指导性计

划。除了对粮食、棉花进行合同订购（广东等省已取消粮食合同订购）
外，其他农产品完全由市场调节。国家定购的粮食仅占市场粮食流通量
的40%。

工业生产的指令性计划逐年降低，1978年前指令性计划的工业产值
占80%左右，1985年下降到20%，1992年下降到11.7%，1993年还要
进一步降低。

社会产品的价格已基本上实现了市场定价制度。1978年之前，商品
基本上没有市场价，而由国家定价，到了1985年，社会商品零售总额中
国家定价比重下降到50%左右，近几年来，这一比重逐步降低。特别是
1992年，又放开绝大部分农产品、轻工产品价格和500多种生产资料价
格。到1992年年底，社会零售商品总额中，市场定价的比重达到90%左
右。目前，电力、煤炭、原油、运价等少数基础产业产品价格仍偏低，需
要进一步调整或逐步放开，绝大部分产品已经实现市场定价。

（二）自负盈亏的企业制度正在形成之中

企业是市场主体，不形成自负盈亏的企业制度，市场体制就不能建立
起来。十多年来企业制度改革在两个方面进行：一是对国有企业扩大经营
自主权，推广承包制，转变经营机制，使企业走上自负盈亏之路，目前这
方面已经取得了相当的进展，国有企业已经开始走向市场，但是要完全实
现自负盈亏还需一个探索和完善的过程；二是鼓励非国有经济成分发展，
如大力发展乡镇企业、"三资"企业，以及不同投资者共同出资的股份企
业，特别是乡镇企业产值以每年25%的速度增长。目前，非国有经济所占
的比重已经达到50%左右。这些企业从成立起就是自负盈亏的，就是以市
场主体的身份出现的。所以，我国企业制度形成也取得了突破性的进展。

（三）社会主义市场经济体系已经初步发育

消费品、农产品市场已经完全放开，生产资料市场比消费品市场的形
成晚一些。国家计委统配物资由1979年的256种减少到1990年的19种，
而且这些物资在国内生产总量中的比重逐年降低，比如钢材、煤炭国家统
配所占比重降到30%左右。大部分生产资料进入市场流通。在全国主要
城市都已形成规模不等的生产资料交易中心。金融市场、劳务市场的发育

也在探索中前进。银行系统集中和分配资金的功能，以银行同业拆借为主的短期金融市场，以各类债券为主的长期金融市场、证券市场已开始形成，全国从事证券交易的机构已达 300 多家。在劳务市场方面，国营部门中的存量部分进行优化组合、厂内待业，正在改变以往的吃大锅饭制度，增量部分实行合同工和临时工制。非国营部门、市场机制在劳动力配置方面已起着重要作用。

在政府职能转变，形成新的间接调控机制、社会保障体系，适应市场经济的法制建设，以及科技和教育等各个方面都进行了一系列相应的改革，我们已经基本脱离了旧的集权管理体制，并正在完善市场经济的新体制。

三　在深化改革中建立和完善社会主义市场经济新体制

我国建立社会主义市场经济新体制已取得了重大进展。但要使它完善、定型仍然有大量工作要做，仍然需要较长的时间进行创造性探索。中共十四大报告提出 90 年代初步建立市场经济新体制，到 2020 年前后，形成更加成熟更加定型的制度。这是比较符合实际的。

前 14 年的改革，我们走了一条渐进式的改革道路。实践证明，这种改革策略是正确的，今后仍然继续走这条路。在改革过程中，有些问题的解决虽然目标已明确，但是真正解决还是需要时间和过程的；有些问题的解决一时还没有确定的方案，通过试验可以找到适当的办法；有些问题在实践中已经解决了，但要形成制度化、规范化、成熟化，还需要做大量工作。我国今后的改革，将根据不同的问题，不同的情况，有步骤地、分阶段地向前推进。从我国目前的情况看，今后改革将在以下几个方面有步骤地进行。

第一，农业改革在过去 14 年已经取得重大的进展，今后主要是完善提高的问题。在粮食放开经营试点的基础上，逐步取消合同订购，实行包括粮食在内的农产品进入市场交易。在稳定家庭承包经营为主的责任制和统分结合双层经营体制的基础上，按照商品经济的要求发展农村社会化服务体系。

　　第二，价格改革中大部分产品价格已放开，90 年代主要解决好煤炭、电力、石油、运价的调查和价格形成机制，估计在 90 年代，价格体系和价格形成机制有可能基本解决。

　　第三，企业制度的形式和完善要根据不同对象采取不同办法。大型国有企业在近期主要通过转换经营机制，使企业走向市场，独立承担风险，寻求自我发展；远期则要通过股份制试点，以股份企业的形式实现完全自主经营、自负盈亏，一些经营不善的小型国有企业通过拍卖、租赁、兼并等形式加以解决。对于乡镇企业、集体企业则在完善现有经营方式的基础上，逐步纳入法制化管理的轨道。在深化改革的基础上，对不同类型的企业制定统一的《公司法》，所有企业用统一的法律、法规进行管理。当然这方面的改革可能要花较长的时间，特别是国有资产的管理制度，国有企业的人事任免，企业家形成机制还需要进一步探索。

　　第四，市场体系建设中，消费品的市场已经形成，生产资料市场在90 年代也将基本形成，今后主要是发展适应现代商品经济要求的跨地区以致跨国经营的商业流通组织，提高商品市场的组织化程度。金融市场在发展和完善短期和长期市场的同时，主要解决好银行的企业化经营使社会资金的分配不依赖于行政部门意志，而取决于经济性原则。分配制度、土地使用制度，社会保障制度、劳动就业制度也要根据循序渐进的原则逐步完善起来。

　　第五，宏观调控体系的完善需要进一步探索，改变旧的办法的同时，逐步形成新的调控体系，包括实行财政复式预算的基础上实施正确的财政税收政策，加强人民银行的货币政策职能和监控职能，改进计划管理，做好中长期规划，加强信息指导，等等。

　　我们今后面临的改革任务依然是十分繁重和艰巨的。但是，我们已经有了 14 年的改革经验，特别是有了改革的正确目标——建立社会主义市场经济新体制；有了检验改革成败的正确标准，而且把是否有利于社会主义社会生产力发展，是否有利于综合国力提高，是否有利于改善人民生活作为基本的标准。只要全国人民齐心协力，向着这个目标，遵循这些标准，英勇奋进，我们的改革一定会成功。

在横向经济联合中发展社会主义市场经济[*]

一　横向经济联系是最基本的市场经济关系

　　党的十一届三中全会以来，新时期的具有中国特色的社会主义经济体制改革理论经历了一个迅猛而曲折的发展过程。最近，全党对于社会主义商品经济就是市场经济，对于发展社会主义市场经济取得了高度一致的认识。这是我们党在思想理论上的一个重大突破，来之不易，值得珍惜。有这样一种认识，即以社会主义市场经济概念的确认为标志，中国特色的社会主义经济体制改革理论的总体框架即将形成。因为经济发展的体制模式一经确立，今后虽然还有不少理论工作要做，但在总体上说已经是一个实施的问题以及在实践中丰富和完善的问题了。

　　横向经济联合在 80 年代我国经济体制改革的初期阶段提出，中期阶段得到进一步的发展。在过去的集中指令型计划经济体制下，纵向经济联系是主要的经济关系，这是一种带有行政命令特征的非商品经济关系。由于不遵循市场规则，在社会分工日益发展的现代条件下，必然会造成低效率和低效益，这对生产力的发展也会造成严重的障碍。在经济体制转轨的过程中，发展横向经济联合的呼声越来越高绝非偶然，增强横向联系，削

---

　　[*]　本文原载《中国横向经济年鉴》（1992），中国社会科学出版社 1993 年版。

弱和减少不必要的纵向联系，这实际上是商品经济发展的过程，也就是市场经济发展的过程。可以预见，在 90 年代发展社会主义市场经济的条件下，横向经济联系将会得到更加充分的发展。

横向经济联合实际上包括两个基本方面，即横向的经济分工与横向的经济协作。马克思早就说过分工与协作是互为前提的，它们是同一事物的两个不可分割的基本方面，分工与协作构成社会大生产的基本形式，而不同生产主体之间的社会分工（从另一个方面看也就是协作）就成为商品经济产生的基本原因了。所以我们说，横向经济联系是最基本的市场关系。在今后发展社会主义市场经济的进程中，一定的纵向经济联系还是必要的，纵向经济联系主要表现为国家运用货币、金融、财政、税收、法规、政策的手段来调控市场。在此前提下，横向联系成为基本的市场关系。因此，通过发展横向经济联合来发展社会分工与社会协作，实现生产要素的优化配置，拓展市场空间，增强企业自身的经济聚集能力与辐射能力，将越来越成为经济发展的重要形式。对这一点认识越清楚、行动越自觉，就越主动，越受益。

二　横向经济联合是构架区域经济网络的重要方式

目前，区域经济协作正在广泛地展开并不断深化，国务院的领导同志把这作为组织 90 年代经济发展的一件大事在抓。过去，地方的经济发展很大程度上依赖于国家，看国家是否将其列为发展重点，是否部署重点建设项目并给予人、财、物的支持。而在市场经济模式下，地方的经济发展除仍然需要国家宏观调控外，将逐步会更多地取决于地方在区域经济网络中的地位和作用。而这地位与作用，一方面固然依赖于自身的区位条件及经济实力，另一方面却也取决于自身横向经济联合的开展程度。而地方之间的横向经济联合，其实就是区域之间的经济协作了。通过开展区域经济协作，地方自身的经济潜力将会被不断地发掘出来，转化为现实的经济增长要素，由于市场空间扩大了，分工与交换关系发展了，一个地方对整个区域经济发展的作用也就得以显示出来，从而成为整个区域经济发展的不可缺少的构成因素。因此，通过横向经济联合构架区域经济网络，这是在市场经济条件下获得发展空间、加快自身发展的一个十分重要的条件。

深圳经济特区在建立之初，中央就提出了学会两套本领，利用两个市场的发展方针，这里面就包含了发展横向经济联合的思想。特区作为开放型经济，发展横向联合具有优势。十多年来，内地的资金、技术等生产要素以横向联合的方式涌入深圳，给深圳的发展注入了充足的动力。据所看到的资料，目前深圳的内联企业总数已达 4000 余家，实际投入资金 30 多亿元。深圳的内联企业的总数、工业产值及出口总值均占到全深圳总额的 1/3 左右，内联经济已经成为深圳经济的三大支柱之一。由此可见，深圳横向经济联合的成绩是十分显著的。内地通过深圳的联合，获得了发展外向型经济的窗口并得以进入国际市场，正是通过横向经济联合，深圳与全国的经济融为一个整体，并成为带动全国网络增长的一个活跃的地区。

三 股份制是横向经济联合的基本形式

横向经济联合最重要的内容是资金的联合，资金联合的有效方式是实行股份制。以往搞横向联合受到旧体制下部门所有和地区所有的限制，横向联合大部分处于低水平的阶段，即人们所讲的"松散型联合"，局限于企业之间的供货、零部件生产、技术协作等方面，企业之间相互的参股、控股不能充分发展，合作双方的利益不能有效地结合在一起，使横向联合的发展受到很大的限制。现在，随着社会主义市场经济理论上的突破，股份经济不再看做是资本主义的专利品，而且要大力发展股份经济，这就为发展横向经济联合创造了有利的条件。

通过股份经济发展横向联合，能够使社会资源得到更合理的配置。股份经济能够把分散的资金迅速集中起来，更合理使用，产生规模效益。通过参股和控股，使不同的投资者在利益上紧密地结合起来，形成利益共同体，从而有利于企业间技术的转移，有利于管理现代化，有利于技术开发和开拓国际国内市场，形成产、供、销一体化的集团优势，提高市场的竞争力。

　　发展社会主义股份经济，必须实行有限责任公司的形式，这样才能有效地解决政企分离问题。股份制企业是由股东所组成的董事会进行监督和管理、自负盈亏。国家不再对企业承担无限责任。企业在市场竞争中求生存，求发展，企业真正地走向市场，企业才能真正提高效益。

　　所以，只有实行股份制，横向联合才能有生命力。才能突破地区和部门的行政限制，才能在提高经济效益的基础上使合作双方的关系得以巩固和发展。

　　中央已经把扩大股份制试点，发展股份经济作为今后深化改革，建立社会主义市场经济新体制的一项重要内容，随着股份经济的发展，横向经济联合必然将以更大规模开展起来。

当前中国的经济形势[*]

中国经济自 1990 年下半年开始景气回升以来，1992 年出现高速增长势态，国内生产总值比上年增长近 13%，今年上半年继续呈现强劲增长势头，国内生产总值比上年同期增长近 14%。总的经济形势是好的，同全球多数国家经济回升乏力状况形成鲜明对照。在高速增长过程中，也出现了一些突出的矛盾和问题，但还可以承受，也是可以调控的。今年 6 月国务院做出加强宏观调控、深化经济改革决定，并采取相应措施以后，问题得到一定解决，情况正在向好的方向转变，这为今后经济持续快速健康发展创造了条件。

一

中国自 1979 年实行改革开放搞活经济的政策以来，进一步解放和发展了社会生产力，经济发展速度明显加快，人民生活水平显著改善，综合国力得到增强。到 1988 年，整个经济上了一个新的台阶，提前实现了第一步发展战略目标。1988 年第四季度到 1991 年的治理整顿和深化改革，给经济进一步发展铺平了道路，积蓄了力量。1992 年，在邓小平视察南方重要谈话和中共十四大精神鼓舞和指引下，广大干部和群众解放思想，

———————
* 本文原载《管理世界》（双月刊）1993 年第 6 期。

抓住国际国内有利时机，加快了改革开放和经济建设的步伐，出现了社会主义现代化建设的新的高涨。这次建设新高涨有以下特点：

第一，投资需求扩大成为经济增长的主要推动力量。这是中国经济增长方式由 80 年代出现的消费主导型向投资主导型转变的表现。采取这种增长方式是符合中国经济发展现阶段客观需要的，也是世界上发展中国家成功实现经济腾飞的必由之路。中国自 1989 年大量压缩投资规模以来，1990 年、1991 年的投资增长，完全带有恢复性质，1992 年全社会投资规模比上年增长 37.6%，也带有部分恢复性质。今年上半年又比上年同期增长 61%（扣除物价上涨因素实际增长 34% 左右），是个新的起点。高投资推动了整个经济高速增长和市场繁荣兴旺。上半年，工业生产比上年同期增长 25.1%；夏粮获得好收成；社会商品（包括消费品和农业生产资料）零售总额增长 21.6%；工业生产资料销售总额增长 49.5%；进出口贸易增长 13.4%（其中出口增长 4.4%，进口增长 23.2%）；城乡居民收入也增长较快，人民生活进一步提高。上半年，城镇居民人均生活费收入，扣除物价上涨因素，比上年同期实际增长 13.5%，农村居民人均现金收入实际增长 7% 左右。

第二，社会主义市场经济体制目标的确定，经济改革和对外开放以前所未有的广度和深度推进，促进了经济高速增长。在市场取向改革的推动下，在经济生活中，市场调节的范围和比重大大增加。1992 年年底，在社会商品零售总额中，市场调节价格占 96%；在生产资料按出厂价计算的销售总额中，市场调节价格占 81.3%；在农民出售的农产品总额中，市场调节价格占 87.5%。国家管理价格的农产品只有 9 种，其中粮食价格也大部分放开，国家管理价格的日用工业品减少到 58 种（过去有几千种），国家管理的生产资料和交通运输价格减少到 89 种（过去有 700 多种）。总之，目前在工农业产品中，按价格总量估算，由市场决定价格的占 80% 以上。各类商品市场蓬勃兴起，要素市场尤其是金融市场、房地产市场得到迅速发展。1992 年社会直接融资规模达到 1000 多亿元，约占银行贷款增加额的 1/3。同年，全国出让土地，据不完全统计，共约 2.2 万公顷，为 1991 年前出让土地总量的 11 倍。对外开放的力度大大加强。

1992 年，在扩大沿海、沿江（长江）和沿边对外开放的同时，开放了内陆 18 个省区的省会城市，形成了多层次、多渠道、全方位对外开放新格局，进一步扩大了对外经济技术合作和贸易往来。1992 年，共批准外商直接投资的协议项目 48000 多个，协议外资金额 575 亿美元，均超过改革开放以来前 13 年的总和，实际利用外资金额 111 亿美元，相当于前 13 年总和的一半，比上年增长 1.6 倍。今年上半年，新批准外商投资项目 43000 多个，协议金额 587 亿美元，实际利用金额 90 亿美元，分别比上年同期增长 234%、300% 和 180%。不但引进了外资，也引进了先进技术和先进管理经验，加快了现代化的进程。

正是由于上述因素，中国的经济活力和经济承受能力有所增强，已经能够承受较高的经济增长速度。

高速增长过程中出现的突出矛盾和问题，主要表现为：

第一，从物质生产系统的角度来看，"瓶颈"制约日趋严重。投资规模总量膨胀，主要在于新上项目过多，新铺摊子过大，特别是各类新的"开发区"、房地产投资搞得过热，一般加工工业再度出现重复建设、盲目发展，造成投资结构不尽合理，产业结构不但没有得到动态优化，反而相对地加剧失衡。交通运输特别是铁路运输，能源特别是电力、油品供应，原材料特别是建筑材料供应，"缺口"越来越大，经济生活显得偏紧。

第二，从货币供应的角度来看，由于经济增长不断升温，也由于刚刚兴起、规则还不健全的股市、房地产（主要是炒地皮、建高档商品房）投资收益率过高，各方面对资金的需求处于高度扩张状态，引起货币的过量投放，流动性较强的货币（M_1）增速快于流动性较差的货币（M_2）增速，上半年有三个月 M_1 增速超过 40%，造成潜在通货膨胀压力释放，零售物价指数和居民生活费用价格指数上扬。1—6 月，前者比上年同期平均上涨 10.5%，后者平均上涨 12.5%，其中 35 个大中城市平均上涨 17.4%。同时，大量出现银行违章拆借、社会非法集资，造成金融秩序混乱，资金利率和人民币汇价不正常的上涨和下跌。事态发展表明，如不采取果断措施，通货膨胀压力和金融秩序混乱，将导致经济振荡，损害工商业的正常运营。

二

中国政府针对经济运行中突出的矛盾和问题，在 1993 年 6 月做出了加强宏观调控、深化经济改革的决定，采取的措施是从整顿金融秩序、控制货币供应量增长入手，加强和改善宏观调控，把发展经济的注意力引向深化改革、优化结构、提高效益上来。实施以来，已经发挥积极作用，取得初步成效，经济生活中的突出矛盾和问题得到一定程度的缓解。实践证明，采取这些果断措施是必要的，方向是正确的。主要效果如下：

一是银行违章拆借得到制止，并已收回部分违章拆借资金。到规定的 8 月 15 日止已收回 700 多亿元，占全部拆出资金的 1/3，其余的正在清理和追回中。

二是社会非法集资得到初步控制。同时，由于 5 月和 7 月两次调高银行存贷款利率，扭转了居民储蓄滑坡的局面，6—8 月储蓄存款增加额比上年同期增加 650 亿元，从而使得自 7 月开始货币增发过猛的情况有所缓和。7 月比上月少投放 78 亿元，8 月还净回笼 0.7 亿元。

三是人民币汇价降到合理水平，并基本稳定，增强了外国投资者的信心。

四是集中资金支持了国民经济的一些重点需要。首先保证了夏粮收购资金，基本上没有发生给农民打"白条"的现象；同时，对国家重点项目投放了大量资金，对国有大中型企业生产和出口创汇的流动资金需要也在逐步予以解决。

五是开发区热、房地产热已经降温，工业生产增长速度和投资增长速度也有所下降。过高的房地产价格已经下跌，生产资料价格也已回落。

六是财政收支状况开始好转。1—7 月国内财政收入增长 5.1%，支出增长 9.2%，少收多支，而 1—8 月，收入增长 8.6%，支出增长 8.7%，大体持平，其中 8 月收大于支 36 亿元，而上年同期支大于收 38 亿元。

当然，上述成效还是初步的，金融财政好转的基础也是不稳定的，形势依然比较严峻。一方面货币投放总量仍然过多，另一方面由于资金投向难以调整，资金供应特别是重点需要的资金供应还比较紧张，三角债又重新抬头。通货膨胀受过量货币供应的时滞影响，一定时间内将保持居高不下的势头。而超高速增长的投资规模和工业生产，由于惯性作用和缺乏调整存量的机制，一定时间内将维持较高增长速度，发生高投入低效益现象。因此，今后包括明年仍要坚持加强和改善宏观调控、深化和加快经济改革的正确方针，真抓实干，务求实效。

必须看到，目前采取的措施，大致可分三个层次。第一层次是直接的行政控制。包括清理开发区和投资项目、限期回收违章拆借资金、制止社会非法集资、强化贷款额度控制等。第二层次是间接的经济手段调节。包括提高银行存贷款利率，恢复保值储蓄等。第三层次是推进金融、财税、国有企业、投资等体制改革。目前取得的初步成效，主要是靠第一层次的措施和部分的第二层次的措施。

在经济运行不太正常的情况下，采取一些果断的行政手段，以制止和校正某些扭曲的地方、部门、企业的行为，能够较快地把局势稳定下来，这是必要的。但是，在目前情况下，采用行政措施是有其局限性和副作用的。一是经过改革，经济活动包括金融活动已经部分地"活"起来了，行政和计划的控制能力已经大大弱化，过分依靠行政手段难免会落空。二是采用行政手段，即使尽力改善，也难以避免"一刀切"的缺点，往往在控制"过热"的需求的同时，把"需热"的需求一齐控制了；甚至该紧的"过热"的需求没有紧起来，不该紧的"需热"的需求却紧住了，最终都会损害重点需要，损害供给的增加，造成严重后果。

采用间接的经济手段，在目前条件下，也有其局限性。因为要使这类措施生效，必须操作这类措施的组织机构相应地转变经济职能，同时，必须受调控的部门单位相应地转换经济机制，因而必须要以推进这些方面的改革作为前提。此外，在操作利率杠杆时，如何灵活运用短期利率和长期利率，也应予以研究。可以说，长期利率低一些对预期可能有好处。调整利率，也要有配合的措施，否则对有些企业就不敏感；在一些金融商品盈利率高的情况下，在提高利率、收缩银根的同时，还要增加金融商品供给，加强金融市场的规制和管理。

根本出路在于加快和深化改革。重点是推进金融、财税、投资、国有企业的体制改革，而且必须综合配套进行。这些方面的改革的实际内容和目标，已经取得共识。当务之急就是抓紧这些方面的综合配套改革方案的研究、制订和论证；方案确定后，立即组织力量，投入实施，以便较快地建立起社会主义市场经济的基本框架，发挥新体制的有效配置资源的整体功能。

中国当前面临的矛盾是大步前进过程中出现的矛盾，是新旧体制交替过程中的暂时现象，经济发展总的条件是很好的。首先，中国经济发展具有巨大的潜力，我们的基础比较扎实，工业体系比较齐全，劳动力资源丰富；其次，中国居民储蓄意识较强，民间储蓄已经成为支持经济快速增长的重要的推动力量；最后，改革开放政策的实施已经引起并将进一步引起经济运行机制的变革，劳动者的积极性得以充分发挥，资源的配置更加合理。我们有信心也有条件在今后 5—8 年内保持国民生产总值年增长 8%—9% 的速度蓬勃发展，使国民经济再上一个台阶。

在宏观调控措施初见成效之后，当前需要把握好各项政策的力度，注意防止两种情况的发生。既要防止因物价涨势一时未减而过分加大宏观调控力度，以免减速过猛，经济循环阻滞；又要防止因资金供给紧张，部分企业和地区出现困难而放松宏观调控力度，以免物价上涨、货币偏多的矛盾进一步发展。只要宏观调控力度把握得好，随着已出台的措施到位和生效，随着一些新的改革措施的推进，物价总水平上涨过快的势头，可以得到抑制，投资扩张过猛、工业速度过快的局面也会扭转，极有可能在保持经济繁荣的同时，缓解和消除当前的突出矛盾，转入健康的蓬勃发展的轨道。

咨询工作要适应社会主义
市场经济的新形势[*]

今年的全国咨询工作会议是在我国改革和发展进入一个新的历史阶段的形势下召开的。1992年小平同志视察南方发表了重要谈话，十四大提出了建立社会主义市场经济新体制的改革目标，前不久召开的十四届三中全会又做出了《关于建立社会主义市场经济体制若干问题的决定》，使我国社会主义市场经济体制的目标进一步明确，基本框架进一步具体，向社会主义市场经济转变的过程也大大加快了。与此相适应，我们咨询工作也进入了一个新的时期。

一 咨询工作面临的新变化

（一）政策咨询工作的任务正在发生变化

随着我国社会主义市场经济体制的逐步建立，咨询工作的任务，特别是我们政府政策咨询工作的任务正在发生变化。正如市场经济讲究供求规律一样，如果把咨询业看做一个市场的话，咨询工作也存在供求关系。我们的政策咨询工作是围绕特定时期我国社会主义改革和发展中迫切需要解

---

* 本文是作者1994年1月10日在"全国政策咨询工作会议"上的讲话，原载《发展研究》1994年第2期。

决的重大问题而进行的，在不同历史阶段，我们党的经济工作的任务不同，咨询工作的任务也就有所不同。

现在与改革开放之初相比，我们咨询工作所面临的环境和任务有很大的不同。整个80年代，我国所面临的任务是如何对传统的计划经济体制进行改革。当时咨询工作的任务主要是研究改革应当确定什么样的目标模式，比如，以往提出的计划经济与市场调节相结合，有计划的商品经济，计划和市场的内在统一，等等。当时我们还不可能一下子就提出社会主义市场经济这样一个改革目标。经过十多年的理论和实践的探索，才逐步形成现在这样一条有中国特色的社会主义市场经济之路。当时我们政策咨询工作的任务侧重于对传统体制弊端的分析和批评，介绍现代社会化大生产的一般管理原则和管理方法，同时引进和借鉴西方国家的一些成功经验。当时我们是从封闭走向开放。正如小平同志讲的，改革也是开放，是对内开放。在这之前，人们还不可能从根本上对传统的计划经济体制进行反思和批评；现在一下子放开了，人们都有一种新鲜感。同时，在这之前，人们对市场经济并不熟悉。改革开放过程中，逐步介绍了国外市场经济的一般经验、做法和市场经济知识。这些东西以往人们对它很陌生。所以在改革开放之初，政策咨询工作在很大程度上具有启蒙的性质，具有普及和传播市场经济知识的性质。

现在的情况则有很大的不同，特别是十四大之后，改革的目标模式已经明确了，就是建立社会主义市场经济体制，这个问题不需要再像以前那样花很大的精力去讨论和论证了。另外，市场经济怎样搞，近十多年来，我们已做了各方面的探索，取得了不少经验；同时，人们对西方国家搞市场经济的经验、做法也越来越熟悉了。市场经济的许多知识也越来越普及了。各级干部的文化程度、知识水平也普遍提高了。在这种情况下，我们给他们做咨询，就要有较高的水平，要高人一筹才行。现在各行业、各部门又都有相应的咨询研究机构，它们对各自专业领域的研究都相当深入，对我们这样的综合研究机构也形成很大的竞争。

以上这些因素就决定了进入90年代之后，我们的咨询研究工作与80年代相比将有很大的不同。如果我们仍然按照80年代那样的路子、那样的方法搞咨询，显然就要落后于形势。有的同志讲，现在咨询行业不景气，我看这正是与我们咨询工作在很大程度上未能很好地适应形势的变化有关。

（二）咨询工作的对象也正在发生新的变化

咨询就是帮助别人出主意，像我们发展研究中心这样的单位，主要是帮助政府出主意，了解各方面情况，汇集信息情报，运用我们所具有的知识，发挥创造力，对各种信息进行加工整理，对各种方案进行比较，提出比较科学合理的政策建议。但是从整个社会的咨询业发展看，为政府政策咨询只是整个咨询业中的一部分，今后咨询行业中有很大的比例将是为企业咨询。这是由我国经济活动中经济主体的变化所决定的。我们经常讲，由计划经济向市场经济转变后，经济活动的主体将由政府变为企业。政府对企业也将由直接管理变为间接管理，通过正确的宏观调控，更好地为企业服务。咨询业的对象和内容也要相应地发生变化，从广义的、长远的意义说，将会由以往主要是为政府服务转向今后要注重为企业服务这样的格局变化。

当然，作为国务院发展研究中心以及各地的发展研究中心，其基本任务是为政府做咨询。但是，是否应当适当地参与为企业做咨询呢？或者把两者有效地兼顾起来呢？这个问题值得认真研究。为企业咨询也不仅仅是帮助企业做市场调查，制定产品营销策略等具体活动，还包括帮助它们提供一些全国性的信息，以至国际市场的动态；还可以为它们提供一些政策引导，现代化管理的经验与知识，尤其是建立现代企业制度方面的引导、咨询服务，等等。如果做得好，我们还是有自己的一些优势，为企业提供我们所专长的服务。

（三）由以往的官办咨询向咨询业市场化转变

随着社会主义市场经济的发展，咨询业的市场化是一个必然的趋势。在传统体制下，谈不上咨询业的发展。改革开放以来，我国咨询业才真正起步。但这一时期咨询业的发展是以官办为特征的，各级政府以及各专业部门都相继成立了政策咨询机构，真正由企业办的，或按照企业化经营方式办的咨询机构还很少，这几年虽有所发展，但还很不够。

在社会主义市场经济条件下，咨询业必然会逐步成为一个重要的产业。既然是产业，就要按照市场经济的原则，独立自主地经营。国际上，许多有名的咨询机构就是公司化的。它们服务的对象是很广的，既为政府提供咨询服务，又为企业咨询，还有的搞跨国服务，例如著名的兰德公司等。最近我看了一个材料，介绍美国最大的咨询公司——麦金西公司。该公司本世纪 30 年代创办，现在年收入 12 亿美元，全世界有 58 个办事处，顾问和分析人员达 3100 人，每年人均创收 38.7 万美元，取得很高的效益。

最近，国家做了规定，事业单位划为三种：一种是全额财政拨款，一种是差额拨款，一种是自收自支。像我们这样的单位目前属于第一种，但发展趋势是第二种。

这就是说，咨询行业也面临着如何走向市场的问题。过去，我们一直研究企业如何走向市场，特别是国有企业如何走向市场。以往总是告诉别人如何走向市场，而对我们自己如何走向市场研究不够，现在到了自己为自己咨询，研究咨询业如何走向市场的时候了。

二 进一步做好咨询工作的几点意见

(一) 如何正确看待今后咨询工作的前景和任务

以上我谈到在市场经济条件下，咨询工作所面临的环境和任务发生了变化，这并不意味着咨询工作不重要了，恰恰相反，咨询工作既面临挑战又充满了机遇。我们已经确定了社会主义市场经济体制的改革目标，但要把它完全付诸实践，还有一系列的重大问题需要认真研究解决。其中最紧迫的问题是我们处在市场经济的发展初期，目前有许多东西还是很不规范的，如何使我们的市场经济更规范一些，更健康一些，少走弯路，这是当前改革中紧迫的课题。我国国民经济正在高速成长，如何保持持续、快速、健康发展，避免出现过高的通货膨胀和大的周期波动？如何处理好地区之间、产业之间、中央与地方之间、各个社会阶层之间的利益关系？都是相当复杂的问题。市场经济下，企业之间竞争加剧，市场的风险和不确定性增大，企业对市场和政策方面的咨询需求必然增加。因此，咨询业的任务不是减少了，而是增加了，咨询机构的责任不是减轻了，而是加重了。咨询业发展的前景是相当广阔的。

（二）要不断提高我们的咨询研究水平

咨询行业竞争日益增强，对咨询工作的要求更高了。我们只有提高自己咨询研究的水平，才能适应新的形势。如何提高咨询研究水平，关键是要系统地学习小平同志建设有中国特色社会主义的理论，学习党的十四大和三中全会的文件，在这一理论的指导下，深入地研究国情，向实践学习，向广大群众学习，提高我们解决中国现实问题的能力。现在市场经济的知识已经逐步普及，西方国家的一些管理经验和做法也越来越多地被人们了解。如果说过去我们介绍这些东西还显得有些优势，那么现在局限于这些工作已经不够了。当然这些方面的工作还应当继续做，但更重要的是用科学的理论武装我们的头脑，全身心地深入到我国改革和开放的伟大实践中去，丰富我们的知识，取得改革开放和发展第一线的第一手材料，进行整理加工，才能提出科学性、政策性、针对性强、能切实解决实际问题的好的咨询建议来。

（三）机构设置要科学化，研究课题要真正反映需求

现在看来，服务对象应逐步多元化。既要为政府服务，又要为企业服务。机构设置上有一部分人应当是专门从事政策和理论研究，人员要精干，队伍要稳定，要使这部分人员有较高的生活福利待遇，以吸引最优秀的人才从事这项工作，保证为政府提供高质量的咨询研究报告和政策建议。是否还可以考虑划出一部分人员和机构面向企业与社会实行有偿服务，实行企业化管理，以其收入补充政策研究经费。这样就有可能解决目前咨询机构经费少、人员负担重、队伍不稳定的问题，使我们的咨询工作走上良性循环。以上意见很不成熟，是一些个人想法，希望大家批评指正。

天津应更加开放　把潜力充分发挥出来[*]

　　最近，全党、全国都在学习《邓小平文选》第三卷。其中《要吸收国际的经验》一文，是小平同志 1988 年会见"九十年代的中国与世界"国际会议全体与会者时谈话的一部分。那次会见是我陪同的。小平同志说："现在有一个香港，我们在内地还要造几个'香港'。就是说，为了实现我们的发展战略目标，要更加开放。"这里，小平同志讲"还要造几个'香港'"的落脚点是在"要更加开放"。我们的发展战略目标是建设有中国特色的社会主义，建立社会主义市场经济的新模式。要实现这个目标，必须更加开放。"造几个'香港'"不是形式上的，要从其内涵上来理解。那就是要吸收香港的经验，通过人员、物资、金融等等更加开放的流动，使我们的经济更加活跃、更加发展。这个问题提出到现在已经快 6 年了。回过头来看一看，对小平同志强调的这个思想，我们实际上研究得还很不够，理解得还不深，还没有能真正得到贯彻落实。现在，我们学习《邓小平文选》第三卷，很需要在这些重大问题上，对自己的工作有一个回顾，真正从战略发展的高度，思想更加开放，更加深刻地理解邓小平同志提出的要求，促进我们的工作更上一个新的台阶。

　　天津的经济发展，优势很多。历史上天津就是我国北方的经济中心，国际性的港口城市。1986 年我在天津做过调查研究，支持在天津港搞保

---

　　* 本文原载《理论与现代化》1994 年第 1 期。

税区。这些年，天津的经济技术开发区、保税区都搞得不错。但是天津的优势还没有完全发挥出来，还有很大的潜力。怎么把开发区、保税区的政策用得更活、更充分？如果像上海开发浦东那样，把开发区、保税区和港口、塘沽的市区合一起来，在这个区域内吸收香港的经验，实行更加开放的政策，允许人员、资金、商品等，顺畅流动，使它们更好地运转起来，进而把整个天津市带动起来，更好地为"三北"的广大腹地服务，天津的经济肯定会有更大的发展，天津的潜力也肯定可以得到进一步的发挥。小平同志1986年8月视察天津时，明确地说过："我看你们潜力很大。可以胆子大点，发展快点。"现在，这一次谈话已经收入《邓小平文选》三卷，我们要按照小平同志的指示办事。如果说要"造几个'香港'"，那么，从客观的有利条件来讲，南有上海，整个长江流域是它的腹地，北有天津，广大的"三北"地区是它的腹地。这是历史形成的，不是任何人的主观愿望，也不是几天就可以造得起来的。解放思想，实事求是。解放思想不容易，实事求是也不容易。事物在发展，认识要跟上。坚持实事求是，必须不断解放思想。事物发展有个过程，认识事物要有个过程，解放思想也有一个过程。今天我们学习《邓小平文选》第三卷，贯彻党的十四大精神和十四届三中全会决定，应该对小平同志提出的"更加开放"和"造几个香港"的思想能够有一个更加全面而深刻的认识，从而进一步解放思想。

回顾改革的15年，整个的形势发展是很快的，但是也有一个特殊的现象，就是南边发展得更快一些，北部发展得慢一些。这是客观的事实。为什么会出现这样一种状况呢？是否在自然条件上北方比南方差一些呢？不能这样说，南方有南方好的条件，北方有北方好的条件。是不是经济条件南方比北方好一些呢？也不能这样说，南方有南方的有利条件，北方有北方的有利条件。在改革开放初期，南方还不如北方。是不是人的素质南方比北方更好一些？也不是，从领导水平、专家技术人员来看，也不是南方比北方更高明一些。那么，基础设施是否南方比北方更好一些呢？我看也不能这样讲。拿天津来讲，现在的基础设施就比广州，深圳都要强。是不是外商就看得起南方，而看不起北方呢？我看也不是。北方也有外商不断地增加投资。那么究竟是什么原因，南方快，中部慢，而北部地区更慢一些呢？这个问题是值得研究的。我觉得小平同志的文章回答了这个问题。总的讲是开放程度的差异。南方开放程度高，中部地区的开放程度也不如南方。但是浦东开发之后，开放程度大了，所以上海地区就快起来了。我们北方地区的开放程度现在还赶不上中部地区和南方地区。小平同志讲：开放是两个开放，即对内开放和对外开放。我们应当按照小平同志的指示，既对内开放，又对外开放，来建设天津，发展天津。

开益国际咨询研究中心起草的研究提纲，是在做了大量研究工作的基础上写出来的，文字很简洁，思路也很清晰，我总的印象觉得不错。如果要进一步研究，许多问题还要细化。比如，天津究竟有哪些有利条件是独有的？怎样才能充分发挥天津的这些优势，为"三北"腹地更好地服务？又如，如何将京津唐三大城市的经济优势有机地结合起来？应该首先从哪里着手？等等。具体设想和建议也需要进一步深化。比如，需要采取哪些具体措施才能使人员、资金、商品更加开放、流动起来？目前在哪些方面还有障碍？如何突破？等等。

我作为开益国际咨询研究中心的顾问，想顺便说几句咨询研究的问题。随着社会主义市场经济的发展，我们面临着许多新情况、新问题，需要有人做专门的研究，这些工作不能只是由政府部门去做；而且，多年来不间断地国际经济、技术交流，也使大家逐渐有了这样一种共识：必须大力发展信息咨询产业，有一批这样的机构为中国在与国外经济、技术交流合作中起桥梁和中介作用。他们应该了解国情，熟悉政策，与国际有广泛的联系，产官学结合，有相对的独立性。民间性独立咨询研究机构的出现，是改革开放的产物，也是形势发展的需要，应该加以支持和引导。开益国际咨询研究中心是在中外专家的积极倡导下，通过国内产业界、学术界及政府各界的大力支持建立起来的。而且一开始就与美国、欧洲著名的信息咨询、研究机构合作，成为我国第一家正式注册登记的中外合作咨询研究机构，这是很可贵的。开益中心对天津无缝钢管公司的管理与发展所做的咨询和这次对天津经济发展中的战略措施的研究，都说明无论微观管理或是宏观战略都需要有独立咨询研究机构做这样实实在在的工作。

今天那么多领导和专家到会，也说明大家对咨询研究工作的支持。这是决策科学化、民主化进程中很重要的一个环节。把它做好了，是大有可为的。

对通货膨胀问题要引起足够的警惕[*]

近两年，我们的经济有很大发展，国力进一步增强。一些主要工业产品，在世界上的排位正在往前移，如钢铁、机械、电子等。人民的生活水平有较大的改善，发展较慢的地区虽然改善不大，而与过去相比，也有进步。但是在我国的经济发展过程中，也存在很多问题，有些还很突出。

第一个问题，也是最让人担心的是通货膨胀问题。按国家统计局统计的数字，去年社会零售商品价格上涨 13％；职工生活费指数是 19％；35个大中城市的生活费指数已达到 23.9％。1994 年我国计划通货膨胀不超过 10％，恐怕是很难做到的。现在看通货膨胀的危险是存在的，这一点必须引起足够的警惕。最基本的生活资料涨价，去年已达到很高水平，从去年转入今年，翘尾巴就将近 10％，如果加上今年将要出台的一些调价因素，那就影响更大了。最近一个时期，群众对涨价的心理预期是越来越重，这个问题很令人担忧。我们要社会政治稳定，首先要物价稳定，因为物价不稳定，经济就不可能稳定，经济不稳定，政治就很难稳定。尤其是物价问题，关系到千家万户的切身利益，绝不能疏忽大意，而必须采取谨慎的态度。

引起通货膨胀的因素很多，第一个问题，也是最主要的是投资膨胀规模过大，有的地方开发区、房地产没有压下来，基础设施摊子铺得太大，

---

* 本文是作者 1994 年 2 月 2 日在中国工经会顾问座谈会上的发言。

重复建设多。例如，最近一段时期建码头，几个城市离得很近，却都在搞码头建设。最近国务院发了文件，要控制基建，但真正控制住却是个难题。其次，最近消费膨胀又有所抬头。去年职工工资平均增长 20% 左右，实际收入剔去物价上涨指数是 10%，超过了劳动生产率的增长。各地区、各行业收入悬殊，有的单位收入差距拉得很大，而有的却发不出工资。社会总供给与总需求相差 5% 左右是正常的，超过这个数字就属不正常，现在是 7%，需求大于供给，这是通货膨胀的根本原因。

第二个问题是国有大中型企业情况恶化。盈、亏、潜亏各占 1/3，而且还在向不好的方面发展。企业背着四个大包袱：一是人员过多，富余人员占 1/3；二是负债过重，利息包袱沉重；三是社会负担过重（国有企业产值不到总产值的 50%，而国家财政负担却占 70%）；四是设备老化，不少是第一个五年计划时期的设备。这四个包袱犹如旧社会的三座大山压在国有企业身上，喘不过气来。如何解救国有大中型企业，建立现代企业制度，是一个重要的出路，但各方对此看法并不一致。

第三是农村问题。工农业剪刀差扩大；农民收入增长少。去年城市居民的实际收入增长 10% 左右，农村实际收入只增长 3%。农民的收入增长是靠提高农产品的价格来实现的。去年粮食等农产品涨价，对农民有好处，但整个物价水平提高，特别是农业生产资料价格大幅度涨价，抵消了农产品涨价的好处。农民收入实际增长不多，严重影响了农民种粮棉的积极性。同时，农村还有近 8000 万人收入更低，还未摆脱贫困。

第四是沿海与内地（包括少数民族地区）、城市与农村、城市中不同职业者的收入差距都在扩大，其中有些是合理的，有些则不合理，这些都容易引发社会矛盾，值得注意。

改革是当代中国的一个主题[*]

改革，这是当代中国的一个主题。关于什么是改革，改革与开放和发展的关系，改革的性质、目的和意义，改革的步骤与方法，改革的难关，改革可能带来的消极影响和风险以及解决的办法等，我们都应当做实事求是的研究和讨论。这些研究和讨论对我们建设有中国特色的社会主义具有重要的意义。

一　关于什么是改革以及改革和开放的关系

过去，我们往往把改革和开放看做是两回事情，认为开放是对外的，改革是对内的；开放只是沿海地区的事情，改革才是内地的事情。不理解对外开放也是改革，改革也是对内开放，看不清二者的同一性，工作就难免出偏颇。

邓小平同志说："十一届三中全会制定了一系列的方针政策，这些政策概括起来就是改革和开放。"① "我们的经济改革，概括一点说，就是对内搞活，对外开放。""改革就是搞活，对内搞活，也就是对内开放，实

---

　*　本文原载《中共党史研究》（双月刊）1994 年第 1 期，题为《系统学习邓小平关于改革的理论》。

　①　《要吸收国际的经济》，参见《邓小平文选》第三卷，人民出版社 1993 年版。以下凡出自本书的引文不再注释。

际上都叫开放政策。""改革需要继续开放","开放是两个内容,一个是对内开放,一个是对外开放。"上述论述,表明了以下三个观点:第一,改革开放是一个相互紧密联系的整体,或者说是一个整体的两个侧面。改革是开放,开放也是改革,两者是同一的。机械地把它们分割开来是不对的。第二,既然是一个整体,就应当把它当做一个统一的事物来看待,而不能只看到或者只强调这一面,看不到或忽视另一面。第三,由于认识上的片面性,某些地方、某些部门的实际工作中存在着在实行对外开放时,忽视对内经济体制的相应改革,因而影响到对外开放工作的进展;同时也存在着在进行开放工作时,只注意对外开放而忽视对内开放,因而影响对内改革工作的深入。这些都是值得注意的。

二 关于改革的性质

邓小平同志说:"我们把改革当做一种革命","改革是中国的第二次革命。"这里所说的革命,当然不是指一个阶级推翻另一个阶级、一种社会制度代替另一种社会制度的那种革命。这种革命有以下四个特点:第一,这种革命的性质是社会主义制度的自我完善,而不是对它的否定。第二,这种革命不再采取阶级对抗的形式。改革"不是对人的革命,而是对体制的革命"。第三,这种革命是为了扫除障碍生产力发展的旧体制,为生产力的大发展开辟道路。"改革促进了生产力的发展,引起了经济生活、社会生活、工作方式、精神状态的一系列深刻变化","发生了某种程度的革命性变革"。因此,"改革也可以叫做革命性的变革"。第四,这种革命是在党和国家领导下,在马克思主义指导下,依靠社会主义制度本身的力量,依靠亿万人民的实践自觉进行的。这场革命与广大人民群众的根本利益是一致的,所以经过思想政治工作和改革实践的教育,群众会自觉地参加和搞好这场革命。

党的十一届三中全会以来,我们逐步摆脱计划经济体制的束缚,形成新的认识,对推动改革和发展起了重要作用。党的十二大提出了"计划经济为主、市场调节为辅"的方针;十二届三中全会提出:我国社会主义经济是公有制基础上的有计划商品经济。十三大提出社会主义有计划商品经济的体制应该是计划与市场内在统一的体制，十四大根据邓小平同志多次谈话的精神与多年改革实践的经验，确立了我国经济体制改革的目标是建立社会主义市场经济体制，以利于进一步解放和发展生产力。由计划经济体制转变为社会主义市场经济体制，这是一场革命性变革。

改革既然是社会主义制度的自我完善，那就不会改变社会主义制度本身。这是因为"在改革中我们始终坚持两条基本原则：一是以社会主义公有制为主体；一是共同富裕"。"只要我们的经济中公有制占主体地位，就可以避免两极分化"，达到共同富裕。十多年来，改革开放的实践也证明了我们的改革是社会主义本身的自我完善、自我壮大。通过改革，人民群众的积极性调动起来了，束缚生产力发展的旧体制逐步地为生机勃勃的新体制所取代，社会主义的生命力大大增强了。在生产力发展的同时，公有制仍然保持着主导地位，现在在整个国民生产总值中公有经济占90%，私有部分只占10%。变化最大的是公有经济内部的结构，集体经济（主要是乡镇企业）发展很快，这是公有经济形式的变化，不是质的变化。

从分配方面看，我们的政策是允许一部分人、一部分地区先富起来，进而实现共同富裕。十几年来，人们的收入差距逐步拉开，有些是合理的，体现了按劳分配；但也有某些人的收入与大部分人相比过分悬殊和地区间收入差距拉大的问题。这些问题，在宏观政策上加以有效的控制和引导，是可以较好地解决的，从而逐步实现社会产品的公正分配。只要我们从全社会的角度看，政权是由共产党领导的，属于社会主义性质的，在经济中公有经济占优势地位，社会产品的主要部分是以按劳分配方式进行分配的。那么，我们就可以说我们的经济是社会主义性质的。即使存在一部分非公有经济，即存在一部分资本主义性质的经济，它也只是对社会主义经济的补充。所以，我们在改革开放中，既要允许一部分人先富起来，允许多种经济成分发展，又要采取相应的政策加以引导，加以节制。孙中山有个"节制资本"的著名口号，我们对非公有经济的发展恐怕也不能自由放任。

现阶段对非公有经济的发展，既要鼓励、引导，又要加以节制。即采取鼓励、引导、节制相结合的政策，而不是实行过去那样的利用、限制、改造的政策。有些领域允许私人经济发展，有些领域则不宜私人搞。对个人收入应征收累进的个人所得税，特别是对财产继承采取更高的税率。国外都是这样。当然，考虑到我们是处于社会主义初级阶段，首要任务是发展生产力，只要符合"三个有利于"，我们就应当积极支持。但从长远看，应在政策上加以鼓励、引导、节制、规范，以保持整个经济的社会主义性质。

政治体制改革是改革要过的又一难关。邓小平同志说：我们提出改革时，就包括政治体制改革。现在经济体制改革每前进一步，都深感到政治体制改革的必要性。不改革政治体制，就不能保证经济体制改革的成果，不能使经济改革继续前进，就会阻碍生产力的发展，阻碍四个现代化的实现。

政治体制改革和经济体制改革是应当联系起来看的，而不是把两者割裂开来。改革开放十多年来，随着经济体制改革的深入，我们在政治体制改革方面也做了大量工作，取得了相当大的进展。在经济体制改革方面，我们提出了社会主义市场经济的目标。今后，经济体制改革还将迈出一系列重大的步子，政治体制改革如何与之适应，确实需要认真研究。

邓小平同志提出了政治体制改革的三个目标：第一，始终保持党和国家的活力，这主要是指领导层干部的年轻化；第二，克服官僚主义，提高工作效率，这主要涉及党政不分问题；第三，调动基层干部和工人、农民、知识分子的积极性。邓小平同志指出："我们评价一个国家的政治体制、政治结构和政策是否正确，关键看三条：第一，看国家政局是否稳定；第二，看能否增进人民团结，改善人民生活；第三，看生产力能否得到持续发展。"邓小平同志把政治体制改革的目标、评价改革正确与否的标准都讲得很清楚了。只要按照这个标准去做，我们的政治体制改革一定会取得更大的进展和成功。

当前政治体制改革的重点是两个：一个是政府机构的改革、政府职能的转换。它与经济体制的改革是密切相关的。该下放的权力没有放下去，政府部门职能相互重叠、分工不明，变直接管理为间接管理的职能和手段还远远不完善，解决这些问题是今后政治体制改革的重要任务。另一个政治体制改革最紧迫的任务是反腐败。搞好廉政建设，除了思想教育和加强党的纪律之外，重要的是完善监督制度，完善立法、司法制度，使反腐倡廉制度化、法制化。只有政治体制的改革，才能更有效地解决好这个问题。

三　关于改革的目的

正确理解改革的革命性质之后，改革的目的就容易搞清楚了。改革的目的是什么？邓小平同志做了明确的回答，他说："我们所有改革的目的，就是扫除发展社会生产力的障碍"，"改革是解放生产力的必由之路"。"革命是解放生产力，改革也是解放生产力。推翻帝国主义、封建主义、官僚资本主义的反动统治，使中国人民的生产力获得解放，这是革命，所以革命是解放生产力。社会主义基本制度确立以后，还要从根本上改变束缚生产力发展的经济体制，促进生产力的发展，这是改革。所以改革也是发展生产。过去，只讲社会主义条件下发展生产力，没有讲还要通过改革解放生产力，不完全。应该把解放生产力和发展生产力两个讲全了。""计划经济会束缚生产力的发展，靠过去的经济体制不能解决问题。"

我国改革的实践有力地证明了这一论点的正确性，正是由于我们把是否能解放生产力作为衡量改革成功与否的一个基本标准，目的性非常明确，所以通过改革，我国的生产力得以迅速地提高：从1979—1992年，国民生产总值平均每年增长率接近10%，我国任何一个时期都没有达到这样的增长速度，而且持续的时间这么长。而在同一时期，亚太地区经济的平均增长率在6%左右；世界经济的平均增长率大约仅在3%左右。

改革作为一项巨大的社会工程，它所带来的影响和效果是多方面的，有政治的，也有经济的、社会的。但是我们这次改革突出以经济这个中心为目的，现在回过头来看，就能更深刻地体会到这种选择的正确性。有的国家的改革则不同，先搞政治体制改革，搞资本主义那样的议会民主，结果把共产党搞垮了，资本主义复辟了。这从反面说明了把发展和解放生产力作为改革的目的是多么重要。根据马克思主义原理，生产力决定生产关系，经济基础决定上层建筑，只有大力发展社会主义社会生产力，我们才有可能巩固和完善社会主义制度。

四　改革的意义

认清了改革的目的，改革的意义也就容易明白了。邓小平同志是把改革和发展紧密联结起来看的，我们也应当从这样的角度来理解改革的深远意义和历史意义。邓小平同志说：“改革的意义是为下一个 10 年和下世纪的前 50 年奠定良好的、持续的发展的基础，没有改革，就没有今后的持续发展。”“发展才是硬道理”，“中国主要目标是发展，是摆脱落后，使国家的力量增强起来，人民生活逐步得到改善”。为此，邓小平同志反复地阐述、反复地论证我国发展的目标和发展战略。为了使我国长远发展的目标更加明确，他说：“我建议组织一个班子，研究下一世纪前 50 年的发展战略和规划，主要是制定一个基础工业和交通运输的发展规划，采取有力的步骤，使我们的发展能够持续、有后劲。”这充分体现了邓小平同志对我国长远发展战略、目标的高度重视。改革与发展是紧密地结合在一起的，改革为发展开辟道路，创造条件，以促进生产力的不断发展；发展为改革不断提出新问题，提供更充足的物质保证。如果把改革与发展分割开来，搞改革的只顾改革，那就失掉了改革的目的性；如果搞发展的只顾发展，那就失掉了发展的重要手段，都难以获得成功。

五　关于改革的步骤、方法与发挥敢闯敢试的精神

我国的经济体制改革同苏联和东欧的改革根本不同，第一，我们的改革是坚持公有制为主体，共同富裕，完善社会主义制度和发展社会主义；他们的改革是实行私有化，否定社会主义制度。第二，他们的改革是采取“休克疗法”；我们的改革是经过试验，总结经验，有步骤、有计划地循

序渐进地进行。实践证明我们的选择是正确的。

邓小平同志说，改革"是天翻地覆的事业，是伟大的实验"；"进行全面的经济体制改革，需要有勇气，胆子要大，步子要稳"；"一步步地走，一步步地总结经验，不对头，赶快改"；"不要怕冒风险，胆子还要再大一些。如果前怕狼后怕虎，就走不了路"；"深圳的经验，就是敢闯，没有一点闯的精神，没有一点'冒'的精神，没有一股气呀，劲呀，就闯不出一条好路，走不出一条新路，干不出新的事业"。

我国改革进程确是很有特色的，无论从时序、地域和产业来说都有特色。先搞农村改革，在农村改革取得基本成功之后，再在城市进行全面改革。城市改革也分阶段、分步骤。先放开生活资料价格，后放开生产资料价格，先放开产品市场，后放开要素市场，各项改革都是局部试验，然后推广。农村的改革也是先边远穷困地区，而后推及其他地区。在对外开放上也是先特区，而后沿海城市，而后沿边、沿江以及内陆省会城市，逐步开放。在对待不同经济成分的改革上是首先放开个体及私营，而后再放开其他。在对待企业改革上，则是先小型企业，而后大中型企业，物价改革也是先以调整价格为主，后以放开价格为主，而且都不是一次到位，而是逐步进行的，如此等等，我们按照邓小平同志改革理论所采取的这种循序渐进的改革战略，在国际上都被公认是成功的。

六　改革的难关

什么是改革的难关，如何闯过这一难关？邓小平同志说："物价改革是个很大的难关，但这个关非过不可，不过这个关，就得不到持续发展的基础"；"过这一关不容易，要担很大的风险"；"理顺价格，改革才能加快步伐"；"价格没有理顺，就谈不上经济改革的真正成功。我们准备用若干年时间把价格初步理顺，最终达到面向世界市场。"

这是邓小平同志1988年9月12日在《中央要有权威》一文中说的，从那时到现在已经整整5年了。截至1992年年底，全国消费品的价格由市场定价的已达94.7%，生产资料由市场定价的达81.2%。拿农村来说，目前除棉花、烤烟、糖料、蚕茧这 4 个品种（占农民出售的农产品总额 12.5%）尚未放开外，其他所有的农副产品的购销价格基本上都已放开。特别值得强调的是，1992 年冬天到现在一年时间中，全国已有 95% 以上的县宣布了粮价放开，而未发生大的波动，这是非常了不起的突破，标志着我国城乡向社会主义市场经济大大迈进了一步。但是物价改革的难关仍未完全过去，例如，石油、煤炭等的计划价格远远低于国际价格，大大挫伤了这些"瓶颈"部门发展的积极性。但是，如果把原油价格提高到国际市场价格水平，提价金额就达 700 亿元，如果一次到位可能推动整个物价上涨 10%。可见，要过物价改革这个难关，还需要花很大力气和一定的时间。

除了过好价格这一关之外，我们还有许多需要进一步深化改革的重要领域。要真正建立起有效运行的社会主义市场经济，各种要素市场的培育问题，国有大中型企业走向市场的问题，国有财产的产权管理形式问题，财政税收制度，特别是利税分流问题，社会保障以及改变企业办社会等一系列问题的解决，都需要大胆试验，才能有重大的突破。可以说这些关都需要一个一个地过。前 10 多年的改革，我们在上述多个领域都做了很大的努力，成效也是相当大的。但是，相比之下，这些领域改革取得的成效不像价格改革那样明显，还需要打好一系列的攻坚战。

七　改革带来的消极影响和解决办法

"改革开放也会带来消极影响，但有办法解决，没有什么了不起。"为什么能够解决，为什么说没有什么了不起？这是"因为从政治上讲，我们的国家机器是社会主义性质的，它有能力保障社会主义制度，从经济上讲，我们的社会主义经济在工业、农业、商业和其他方面都已建立了相当坚实的基础"。"实行改革开放政策，必然带来一些坏东西，影响我们的人民。要说风险，这是最大的风险。我们用法律和教育这两个手段来解决这个问题"。"所以，要两手抓，一手要抓改革开放，一手要抓严厉打击经济犯罪。"

除了严厉打击各种刑事犯罪活动之外，邓小平同志还强调指出要坚决进行反对腐败的斗争。他说："整个改革开放过程都要反腐败。"他在对两位中央负责同志的谈话中说：要扎扎实实地做好几件事情，体现出我们是真正反对腐败，不是假的。腐败的事情，一抓就能抓到重要案件，就是我们往往下不了手，这就丧失人心，使人们认为我们在包庇腐败。这个关，我们必须过，要兑现。是一就是一，是二就是二，该怎么处理，就怎么处理，一定要取信于民。要雷厉风行地抓，要公布于众，要按法律办事。该受惩罚的，不管是谁一律受惩罚。

关于反腐败的问题中央曾多次做过决定，现在又专门做了部署，全党都衷心地期望中央和地方的领导按照邓小平同志的嘱咐，在反腐败这件大事上扎扎实实地做几件事情，体现出我们是真正反对腐败，不是假的，以取信于民。否则，我们就会丧失民心，改革开放的大业也无法进行下去，甚至有失败的危险。我们应当警醒起来，切不要使这场反腐败斗争又走一次过场，那会后患无穷的。我们相信，在党中央的正确领导之下，经过全党同志的努力，下决心认真地抓，一抓到底，就一定能够取得反腐败斗争的胜利，保证改革开放事业的成功。

市场经济中的政府干预 *

政府职能与经济发展的关系问题，是严重制约着市场经济在我国确立和发展的关键性问题之一。虽然人们对此已逐渐给予越来越多的重视，但是问题的解决，仍必须从理论认识上开始。

一　市场经济中的政府及其基本职能

政府是社会活动的管理者，经济是一种主要的社会活动。法律作为以国家强制力为后盾的社会行为规范，是政府管理社会的方式或调整手段之一。但是，任何一个社会的政府，是否以法律为主要调整手段，则是由该社会特定的资源配置方式所决定的。

我们说市场经济是法制经济，也就是说，市场经济中的政府是法制政府，市场经济的国家是具有权力的统一性和普遍性的国家。市场经济中的政府，从权力构成来看，包括立法权和执法权，执法权可分为行政权和司法权；从活动构成来看，包括立法活动和执法活动，执法活动可分为行政执法活动和司法审判活动。市场经济作为法制经济，它要求政府的最基本职能，就是制定法律和严格适用法律，以确立和维护以市场经济秩序为核心的社会秩序。具体来说，其立法和执法职能包括以下内容：（1）制定

＊　本文原载《探索与争鸣》1994 年第 2 期。

"宪法"，规定国家基本的政治秩序和经济秩序等。（2）制定"民、商法"，规定权利主体制度、人身权和财产权制度、民事责任制度。实现对经济和社会的第一级调节。（3）制定各项"行政法"，规定政府行政机关的具体设置、职权、活动方式等，确立财政、税收、货币、工商管理制度，确立政府对经济积极干预的权限和方式。实现对经济和社会的第二级调节。（4）制定"刑法"，对于侵犯他人人身权、财产权，妨碍行政管理，侵害国体、政体，具有严重社会危害性的刑事违法行为，进行刑罚制裁。实现对经济和社会的第三级调节。

市场经济中政府的另一项基本职能，是掌管和行使国家财产所有权。但是该项职能的目的仅限于以下几个方面：（1）保证政府有效活动的行政开支。（2）为公益需要而投资：一是公用事业；二是科、教、文、卫事业；三是国防、治安事业；四是社会保障和国家救济事业；五是为社会所需而民间不愿投资的事业。（3）支助民营的公益事业。（4）对个别地位重要的市场营利主体进行参股，以从社会利益出发制约其行为，等等。

二　市场经济中政府积极干预经济的实质

市场经济由近代到现代的发展，政府（法律）对经济的关系，由消极的尊重转变为积极的干预。其主要表现是：绝对化的个人所有权受到越来越多的限制；作为交易自由的形式的合同自由受到限制，附合合同成为合同的普遍形式；在主体承担法律责任（风险）的原则方面，产生了无过错责任原则，并以此原则为中心，产生了许多新的法律部门（例如"产品责任法"、"消费者保护法"、"环境保护法"等）；通过立法，确立了政府对经济活动进行经常性干预的权力（例如"反不正当竞争法"、"反垄断法"等）；公司成为最重要的市场主体，但它的成立、活动和破产等都受到政府不同程度的制约（各国"公司法"均有详尽规定）；另外，还通过立法确立了工会对劳动力市场的垄断（例如"工会法"、"劳动法"）等。

市场经济初期自由竞争的衰弱和现代政府积极干预的兴起，曾一度动摇过人们对市场自由的信念。事实上,政府(法律)对经济的积极干预,并没有改变市场经济中政府的基本职能,更没有否定市场自治的基本(法律)条件。而只是在新的历史条件下,调整了政府与经济的关系。例如,美国在南北战争后奉行了高度自由放任的经济政策,而在本世纪三四十年代又采取了全面的国家干预措施,因此,政府与经济的关系对经济活动的作用,在美国表现得最直接、最明显。关于市场经济中政府与经济关系的实质,首先被美国经济学家科斯所认识。

在市场经济中,政府的大与小,政府对经济干预的积极与否,完全是由市场经济发展的历史条件所决定的。为了在新的历史条件下维护市场自治、确保市场经济发展的条件,才导致了政府积极干预经济的发生,也决定了政府干预经济活动的目的、权限和方法。因此,在建立我国社会主义市场经济体制中,一方面,我们绝不能夸大市场自由的消极因素,而使传统体制阴魂不散;另一方面,我们也要认识到,我国目前的生产力水平,远远低于近代西方的任何国家,并且,我国所要建立和发展的市场经济,是社会主义市场经济。我国的市场经济,不可能像近代西方国家那样实行自由放任,而是以政府对经济的积极干预为特色。社会主义原则将贯彻在政府干预的自始至终。但是,在任何情况下,政府的干预都不得破坏市场经济发展的基本条件,而必须不断根据新的情况,来保障、发展和完善这些基本条件;同时,对于政府干预经济的前提条件、职权、方式和程序等,都必须得到立法和法律适用上的严格规定。

三　目前政府与经济关系的几个误区

第一,市场经济中政府的基本职能首先是制定法律,以确立和维护以市场秩序为核心的社会秩序。但是,我国政府至今仍未以此为主要职能,政府权力中行政权力无限扩大的传统仍在延续:(1)全部的改革过程,是由行政权力的直接支配来推动和进行。(2)行政机关的职权任意增扩,其职权没有明确的法律程序和法律分工。(3)政府权力中立法权不发达,确立和维护市场秩序的基本法极不完备也不规范,已有的法律与市场经济的要求相距甚远；市场主体法律制度严重滞后，许多新型的市场主体均由行政权力决定而产生和活动，极不规范。（4）法律不能发挥应有的作用，司法机关无权威，调整经济关系的措施仍然主要是行政手段，而不是法律：在宏观上，无论是治理整顿还是宏观调控，都是用直接的行政权力支配来进行，调控经济往往与侵犯市场主体的权利相并行。在微观上，正常经济活动的维系，也往往因法律的无能而要求由行政权力的直接干预，例如，解决"三角债"、伪劣产品、环境污染、不正当竞争等问题。

第二，在市场经济中，政府权力应规范、统一和具有普遍性权威。而我国在改变政府与经济的关系中曾把"权力下放"作为重点，使本该专属于政府的许多权力，被各地方、部门的各级政府和非政府机关瓜分。这一难以遏制的过程加上我国行政权力直接支配经济的传统，使分散化的行政权力进入市场，凌驾于市场主体之上，市场竞争被扭曲为行政权力组织经济的竞争，各地区的行政官员则成为所在地区的经济枢纽和核心。这种状况在很大程度上导致了下述结果：（1）地方割据、地方保护主义盛行，使伪劣产品、环境污染、不正当竞争、"三角债"等拥有行政保护；（2）分散化的行政权力进入市场，权钱交易极易普遍化为一般的交易过程，从而导致腐败普遍化、经常化；（3）基层政府（乡、村）与市场主体几乎完全合一（以苏南模式为代表），财产关系融合在政治权力关系之中，极易导致其向等级特权的封建组织转化（例如，大邱庄事件）。这种情况由于其在经济上的成功，而未能引起人们从根本上加以重视，若任其漫延，后果不堪设想！

第三，政府大规模地投资于直接的营利活动——国有企业的改革问题。国有企业是我国最主要的企业，在国民经济中占据极大的比重，但是其亏损日重，效益低下。国有企业的改革目标，是使其成为自主经营、自负盈亏、自我约束、自我激励和自我发展的独立的商品生产经营者（实际上就是以营利为目的的市场主体）。我国在国有企业的改革过程中，曾尝试过多种途径，至今被认为比较成熟的模式主要有三种：（1）两权分立。我们制定《全民所有制工业企业法》和《机制条例》的目的，是想确立和落实企业的经营权，以使企业获得如现代西方股份有限公司一般的活力。但这在实际操作中又是难以做到的。因为：一是股份有限公司的两权分立是公司内部的分工，即所有权归股东（股东大会），经营权归董事会。公司的利益和意志仍是独立、统一的。而我国国有企业是所有权归国家（政府），经营权归企业。企业就没有独立、统一的利益和意志了。二是经营权实际上是任何一个企业的经营者都拥有的行政管理权，而不是财产权。我国法律把经营权作为财产权来确立，是违背财产权的建构原理的。许多企业抱怨经营权得不到落实就是一个证明。事实上，目前靠经营权落实而成功的企业，都离不开行政权力的特殊安排，不可能普遍推广。（2）建立法人制度，或赋予企业法人以所有权。目前理论界对此呼声颇高，认为这是在我国建立现代企业制度的核心，也是彻底解决国有企业活力问题的关键。这其实是对法人制度的误解。事实上，并不是拥有了法人资格或者法人拥有了所有权，就必然能够成为以营利为目的的市场主体。根据规范的法人理论，法人有很多种类；a. 法人首先可分为按宪法、行政法设立的法人（例如，各类国家机关）和按民、商法设立的法人这两大类。b. 按民、商法设立的法人包括社团法人和财团法人两类。前者是以社员入股成立、按照社员的意思活动，后者是以捐助行为为成立条件，按捐助人的意思活动。c. 社团法人又分为营利社团和公益社团两类。前者以营利为目的，社员按股分红，后者以公益为目的，社员不分红。（3）股份制。这实际上是使国有企业转型为社团法人（即有限责任公司和股份有限公司）。但是在国家股占绝对优势的前提下，企业改革的目标也不可能真正实现。

国有企业的问题关键在于，国家（政府）不是以营利为目的的组织，它也不应该以营利为目的。在市场经济条件下，政府应该努力做好自己该做的事，诸如公共设施建设，为企业的各种经营活动牵线搭桥，制定各种市场规范竞争的有效政策法规，对经济发展进行宏观调控，而不是具体地干预企业经营，或直接大规模投资于营利活动，从而真正使政府成为高效廉洁的政府，使企业成为富有活力的经济细胞。

使环渤海地区真正成为"金三角"地带[*]

当前国际经济日益向区域化、集团化发展，发达国家经济不振，发展中国家经济困难很大，国际竞争日益激烈；而亚太地区以其不断增强的经济实力和持续、高速的增长速度，在全球一枝独秀。世界许多有识之士预言，下一世纪将是亚太世纪。在这种机遇和挑战并存情况下，位于亚太地区次区域的东北亚中心地带的环渤海地区如何适应整个亚太经济的发展，如何正确地确定自己的发展战略和规划，充分发挥地区优势，更好地参与国际经济合作与竞争，推动北方地区经济发展，完善我国对外开放的整体格局，促进整个国民经济的持续、快速、健康发展，就显得更为迫切了。

改革开放以来，我国有了很大发展，但南方发展较快，北方发展相对慢一些，其原因何在呢？并不是北方的自然资源、经济条件、基础设施、科学技术和人口素质等方面不如南方，也不是国外的投资者特别偏爱南方，所以发生这种差距主要在于北方的开放度不如南方。在我们区域内发展不平衡，也存在这个问题。小平同志在"三卷"中多次强调，我们要更加开放，不仅要对外开放，而且要对内开放，改革就是对内开放。要充分发挥环渤海地区的优势，就要坚定不移地实行改革开放方针，对内对外都要更加开放，只有开放才能更快发展。这是环渤海地区兴旺发达的关键所在。

---

* 本文是作者在"环渤海科技与经济发展研讨会"上的发言，原载《理论与现代化》1994 年第 2 期。

党的十四大根据邓小平同志建设有中国特色社会主义的理论，确定建立社会主义市场经济体制，是我国经济体制改革的目标模式。并且把环渤海地区的开发作为区域发展战略的一个重点，这是历史赋予我们的光荣职责。要充分发挥环渤海经济地区的优势和内在潜力，就要求按社会主义市场经济规律打破地区分割，使各种生产要素在更大范围内合理流动以及优化配置。为此，环渤海地区各省市就必须搞好区域经济联合，做到联合增实力，联合上水平，联合创效益，优势互补，取长补短，共同发展，使环渤海地区真正成为我国的"金三角"地带，以其经济起飞带动我国北方和全国的经济繁荣。

要加快环游海区域经济的发展，就要切实按照党的十四届三中全会以及八届全国人大一次会议的精神，彻底改革以往计划经济下的各种不合理体制，建立适应社会主义市场经济发展的新体制，精心制定立足本区、服务全国、面向世界的环渤海地区发展战略，将本地区的发展规划和国家宏观调控紧密结合起来，使本地区在合作和协调的基础上更好地发展，为整个北方和全国的发展做出更大贡献。

制定科学的发展战略和规划，以及地区发展与合作、城市与服务体系、资源与开发、环保与灾害防治等方面的问题，都与经济和技术密切相关。我们这次大会集自然科学工作者和社会科学工作者、经济工作者和技术工作者于一起，共同讨论这些重大问题，是很有意义、很有必要的，一定会取得令人满意的结果。10 年前，我在中科院、社科院联合召开的会议上就提出这项建议，得到了有关专家的热烈支持。实践证明这种方法是相当成功的。2000 年中国的研究，又是一个采取这种方法成功的例子。这次环渤海开发有关议题，采取这种办法解决，也是解决国民经济发展的重大课题所应采取的正确方法，即社会科学工作者与自然科学工作者、理论工作者与实际工作者的亲密合作，亲密联盟，大系统、多学科地将经济、科技联系起来解决，一体化攻关的方法。这次会议又为我们提供了新的经验，这是很可贵的。

中国经济体制改革的进展[*]

中国的经济体制改革从 1978 年开始，到目前已经历了 15 个年头。15年来，中国人民解放思想，以实践作为检验真理的唯一标准，进行了富有成效的探索。特别是刚刚过去的 1993 年，是中国经济体制向市场经济目标转变取得重大进展的一年。

首先，社会主义市场经济体制改革的方向和目标更明确和具体化了。不久前举行的中共十四届三中全会做出的《关于建立社会主义市场经济体制若干问题的决定》，全面系统地阐述了社会主义市场经济理论，细化了社会主义市场经济体制的基本框架，并对建立社会主义市场经济体制的策略和步骤做出了具体部署。

其次，企业制度的改革进一步深化。国务院颁布的《全民所有制工业企业转换经营机制条例》全面实施，全国 30 个省、自治区、直辖市都及时制定了实施办法，国务院有关部门制定了 28 个配套规章。随着企业经营自主权的逐步落实，企业的市场主体地位不断加强。与此同时，产权制度改革开始起步，为企业制度创新和逐步建立现代企业制度开辟了道路。股份制试点开始按规范化、法制化要求运作，上市公司已增加到 180多家。

---

[*] 本文是作者 1994 年 3 月提交"第五次中日经济学术讨论会"论文，原载《中国工业经济》1994 年第6 期。

第三，价格改革迈出了决定性步伐。消费资料和生产资料流通中计划调节比重大大降低，市场价格机制开始形成。从1993年5月起，全国90%以上的县（市）放开了粮油销售价格，结束了近四十年由国家管制粮油价格的历史，大大推动了市场决定价格机制的形成。与此同时，国家又先后放开了钢铁产品及部分统配煤炭的出厂价格，对部分原油价格进行了调整。现在，国家定价的比重，在社会商品零售总额中只占5%，在农民出售的农产品总额中只占10%，在工业企业销售的生产资料总额中只占15%。

第四，对外开放正在向前所未有的深度和广度推进。到1993年9月底，我国累计批准外商投资企业达15.3万家，实际利用外资594亿美元，外商投资正在由"短、平、快"和投资少的项目转向中长期、投资大的项目；由劳动密集型一般加工业转向基础产业和第三产业；由独资、单项投资转向联合投资或区域配套开发。

第五，政府职能转变速度加快，宏观调控领域改革逐步深化。指令性计划进一步缩小，在工业产值中，国家指令性计划已由1979年的70%下降到1993年的5%左右。同时，宏观调控手段和调控方式有了明显改进。

最后，社会主义市场经济的法规建设进一步加强。1993年，全国人大常委会已审议通过了《商品质量法》、《反不正当竞争法》、《公司法》、《个人所得税法修正案》等10部重要法律。《银行法》、《预算法》等已经过反复审议修改，近期也可望通过。国务院也制定了20多项重要行政法规和法规性文件。

总之，经过15年的实践，中国的经济体制改革已经越过了初始探索阶段，开始进入到一个理论比较成熟、目标明确、全面推进的新阶段：

中国经济体制改革的目标模式，是建立具有中国特色的社会主义市场经济体制，就是要使市场在国家宏观调控下对资源配置起基础性作用，也就是说，要把市场经济优化资源配置、提高效率的功能，同公有制维护社会公正、促进共同富裕的目标结合起来，既要体现市场经济的一般规律、吸收和借鉴国外的成功经验，又要体现社会主义制度的本质特征。这种社会主义市场经济体制的基本框架由以下五个环节组成：

一是建立适应市场经济要求的现代企业制度。建立现代企业制度是党的十四届三中全会决定中正式提出的。其核心是按照国际上通行的企业运作方式实行企业制度的改革与创新。用一句通俗的话说，就是以明晰产权为主要内容，按照公司化的方式重建企业。

二是建立全国统一开放的市场体系，使一切商品和包括土地、资本、劳动力、技术、信息在内的全部生产要素，都要进入市场。加快各类市场的发育，提高各类市场的组织和规范化程度，使国内市场和国际市场相互衔接，促进资源优化配置。

三是建立以间接手段为主的完善的宏观调控体系，转变政府管理经济的职能，使政府主要通过经济手段、法律手段、同时辅以必要的行政手段对社会经济活动实行间接调控，培育公平、竞争、有序的市场环境，保护社会整体利益，保证国民经济的持续、快速、健康运行。

四是建立以按劳分配为主体，效率优先，兼顾公平的收入分配制度。鼓励一部分地区和一部分人先富起来，走共同富裕的道路。

五是建立多层次的社会保障制度，为城乡居民提供同我国国情相适应的社会保障服务，以促进经济和社会的稳定发展。

上述五个主要环节相互联系、有机结合，构成了社会主义市场经济体制的基本框架，它们也体现了社会主义市场经济体制的基本特征。目前，我国人民正在认真学习贯彻党的十四届三中全会精神，围绕这些主要环节，加快改革步伐，以促进社会主义市场经济体制基本框架的建立。

1994年是我国经济继续保持好的发展势头的重要一年，也是推进建立社会主义市场经济体制改革的关键一年。在1994年中，我国经济工作的总方针是：全面贯彻党的十四大和十四届三中全会精神，加快建立社会主义市场经济体制改革步伐，进一步扩大对外开放，加强和改善宏观调控，大力调整经济结构，提高经济效益，保持国民经济持续、快速、健康发展。围绕这个总的方针，我国的经济体制改革将在财政、金融、投资、外汇与外贸、国有资产监督和企业制度等多个领域进一步深化和取得突破。在财税方面，1994年的重大改革有：推行以增值税为中心的流转税制度，降低国有企业的税率，取消能源交通重点建设基金和预算调节基金。统一税法、简化税制。实行中央与地方分税制，建立中央税收和地方税收体系，合理确定中央财政收入与地方财政收入的比例关系，增强国家调节地区结构、产业结构和社会收入分配结构的能力。在金融方面，改革的重点是要建立在国务院领导下的独立执行货币政策的中央银行体系，使中央银行能够有效地制定和实施货币政策，具有调控货币供应量和保持币值稳定的能力。同时，要组建若干政策性银行，使专业银行转变为商业银行，以实现政策性金融与商业性金融的分开，投资体制也将进行重大改革，用项目登记备案制代替现行的行政审批制。企业投资自担风险、所需贷款由商业银行自行决定。国有大中型企业的改革是我国经济体制改革的重点，今年我们要按照建立现代企业制度的要求，通过试点，实现出资人的所有权与企业法人财产权的分离，国家解除对企业承担的无限责任。同时要按照政府社会经济管理职能与国有资产所有者职能分开的原则，积极探索国有资产管理和运营的合理形式和途径。我国的汇率制度改革已经全面铺开，建立以市场为基础的有管理的浮动汇率制度和统一规范的外汇市场，逐步使人民币成为可兑换的货币。与之相适应，我们将继续深化对外经济体制改革，要加快转换对外经贸企业的经营机制，改革进出口管理，从以行政控制和审批为主，转变为以关税，汇率等经济杠杆调节为主，要创造条件对外资企业实行"国民待遇"，并依法完善对外商投资企业的管理。此外，在社会保障、政府机构、住房制度等方面，也要相应进行配套改革。

邓小平是社会主义市场经济理论的奠基人[*]

党的十四大确定我国经济体制改革的目标是建立社会主义市场经济体制。社会主义市场经济理论是建立社会主义市场经济新体制的理论基础，当然也是建立现代企业制度的理论基础；是建设有中国特色的社会主义理论的重要组成部分，也是我党对科学社会主义的又一新贡献，是对马克思主义的新发展。小平同志是建设有中国特色的社会主义理论的创造者，也是社会主义市场经济理论的奠基人。

一 为什么说小平同志是社会主义市场经济理论的奠基人

我们知道，共产主义的创始人马克思曾经设想，未来社会（社会主义社会、共产主义社会）将有计划地组织社会的生产和经济活动；列宁也曾把计划经济和市场经济作为对立的两种社会基本制度来看待。苏联在十月革命胜利取得政权之后，实行计划经济制度，逐步地走上了高度集权的计划管理发展经济的道路。第二次世界大战后取得政权的东欧社会主义国家，也基本上采取了苏联的做法来管理和发展经济。中华人民共和国建立以后一直到改革开放前，也是基本上仿照苏联的做法，建立了高度集权的计划经济体制。因此，长期以来，形成这样的一种观念：市场经济是资

* 本文是作者 1994 年 5 月 17 日在青岛一次会议上的讲话，原载《经济改革与发展》1994 年第 8 期。

本主义特有的东西，计划经济是社会主义经济最基本的特征之一，搞社会主义只能实行指令性的高度集权管理的计划经济。如果搞社会主义时搞了市场经济，那就不是真正的社会主义了，就变成了搞资本主义了。不仅社会主义经济学家这样认为，西方资产阶级经济学家如弗里德曼、杜宾、米勒、萨缪尔森等人也大都这样认为。他们认为市场经济是他们资本主义国家特有的，社会主义国家如果搞市场经济就变成了他们那样的资本主义。好像市场经济和资本主义是一回事，和社会主义则是水火不相容的。在这样一种国内外普遍的对社会主义与市场经济势不两立的认识背景下，我国从 1978 年起开始了经济体制改革的实践。为此，小平同志倡导解放思想，实事求是，从理论和实践两方面寻找符合中国国情的建设社会主义道路，探索建立新的社会主义经济体制。小平同志早在 1979 年就指出：说市场经济只限于资本主义社会，资本主义的市场经济，这肯定是不正确的。我国在经济改革的实践中也开始突破计划统管一切，计划与市场对立的传统模式，党的十二大并提出了"计划经济为主，市场调节为辅"的原则。这是关于市场经济认识上的一大进步，并由此推动市场开始活跃，农村发展特快，城乡经济逐步繁荣。根据改革所取得的进展，小平同志又进一步指出：社会主义与市场经济不存在根本矛盾。问题是用什么方法才能更有力地发展社会生产力。他明确指出："经多年的实践证明，在某种意义上说，计划经济会束缚生产力的发展。"党的十二届三中全会，总结改革开放的经验，提出了社会主义是公有制基础上的有计划的商品经济，改革的重要任务是使绝大多数国有企业成为自主经营、自负盈亏、自我发展、自我约束的社会主义商品生产者和经营者，并要逐步发展和完善社会主义市场体系。全党在这个时期关于计划和市场关系的认识又前进了一大步，并在党的十三大提出了计划与市场都是覆盖全社会的论断，认为计划与市场可以在有计划的商品经济体制中实行内在统一，实行国家调控市场、市场引导企业的模式，市场机制的功能得到进一步的确认。

　　1989 年之后，一段时间内，关于计划与市场的认识曾有反复，出现了姓"社"姓"资"的争论，针对这种情况，小平同志 1990 年 12 月在上海，特别是 1992 年年初在南方视察时，再次明确指出：不要以为搞点市场经济就是资本主义道路，没有那么回事。计划多一点还是市场多一点，不是社会主义与资本主义的本质区别。计划经济不等于社会主义，资本主义也有计划；市场经济不等于资本主义，社会主义也有市场。计划和市场都是经济手段。小平同志上述论述非常明确地指出社会主义和市场经济不仅是可以相容的，而且在本质上是有机结合的，计划与市场都是手段，社会主义和资本主义都可以用它们来发展经济，这就使我们关于市场经济的认识在改革十几年来不断进步的基础上产生了一次飞跃，使上百年来关于计划与市场的争论有了一个突破性的、具有划时代意义的进展。小平同志关于社会主义市场经济的思想理论，得到了全党和全国人民的拥护，写进了党的十四大报告，写入了宪法。小平同志把市场经济与计划经济从姓"社"姓"资"的争论中解放出来，使全党全国人民的思想更加解放，放心大胆地发展社会主义市场经济，以促进我国社会生产力迅速发展。

小平同志所以能提出社会主义市场经济理论，并不是偶然的，而是有着深刻的历史和现实原因的。这是小平同志坚持实事求是的马克思主义原则，科学地、系统地总结了世界各国经济发展的经验和教训的结果。分别来说，有以下四点：第一，接受了苏联和东欧社会主义建设的失败教训；第二，总结了我国改革开放的成功经验；第三，借鉴了西方资本主义国家实行市场经济的现实经验；第四，吸收了我国理论工作者对中外经济体制研究的科研成果。小平同志以无产阶级革命家的胆识和勇气，集各种先进经验之大成，加以概括，建立了完整的社会主义市场经济理论，把马克思主义推到一个崭新的阶段。所以说，小平同志是社会主义市场经济理论的当之无愧的奠基人。

二　社会主义市场经济的主要特点

社会主义市场经济是指社会主义制度下的市场经济，从运行方式来看，中国的社会主义市场经济与其他国家的市场经济并无大的区别。邓小平同志曾明确指出："社会主义的市场经济方法上基本上和资本主义相似。"比如，（1）都要有实行以公司法人为核心的现代企业制度的、独立的企业作为市场主体；（2）都要有竞争性的市场体系；（3）都要有有效的宏观调控体系；（4）都要有市场中介服务体系；（5）都要有社会保障体系；（6）都要有市场经济法律体系，等等。这就是说，与其他国家的市场经济一样，在中国的社会主义市场经济中，市场在资源配置过程中发挥基础性的作用。微观领域的活动，能由市场去做的事情，尽量由市场去做。政府的作用主要是为积极、公平的市场竞争创造良好条件，并通过宏观调控保证整个国民经济持续、快速、健康地发展。

那么，中国社会主义市场经济中"社会主义"究竟如何体现呢？或者说，中国社会主义市场经济的主要特性是什么呢？从经济的角度看，"社会主义"主要体现在以下两个方面：

第一，公有制为主体。这与资本主义国家以私有制为基础是不同的。这里所说的公有制，既包括国家所有制，也包括集体所有制和合作经济，而不像改革前那样主要是指国家所有制。从发展趋势看，集体所有制和合作经济的比重将越来越大。即使是国家所有制也要按照适应市场经济的要求进行改革，其比重也有所下降，并且主要是在"市场失灵"的地方发挥作用，具体地说，主要是在直接关系国家安全（如国防部门）、自然垄断（如城市公用事业）、社会效益性强（如环境保护、某些大型基础设施建设）、信息严重不对称（如部分金融、医药部门）等领域发挥作用。中国的实践表明，改革后的公有制，特别是集体和合作经济是能够和市场经济有效结合的。以集体和合作经济为主体的中国乡镇企业在改革后的十几年间从无到有，蓬勃发展，目前其产出已占到中国工业总产值的 1/3 以上的事实，就有力地说明了这一点。从整个所有制结构看，非公有制成分将占一定比重，在占主体地位的公有制中，与市场经济兼容较好的集体与合作经济成分将起越来越重要的作用。从企业的所有制结构看，大多数企业，特别是处在竞争性行业的企业，将在多种类型的公司制的框架下采取多种所有制形式并存，以公有制为主采取全资、控股和参股等多种形式的混合结构。

第二，在讲求效率，适当拉开收入差距的同时，最终达到共同富裕。

我们改变了过去搞平均主义、吃"大锅饭"的做法，鼓励一部分人、一部分地区在合法经营的基础上先富起来。同时，我们注意到了收入差距过大可能带来的消极后果，主张兼顾效率和公平，防止和克服"两极分化"，最终实现共同富裕的目标。中国是一个世界上人口最多，大多数人口居住在农村，经济发展很不平衡的国家，城乡之间、沿海和内地之间存在着较大的收入差距。市场经济发展起来以后，又出现了不同阶层收入差距过大的问题。不难理解，这些问题不解决好，很可能导致严重的政治和社会混乱。进一步说，收入差距过大，"两极分化"这样一种结果与我们搞市场经济的初衷是相背离的。如果全体社会成员不能公平地享受到经济发展的成果，那么，我们所搞的市场经济就不能算是成功的。因此，我们一方面在初次分配时坚持效率原则，按市场规则办事；另一方面，在收入再分配时，采用现代市场经济中通行的税收、转移支付等手段，调节收入差距，实施个人所得税、遗产税。在这个问题上，我们应当有更充分的理由、更有效的手段，比资本主义国家做得更好。近些年来，在平均主义的"大锅饭"尚未完全改变的同时，又出现了收入差距过大的问题。这很值得我们注意。

总之，对社会主义市场经济，应当从其共性和特性的有机结合上加以认识。对于其特性，既要注意到由于社会基本制度不同所造成的差异，也要注意到其他方面因素的不同所造成的差异。同为资本主义国家，美国、日本、德国的市场经济各有自己的特点。中国作为一个发展中的社会主义大国，实行市场经济必定有一些特殊之处。例如，中国的人口多，农业人口占大多数，经济发展不平衡，起点低但潜力很大，如此等等，这些情况必然要反映在中国的市场经济中。对由此而形成的一些特点，还需要我们做进一步的探讨。

三　学习邓小平同志社会主义市场经济理论的意义

小平同志关于社会主义市场经济理论是有中国特色的社会主义理论的重要组成部分。认真学习邓小平同志的社会主义市场经济理论对于领会有中国特色的社会主义理论，尤其是对于当前的改革、开放和发展经济具有非常重要的意义。

第一，社会主义市场经济理论是我们进行经济体制改革、建立社会主义市场经济新体制的最直接的理论依据。建立现代企业制度与政府的宏观调控机制，健全市场体系与市场经济法规体系，都要以社会主义市场经济理论为指导。

第二，用社会主义市场经济基本准则指导对外开放。现代市场是国际性的。中国的市场是世界市场体系的一个有机组成部分，在对外开放时我们必须按市场经济要求遵守国际经济通行的规则和惯例。

第三，用社会主义市场经济理论指导我国的经济发展。社会主义市场经济要求在国家宏观调控下让市场机制充分发挥其在资源配置中的基础性作用，以实现结构合理、效益提高条件下的经济持续、快速、健康的发展，并在发展社会生产力的同时，实现全社会的共同富裕。

以上是我个人学习小平同志关于社会主义市场经济理论论述的一点认识，供同志们参考。

企业改革的重点，企业转轨的关键[*]

一 企业改革的重点是解决国有大中型企业的问题

建立和发展国有企业是我国社会主义政治和经济的基本制度决定的。以国有企业为重点，深化经济体制改革，是发展国民经济和建立社会主义市场经济体制的需要。改革开放以来，我们在国有企业的改革上做了许多工作，取得了一些进展，有些方面的进展还较显著，但从总体上看，企业转轨尚未取得实质性突破。国有企业改革进展不快，困难主要出在国有大中型企业。对此，邓小平同志曾经明确指出："企业改革，主要是解决国营大中型企业的问题。"

第一，国有大中型企业是我国国民经济的支柱和主导力量，也是社会主义市场经济的基本主体和重要保证。新中国成立以后，我们在国民经济的基础和骨干行业，如钢铁、石油、化工、汽车、煤炭、军工等行业，相继建立了一批国有大中型企业。在这个过程中，尽管我们在经济体制和发展战略的选择上出现过某些失误，但这些国有大中型企业对于加快我国工业化进程，提高我国的经济实力，仍然起到了重要作用。改革开放以来，我们实行了以公有制为主体，积极发展多种经济成分的新政策，非国有经

---

* 本文是作者 1994 年 7 月在"国有企业发展战略研讨会"上的讲话。

济有了很大发展，在整个国民经济增长中的作用日益加强，但是国民经济基础和骨干行业中国有大中型企业占主导地位的格局并未发生大的变化。国有企业特别是国有大中型企业在国民经济中仍然掌握着国家经济命脉，并始终起着基础和支柱的作用，承担着国家财政收入的主要任务。因此，建立有中国特色的社会主义，关键在于搞好国有大中型企业。这些企业的状况如何，对经济全局依然有着关键性的影响。

第二，国有大中型企业是经济体制转换中任务最为繁重的一个部分。在传统体制下，政府通过计划对企业实行直接控制，企业则通过办社会使职工全面地依附于企业。这一特征在国有大中型企业表现得最为完备，由此决定了体制转轨中国有大中型企业遇到的困难最多。所以，能不能过好国有大中型企业改革这一关，对由传统计划经济向社会主义市场经济的过渡具有决定性意义。

第三，国有大中型企业集中了我国素质最好的一部分产业工人和技术干部。他们长期以来曾经为国家作出了很大贡献。近些年不少企业由于经营不善，其中的职工收入不高，住房困难，医疗、养老等得不到应有的保障。这部分职工所面临的问题如不能得到妥善解决，对整个社会的稳定将产生不容忽视的消极影响。

第四，目前我国经济正处在一个快速增长时期，进一步发展的潜力很大。根据国际经验，在今后若干年内，我国的产业结构和整体经济实力能否上一个新台阶，很大程度上取决于能否形成一批适应市场经济要求，具有很强的高技术含量、高附加价值产品开发能力和市场竞争能力的大企业和企业集团。显然，国有大中型企业的现状难以胜任这一要求。通过改革使国有大中型企业焕发生机和活力，适应国际和国内市场激烈竞争的要求，大幅度增强企业的开发和创新能力，已成为下一步我国经济上新台阶的当务之急。

解决国有大中型企业的问题具有多方面的重要意义，必须引起高度重视。我国社会主义市场经济体制的建立和在国际经济竞争中地位的增强，关键在于提高国有企业的竞争能力。那种认为"国有大中型企业改起来很难，不如听其自然"的看法和做法都是错误的、不负责任的。重视和加快国有大中型企业改革，不能仅仅停留在口头上，而必须通过做实实在在的工作，特别是采取一些行之有效的措施，认真解决企业面临的一系列深层次的难题，着力进行企业制度的创新，使国有大中型企业的体制转轨尽快出现一个新局面。

二　企业转轨的关键是政企分开

政企分开已经讲了许多年，但一直未能得到很好的解决。政企不分开，企业只能按行政意志办事，很难适应市场经济的要求。在这次企业改革中，政府部门的指导作用固然十分重要，但更重要的是发挥企业的主观能动性，这样企业改革的成功才能巩固和持久。邓小平同志对政企分开问题有许多论述，这些论述指出了我们解决政企分开问题的基本思路和方法。

政企分开，就是要把政府直接管理企业的方式转变为间接管理方式，同时在理顺产权关系的基础上形成适应市场经济要求的国有资产管理经营体制。在这个过程中，要实现政府作为宏观管理者的职能与作为国有资产所有者的职能的分开，国有资产管理与经营职能的分开，以及经营职能与生产职能的适当分开。邓小平同志指出："用多种形式把所有权和经营权分开，以调动企业积极性，这是改革的一个很重要的方面。这个问题在我们一些同志的思想上还没有解决，主要是受老框框的束缚。其实，许多经营形式，都属于发展社会生产力的手段、方法，既可以为资本主义所用，也可为社会主义所用，谁用得好，就为谁服务。"邓小平同志这个观点，对在政企分开的基础上建立与社会主义市场经济相适应的政府管理体制和国有资产管理经营体制，是很有针对性的。就国有资产管理经营体制而言，已经提出了不少改革的设想和方案。例如，有的同志提出，国有资产可以采取"中央统一所有，分级监管"的办法；在政府国有资产管理机构下面，有的同志提出可采取向大企业和企业集团授权经营的办法，也有的同志提出可建立国有资产经营公司或国有控股公司，等等。对这些设想，应该按照邓小平同志的论点，积极进行探索和试验。总的来说，经过改革，要形成一套真正对国有资产负责，使国有资产能够灵活流动的管理经营体制，以使国有资产在社会主义市场经济的新条件下不断得到保值增值。

实现政企分开的另一个方面是要切实加快政府职能转换和政府机构改革。邓小平同志指出："企业下放，政企分开，是经济体制改革，也是政治体制改革。下放总是要遇到障碍。"现在机构臃肿，如果不精简，"这么多人，就要当'婆婆'，揽权。这些人在中央机关工作多年，多数都有一定知识，到基层竞选厂长、经理，显示自己的本事去嘛！"邓小平同志所指出的机构臃肿、人浮于事、当婆婆揽权等问题，目前在政府机构尚普遍存在，有些地方、有些时候甚至表现得更为严重。改革以来曾多次进行机构改革，精简人员，但效果不好。一些地方和部门越精简人越多。人多了就难免要揽权，而且在新形势下想方设法用某些新办法对企业进行不正当干预。此外，人多了就要加重财政负担。现在相当多的地方财政困难，有的发不出工资，一个重要原因就是机构、人员过多，负担太重。在这种情况下，要做到政企分开、政府职能转换是不可能的。解决机构臃肿、人浮于事的问题，必须使人员流动起来，使一部分人从政府机关分流出去。正如邓小平同志所说的那样，其中一些人到企业、到市场经济第一线，是会大有作为的。当然，政府机关人员分流与企业人员分流一样，要在社会保障等方面为他们创造必要的条件。

三　坚持分类推进、积极探索的原则

深化国有企业改革的方向和目标，是建立以公有制为主体的现代企业制度。这是发展社会化大生产和市场经济的必然要求，也是实现公有制企业进入市场，参与竞争的必然途径。其基本特征是：产权清晰、权责明确、政企分开、管理科学。核心是按照独立核算，自主经营，自负盈亏，照章纳税的要求，形成完善的企业法人制度和有限责任制度，并在企业内部建立与市场经济相适应的领导体制和管理制度。通过确立企业的法人财产权，使企业真正成为独立享有民事权利，能够承担民事责任的法人

实体。

在传统计划经济向社会主义市场经济转变的过程中建立现代企业制度，是一项前无古人的事业。究竟如何实现平稳的过渡，建立起既适应现代市场经济要求、又切合我国企业实际的现代企业制度，没有现成的路子可循，只能依靠理论与实践的积极探索。在这个过程中，邓小平同志所倡导的一切从实际出发、实事求是的思想路线，和敢于试验、要有创造性的论点具有重要的指导意义。

建立现代企业制度，必然涉及企业内部和外部的许多方面，是一项艰巨的任务。抓好这项工作，要通盘考虑，统筹规划，通过试点，有组织、有领导地逐步推进。

对现代企业制度的特点，目前有不同的看法，例如，有的同志认为现代企业制度就是指公司制度，特别是指近100多年发展起来的，以所有权和经营权分离，受雇经理阶层居支配地位的股份有限公司制度。有的同志则认为，除了公司制度外，现代企业制度还应包括合伙企业和独资企业制度。这些问题都可以在理论上进一步探讨。但从我国目前的实际情况看，由于行业、地区和企业之间差别较大，推行现代企业制度显然无法套用一个模式。在这个问题上，应当坚持实事求是的原则，根据不同行业、地区和企业的具体特点，选择不同的现代企业制度形式，采取分类推进的办法。例如，对国防、航天、造币等直接关系国家安全和有特别重要性的部门，应采取国有独资公司的形式；对城市公用事业、电力、通信、铁路以及其他具有自然垄断特点的部门，应主要采取国有独资公司和国有资本控股的公司形式；对在国民经济中占据重要地位且有一定垄断性的基础产业和支柱产业，如石化、钢铁、汽车等行业中的大型企业，可采取国家控股的股份有限公司和有限责任公司形式，而对一般竞争性行业中的中小型企业，则不都采取国有企业的形式。

在国有企业体制转轨的具体方式上也不能"一刀切"，而应提倡大胆试验和多方面的探索。邓小平同志指出："看准了的，就大胆地试，大胆地闯。""对的就坚持，不对的赶快纠正，新问题出来抓紧解决。"近年来各地在国有企业转轨方式上进行了不少有益的尝试，如"一厂两制"、

"退二进三"（让出城市黄金地带，第二产业转入第三产业）、就地改造、兼并，等等，这些尝试不同程度地取得了成效，有些成效还相当显著。应当遵循邓小平同志的改革思想，继续鼓励多种转轨方式的探索。当然，从中长期看，从现代企业制度逐步完善的趋势看，实现转轨后的企业组织制度形式应当尽可能地符合规范要求。但在转轨过程中，某个企业究竟应当采取哪种具体的企业组织形式，应当通过何种方法卸掉企业办社会的包袱，应当如何消化富余职工，应当兼并、收购哪些企业，在诸如此类的问题上，最了解情况从而最有发言权的往往是那个地方的干部和群众。许多实践经验证明，比较符合实际从而生机勃勃的企业制度形式往往是由处在第一线的干部、群众，特别是他们中间的企业家创造的。